庶孼斷想

서얼단상

서얼단상

2002년 10월 17일 초판1쇄
2010년　3월 31일 초판3쇄

지은이 ｜ 고종석
펴낸이 ｜ 장의덕

편집 ｜ 김영미, 김윤창, 고수경
영업·홍보 ｜ 신성모, 최승필
관리 ｜ 이영하

펴낸곳 ｜ 도서출판 개마고원
등록 ｜ 1989년 9월 4일　제2-877호
주소 ｜ 서울시 마포구 공덕1동 105-225 2층
전화 ｜ (02) 326-1012
팩스 ｜ (02) 326-0232
이메일 ｜ webmaster@kaema.co.kr

ISBN　89-85548-88-3　03300

www.kaema.co.kr

庶孼斷想

한 전라도 사람의 세상 읽기

고종석 지음

개마고원

세상의 모든 서얼에게, 전라도 사람에게, 곁다리에게
이 허름한 글들을 바칩니다.

을씨년스러운 세기 전환기를 웅크린 채 보내며 호구를 위해 여기저기 흩뿌려놓은 글들을 한 자리에 묶는다. 다시 훑어보니, 대체로 변두리에서 바라본 세상 풍경임을 알겠다. 하여, 이 묶음의 네번째 글 제목을 취해 표지 위에 얹는다. '서얼단상'에서 서얼은 단상의 주체이기도 하고 객체이기도 하다. 서얼의 눈에 비친 서얼이 제 모습 그대로라고는 할 수 없다. 나는 내 편파성을, 서얼에 대한 내 편애를 부인하지 않는다. 나는 서얼의 아름다움을 들추고 못남을 감쌌다. 그러나 내가 적자(嫡子)의 눈을 지녔다면, 세상에 서얼이 존재한다는 것조차 몰랐으리라. 나는 내 서얼됨을, 자랑스럽게까지는 아닐지라도, 다행스럽게 생각한다. 늦더위가 사납다.

임오 가을에 안국동 일터에서
고종석이 쓴다.

5

차 례

제1부

전라도 생각

신분제로서의 지역주의

극우 멘탤리티의 한국적 작동 양상

또 하나의 우리

지난 4월 21일 치러진 프랑스 대통령 선거 1차 투표에서 극우 정당 국민전선의 후보 장-마리 르펜이 사회당 소속의 현직 총리 리오넬 조스팽을 제치고 차위(次位) 득표자가 돼 현직의 온건 우파 대통령 자크 시라크와 함께 결선 투표에 나간 '사건'은 세계 주요 언론의 머리기사가 되면서 커다란 센세이션을 불러일으켰다. 프랑스 안팎의 논평가들이 앞다투어 지적했듯, 그것은 프랑스의 치욕이라고 할 만했다. 18세기 이래 거듭된 민주주의 혁명의 전통을 쌓으며 (매우 부당하고 어처구니없게도) 제 나라가 곧 온 인류의 조국이라고 으스대왔던 사람들이 프랑스인들이어서 더욱 그랬다. 그러나 그 치욕이 2002년 4월 21일에 갑자기 생겨난 것은 아니다. 다시 말해 극우 정파에 대한 프랑스 유권자들의 지지가 그 날 갑자기 치솟은 것은 아니다. 프랑스의 정치적 이념적 지형은 그 날 이전과 이후가 별다르지 않다. 르펜은 지난 1995년 대통령 선거에서도 15%의 지지를 얻었다. 그는 이번 대통령 선거에서 단지 2% 남짓의 유권자를 새로운 친구로 만들었을 따름이다. 대통령 선거 1차 투표에서 좌우파의 여러 정당들이 각개 약진하는 프랑스의 관례를 생각하면, 산표(散票)의 양상에 따라 르펜은 언제라도 결선 투표의 후보가 될 가능성을 지니고 있었다.

그렇다고 하더라도 이 인종주의 선동가의 결선 투표 진출은 많은 사람들이 알면서도 잊고 지내던 사실 하나를 섬뜩하게 환기시켜 주었다. 프랑스 유권자 대여섯 사람 가운데 하나가 "나는 외국인이 싫다, 나는 이민자가 싫다, '우리'는 '그들'이 싫다, '그들'이 프랑스 바깥으로 나가주었으면 좋겠다"라는 의사를 노골적으로 표현할 수 있을 만큼 용감하다는 사실 말이다. 다시 말해, 공개된 장소에서의 인종주의적 발언이 형사 처벌의 대상이 되는 나라에서 "그럼에도 나는 인종주의자다"라는 자기 규정을 부끄러움 없이 정치적 목소리에 담을 용기가 있는 사람이 대여섯 가운데 하나라는 뜻이다.

마음 속 깊은 곳에서부터 인종주의적 편견을 말끔히 지워내는 것은 누구에게나 어렵다. 물론 인종주의적 질서가 살아 있는 한 그렇다는 말이다. 내면적 심성과 외부의 조건은 교호하게 마련이지만, 더 능동적으로 작용하는 변수는 외부의 조건이기 때문에 그렇다. 그래서 인종주의적 심성의 궁극적 소멸은 인종주의적 질서가 소멸한 다음에야 가능할 것이다. 그런데 지금 우리가 경험하고 있는 세상에는 유럽과 북아메리카의 백인들을 정점으로 한 인종주의적 질서가 완강히 자리잡고 있다. 그래서 대다수 사람들이 적어도 마음속 깊은 곳에 인종주의적 편견의 부스러기들을 간직하고 있는 것은 자연스럽다.

되풀이하자면, 지금 우리가 목격하는 세상을 살아가면서 인종주의적 편견에서 완전히 자유로워지는 것은 누구에게나 어렵다. 그것은 특히 자신이 우월한 인종에 속해 있다고 생각하는 사람들에게 더 어렵다. 그러나 사람은 적어도 부분적으로는 이성과 양식의 동물이다. 반(反)인종주의 운동에 자신을 구속시키지 않은 평범한 사람들도, 흔히는 인종주의가 옳지 않다는 내면의 또 다른 목소리 때문에, 그리고 자라면서 습득한 시민적 정치적 양식 때문에, 그런 편견의 기미를 마음 깊은 곳에 묻어둔다. 그리고 인종주의에 반대해 (생각하지는 못할지라도) 행동한다. 그런데 프랑스에서는 그런 편견을 정치과정을 통해 밖으로 드러낼 만큼 용기가 있거나 인종주의적 열정이 강한 사람이 대여섯 사람 가운데 하나다. 그것은 유럽의 시간과 한국의 시간이, 비록 다른 것은 분명하지만, 그렇다고 근본적으로 단절돼 있는 것은 아니라는 사실을 깨우친다. 더 나아가 진보를 위한 모든 노력은, 일정 단계를 넘어서면, 국제주의를 바탕에 깔지 않을 수 없다는 사실을 깨우친다. 허두에 국민전선 얘기를 꺼낸 것은 유럽의 시간과 한국의 시간을 비교해보기 위해서가 아니다. 국민전선은 그저 내게 맡겨진 글감인 '극우'의 준거틀을 찾기 위한 실마리다.

인종주의로서의 지역주의

'극우'라는 말에서 사람들은 대뜸 무엇을 또는 누구를 떠올릴까? 르펜이 워낙 인상적으로 무용(武勇)을 떨친 것이 불과 몇 달 전이어서 국민전선을 떠올리는 사람이 우선 있을 것이다. 국민전선의 이념적 선배라고 할 20세기 전반의 악시옹 프랑세즈를 떠올리는 사람도 있을 것이고, 지금은 활동을 하는지 안 하는지도 확실치 않은 미국의 KKK를 떠올리는 사람도 있을 것이며, 팔레스타인 사람들에 대한 테러와 학살로 소일했던 이스라엘의 카흐를 떠올리는 사람도 있을 것이고, 미국의 배리 골드워터나 댄 퀘일이나 조지 W. 부시 같은 극보수 정치인을 떠올리는 사람도 있을 것이다. 머시아 엘리아데, 외젠 이오네스코, 에밀 시오랑 같은 루마니아 출신 서유럽 지식인들의 청년기에 그늘을 드리웠던 철위대(鐵衛隊)를 떠올리는 사람도 있을 것이다. 그리고 현대 유럽 정치에 관심이 있는 사람이라면 1950년대 프랑스에서 중소 상인들의 반세(反稅) 투쟁을 선동하며 기존 정치권을 기우뚱거리게 한 피에르 푸자드의 정치 노선(푸자디슴)을 떠올리기도 할 것이다. 무엇보다도 나치즘이라는 이름의 독일 파시즘을 떠올리는 사람이 많을 것이다. 사실 이 모든 극우 운동(이나 인물)이 단색은 아니다. 그러나 우리는 이 여러 양상의 극우 운동을 묶는 하나의 공통인수를 추출해낼 수 있다. 그것은 고결한 피의 순수성에 대한 과도한 집착이다.

이것은 자연스러운 일이기도 하다. '우'라는 것이 근본적으로 '선천성' 곧 '피'를 중시하는 것이고, '극'은 과도함이나 지나침, 그 결과로서의 배제와 폐쇄를 뜻하는 것이니 말이다. 요컨대 극우는 순수한 피에 대한 과도한 집착과 거기서 비롯된 배제나 닫음의 열망을 표상한다. 극우는 피를 기준으로 사람의 위계를 정한다. 말하자면 인종주의는, 그 농도의 차이는 있지만, 모든 극우운동의 배음(背音)이다. 골드워터나 퀘일이 극우 정치인이라는 말을 들은 것은 주로 그들의 군국주의적 신념과 대소(對蘇) 강경론 때문이었지만, 이들은 미국

안팎의 인종주의적 질서의 수호자이기도 했다. 부시의 군사적 모험주의를 부추기고 있는 것이 콘돌리자 라이스라는 흑인 여성이라고 해서 부시가 천명하고 실천하는 국내외 정책의 인종주의적 오리엔테이션이 근본적으로 교정되는 것은 아니다. 당초 프랑스 공산당의 격려와 협조 속에 반(反)자본주의, 반의회주의, 반독점을 표방하며 조세정의(租稅正義) 운동으로 출발했을 때는 인종주의적 색채가 없었던 푸자디슴도, 이내 공산당과 등을 돌리고 노동조합들과 불화하고 유대인 출신 총리 피에르 맹데스 프랑스를 맹공하면서 반(反)유대주의의 덫에 걸렸다. 이렇게, 흔히 극우라고 지칭되는 모든 운동에는 피의 순결에 대한 집착이 넘쳐난다.

그것은 우리 사회에서도 이주 노동자에 대한 멸시로 나타난다. 이주 노동자에 대한 한국인의 일반적 태도는 한국 사회가 압도적인 극우 사회라는 것을 드러낸다. 프랑스 유권자들이 평균적 한국인의 문화적 심성을 지녔다면, 르펜은 결선 투표도 필요없이 막바로 대통령이 되었을 것이다. 그것은 유럽의 시간과 한국의 시간이, 비록 단절되지는 않았을지라도, 꽤 다르다는 뜻이다. 그러나 외국인이 비교적적은 한국 사회에서 극우성은 일반적 의미의 인종주의로 표출되지 않는다. 그러면 한국 사회의 극우성을 전형적으로 드러내는 것은 무엇인가? 그것은 많은 사람들이 얘기하듯 광신적 반공주의, 곧 다른 정치적 이념적 견해에 대한 폭력적 불관용인가? 내 생각은 다르다. 한국 사회에 만연된 극우적 심성을 전형적으로 체현하고 있는 것은, 내가 보기에는, 지역주의다. 우리 사회 지역적 소수파의 입지는 다인종 사회에서 인종적 소수파가 놓여 있는 처지와 비슷하다. 그것이 한국의 지역주의를 우리가 알고 있는 몇몇 사회의 전형적 지역주의와 다르게 만드는 것 같다. 르펜의 국민전선을 비롯한 모든 극우 운동이 보여주었듯, 극우의 핵심적 원리는 피를 기준으로 한 순수와 배제의 원리다. 이 원리는 한국 사회에 넘쳐나고 있고, 그것을 전형적으로 드러내는 것이 지역주의라는 것이 내 판단이다. 다소 과감하게 들릴지 모르지만, 나는 『조선일보』의 극우성이 그 신문의 반공 지상주의에 있다기보다는 격렬한 지역주의(전라도 배제)에 있다고 생각한다. 그것은 한나라당의 경우도 마찬가지다.

한국의 지역주의는 영남과 호남의 '대립'을 큰 틀로 삼는다. 여타 지역의 지역주의는 이 큰 틀에서 파생된 부산물이라고 할 수 있다. (또는 맥락에 따라 영남은 '비호남'으로 확장될 수도 있고, 드물기는 하지만 호남이 '비영남'으로 확장될 수도 있다.) 우리가 알고 있는 인종주의가 그렇듯, 영남 대 호남의 '대립'도 대칭적인 것은 아니다. 다시 말해 두 지역 주민집단이 지닌 지역주의가 동일한 질의 것은 아니다. 다소 거칠게 말하자면 영남의 지역주의는 패권적이고 적극적이고 공격적인데 비해 호남의 지역주의는 반작용적이고 소극적이고 방어적이다. 그런데 인종주의라는 것이 우월하다고 인정되는 인종이 열등하다고 인정되는 인종에게 갖는 태도와 감정을 주로 가리킨다면, 지역주의도 우월하다고 인정되는 지역 주민집단이 열등하다고 인정되는 지역 주민집단에게 갖고 있는 태도와 감정을 주로 가리킨다고 할수 있다. 그러므로 영남에 대한 호남의 지역주의보다는 호남에 대한 영남의 지역주의가 더 전형적인 지역주의다.

그러면 지역주의가 왜 극우 이데올로기인가? 그것이 고결하고 순수한 피에 대한 집착이고, 거기서 비롯된 배제의 욕망이기 때문이다. 그것이 피의 문제가 아니라고 말하는 사람이 있을지도 모른다. 그래서 지역 문제는 극우와 무관하다고 생각하는 사람이 있을지 모른다. 그러나 한국 사회에서 지역은 곧 피로 환원된다. 그것이 상상된 혈연이라고 할지라도 말이다. 생각해 보라. 우리 사회에서 전라도 사람과 경상도 사람의 결혼이 얼마나 별나게 여겨지는지. 그 결혼이 결렬됐을 때, 그것은 주로 '전라도 핏줄', '전라도 씨'에 대한 경상도 쪽 부모들의 거부감 때문에 생기는 결과라는 것을 우리는 경험적으로 알고 있다. 사실, 인종주의에 대한 알베르 메미의 유명한 정의, 곧 "어떤 공격을 정당화하기 위해서, 현실적인 또는 상상적인 차이들을, 공격자에게는 유리하고 피해자에게는 불리하도록 결정적으로 일반화해 가치를 부여하는 것"은 전라도 사람에 대한 영남 사람들의 지역주의에도 적용할 수 있다. 다시 말해 한국의 지역주의는 인종주의의 다른 이름이다.

이 밖에도 지역주의는 전형적 극우 이데올로기인 파시즘의 모든 특징을 나눠 갖고 있다. 우선 지역주의는 감정적이고 비합리적이다. 그래서 그것은 편견에 늘 노출돼 있다. 경상도 사람과 관련돼 거론되는 많은 긍정적 특징들과 전라도 사람과 관련돼 거론되는 바로 그만큼의 부정적 특질들을 생각해 보라. 지역주의는 주민집단 사이의 평등을, 곧 인간의 평등을 인정하고 싶어하지 않는다. 그것은 경상도 사람과 전라도 사람의 평등을 인정하는 데 인색하다. 거기서 자연스럽게 도출되는 것은 지도자 원리다. 이 원리에 따르면, 사람들 사이에는 그리고 집단들 사이에는 지적으로나 윤리적으로 우열의 차이가 있으므로 지도해야 할 사람이나 집단, 지도 받아야 할 사람이나 집단은 정해져 있다. 한국에서 지도해야 할 지역적 집단은 영남 출신이다. 그 영남을 정점으로 한 지역적–'인종적' 위계질서의 맨 아래에 전라도가 있다. 김대중 정권에 대한 영남 사람들의 정서가 과도하게 적대적인 것은 바로 이 '자연적인' 위계질서를 그것이 뒤집어놓았다는 데 있을 것이다. 우리 사회의 비대(肥大) 신문들은 바로 이 '자연적인' 위계질서를 회복하기 위해 총포보다 위험한 펜을 마구 휘두르는 언어의 십자군들이다.

신분제로서의 지역주의

한국의 지역주의는, 흔히 지적되고 있는 바와 달리, 경제적 이해관계와는 직접적 관련이 옅어 보인다. 물론 그것의 출발점은 경제적 정치적 영역에 있었겠지만, 이제는 그 출발점에서 멀리 떨어져 있는 것 같다. 그것은 차라리,『딴지일보』편집장 최내현이 흘끗 시사했듯, 일종의 관념적 신분질서와 더 친밀감이 있어 보인다. 영남 사람이 영남(이나 영남과 연계된) 정치인을 지지할 때, 그것이 반드시 경제적 이득을 바라고 하는 것은 아니다. 심지어 정치적 이득을 바라고 하는 것도 아니다. 그것은 주로 지지자의 만족감에 기여할 뿐이다. 다소 비대칭적이지만, 그것은 호남의 경우도 마찬가지다. 가장 가난한 영남 사람들이 자신들의 계급적 이해와 상충되게 '부자를 옹호하는 영남 정권'을 지지하듯, 가장 부유한 전라도 사람들도 자신들의 계급적 이해와 어긋나게 '부자를 덜 옹호하는 전라도 정권'을 지지한다.

그렇다는 것은 지역주의가, 비록 근원적으로는 경제적 문제에 닿아 있을지라도, 현상적으로는 피와 관련된 문제, 상상된 혈연을 매개로 한 비합리적 친밀감의 문제라는 뜻이다. 그래서 그것은 다인종 사회의 인종주의에 견줄 만하다. 위에서도 잠깐 비쳤듯, 전라도 사람과의 결혼이 다른 지역에서 기피되는 데서도 그것을 알 수 있다. 다인종사회의 인종주의도 근원적으로는 경제적 층위에 닿아 있다. 그리고 그것은 경제의 얼개를 통해 강화된다. 그러나 그것은 일차적으로 피의 문제, 심리적 신분질서의 문제다. 우리 사회의 지역주의도 그래 보인다. 그래서 다인종 사회의 인종주의나 한국의 지역주의는, 비록 그것들이 근대 사회에 만연해 있지만, 전근대적-반(半)봉건적 심성의 산물이라고 할 수 있다. 그럴 일이 일어나기는 매우 어렵겠지만 혹시라도 전라도 지역의 경제적 지위가 경상도 지역의 경제적 지위보다 우월하게 될 때, 경상도와 전라도 사이의 심리적 우열관계가 역전할까? 장기적으로는 그럴 것이다. 그러나 그것이 당장 역전하지는 않을 것이다. 그래서 지역주의와의 싸움은 인종주의와의 싸움처럼 봉건성과의 싸움, 봉건적 심성과의 싸움이다. 그것은 더러 계급 문제와 겹쳐지기는 하지만, 근본적으로 신분제의 문제다.

사람이 경제적 우열에 따라 갖는 우월감·열등감은 신분적(곧 인종적, 내지는 한국 사회에서는 지역적) 우월에 따라 갖는 우월감·열등감에 견주어 뿌리가 얕다. 일본은 경제로 세계를 제패했지만, 일본인들은 유럽과 북아메리카의 백인들에게 여전히 열등감을 지니고 있다. 거꾸로 유럽인들은 경제적으로 일본에 밀리면서도 마음속으로는 여전히 우월감을 지니고 있다. 거기에 (공식적) 역사의 기억, 역사의 무게가 개재하기 때문이다. 그러니까 이 우월감·열등감은 경제적 층위를 벗어난 문화적인 것이라고도 할 수 있다.

김대중 정권에 대한 영남 사람들의 과도한 분노는 이를테면 잠시나마 아랫것을 모시고 살게 된 처지를 견딜 수 없어 하는 윗분의 심정과 통하는 데가 있어 보인다. 출세한 종을 모시고 살아야 하는 영락한 주인의 심정 말이다.

그런 심리적 귀족의 마음자리는 어떤 꼴을 하고 있을까? 유시민은 『97 대선 게임의 법칙』이라는 책에서 1987년 대선 기간에 대구에서 목격한 사례를 이렇게 묘사하고 있다.

골목 시장 한 모퉁이에서 생선 장수, 생닭 장수, 참기름집 아저씨, 야채가게 아주머니 등등 보통 시민들이 모여서 선거 이야기를 하는데 누군가 대낮부터 한 잔 걸친 거나한 목소리로 말한다.

"전두환이가 참말로 잘하기는 다 잘했는데 딱, 한 가지는 잘못한 기 있다 아이가."

"먼데?"

"김대중이 안 죽이고 놔둔 거. 그기 잘못한 거 아이가 이 말이라."

생각이 똑바른 사람이 하나도 없으면 여기저기 맞장구치는 소리와 더불어 토론 아닌 토론은 끝이 나고, 그 사람은 또 사람 모인 곳을 찾아 슬며시 사라진다. 그러나 개중에 그래도 양식 있는 사람이 하나라도 있어서 그나마 토론 비슷한 것이 이루어졌다.

"와? 김대중이가 니한테 돈을 돌라 카더나, 아이먼 니 딸을 내노라 카더나? 와 그 사람을 죽이뻐라 카노?"

"김대중이, 그거 순 뺄갱이 아이가!"

"그 사람이 뺄갱인지 아인지 니가 우째 아노? 진짜 뺄갱이라 카모 박대통령이나 전두환이가 그냥 내뻐리 놨겠나. 그라고 뺄갱이하고 선거하는 노태우는 등신이라 말이가?"

"이 사람 이거, 혹시 고향이 전라도 아이가? 수상한 사람이네 이거…, 우쨌기나간에, 선거할 때 표나 마아 똑바로 찍어라. 영삼이 찍어주머,

김대중이 찍는 기나 마찬가지라꼬 안 카나. 영삼이 갖꼬는 대중이한
테 절대로 몬당하는 기라."

토론은 여기서 끝난다. (『97 대선 게임의 법칙』, 1997, 돌베개, 58쪽)

유시민의 책에서 이 장면은 당시 노태우 진영에서 영남 유권자들
의 '전략적' 투표 행위를 부추기기 위해 수행한 선동의 사례로 제시
되었다. 그러니까, 김대중을 죽이지 않은 것만 빼놓으면 전두환이 다
잘했다는 발언은 노태우 선거운동원의 것이다. 이런 선동이 대구 사
람들에게 적어도 부분적으로는 먹혔다는 것이 유시민의 증언이다.
그런데, 만일 김대중이 전라도 사람이 아니더라도 이런 선동이 먹혔
을까? 그랬을 수도 있겠지만, 적어도 그 감염력이 훨씬 약했으리라
고 나는 생각한다. 사실 그에게 씌워진 '빨갱이'라는 굴레는 '전라
도'라는 굴레에 견주면 2차적인 것이었다. 빨갱이는 피와 관련된 것
이 아닌 데 비해, 전라도는 피와 관련된 것이기 때문이다. 인간 도살
자에 대한 파렴치한 선양과 그 피해자들의 정치적 문화적 대리인(으
로 간주되었던 사람)에 대한 이 이해할 수 없는 증오. 이것은 거의 인
성의 파탄이라고 할 만하다. 이렇게 파탄한 인성이 대한민국 도처에
넘쳐났고 지금도 넘쳐나고 있다. 이런 인성의 파탄이 바로 극우 이데
올로기로서의 지역주의라는 옷을 입은 '신분제'의 소산이라고 나는
생각한다.

또 한 가지 사례를 보자. 『한겨레21』 402호(2002년 3월27일자)에는
노무현 바람이 일어나고 있던 시점의 영남 지방 민심 탐방기사가 실
려 있다. 정인환 기자가 쓴 그 기사의 한 대목은 이렇다.

'노무현 돌풍'에 대한 반응도 엇갈린다. 달성 공원에서 만난 아무개(정기자는 이 취재원의 이름을 밝혔으나 여기서는 묻어두기로 한다―인용자)(73) 씨는 "노무현이 그 사람 전두환 대통령한테 명패 집어 던진 사람 아이가"라고 되물으며 노골적인 반감을 드러냈다. 하지만 경북대생 태한성(21. 법학2) 씨는 "요즘 텔레비전을 통해 노무현 씨 애기가 자주 나와 눈여겨보고 있다"며 관심을 표시했다.

여기서도 대구의 한 노인은 전두환을 감싼다. 이 노인의 태도는, 전두환에 대한 정치적 평가를 떠나서, 광주에서 죽은 사람들의 목숨을 극도로 하찮게 여길 때에만 나올 수 있는 태도다. 노인은 특정 지역의 동료 시민들을 인간 세상의 울타리 바깥으로 추방함으로써 스스로 인간 이하로 추락한다. 나는 여기서 한 순간 절망한다. 인성의 파탄으로 돌진하는 맹목적 지역주의의 사나운 날 앞에서 내가 완전히 무력하게 느껴지기 때문이다. 물론 전두환을 향한 이 노인의 마음가짐은 그 노인 앞에서 절망하는 나를 포함한 인간의 근원적 비루함과도 관련이 있는지 모른다. 그 비루함을 어떤 맥락에서는 보수성이라고 불러도 좋을 것이다. 이 비루함, 이 보수성은, 자신의 실제 처지가 어떻든, 기를 쓰고 자신을 주류와 일치시키려는 욕망과 관련이 있을 터이다.

사람들이 '근본이 있는 집안'과 '근본이 없는 집안'을 대하는 태도는 아주 다르다. 근본이 있는 집안이 영락했을 때 사람들은, 자신들이 근본이 있든 없든, 그들에게 연민을 느끼거나 심지어 연대하기까지 한다. 그러나 근본이 없는 집안이 귀하게 됐을 때, 사람들은 그들을 경멸하거나 질투한다. 이것은 순수한 경제적 차원에서도 어느 정도 그렇다. 어느 날 망해 버린 부자는 연민의 눈길을 받게 되지만, 어느 날 부자가 된 가난뱅이는, '졸부(猝富)'라는 말에서도 드러나듯, 경멸과 질시를 받게 된다. 한국 사회에서 경상도는 말하자면 근본이 있는 집안이고, 전라도는 말하자면 근본이 없는 집안이다. 영남 사람들이 바라보는 김대중 정권은 프랑스 왕당파 귀족들이 바라보았던 제1제정이다. 김대중은 외딴 섬 미천한 신분 출신의 왕위찬탈자인 것이다. 김대중이 특히 불행한 것은 그에게 코르시카 출신 황제에게 비견될 만한 정치적 군사적 재능도 야심도 업적도 없다는 것이다.

근본 있는 집안 출신으로서 영남 사람들의 긍지와 거드름은 흔히 '양반의식'으로 표출된다. 불과 백여년 전까지만 해도 영남 사람들의 반 이상이 (다른 지방 사람들과 마찬가지로) 성(姓)이 없었다는 것, 지금 (심리적으로) 고귀한 신분이 돼 있는 그 사람들의 많은 수가 노비였다는 것을 생각하면 이것은 얄궂은 일이다. 그러나 전통적 신분제가 무너지고 역사의 변덕에 힘입어 영남이 정치적 경제적 최고권력자들의 분만실이 되자, 영남은 내적으로 융화돼 집단적으로 고귀한 신분이 되었다. 월드컵 축구의 한 순간 열기 속에서 한국인 모두가 단군의 후손이 된 것처럼 말이다. 이 새로운 신분을 다소 모호하게 '계급'이라고 불러도 좋을 것이다.

정확히 말하자면 영남 사람들 모두가 순수하게 고귀한 신분이 된 것은 아닌지도 모른다. 영남의 주민집단은 서울로 이주한 '대갓집 주인마님들'과 영남에 남은 '대갓집 비복들'로 나뉘어졌다. 영남에 남아 있는 대갓집 비복들은 서울로 이주한 주인마님들에게는 고개를 숙이지만, 그 이외의 모든 주민집단 위에 '심리적으로' 군림한다. 그리고 자신들의 경제적 이해(利害)를 상상된 신분질서 속에 용해시키며, 출사(出仕)의 야심을 품은 서울의 주인마님들을 무조건 지지한다. 한국은 전형적인 자본주의 계급 사회라기보다는 유사 신분 사회에 가깝다(지나치면서 하는 말이지만, 북한 역시 크게 다르지 않은 듯하다). 15년 전 김용옥이 일갈한 대로, 어쩌면 우리는 아직 왕조 시대를 벗어나지 못하고 있는지도 모른다. 한국이 아직도 이런 신분 사회라면, 예컨대 복거일의 근본적 자유주의마저 일정한 진보적 힘을 발휘할 수 있다. 복거일이 하이에크에게 기대어 발설한 이런 견해를 보자.

통념과는 달리, 황금이 만능인 사회는 실은 좋은 사회다. 자유의 본질과 그것을 지키는 데 필요한 것들에 대해 가장 깊이 연구한 사람들 가운데 하나인 하이에크가 얘기한 것처럼, 돈을 내면 무엇이든지 살 수 있는 것이 아니라 파는 사람이 그 돈을 내는 사람의 특질을 따진 뒤에야, 곧 인종 성별 신분 종교 출신지역 따위를 따져 파는 사람이 정한 기준들에 맞아야, 비로소 무엇을 살 수 있는 사회를 상상해보면, 이 점이 이내 드러난다. 돈이 있어도 신분이 낮으면 좋은 재화들을 즐길 수 없는 전통적 귀족 사회나 인종 성별 종교 또는 출신성분에 따라 차별적 대우를 한 나치 독일이나 남아프리카 연방이나 공산주의 사회들이, 바로 그런 예들이었다. 그래서 '황금 만능'을 개탄하는 사람들은 자신들의 복을 탓하는 것이다. 구매력만을 보고 그 뒤에 선 사람을 보지 않는 자본주의 사회가 소수파들을 가장 잘 보호하는 사회라는 밀턴 프리드먼의 얘기는 바로 그 점을 가리킨 것이다.(『소수를 위한 변명』, 1997, 문학과지성사, 62쪽)

그러니까, 흔히 신자유주의라고 불리는 근본적 자유주의(자유지상주의에 가까운)도, 리버럴리즘이나 사회민주주의와 마찬가지로, 지금의 한국 사회에서는 진보의 힘이 될 수 있다. 물론 이것이 이론적인 가능성일 뿐이기는 하다. 한국에서 근본적 자유주의를 내세우는 이들은 은밀히 또는 노골적으로 극우와 손을 맞잡고 있는 경우가 흔하다. 그것이 반드시 근본적 자유주의자들의 문제만은 아닐지도 모른다. 정치권만이 아니라 지식인 사회에서도 자신의 이념적 일관성 여부에 유의하는—즉 자신의 일구이언을 경계하는—사람들을 찾기 힘든 것이 한국 사회다. 거기에다, 극우가 주류가 돼버린 사회에서 그 주류로부터 백안시되지 않으려는 욕망도 한몫했을 것이다. 아무튼 한국이 정신적 근대화로 나아가는 길은 계급의식의 성장과 겹쳐 있고, 그것을 가능하게 하기 위해서는 리버럴이나 사회민주주의자만이 아니라 근본적 자유주의자들도 극우와 손을 끊어야 한다. 그런데, 이론적으로만 보면 극우와 한 하늘을 이고 살 수 없을 것 같은 인사들이 버젓이 극우와 손을 잡는 데는 우리 사회의 극우가 카멜레온처럼 변색에 능하다는 사정도 작용하는 것 같다.

극우는 피, 곧 선천적 특질을 기준으로 삼은 타인의 배제라는 우리의 정의로 다시 돌아오자. 그 극우는 규모에 따라 가족주의나 학벌주의(학벌이 흔히 그 사람의 선천적 능력의 표상으로 간주된다는 점에서 경직된 학벌주의는 일종의 극우 이데올로기다)의 형태를 띨 수도 있고, 지역주의나 국가주의나 민족주의의 형태를 띨 수도 있다. 이런 크고 작은 극우 이데올로기가 찬양되거나 적어도 용인된다는 점에서 한국은 극우 사회다. 나는 위에서 한국 사회의 극우성, 『조선일보』나 한나라당이 선동하고 강화하는 극우성이 주로 지역주의에서 드러난다고 말했다. 그러나 이들이 겉으로 표나게 내세우는 것은 국가주의다. 그런데 그것을 받아준다고 해도 한국의 극우는 불구적 극우다. 그 국가주의는 반쪽짜리 국가주의다. 그 국가주의 선동가들이 제 자식들을 영 군대에 보내기 싫어하는 부류여서만은 아니다. 더 중요한 것은 『조선일보』와 한나라당의 국가주의가 외세의존적 국가주의이기 때문이다. 프랑스에서 가장 반미적인 성향은 국민전선과 그 지지자들에게서 나오지만, 한국의 극우는 친미와 친일의 본산이다. 『조선일보』가 대표하는 한국의 극우에 이렇게 내적 일관성이 결여된 만큼, 그들에게 맞서는 싸움도 지리멸렬해질 수밖에 없다.

극우를 몸통으로 삼고 있으면서도 개별 기사들의 논조가 그 때 그 때의 단기적 이해 관계에 따라 신자유주의와 좌파 이데올로기의 자장(磁場)까지를 자유자재로 오락가락하듯, 『조선일보』는 국권 상실기의 친일 문제(정확하게는 '일본 제국주의와 천황제 파시즘에 대한 협력 문제'라고 해야겠지만, 관례에 따라 '친일 문제'라는 표현을 쓰기로 하자)에서도 서로 모순된 두 논리로 자신을 방어한다. 첫째는 친일의 역사 자체를 부정하는 것이다. 이 주장의 한 버전에 따르면 『조선일보』는 갑자기 항일민족해방전선의 기관지가 된다. 사실 『조선일보』의 역사에 민족좌파의 흔적이 없는 것은 아니다. 1920년대 후반에 좌우합작 민족운동을 선도한 신간회는 『조선일보』를 그 둥지로 삼았다. 그러나 이 민족좌파는 『조선일보』 역사의 주류가 아니라 돌출한 매버릭에 가까웠다. 정통 좌파는 말할 나위 없이 더 그랬다. 그런데도 『조선일보』 기자 박헌영의 좌익 항일운동 기록은 어느 날 갑자기 『조선일보』 항일운동의 증빙서류로 제시된다. 그러나 『조선일보』는 바로 그 박헌영의 공산주의를 공격하는 것으로 먹고산다.

그러다가 일제시대『조선일보』역사의 주류가 친일적이었다는 것이, 그것도 앞뒤 안 가리고 속곳까지 다 벗은 친일이었다는 것이 드러나게 되면,『조선일보』는 또 하나의 논리를 들고 나온다. 그 당시의 역사적 상황에서 친일은 불가피했을 뿐만 아니라 어느 정도 바람직했고, 친일 세력은 근대화 세력으로 이어지며, 그 친일-근대화 세력에 의해 이 나라가 이 만큼이라도 됐다는 것이다. 요컨대 그들은 때로는 친일의 역사를 부정하고, 때로는 친일의 역사를 내세운다. 이 두 상반된 논리 사이의 길항과 파탄은『조선일보』편집자들에게 아무런 부끄러움을 주지 않는다. 그들의 두뇌 컴퓨터는 도대체 버그나 에러라는 것을 모른다. 이것이 한국 극우의 그로테스크한 모습이다. 그래서 통상적인 정치적 오리엔테이션을 기준으로『조선일보』의 극우성을 규정하는 데는 어려움이 있다. 결국 지금 단계『조선일보』의 극우성은 격렬한 배제의 열망에 있고, 그것은 이념적 배제라기보다 특정 주민집단에 대한 배제라는 판단이 깔끔하다.

『조선일보』에 전라도 출신 편집 간부들이 매우 드물었고 지금도 드물다는 지적은 오래된 것이다. 그것은 이 신문의 교묘하되 일관된 반(反)전라도 논조와 내적 연관을 지녔을 것이다. 최근에는『동아일보』가 정부 비판을 가장한 이 반(反)전라도 캠페인에 가세해『조선일보』를 추월할 기세다.『동아일보』는 그 창업자가 전라도 사람이라는, 요컨대 '전라도 신문'이라는 '태생적 한계'를 극복하기 위해 안간힘을 쓰고 있는 것 같다. 인구에 회자되었던 「대구 부산에는 추석이 없다」는 기사는『조선일보』로서도 시도할 수 없었을, 아니 '태생적 한계'가 없는『조선일보』로서는 시도할 필요도 없었을, 영남 주민집단에 대한 '대담하고 환상적인' 아부다. 김만흠의 최근 연구에 따르면『동아일보』는 영남 출신의 기고자 비율을 『조선일보』 이상으로 높였고, 호남 출신 기고자의 비율을 『조선일보』 이하로 낮췄다(『뉴스메이커』 2002년 6월20일자 참조).

소수파와 어깨를 겯고

자기 집단과 선천적으로 다르다고 (주로는 열등하다고) 생각되는 집단의 배제는 모든 극우 운동의 특징이고, 그것은 유럽의 극우 정당들에서도 그대로 드러난다. 우리 논의의 출발점이었던 국민전선을 프랑스의 다른 정당들과 구별하는 가장 큰 특징은 반(反)이민정책과 치안 강화론이다. 사실 이 둘은 동전의 양면을 이루는 것이다. 외국인은 곧 범죄자이기 때문이다. 그것은 단순한 편견에 머무르지 않고 통계의 도움까지 받고 있을지 모른다. 가난하고 충분히 통합/동화되지 않은 외국인이 범죄의 유혹을 느끼게 되는 것은 자연스러운 일인지 모른다. 그럴 때 범죄자와 외국인의 표상은 겹친다. 한국에서 곤궁한 타향살이에 찌든 전라도 사람과 범죄자의 표상이 겹치듯. 그래서 일제 때 '센징'이 범죄자였듯, 지금은 '라도'가 범죄자인 것이다. 사람들은 범죄를 성정과 관련시키고 싶은 유혹에 기꺼이 굴복하게 되고, 마침내 체자레 롬브로조 이래 유럽을 풍미한 우익 범죄인류학에 전라도 사람도 멋지게 모델로 참여하게 된다. 결국 한국의 지역주의는 유럽에서의 인종주의와 본질이 동일하다.

심성이나 운동으로서의 한국 극우가 외화한 형태인 지역주의를 해체하는 길은 어디에 있는가? 막막하다. 몇 가지 상투적 제안으로 책임을 면하자. 우선 전라도 사람의 처지에서는 당당해지는 것이다. 스스로를 비하하는 사람을 남이 존경해주는 법은 없다. 예컨대 나는 전라도 사람으로서, 전라도 사람에 대한 경멸적 표현인 '라도'라는 말을 사랑하려고 애쓴다. 사실, '라도'라는 말은, 거기 들러붙은 이미지들을 걷어내고 들어보면, '상도'나 '청도'라는 말에 견주어 그 소리 느낌이 밝고 우아하다. 나는 가만히 '라도'를 되뇌어 본다. 라도, rado, lado…… 나보코프의 말투를 훔치자면, 혀끝이 두 번 이뿌리를 때리며 떨어질 때 나는 이 말에 한없는 애정을 느낀다(아Q식의 '정신승리법'이라고 조롱해도 할 말은 없지만). 그리고 전라도 사람으로서 자신이 받은 모욕에 대해 다소 거칠게 반응하는 것도 나쁘지 않다. 전라도 사람은 아니지만 한때 진중권이 인터넷글에서 보여준, 영남우월주의자들에 대한 격렬하고 경멸적인 공격은, 점잖지 못하다는 느낌은 있었지만, 그 황폐한 심성의 젊은이들에게 역지사지(易地思之)의 미덕을 가르쳐주었을 수도 있다고 나는 판단한다. 전라도의 자긍심이나 어떤 형태의 힘이 영남의 그것과 엇비슷해질 때만, 영남 우월주의자들은 화해의 손길을 내밀 것이다.

김대중의 가장 큰 실책은 연이은 부패 스캔들이 자신의 임기말을 만신창이로 만들도록 놓아두었을 만큼 무신경했다는 것이라기보다, 전두환 노태우를 사면하고 박정희기념관 건립에 국고를 지원하겠다는 결정을 내린 것이다. 그것은 무슨 역사적 정의의 수립이라는 거창한 대의를 떠나서도 우스꽝스러운 짓이었다. 김대중은 그 순간 자신을 역사의 승자로 생각하고 너그러움을 보였는지 모르겠으나, 그는 사실 전혀 승자가 아니었다. 그가 자신이 승자가 아니라는 것을 알아서, 즉 약자라는 것을 의식하고 그것 때문에 그런 너그러움을 보였다고 해도 마찬가지다. 약자의 너그러움은 비굴함에 지나지 않는다. 그것은 강자의 야비함을 절대 교정하지 못한다. 역사의 대의를 위해서나, 전라도 차별의 철폐를 위해서나, 그 자신을 위해서나, 그는 반란군 우두머리 출신의 두 전직 대통령을 감옥에 그대로 두어야 했고, 박정희에 대해서는 신경을 꺼야 했다.

그가 전라도 출신 대통령으로서 영남을 배려하는 방법은 따로 있었다. 그는 자신이 이끄는 행정부를 오로지 영남 출신으로 채울 수도 있었다. 적어도 자민련 몫을 제외한 국무위원들 전원을 영남 출신으로 채울 수도 있었다. 박정희와 전두환의 파쇼정권에 반대했던 영남 사람들로 말이다. 영남에 그런 사람들은 많았다. 조작된 인혁당 사건 희생자들은 다 영남 사람들이었다. 이념적으로 의심을 받지 않을 만한 사람들 가운데도 그런 사람은 많았다. 주위에 호남 사람을 두지 않고는 영 안심이 안 됐다면, 그들을 내각 이외의 다른 권력기관에 배치하는 것으로 만족할 수도 있었을 것이다.

그러나 그는 그러지 않았다. 그는 여타의 권력기관만이 아니라 내각에까지 박정희와 전두환의 때가 묻은 전라도 사람을 다수 끌어들임으로써, 비대 신문들의 추악한 지역주의 선동(그것이 특히 추악하게 느껴지는 것은 애초에 TK니 PK니 하는 말이 나오도록 만든 이전 정권들의 더 지독한 싹쓸이 인사에 대해 이 신문들이 쥐약이라도 먹은 듯 침묵을 지키고 있었기 때문이다)이 영남 사람들에게 쉽게 먹히도록 도왔을 뿐만 아니라 정부의 색채를 보수적으로 만들었다. 세상 물정 모르는 소리라는 타박을 들을 각오를 하고 말해보자면, 나는 그가 왜 첫 조각 때 노무현을 쓰지 않았는지 모르겠다. 그리고 왜 추미애 같은 이를 정부에 들이지 않았는지 모르겠다. 국무위원 대다수를 자신과 뜻을 같이 하는 영남 사람이나 비호남 사람으로 채웠을 경우에,

김대중은 '전라도 정권'이라는 비판을 근본적으로 봉쇄하면서 정부를 자기 이미지에 걸맞은 컬러로 만들 수 있었을 것이다. 아무튼 그가 깨끗지 못한 과거를 지닌 전라도 출신 관료들을 중용하는 한편, 죽은 박정희에게 '화해'의 제스처를 보낸 것은 최악의 실책이었다. 그리고 앞으로 분단 한국에서 호남 출신 대통령이 다시 나오기는 어려울 것 같으므로, 김대중은 전라도 출신의 최고 권력자라는 좋은 자리에서 지역주의를 완화할 절호의 기회, 어쩌면 최후의 기회를 날려버린 것이다.

그를 청와대에 둔 한국 사회는 약자의 너그러움이란 강자의 비웃음을 사게 마련이라는 것을 신물나게 보여주었다. 그러나 여기서 『조선일보』와 한나라당의 선동에 박수를 친 영남의 심리적 귀족들 역시 한 가지 실책을 저질렀다. 그들은 김대중이 맞아야 할 매의 몇 곱절을 인격화한 전라도인 김대중에게 쏟음으로써, 전라도 사람들을 좌절로 몰아넣으며 깊은 깨달음을 안겼다. 조금 성급한 단언일지는 모르겠으나, 앞으로 오래도록 경상도 컬러가 강한, 곧 전라도 정서에 눈길을 주지 않는 영남 출신 대통령은 나오지 못할 것이다. 소수 집단으로서의 전라도 (출신) 주민에게는 자력으로 자기 지역 출신 인사를 대통령으로 만들 힘은 없지만, 적어도 영남 출신의 대통령을 저지시킬 힘은 있기 때문이다. 물론 여기에는 조건이 붙는다. 전라도 출신 인사가 대통령 후보로 나서지 않는다는 조건이다. 그것을 알고 있는 전라도 사람들은 앞으로 전라도 출신의 야심가들에게 압력을 가해 후보를 사퇴하도록 할 것이다. 그리고 영남 출신 후보와 맞서는 후보에게 표를 몰아줄 것이다. 그렇다는 것은, 다시 말하지만, 앞으로 오래도록 '전형적인' 영남 출신 대통령이 한국에 나오기 힘들다는 뜻이다.

이번 12월에 새 대통령으로 누가 뽑히든 그가 영남의 심리적 귀족들을 충분히 만족시켜줄 것 같지는 않다. '대통령 이회창'은 경상도의 심리적 귀족들에게 별로 매력적이 아니라는 것이 이내 드러날 것이다. 이회창 개인의 퍼스낼리티로 보아 그가 영남 세력을 업고 집권했다고 해서 영남 출신의 부패하고 보수적인 테크노크랫 위에 꼭두각시로 얹혀 있지는 않을 것이다. 무엇보다도 그는 영남 사람이 아니다. 처가가 영남이라고는 하지만, 그의 본가는 기호에 있고, 외가는 전라도다. 그리고 '대통령 이회창'은 섭정이나 수렴청정을 절대 달가워하지 않을 사람이다. 그는 자신에게 압박을 가하려는 영남 출신 '후견인들'에게 가혹하게 본때를 보여줄지도 모른다. '대통령 노무현'도 영남의 심리적 귀족들을 충분히 만족시키지는 못할 것이다. 그는 김대중과 절연할 수는 있겠지만 전라도 주민집단과 절연할 수는 없을 것이다. 지역주의 해소는 노무현의 정치 역정을 떠받쳐온 중심적 지향이었을 뿐만 아니라, 이 경상도 사나이를 옛 집권당의 대통령 후보로 만든 극적 계기가 광주 사람들의 선택이었기 때문이다.

나로서는 당선 가능성을 매우 낮게 보고 있는 정몽준 역시 지역구가 영남에 있을 뿐 영남 사람은 아니다. 박근혜가 영남 사람이기는 하지만, 그가 집권하리라고 믿는 사람이 있을까? 그런 사람이 있다면 의사를 만나보라고 권유하고 싶다. 요컨대 이번 대통령 선거에서 영남의 심리적 귀족들은 제 맘에 딱 드는 당선자를 보지 못하게 될 것이다. 그러면 앞으로는? 앞으로도 다르지 않을 것 같다. 예측이 아니라 단지 바램일 뿐인 것 아니냐고 누가 비웃는다고 해도 사실 할 말이 없기는 하다. 그러나 노무현 정도로 전라도 사람에게 어필하지 않는 영남 정치인이 대통령이 될 수는 없을 것이다. 다시 말하지만, 전라도 (출신) 유권자 수는, 만일 그들이 단합한다면, 어떤 인물을 대통령으로 당선시키기에는 부족할지라도 그를 선거에서 지게 만들기에는 충분하기 때문이다. 그런데 노무현 정도로 전라도 사람들에게 신뢰를 얻어낼 영남 출신 정치인이 가까운 미래에 다시 나올 수 있을까 싶다.

그러나 전라도 차별이나 지역주의의 장기적 궁극적 해결은 개인주의의 확산에 달려 있을 것이다. 한 개인에게서 집단의 표상만을 읽는 집단주의가 융성하는 한, 소수집단에 대한 차별은 사라질 수 없다. 전라도 차별을 떠받치고 있는 집단주의 정서는 우리 사회에서 외국인 노동자, 장애인, 동성애자, 이혼녀, 미혼모 등 모든 문화적 소수파를 차별하는 관행의 사회심리적 근거이기도 하다. 집단으로부터 해방된 주체적 개인들이 우리 사회의 다수파 속에서 늘어날수록, 소수파들 역시 주체적 개인의 자리를 확보할 가능성을 키울 수 있을 것이다.

어려운 처지에 놓이고서야 어려운 사람들의 처지를 더 잘 이해하게 되는 것은 인지상정이다. 영남의 심리적 귀족들에 대한 진중권의 더러 거칠었던 언사는 그런 교육 프로그램의 일환이었을 것이다. 그런 만큼 나를 포함한 전라도의 심리적 천민들은, 그런 심리 상태를 이겨내도록 애쓰는 것과 동시에, 외국인 노동자에서 장애인에 이르는 우리 사회의 소수파를 옹호하는 데 더 관심을 기울이는 것이 옳다. 그리고 그것은 강준만이 얘기했듯, 전라도 내부의 보수주의 내지는 극우적 습속을 벗어버리는 것을 출발점으로 삼아야 한다. 예컨대 광주일고니 광주고니 전주고니 하는 이른바 지역 명문고 출신 인사들이 호남 안에서 구역질 나는 패권주의를 포기할 때, 그들이 밖을 향해서도 떳떳이 극우적 심성과 습속의 해체를 주장할 수 있을 것이다.

순수를 넘어서

노무현에 대한 이야기로 이 글을 마무리하자. 나는 한국의 극우 공기를 환기시키는 데 올 12월의 대통령 선거가 매우 중요하다고 생각한다. 노무현은 영남의 심리적 귀족들과 전라도의 심리적 천민들을, 부분적으로나마, 동시에 만족시킬 수 있는 유일한 후보다. 그래서 '노무현 대통령'은 제도 정치 차원에서 지역주의 해소에 첫 걸음을 내딛을 수 있는 천금 같은 기회다. 게다가 만약에 이번 대선에서 그가 낙선한다면 경상도 출신 대통령은 앞으로 오래도록 나오지 못하리라는 것을 영남의 심리적 귀족들은 한 번쯤 생각해 보아야 한다. '전두환 청문회'에서 내동댕이쳐진 명패는 노무현의 시민적 양식을 상징한다. 그가 영남 출신 정치인으로서 지금까지 영남 지역주의에 맞서 싸워온 이력은 그가 영남 대통령이 아니라 대한민국 대통령이 될 수 있다는 것을 뜻한다. 게다가 내가 보기에 노무현은 우리 정치권에서 정말 찾기 힘든 이지적 인물이다. 이회창에게는 그의 화사한 이력이 만들어낸 이지의 분위기가 있을 뿐이지만, 노무현에게는 실제의 이지(理智)가 있다. 대통령이 꼭 이지적이어야 할 필요는 없지만, 이지적 대통령이 드물었던 우리 사회에서 그런 대통령을 갖는 것이 나쁜 일은 아니다.

노무현의 진솔한 말투를 두고 한나라당에서 '시정잡배' 운운했던 모양이다. 좋다. 그는 시정잡배다. 그러나 나는 그 시정잡배를 위해 한 마디 변명의 말을 하고 싶다. 시정잡배의 코드는 그 자체가 민주주의적이다. '시정(市井)'은 다름 아닌 민중의 생활공간을 가리키고, '잡(雜)'은 극우 심성의 핵심에 자리잡은 순수욕(純粹慾)의 대척으로서 혼효(混淆)를 의미하기 때문이다. 그것은 외부를 향해 열려 있는 21세기 민주주의의 코드다. 노무현이야말로 같은 성(姓)의 어느 정치인이 우습지도 않게 떠들고 다녔던 '보통 사람의 시대'를 구현할 수 있는 인물이다. 좋다. 노무현의 말투가 천하다고 하자. 그런데 그 말투가 박정희 만년의 황음(荒淫)보다 더 천한가? 히딩크가 남긴 소박한 교훈 가운데 하나는 연줄을 벗어난 사람 쓰기를 통해 일의 효과를 극대화할 수 있음을 보여준 데 있다고들 말하는 모양이다. 진부하고 상투적인 논평이긴 하지만, 그른 말도 아닌 듯하다. 만일 그렇다면, 그것 하나만으로도 연고와 인맥이 부실한, 그래서 그것들에서 자유로울 수 있는 '대통령 노무현'을 지지할 충분한 이유가 된다.

(2002년)

전라도 생각

가시내 생각

지난 1995년 9월의 어느 밤, 나는 우리 네 식구가 세든 지 얼마 안 된 파리의 한 아파트에서 「가시내」라는 제목으로 쪽글 하나를 썼다. 그때부터 일주일 남짓, 나는 '사랑의 말들'이라는 주제를 염두에 두고 짧은 글들을 백 개쯤 날렸다. 그리고 그 단상(斷想)들 가운데 일부를 그 이듬해 봄에 『사랑의 말, 말들의 사랑』이라는 책으로 묶었다. 「가시내」라는 글은, 그것이 맨 처음에 쓴 글이어서가 아니라 그 제목이 '가'로 시작된 덕분에, 글들을 제목의 가나다 순서로 벌여놓은 그 책의 첫머리에 실렸다. 그 '가시내'로 이 전라도 이야기를 시작하자. 그 글은 매우 사적이고 편벽된 글이지만, 어쩌면 바로 그것 때문에, 「가시내」 못지않게 사적이고 편벽될 이 글을 이끌 만하다.

가시내라는 말은 대부분의 한국어 사전에 올라 있지 않다. 그러나 가시내의 뜻을 모르는 한국 사람은 없을 것이다. 모두 다 알다시피 가시내는 계집애의 전라도 사투리다. 그리고 아마 그 말의 얕은 뿌리는 아내나 계집붙이를 뜻했던 중세 한국어 갓 또는 가시에 박혀 있을 것이다. 아내의 어머니 즉 장모를 속되게 이르는 가시어미나, 아내의 아버지 즉 장인을 속되게 이르는 가시아비, 또 지어미와 지아비 즉 부부를 속되게 이르는 가시버시라는 현대어에 갓 또는 가시라는 중세어의 흔적이 남아 있다. 중세의 흔적을 몸뚱어리에 새기고 있는 그 현대어들이 속된 느낌을 지니고 있는 것은, 살아 있는 언어 가운데 가장 오래되고 가멸찬 문명이 뒷배를 보고 있는 중국어 옆에서 가늘고 질긴 목숨을 이어왔던 어떤 변두리 언어의 피할 수 없는 운명일 것이다.

아주 소박한 민간 어원의 수준에서라면 갓인 아이 즉 계집붙이에 속하는 아이라고 분석할 수 있을 가시내도, 그것의 표준어인 계집애처럼, 어떤 맥락에서는 약간 속된 울림을 지닌다. 서로 스스럼없는 사이에나 쓸 수 있는 말이라는 뜻이다. 그렇지만 그 속됨의 정도는, 내 언어 감각으로는, 계집애의 경우보다 약하다. 그것은 전라도 것이 서울 것보다 윗자리에 앉아 있는 아주 희귀한 경우다.

한국 사람이라면 누구나 다 알다시피, 전라도는 속됨과 천스러움의 상징이다. 모든 더러움과 상스러움과 너절함과 잡스러움과 능갈맞음과 간악무도함이 전라도라는 쓰레기통에, 차라리 똥통에 처박혀 있다. 좀 멋부려 얘기하면 전라도라는 판도라의 상자에 담겨 있다. 게다가 그 상자 속엔 희망도 없다.

그 곳은 文氣의 땅이 아니라 色氣의 땅이다. 그 곳은 鄒魯의 鄕이 아니다. 質朴과 崇文과 信義의 鄕이 아니다. 그 곳은 背德과 邪淫과 荒

雜의 鄕이다. 오사리잡놈과 불여우의 땅이며, 불상놈, 판상놈, 초친 놈, 건설방, 걸레부정, 단거리서방의 땅이며, 일패·이패·삼패의 덥추와 더벅머리와 논다니와 계명워리와 달첩의 땅이다. 놈팡이와 갈보와 뚜쟁이와 거사의 땅이다. 온갖 개잡년들, 개잡놈들의 땅이다.

전라도를 예향이라고 추켜세우는 외지 사람들의 말투에서 나는 광대나 사당이나 은근짜나 통지기년을 짐짓 이해의 눈길로 바라보는 여염집 선남선녀의 덜떨어진 도덕적 우월감을 읽는다: 藝란 곧 淫이다, 品이란 곧 淫이다. 그걸 납득하기 위해서 공자 시대까지 거슬러 올라갈 필요는 없다. 내가 따르는 어느 소설가가 내게 가르쳐주기를, 몰리에르 시대의 연극 배우들은 대체로 직업적 창녀였단다. 배우에 대한 사회적 평가가 그때와는 견줄 수 없을 만큼 높아진 지금도 사정은 크게 다르지 않을 것이다. 손보기와 감탕질은 그들 생업의 본질적 부분이다.

예술이란 곧 잡년·잡놈들의 너절한 기예다, 라고 굳이 내가 말하고 싶은 것은 아니다. 내가 말하고 싶은 것은, 전라도를 예향이라고 추켜세우는 외지 사람들의 말투에서 예술이란 곧 잡년·잡놈들의 기예다, 라는 함축이 읽힌다는 것이다. 그것은 전라도 사람으로 반생을 살아온 내가 지니고 있는 지나친 자의식 때문일지도 모른다. 전라도에서 9천 킬로미터를 떨어져 살면서도 훌훌 떨쳐낼 수 없는 그 자의식.

전라도 음식의 맛깔스러움을 얘기하는 외지 사람들의 말투에서도 나는 그 맛깔스러움을 전라도적 성정의 비루함으로 이어나갈 채비를 차리고 있는 해묵은 「特質攷」의 억양법을 읽는다. 배은과 변덕과 시치미의 상징으로서의 그 맛깔스러움. 그것 역시, 전라도 사람으로 살아온 내가 떨쳐버릴 수 없는 자의식 때문인지도 모른다. 내 삶이 다하는 날까지 내 사지에 끈끈하게 들러붙어 있을 그 자의식.

지난날, 전라도를 아랫녘이라고 불렀던 것은 여러 모로 마땅한 바가 있다. 바로 그 곳이야말로 허튼 계집의 땅이고, 노는 계집의 땅이며, 화냥년의 땅이니까. 요컨대 모든 아랫녘 장수들의 땅이니까. 전라도 말 가시내는, 그러니까, 계집붙이 가운데 그런 천한 것들의 이름일 수밖에 없다. 그러니 묘하다. 그런데도, 적어도 내 느낌으로는, 가시내라는 말에는 계집애라는 말 정도의 賤氣도 없으니 말이다.

계집애라는 말에서 내가 말많고 되바라진 서울까투리의 이미지를 얻는 데 견주어, 가시내라는 말은 내게 어떤 새침데기의 이미지를 준다. 그때의 새침데기는, 새침데기 골로 빠진다는 속담이 가리키는, 겉으로는 새치름하되 속은 엉뚱한, 그러니까 맹랑한 계집애가 아니다. 그때의 새침데기는 수줍음 속에 수억 년의 처녀를 간직하고 있는 알짜배기 요조숙녀다. 그러니까, 가시내라는 전라도말에는, 내 느낌으로는, 계집애라는 서울말에보다 더 풋풋한 기운이, 더 싱그러운 풋기운이 배어 있다. 되바라진 가시내도 없지는 않겠지만 가시내의 사랑은 대체로 풋사랑이다.

가시내의 풋사랑, 벼락 같은 정겨움을 뒷맛으로 남기는 사랑, 산뜻한 감칠맛의 사랑, 어색한 입맞춤의 뒷맛이 혀에 감기듯 남아 있는 그런 풋풋한 사랑, 그러나 동시에 갑이별이 예정돼 있는 사랑, 한때는 청순 가련했을 흑산도 은근짜들의 그 까마득한 첫사랑, 세상 모든 논다니들의 아득한 풋사랑, 마침내는 판도라의 사랑, 내 누이의 悲戀.

나는 『사랑의 말, 말들의 사랑』이라는 책을 만들며, 이 글을 넣을까 말까 망설였다. '가시내' 라는 말이 '사랑의 말들' 에 속하는지가 내게 불분명해서는 아니었다. 가시내라는 말은 나이가 내 몸에서 정열을 꽤 뽑아가버린 지금도 더러 내 가슴을 울렁거리게 한다. 내가 망설인 것은 이 글에서 내가 너무 전라도 사람 티를 낸 것 아닌가 하는 자의식 때문이었다. 그 짧은 글에서 나는 "전라도 사람(의) 자의식"이라는 말을 네 번 썼다. 그리고 '전라도'라는 말을 열 번도 훨씬 넘게 썼다. 게다가 이 글에서 그 '전라도'라는 말 하나하나는 지리적 명칭이 아니라 정서적 기호였다. 말하자면 이 글은 강한 전라도 정서에 실려 있었고, 그 전라도 정서는 과장된 자학이나 체념의 정조에 가까웠다. 그 정서는 보기 흉한 패배주의의 정조였다. 아니, 말이 좋아 패배주의지 그건 한마디로 청승이었다. 나 같은 전라도 사람이든 아니면 '외지' 사람이든, 이 글의 느끼한 패배주의나 구질구질한 청승에 눈살을 찌푸리지 않을 사람은 없을 것 같았다. 그것이 내가 이 글을 넣을까 말까 망설인 이유였다.

그러나 나는 결국 이 글을 넣기로 결정했는데, 그 이유는 이랬다. 우선 '사랑의 말들'이라는 주제를 생각했을 때 내게 처음 떠오른 말이 '가시내'였고, 그래서 이 글이 가장 먼저 쓰여졌다는 사실이 이 글을 버리는 걸 주저하게 만들었다. 게다가, '가시내'라는 말이 내게 강렬한 '사랑의 말'이라면, 그것은 내가 전라도 사람이라는 사실과 분리될 수 없는 것이었다. 내가 '기집애'라는 말을 먼저 배웠는지 '가시내'라는 말을 먼저 배웠는지 정확히는 모르겠다. 아마 '기집애' 쪽이었기 쉬울 것이다. '기집애' 쪽이 부모님 말투니 말이다. 나는 아마 '가시내'라는 말을, 어려서 들르곤 했던 전주의 외가에서 배웠을 것이다. 외종사촌들이나 이종사촌들에게든, 외숙이나 이모에게든. 내가 '가시내'라는 말을 더 늦게 배웠을 거라고 짐작하는 이유 가운데 하나는, '가시내'라는 말에서 내가 대뜸 떠올리는 얼굴들이 내 친누이들이 아니라 이종사촌누이들이나 외종사촌누이들이라는 점이다.

스무 살을 넘긴 뒤로는 전주에 간 적이 거의 없지만, 유년기나 십대 때 나는 전주엘 곧잘 들렀다. 아주 어려서는 어머니를 따라 갔고, 십대 때는 더러 혼자 가기도 했다. 기실, 나는 교동의 내 이모님 댁에서 자유로운 낙오자로서 십대의 몇 개월을 보낸 적도 있다. 내가 이종사촌들이나 외종사촌들 모두와 친하게 지냈던 것 같지는 않다. 그러나 내 또래의 사촌들과는 꽤 가깝게 지냈다고 말해도 좋을 것 같다. 그 가운데서도 '머슴애들'보다는 '가시내들'과 더 잘 어울렸다고 말하는 것이 올바른 회상일 것이다. 시간 앞에서 버텨낼 수 있는 것은 아무 것도 없어서, 그 '가시내들'도 이제 죄 마흔을 넘겼다. 아무튼 '가시내'라는 말은 내게 서늘한 사랑의 말이고, 그 '가시내'는 내 사촌누이들과, 그 전라도 여자들과 분리되지 않는다. 어쩌면 여기서 '전라도 여자들'이라는 말은 부적절하거나 필요없을지도 모르겠다. 무슨 말이냐 하면, 내게 '가시내'라는 말은 전라도 여자 일반이 아니라 어린 시절의 내 사촌누이들을 뜻하는지도 모르겠다는 말이다. 정말, 그런 것 같다. 그 사촌누이들 말고는 다른 '가시내들'이 이내 떠오르지 않는다. 그렇다면, '가시내'라는 말이 내게 자아내는 울렁거림은 어린 시절의 심리적 인세스트가 뿌려놓은 낙진(落塵)인지도 모른다. 그렇더라도, 그 '가시내'는, 그리고 그 말이 불러일으키는 울렁거림은, 내 안에서 전라도와 분리되지 않는다. 내 외가가 평양이나 청진이었다면, 내 '사랑의 말들'에서 '가시내'는 다른 말로 바뀌었을 것이다. 결국 나는 이런 생각들 끝에 「가시내」라는 글을 그 책에 넣기로 했다. 그리고 책이 나온 뒤에, 그 결정을 후회하지 않았다.

김현 생각

지난 6월로 김현이 죽은 지 10년이 되었다. 누구에게나 그렇듯이, 김현에게도 친구들만큼이나 적이 있었을 것이다. 그리고 장점이나 강점만큼 단점이나 약점이 있었을 것이다. 그러나 생전의 김현에 대한 지인(知人)들의 기억은 대체로 따뜻한 사람, 섬세한 사람 쪽인 것 같다. 요컨대 긍정적 기억이 압도적인 것 같다. 일반적으로 고인에 대해서 나쁜 말 하는 걸 꺼리는 우리 습속을 감안해도 그렇다. 예컨대 고인의 문학관의 어떤 부분에 대해 여러 차례 가차없는 비판을 제출한 바 있는 이동하 같은 이도 김현 비판의 어느 자리에서 이런 고백을 하고 있다.

20세를 전후한 시기에 김현의 글을 읽지 않았더라면 나는 지금의 내가 되어 있지 않을 것이다. 그리고 후일 나 역시 한 사람의 평론가가 되어 그를 다시 만났을 때 그가 언제나 변함없이 보여준 인품은 그의 수많은 동료·후배 문인들을 매료시켰던 바와 마찬가지로 나 역시도 매료시키기에 부족함이 없는 것이었다. 인간적 매력의 강렬성에 있어서 그는 아폴리네르를 연상시키는 바가 있었다. 강렬한 인간적 매력이 단순한 인간적 매력의 자리에 머물러 있도록 내버려두지 않고 문학계를 움직이는 실제적인 힘으로까지 그것을 확장해갈 수 있었다는 점에서도, 진정한 문학적 역량으로 그것을 뒷받침할 수 있었다는 점에서도, 또 때이른 죽음으로 말미암아 많은 사람들에게 깊은 아픔을 안겨주었다는 점에서도, 그는 아폴레네르를 연상시킨다. 그러고 보면 김현의 신화화라고 부를 만한 현상이 그의 사후 하나의 강력한 흐름

을 이루게 된 것은 수긍이 가고도 남는 일이 아닐 수 없다.(『한국문학
과 비판적 지성』, 새문사, 1996, 80~81쪽)[1]

　나와 자주 어울리는 시인 하나는 언젠가 내게 김현 이야기를 하면
서, 자기는 그가 너무 따뜻한 사람이어서 틀림없이 그에게 어떤 상처
가 있을 거라는 생각을 했었다고 털어놓았다. 그런데, 김현 전집 마
지막 권에 실린, 홍정선이 쓴 연보 「뜨거운 상징의 생애」를 보니, 그

---

[1] 이동하 씨는 내가 가장 즐겨 읽는 저자들 가운데 한 사람이다. 그가 비교적 다산성의 필자이고 또 글
을 발표하는 지면이 더러는 내 시선이 쉽게 미치지 못하는 곳이어서 그때그때 그의 글을 읽어내지는
못하지만, 일단 책으로 묶여 나온 글들은 그 대부분을 읽었다고 말할 수 있다. 그의 장처(長處)는 비
평의 대상이 되는 글을 꼼꼼히 읽고 그것에 대한 자신의 관점을 치밀하게 논리화해내는 데 있다. 그
래서 이동하 씨의 비평문이 빛을 발하는 것은 작품론이나 작가론에서보다는 메타 비평에서이고, 구
체적인 작품이나 작가를 다룰 때에도 그는 주제 비평에 특히 뛰어나다. 그가 지난 1998년에 쓴
「1960년대 말의 참여 논쟁에 관한 고찰―이어령·김수영 논쟁 및 선우휘를 중심으로 한 논쟁」(『한
국 문학 속의 도시와 이데올로기』, 태학사, 1999에 수록) 같은 글은 그의 꼼꼼함과 미시적 논리벽을
표본적으로 보여준다. 그런 꼼꼼함과 미시적 논리벽에서 이동하 씨와 견줄 만한 사람으로 내가 얼른
떠올릴 수 있는 이는 진중권 씨 정도다. 그러나 그런 꼼꼼한 독서와 미시적 논리벽은 흔히 맥락의 부
력에 취약하다. 말하자면 그 꼼꼼함과 논리벽이 서로 다른 맥락의 물결을 타게 되면 전혀 다른 해안
에 이를 수도 있다. 이동하 씨와 진중권 씨의 정치적 입장이 크게 벌어져 있는 것은, 두 사람의 기질
차이도 있겠지만, 꼼꼼한 독서와 미시적 논리벽을 실어 나를 맥락의 물결을 고르는 데서 두 사람이
다른 결정을 내렸기 때문일 것이다. 이동하 씨는 또 강준만 씨와도 닮았다. 그냥 닮은 정도가 아니
라, 내가 보기에는 매우 닮았다. 접근하는 주제나 사용하는 제재들이 다르기는 하지만, 이동하 씨와
강준만 씨는 둘 다 우리 사회의 주류적 견해랄까, 통념이랄까 하는 것을 기탄없이 뒤집어버리는 일
이 잦다. 그들은 주류나 통념보다는 자신들이 생각하는 진실에 더 충성스럽다. 그들에게는 우상이
없다. 피천득 씨와 전혜린의 수필에 대한 이동하 씨의 매몰찬 비판을 나는 커다란 공감 속에서 읽었
다. 이동하 씨와 강준만 씨의 글에서는 권위주의의 냄새가 나지 않는다. 아마 그것과도 무관하지 않
겠지만, 그들은 논쟁 상대의 세속적 '위계'를 따지지 않는다. 그들은 스승뻘 되는 사람이든 제자뻘
되는 사람이든 글에서는 똑같이 대한다. 그리고 그들은 둘 다 자신들의 주장을 떠받칠 논리를 외국
이론가들의 글에서 빌어오지 않는다. 그들이 믿는 것은 오직 자신들의 판단력이다. 그러니까 그들의
지적 자립성은 우리 사회의 주류적 견해에 대해서만이 아니라 외국의 첨단 이론들에 대해서도 또렷
하다. 강준만 씨도 가끔 사용하는 '기지촌 지식인'(나는 이 말 자체가 혐오스럽다)이라는 말은 그가
가르쳐준 바에 따르면 김영민 씨의 발명품인 듯한데, 그 '기지촌 지식인'이라는 딱지에서 자유로운
사람으로 내가 제일 먼저 떠올릴 수 있는 이가 이동하 씨다. 물론 대한민국 자체가 하나의 거대한
'기지촌'이라면, 그 기지촌 학교의 우수한 학생이었던 이동하 씨에게도 구미적(歐美的) 사고가 배어
있지 않을 수는 없을 것이다. 실은 그가 한때 자신을 지탱하는 두 개의 지주로 내세웠던 기독교 신앙
과 비판적 합리주의는 온전히 유럽적인 것이다. 그러나 이동하 씨의 기독교나 비판적 합리주의는 특
정한 지식 체계라기보다는 그 자신이 보편이라고 생각한 세계관이었으므로 그걸 가지고 그를 '기
지촌 지식인'이라고 할 수는 없다. 적어도 이동하 씨는 김영민 씨나 강준만 씨가 사용하는 뜻에서의

런 것이 없는 듯해 뜻밖이었다는 것이다. 상처가 있는 사람만이 남의 상처를 따뜻하게 어루만져줄 줄 아는 법이라고 그 시인은 생각했던 모양이다. 그러나 누구나 그렇게 되는 것은 아닐 것이다. 자기 내면의 상처가 타인의 상처에 대한 따스한 시선이나 속깊은 배려로 이어질 수도 있지만, 그 반대로 타인에 대한 지나친 공격성이나 극심한 이기주의로 굴절될 수도 있을 것이다. 그것은 심리적 트라우마를 소

'기지촌 지식인'은 아니다. 만약에 이동하 씨가 '기지촌 지식인'이라면, 대한민국의 지식인 전부가 '기지촌 지식인'일 것이고, 그럴 경우엔 '기지촌 지식인'이라는 말 자체가 무의미하게 될 것이다. 게다가 1990년대 중반 이후의 이동하 씨 글을 보면 그는 기독교 신앙을 포기한 듯하다. 아무튼 자신의 글의 논거를 외국 문헌에서 찾지 않는다는 점에서 이동하 씨와 강준만 씨는 닮았다. 그러나 이 두 사람은 또 크게 다르다. 그렇지 않다면 자신을 결코 극우라고 생각하지 않을 강준만 씨가 이동하 씨를 '따뜻한 극우'라고 불렀을 리는 없다. 강준만 씨만이 아니라 나도 이해할 수 없는 것이 이동하 씨가 동시에 보듬고 있는 두 개의 극단이다. 이동하 씨의 자유주의는 최근 들어 거의 복거일 씨의 것만큼이나 래디컬해졌다. 그런데 그런 래디컬한 자유주의자가 박정희에 대해서 온건한 태도를 보이고『한국논단』같은 '극우 삐라'에 글을 연재한 것은 엽기적이라고밖에 말할 수 없다. 기묘한 것은 이동하 씨의 자유주의가 점점 더 래디컬해지면서, 즉 그의 자유주의에 리버태리어니즘의 빛깔이 점점 더 짙어지면서, 그에 비례해서 박정희에 대한 그의 태도가 오히려 점점 더 너그러워지고 있다는 것이다. 그의 자유주의가 지금보다 더 온건했을 때, 즉 그가 하이에크보다는 포퍼에 가까웠을 때, 박정희에 대한 그의 태도는 단호했었다(이동하 씨는 하이에크와 포퍼를 뭉뚱그려 '엄밀한 의미에서의 자유주의'라고 말하지만, 내가 보기에 그 두 사람의 생각은 꽤 이질적이다. 포퍼는 복지 국가에 대한 관심이 하이에크의 경우보다 명료하다. 포퍼가 시장과 국가 사이에서 대체로 균형을 취하고 있다면, 하이에크는 시장 쪽에 바짝 붙어 있다. 곧 개인적 자유에 대한 열망에서 하이에크는 포퍼보다 더 과격하다. 이동하 씨가 '엄밀한 의미에서의 자유주의'라는 말로 리버태리어니즘을 가리키려고 했다면, 포퍼는 이동하 씨가 말하는 '엄밀한 의미에서의 자유주의자'는 아니다). 개인적 자유에 대한 이동하 씨의 열망이 과격해질수록, 그 개인적 자유의 압살자였던 박정희에 대한 이동하 씨의 태도는 너그러워진다! 미국 정부 안팎의 일부 리버태리언들이 미국의 국익을 위해서 제3세계의 유사 파시스트들에게 너그러웠던 것은, 그것이 비록 그 리버태리어니즘의 논리적·윤리적·심미적 파산을 의미한다고 해도, 최소한 레알폴리틱의 관점에서 설명이 가능하다. 그러나 한국의 리버태리언 지식인 이동하 씨가 한국의 유사 파시스트 박정희에게 너그러운 것은 그런 수준의 설명 가능성마저 남겨놓지 않고 있다. 아니, 억지로 그 설명을 하자면 북한 체제의 위협에서 그 실마리를 찾을 수는 있겠다. 이동하 씨도 그렇게 생각하겠지만, 김일성 체제는 분명한 악이었다. 나는 그것이 박정희 체제보다도 더 큰 악이었다고 생각한다. 그러나 그 사실이 박정희 체제를 정당화할 근거가 되는가? 극좌 삐라가 악이라는 것이 극우 삐라를 정당화할 근거가 되는가? 우리가 선택할 수 있는 가능성이 오로지 두 가지였다면, 말하자면 김일성 아니면 박정희였거나, 극좌 삐라 아니면 극우 삐라였다면, 이동하 씨의 선택에도 이해할 만한 점이 있다. 그러나 이동하 씨가 자유주의자라면 그런 상황을 전제할 수는 없을 것이다.『한국문학과 비판적 지성』의 서문에서 그는 자신의 "정신의 틀 전체가 일종의 혼돈 상태에 빠져들고 말았다"고 고백한 바 있는데, 그는 아직 그 혼돈에서 벗어나지 못한 것 같다. 삶의 어느 갈피에서 나를 계몽하기도 한 이동하 씨의 이 혼돈은 나를 혼돈스럽게 한다.

화하고 변용하고 표현하는 개개인들의 기질에 달린 것일 터이다. 아무튼 내가 아는 시인은 김현의 따뜻함에서 그의 상처를 짐작했다. 그리고 내가 아는 한 그 시인은 퍽 따뜻한 사람이다. 어쩌면 그에게도 무슨 상처가 있는지도 모르겠다. 그는 자신의 경험에 비추어 김현에게 어떤 상처가 있는지 알고 싶었는지 모른다. 그리고 김현이 죽은 뒤, 자신이 접하게 된 고인의 상세한 연보 안에서 그 상처를 짐작하지 못해 실망스러웠는지도 모른다. 중산층 가정에서 태어나 어려움 없이 성장기를 보냈고, 좋은 학교를 다녔고, 좋은 직장을 얻었고, 좋은 친구들 사이에서 자기가 하고 싶은 일을 하다가 간 김현의 생애에서, 그 시인은 아무런 결핍도 발견할 수 없었나 보다. 너무 일찍 죽은 것만이 아쉬울 뿐인 복 받은 삶.

　나는 그때 그 시인에게, 만약에 상처가 있는 사람만이 김현처럼 따뜻할 수 있는 것이라면, 그래서 김현에게도 어떤 상처가 있어야 한다면, 그것은 혹시 그가 전라도 사람이라는 것 아닐까 하고 말했다. 김현의 글이나 김현에 대한 글에서 몇 번 그런 기미가 읽혔기 때문이다. 내가 그때 그 시인에게 든 예 가운데 하나는 김인환의 글이다.

　『문학과 사회』 3호(1988년 가을)에는 '김현론'이라는 부제가 붙은 김인환의 「글쓰기의 지형학」이 실려 있다. 그 글은 이렇게 끝난다.

　폭력의 지배와 폭력의 왜곡이 역사의 밑흐름으로 지속되고 있다는 사실 앞에서 김현은 전율한다. 제의가 폭력을 잠시 비틀어놓는다고 하더라도 제의가 끝나는 바로 그 순간에 폭력은 다시 시작된다. 김현은 폭력을 거부하고 폭력에 대한 폭력을 거부하지만 폭력의 종식을 믿지 않는다. 그는 폭력을 그 자신의 몸에 난 불치의 상처로 앓고 있는 것이다. 어느 날 술자리에서 김현은 "전라도라는 것은 원죄야"라고 말했다. 내가 깜짝 놀라 그의 얼굴을 보았을 때 그는 잔잔히 웃고 있었다. 나는 왜 그런지 그가 울고 있다고 느꼈다.

그 시인의 말을 들었을 때 나는 얼른 이 글을 기억해냈고, 시인이 발견하고자 한 김현의 상처가, 만약에 시인의 생각대로 그런 것이 있어야 한다면, 혹시 전라도 사람으로서의 자의식이 아닐까 하는 데 생각이 미친 것이다. 그것은 물론 내가 전라도 사람이어서, 그리고 전라도 사람으로서의 자의식이 짙은 편이어서, 생각이 너무 앞질러나 갔는지도 모른다. 그 시인은 고향이 ―아버지의 고향이― 청진이다. 사실 나도 십여 년 전 김인환의 그 글을 읽으며 무척 놀랐다. 그 놀라움은 김현 정도 되는 사람도(김현은 물론 헌걸찬 정신의 사람이었겠지만 여기서는 외견상 유복한 사람이라는 뜻으로) 자신이 전라도 사람이라는 것에 무심하지 못하구나, 말하자면 전라도 사람으로서의 '자의식'이 있구나 하는 놀라움이었다(그 놀라움은 김현이 내게 처음 불러일으킨 것은 아니었다. 나는 그보다 훨씬 이전에 김우창에게서도 그런 놀라움을 겪은 적이 있다. 그 이야기는 뒤에 하겠다).

하기는 1980년 5월 이후로 전라도 사람으로서의 자의식이 없는 전라도 사람이 많지는 않을 것이다. 사실 김현은 그의 만년에 1980년 5월 사건에 대해 비록 간접적 방식으로나마 여러 차례 언급했다. 예컨대 그가 1987년에 상재한 『르네 지라르 혹은 폭력의 구조』(나남)의 「글 머리에」는 이렇게 끝난다.

욕망은 심리적·사회적인 것일 뿐만 아니라 종교적인 것이다. 욕망은 폭력을 낳고, 폭력은 종교를 낳는다! 그 수태·분만의 과정이 지라르에겐 너무나 자명하고 투명하다. 그 투명성과 자명성이 지라르 이론의 검증 결과를 불안 속에서 기다리게 만들지만, 거기에 매력이 있는 것도 사실이다. 나는 그래서 지라르의 이론을 처음부터 자세히 검토해보기로 작정하였다. 거기에는 더구나, 1980년의 폭력의 의미를 물어야 한다는 당위성이 밑에 자리잡고 있었다. 폭력은 어디까지 합리화될 수 있는가? 지라르를 통해 던지는 그 질문에는 또다른 아픔이 배어 있다.

그러나 '전라도'라는 상처가 1980년에 처음 생긴 것은 아니다. 그것이 1980년에 생긴 것이라면, 김현이 그것을 '원죄'라고 표현했을 리도 없다. 1980년에 그 상처가 크게 덧나기는 했지만, 그것은 그보다 훨씬 오래전에 생긴 상처다(뒤에 언급할, 나를 놀라게 한 김우창의 발언은 내 기억에 1980년 이전에 나온 것이다). 아무튼 김현은 『르네 지라르 혹은 폭력의 구조』를 시작으로 만년 들어 부쩍 폭력이라는 주제에 주목한다. '만인 대 일인의 싸움에 대하여'라는 부제가 붙은 「증오와 폭력」(1988), '미륵하생 신앙과 관련하여'라는 부제가 붙은 「폭력과 왜곡」(1988) 같은 평론들이 그 예다. 이 평론들은 김현의 생전에 나온 마지막 평론집 『분석과 해석』(1988)에 실려 있다.

「증오와 폭력」은 안정효의 장편 『갈쌈』과 전상국의 중편 「외딴길」에 대한 분석이다. 김현이 거의 지라르의 목소리로 얘기하고 있는 「증오와 폭력」에서 나는 1980년(과 어쩌면 1987년)에 김현이 입었을 상처를 읽는다. 앞질러 얘기하자면, 전라도라는 기호를 지워내고서는, 또는 더 구체적으로 김대중의 얼굴을 지워내고서는, 나는 그 글을 끝까지 읽을 수 없다. 지워내고 지워내려고 해도, 김대중의 얼굴은 어느 틈에 그 글의 활자 위에 앉는다. 마침내, 나는 그 글이 분석의 대상으로 삼고 있는 진짜 텍스트는 안정효의 『갈쌈』이나 전상국의 「외딴길」이 아니라, 김대중을 둘러싼, 또는 전라도를 둘러싼 사회 심리가 아니었을까 하고 의심한다. 내가 김현을 제대로 읽었는지를 판단할 자료로서 「증오와 폭력」의 문장들을 인용해보자. 정확한 맥락이 주어져 있지 않아 혼란스러운 독자들은 「증오와 폭력」을 직접 읽어보기 바란다.

내가 분석하려고 하는 그 인간학적 사실은, 어느 집단에서나 흔하게 목격할 수 있는, 모든 사람의 증오가 한 사람에게 무의식적으로 집중되는 현상이다. 정치에서 두드러진 그 현상을 뭐라고 명명할 수 있을 것인가에 대해 나는 오래 생각해봤으나 좋은 용어를 발견하지 못했는데, 잠정적으로 나는 그 현상을 만인 대 일인의 싸움이라고 명명하고자 한다.

마을에서 유일하게 피해를 입은 사람이 피해받지 아니한 사람들에게서 고립된다. 고립되는 이유는 불결하다는 것이다. (…) 마을 사람들은 언례를 불결해 함으로써 자신들의 불결함을 감춘다. 그들의 욕망의 불결함은 언례에게 투사되어 언례의 불결함은 그 깊이를 더해간다.[2]

---

2) 아래서도 되풀이되겠지만, 김현은 이 말을 하며 '만인 대 일인의 싸움'에서 일인의 역할을 맡고 있는 언례를 김대중 씨와 겹쳐놓고 있었던 것은 아닐까?

(따돌림에 동조하는 사람들의) 마음의 움직임은, 그녀는 피해를 당했다; 우리는 도와주고 싶지 않다; 그녀가 자살하면 해결되니까라는 마음의 움직임이며, 그것은 그녀는 불결하다라는 간교한 논리로 나타난다.

(따돌림에 동조하는 사람들의) 사유 중에서 제일 핵심적인 것은 사정이야 어찌 되었건이라는 것이다. 사정이야 어떠했든 그녀는 불결하다.

마을 사람들은 그녀를 고립시킴으로써, 그녀가 겪은 피해라는 전염병에서 자신들을 지키려 한다. 그것은 미움이 아니다. 그것은 차라리 자기 보호 본능과 같다. (…) 만인은 자신들도 피해를 입을까봐 한 사람을 격리시키고, 그의 피해를 그의 결함으로 변모시킨다.

그 과정에서 특이한 것은, 피해받은 사람까지도 결국은 자신의 피해를 자기의 성격적·신체적 결함으로 받아들이고 만다는 사실이다. 그는 자신의 피해를 보상받기 위해 싸우는 것이 아니라, 그것을 자신의 결함으로 인정하고 자신을 파멸시키는 데 스스로 동의한다. 자신을 파멸시키지 않으려면, 싸우거나 떠나야 한다. 그러나 그는 싸우지도 않고 떠나지도 않는다. (…) 언례는 고립되어 버림받은 자신을 더러운 벌레로 느낀다.[3]

만인 대 일인의 싸움은 늑대와 늑대의 싸움의 변형이다. 만인은 선량하고 피해받은 사람이며, 일인은 악랄하고 가해하는 사람이다라는 표

---

3) 이것이 이른바 '유태적 자기 혐오' 다.

면적 양상은, 서로는 서로에 대해 이기적이다라는 양상의 변형일 따름이다. 그런데, 왜 어떤 사람은 선량하게 보이고 어떤 사람은 악하게 보이는 것일까? 감추는 사람들은 선량하게 보이고, 못 감추는 사람은 악랄하게 보인다. 우선은 그렇다. (…) 그러나 정말로 한 사람을 악랄하게 만드는 것은, 제도 속에 들어가 있느냐 없느냐는 것이다. 제도 속에 들어가 있으면 선량하고, 안 그러면 악랄하다.

붙박이는 떠돌이를 두려워하고, 떠돌이는 붙박이를 미워한다. 이기는 쪽은 그러나 언제나 붙박이이다. 떠돌이는 순간적으로 이길 수 있으나, 그 이김은 배신·사기·밀고·강간·협박… 등의 이름을 갖고 있다.

전부 늑대들인 우리들은 우리가 늑대라는 것을 감추기 위해서 제도 바깥에 있는 한 사람에게 우리의 증오를 죄 집중시켜, 그를 악인으로 만들고, 그가 제도 안으로 들어오는 것을 막는다. 그는 악인이니까![4]

만인 대 일인의 싸움에 있어서, 만인의 결속이 이뤄지는 과정은 느리고 다양하지만, 한번 이뤄지면, 그 결속의 강도는 높다.

일인의 역할을 맡아 하는 인물은 떠돌이이거나 떠돌이에 가깝다. 토박이가 아니면서 마을에 들어온 사람이나, 마을에 뿌리 박지 못하고

---

4) 나는 이 대목을 읽으며 버나드 쇼가 했다는 재담 하나를 떠올렸다. 어느 기자가 쇼에게 물었다. "금요일에 결혼한 부부는 불행해진다는 속설을 믿으십니까?" 쇼가 대답했다. "물론 믿습니다. 금요일에 결혼한 부부라고 예외는 아닐 테니까요." 이어서 나는 이런 대화를 생각해냈다. "전라도 사람들은 신의가 없다면서요?" "물론이죠, 전라도 사람들이라고 예외겠어요?"

겉도는 사람은 일인의 역할을 맡기 쉽다. 그 경우, 그는 대개 토박이들과는 다른 표지를 갖고 있다. 그 표지는 성격상의 것이거나 신체상의 것이거나 신분상의 것이다.

일인에 대한 만인의 증오는, 기존 이익을 최대한 유지하여, 피해를 최소화하고 싶다는 바람의 다른 표현이다. 일인의 떠돌이가 만인의 토박이를 두렵게 하여, 그들을 똘똘 뭉치게 한다. 변화에 대한 욕망은 무질서에 대한 두려움으로 바뀌고, 가치의 변모는 혼란으로의 선동으로 이해된다. 너는 내 이익을 줄이려 하고 있다; 나는 네가 밉다―이 것이 만인의 표현이다. 그러나 그것을 그렇게 직설적으로 표현하면 너무 동물적으로 보이니까, 그 일인을 악인으로 만들어, 그에 대한 증오를 합리화한다. 나는 내 이익을 지키기 위해서 그를 미워하는 것이 아니라, 그가 악인이기 때문에 그를 미워한다. 그쪽이 훨씬 합리적이고 이성적이다. 그러나 위선적이다.

만인의 일인에 대한 싸움은, 그 일인이 대변하고 있는 집단에 대한 증오를 가리기 위한 것이다. 집단 대 집단의 싸움은 명분과 과정이 합리적이고 이성적이어야 한다. 그것의 결과가 반드시 한 집단에 유리한 것만도 아니다. 그래서 한 집단은 무의식적으로 적대 집단을 개인화하여 그에 대한 증오를 합리화시켜 그를 박멸하려 한다. 그 개인은 개인적 결함 때문에 박멸해야 한다. 그러면 싸움은 단순하고 명료해진다. 그가 주장하고 의미하는 것을 그의 개인적 결함 뒤에 감춰버리고, 그의 개인적 결함 때문에 그는 없어져야 한다고 만인은 주장한다. 개인은 집단보다 박멸하기 쉽다. 악인으로서의 개인은 그래서 태어난다. 사회적으로 한 개인에게 비난이 집중될 때, 그 개인이 의미하는 것이 무엇인가를 되물어보면, 만인과 개인이 어떤 철학적 기반을 갖는 집단에 속하는가가 분명하게 드러난다.[5]

만인의 증오의 대상이 된 사람이 죽은 뒤에 그가 어떻게 이해되고 받아들여지는가 하는 것은 제기해야 할 중요한 문제 가운데 하나다. 매우 독창적인 대답 중의 하나는 그는 사후(死後)에 성화(聖化)되는 경향이 있다는 것이다. (…) 만인의 증오의 대상이 되어 죽어간 사람은 그 사람이 대표하는 집단 때문에 성화되어 거룩하게 취급된다. 기존의 이익집단은 그를 죽여 자신들에게 적대적인 집단에게 위협을 가하는 한편, 그를 성화시켜 자신들에게 적대적인 집단을 위로한다. 누가, 어떻게 증오의 대상이 되었는가와 마찬가지로, 누가, 어떻게 성화되는가를 따져봐야 할 필요성은 거기에 있다. 나는 오늘 누구를 왜 미워하고 있는가, 나는 오늘 누구를 왜 성화하고 있는가라는 질문은 피할 수 없는 질문이다. 나는 동물이 아니라 사람이기 때문이다.[6]

나는 이 글에서 김현의 흐느낌을 듣는다. 물론 내 짐작대로 김현에게 전라도라는 상처가 있었다고 해도, 그것은 하찮고 사소한 것이었다고 말할 수도 있다. 다른 모든 것을 죄다 갖춘 사람이 자신의 사소

---

5) 이 글이 쓰인 것이 1988년이다. 만인 대 일인의 싸움을 설명하는 이 맥락에서 김현은 혹시 그 일인을 김대중 씨와 겹쳐놓고 있었던 것은 아닐까? 나는 그런 의심을 거둘 수 없다. 김대중 씨의 정적 누구도 전라도 사람이 싫다라고는 공개적으로 얘기하지 않는다. 문제가 되는 것은 김대중 개인이라는 것이다.

6) 나는 이 문단에서도, 만인의 증오의 대상이 된 일인을 김대중 씨와 겹쳐놓고 있는 김현을 상상한다. 1980년에 군사 법정이 김대중 씨에게 선고한 사형이 결국 집행됐다면, 그가 성화되었을지 어땠을지는 모르겠다. 확실한 것은 이 글이 쓰여진 지 네 해 뒤, 그리고 김현이 죽은 지 두 해 뒤, 김대중 씨가 자신의 세번째 대통령 선거에서 패배해 정계를 떠났을 때, 그가 특히 『조선일보』에 의해서 성화되었다는 사실이다.

한 문화적 불리를 과장하며 엄살을 떤다고 비판할 수도 있다. 그런 비판에 일리가 없다고는 할 수 없다. 그러나 김현에게 다른 모든 것이 다 갖춰져 있었는지도 알 수 없는 일이고, 거기서 더 나아가 가진 (것처럼 보이는) 자의 상처도 상처는 상처다. 특히 그 당사자에게는. 그 상처의 깊이를 남이 짐작하기는 힘들다. 김현은 자기 나름의 방식으로 그 상처를 드러냄으로써, 한국 사회의 집단주의적 폭력성의 한 자락을 고발했다고 나는 생각한다. 그리고 김현 개인의 내부에서 그 상처가 타인에 대한 따뜻함으로 나타났다면, 그것은 좋은 일이다. 만인 대 일인의 싸움을 얘기하는 김현의 흐느낌을 들으며 나는 그 일인 위에 김대중이나 전라도 사람을 포개 놓았지만, '표지를 지닌 소수'로서의 그 일인은 그밖에도 얼마든지 있다. 그 일인은 비근한 예로 우리 사회의 외국인 노동자나 장애인과 포개질 수도 있을 것이다.

『한겨레』에서 일할 때 김현에 대한 기사를 몇 차례 쓴 적이 있다. 그가 세상을 버리기 직전 팔봉비평문학상을 받았을 때부터 시작해 한 다섯 차례 그에 대한 기사를 썼을 것이다. 그 기사들은 자신이 '진보 진영'에 속한다고 생각하는 사람들에게 나를 비판할 빌미를 주었다. 나는 그런 비판을 면전에서 듣기도 했고, 지인들에게 전해 듣기도 했다. 그러나 십년 전이나 지금이나 나는 내가 김현에게 지나치게 후했다고는 생각하지 않는다. 팔봉비평문학상 기사는 대여섯 매 정도였고, 그의 부고 기사는 고작 네 매였다. 그 당시 『한국일보』는 그의 죽음을 전면으로 다뤘다(물론 『한국일보』가 주관하는 팔봉비평문학상을 수상한 지 얼마 안 돼 그가 타계했고, 그가 생전에 그 신문에 정기적으로 문화 칼럼을 기고했다는 사정도 작용하기는 했을 것이다).

그러니 그 빈약한 분량의 내 김현 기사들이 김현의 적대자들을 화나게 했다면, 그것은 내가 그에게 배당한 지면이 커서가 아니라, 그 지면이 『한겨레』였고, 내 기사가 그에게 우호적이었다는 것 때문이었을 것이다. 그러나 첫번째 이유는 좀 우스꽝스러운 것이다. 나는 『한겨레』가 김현과 어울리지 않는다고는 생각해본 적이 없다. 생전의 그는 자신이 자유주의자이고 개인주의자라고 공언했고, 그의 글들 역시 대체로 그 테두리 안에서 이해할 수 있다. 자유주의와 개인주의가 '근대 시민사회'의 중요한 특징이라면, 『한겨레』에 실린 김현 기사에 어떤 부자연스러움이 있을 것 같지는 않다. 내가 『한겨레』에 있었을 때만 생각해도, 그 신문의 문화면에는 김현보다 훨씬 이데올로기적으로 오른쪽에 있고 더구나 그 예술적 · 학문적 성취가 정녕 의심스러운 사람들에 대한 기사가 숱하게 실렸다. 그것은 부분적으로 『한겨레』 역시 대중매체라는 점을 뜻하는 것일 터이다. 대중매체가 모듬회의 성격을 완전히 탈피하기는 어렵다. 비록 모듬회에 따라 특정한 생선의 비중이 다를 수는 있겠지만. 백보를 양보해서 『한겨레』 지면의 김현이라는 이름이 어색하다는 것을 인정한다고 해도, 그것은 『조선일보』 지면의 백낙청이라는 이름보다는 훨씬 덜 어색하다. 더구나 생전의 김현은 『한겨레』의 정기구독자였을 뿐만 아니라, 한겨레신문사의 주주이기도 했다.

내가 쓴 김현 기사가 그에게 너무 우호적이어서 김현의 적대자들을 화나게 했다면, 그것은 이해할 만한 일이다. 내가 쓴 짧은 기사들에서 나는 김현에 대한 내 호감을 또렷이 드러냈다. 그것은 '자유주의'나 '개인주의'라는 말을 일종의 '으르렁말'(snarl word)로 사용하던 민중문학론자들이나, 그렇지 않더라도 이런저런 근거로 김현의 지적 정직성을 의심하던 사람들의 비위를 긁었을 것이다. 그러나 나는 생전의 김현에게 우호적이었고, 사후의 김현에게도 여전히 우호적이다. 나는 왜 그에게 우호적이었고, 왜 지금도 그에게 우호적인가? 무슨 다른 이유가 있겠는가? 그의 글이 좋았고, 지금도 좋기 때문이다.

지금 김현의 글들을 다시 읽어보면, 예전에 읽었을 때만큼 좋아 보이지는 않는다. 특히 청년 시절의 글들은 그렇다. 그것은 내가 이제 불혹의 나이를 넘겨 어지간한 일에 홀리지 않게 돼서 그런지도 모르겠다. 그 이유가 어디에 있든, 나는 조금 더 김현의 글을 거리를 두고 바라볼 수 있게 됐다. 그의 글은 화사함에서 황지우나 이광호에게 못 미치고, 치밀함에서 김인환이나 이인성에게 못 미친다.[7] 박람강기(博覽强記)에 대해서 말하자면, 김현의 오른편에 올 사람은 한국 지식인 사회에 넘쳐난다. 그러나 생전의 마지막 평론집『분석과 해석』과 그의 사후에 나온『말들의 풍경』에 실린 몇몇 평론들은 빼어나게 아름답다. 그 평론들은, 적어도 내가 보기에는, 한국어가 도달한 최고의 아름다움을 보여준다.

그가『분석과 해석』의 서문에서 "나는 내 자신이 조금씩 변화하고 있었다고 믿고 있었지만, 그 변화의 씨앗 역시 옛 글들에 다 간직되어 있었다. 나는 변화하고 있었지만 변화하지 않고 있었다. 리듬에 대한 집착, 이미지에 대한 편향, 타인의 사유의 뿌리를 만지고 싶다는 욕망, 거친 문장에 대한 혐오… 등은 거의 변화하지 않은 내 모습이다. 변화는 그 기저 위에서의 변화이다"라고 적었을 때, 그가 틀렸

---

7) 그러나 화사하다는 것이 꼭 어떤 글의 장점이 되지는 않을 것이다. 젊은 시절 못지않게 화사한 황지우 씨의 요즘 글을 읽으면 너무 짙은 화장을 한 노파가 연상된다. 그가 쓴 산문이라면 쪽글까지도 찾아 읽는 나로서는, 나이를 모르는 그의 탐미적 무절제가 마음에 걸린다.

다고는 말할 수 없겠지만, 완전히 옳았던 것도 아니다. 그가 자신의 정신의 나이가 멈춰 있었다고 말한 1960년의 18세 때부터 그는 거친 문장을 혐오했겠지만, 청년 김현의 글들을 다시 읽어보면 그 자신이 혐오한 거친 문장에서 그가 완전히 자유롭지 못했다는 것이 드러난다. 김현의 문장은 커다란 기조 위에서 변화하고 있었고, 그 변화의 폭은 김현이 생각했던 것보다 컸던 것이 아닌가 싶다. 아무튼 그 변화는 세련과 상승이라는 긍정적 변화였다. 글에 대한 그의 재능은 타고난 재능이 아니라, 다듬어진 재능이다. 그것이, 예컨대 김우창이나 백낙청과 김현이 다른 점이다.

청년 김우창이나 청년 백낙청의 글을 읽어보라. 그리고 갑년이 지나 그 두 사람이 쓴 글들을 읽어보라. 생각의 변화는 있지만, 그 생각을 실어 나르는 문장에는 커다란 변화가 없다. 청년 김우창이나 청년 백낙청의 문장은 지금 읽어도 단단하고 원숙하다. 김우창이나 백낙청의 글재주는 다듬어진 재능이 아니라 타고난 재능인 것 같다. 그것이 다듬어졌다면, 십대에 이미 다듬어진 재능일 것이다. 이런 평가가 김우창이나 백낙청에 견주어 김현을 깎아내리는 것은 아니다. 나는 김현 문체의 진화를 말하고 있는 것뿐이고, 그 문체의 진화는 김현의 진화이기도 하다고 말하고 있는 것이다. 그것은 김현이 고여 있지 않고 늘 흐르고 있었다는 뜻이기도 하다. 그리고 그런 움직임이 김현의 미덕이다. 그런 상향의 움직임을 통해 김현은 황지우가 '김현체'라고 부른, 눈이 시리도록 아름다운 스타일을 자신의 만년에 구축해 한국어의 재산을 불렸다.

나는 한국의 현역 비평가들의 문체가 거의 다 이 세 사람의 문체의 변주라고 생각한다(거기에 김윤식 정도를 보탤 수 있을지 모르겠다).

김우창의 문체에 감염된 후배 문인들이 비교적 적은 반면에, 백낙청이나 김현의 문체에 감염된 후배 문인들은 많다. 특히 김현의 경우가 그렇다. 김현의 문체는 독특하면서도 흉내낼 수 있는 문체다. 그것은 범재에게도 열려 있는 문체다. 나는 그것이 김현 문장의 단점이 아니라 장점이라고 생각한다. 그 문장의 그림자는 길고, 메아리는 우렁차다. 내가 쓰고 있는 이 글에도 김현의 그림자가 어른거리고 있다. 위에 인용한 문장 뒤에 이어지는 김현의 문장은, 문학에 대한 생각이 자신과 달랐던 문인들과 마찬가지로 1970~80년대를 우울하게 살아낸 한 자유주의자의 회의(懷疑)를 뭉클하게 드러낸다.

또다시, 좋은 세상이 오고 있다고 풍문은 전한다. 과연 좋은 세상이 올 것인가? 그것이 헛된 바람은 아닐까? 나는 주저하며 세계를 분석하고 해석한다. 그것이 나에게 맡겨진 일이니까. 아니 차라리 그것만이 내가 할 수 있는 일이니까. 그러나 눈은 침침하고, 손은 더디다.

이 서문이 쓰여진 것이 1988년 봄이다. 즉 노태우 정권이 출범한 직후다. 인용된 첫 문장을 이끄는 '또다시'는 김현이 1980년 봄을 의식하고 있었다는 것을 뜻한다. 그 1980년 봄이 그에게 몇 개의 글감을 주었다. 위에서 언급했듯, 지라르 연구서를 비롯해, 폭력의 문제를 다룬 그의 평론들이 그것이다. 그 글들은 어쩌면, 그가 만일 전라도 사람이 아니었다면, 쓰여지지 않았을지도 모른다. 쓰여졌더라도 좀더 차갑게 쓰여졌을 것이다.

나는 지금 김현을 돌이켜보며, 그에 대한 내 우호에는 그가 전라도 사람이라는 점이 은밀하게 작용하지 않았나 의심한다. 정말 그랬을

지도 모른다. 그러나 다시 한 번 차분히 생각해보면, 그것이 작용했더라도 큰 몫으로 작용하지는 않았다. 전라도 출신의 문인들은 수두룩하지만, 그 가운데 내가 좋아하고 받드는 문인들은 드물기 때문이다. 반면에 그 지방 출신의 문인들 가운데 내가 덤덤히 생각하거나 낮추보는 문인들은 수두룩하기 때문이다.

김우창 생각

내가 이 글을 쓰려고 생각한 것은 『인물과 사상』(제15권)에 실린 강준만의 「한국 인문학의 거장 김우창에게 묻는다」를 읽고 나서다. 나는 그 글에서 강준만이 펼친 의견에 대체로 공감한다. 그리고 강준만의 다른 글들을 읽으며 자주 그랬듯 그 글을 읽으면서도, 그저 내 발밑이 불안해서 세상에 대해서도 비판적 시선을 거두는 내 유약함을 자책하기도 했다. 강준만의 글은 늘 나를 계몽하고 질책한다. 그의 글은 내면으로만 쏠려 있는 내 시선을 거두어 세상을 바라보라고 격려하고 재촉하는 것 같다. 그는 내게 무언가를 주었다고 생각하지 않겠지만, 나는 그에게서 내가 많은 것을 받았다고 생각한다. 내가 그 빚을 갚는 길 가운데 하나는 나를 세상에 좀더 구속시키는 것일 터이다. 「한국 인문학의 거장 김우창에게 묻는다」를 읽으면서도 나는 몰랐던 것을 새로 알게 됐고, 생각이 미치지 못했던 곳에 생각이 미치게 되기도 했다. 다만, 트집 잡기로 비칠 수도 있겠지만, 강준만이 그 글의 몇 군데서 덜 섬세했다는 점을 지적하고 싶다. 만약에 내가 그보다 더 섬세할 수 있었다면, 그것은 그와 나의 기질이 다르다는 점 외에도, 부분적으로는 내가 오랜 선대 때부터 남도에 터를 잡고 살았던 전라도 사람인 데 견주어 그가 '외지인'이거나 '신호남인(新湖南人)'인 것과도 혹 관련이 있을지 모르겠다.

『중앙일보』(1999년 6월 28일자)와의 인터뷰에서, 그리고 『뉴스메이커』(2000년 6월 8일자)와의 인터뷰에서 김우창이 했다는 발언을 강준만의 글에서 읽고, 나 역시 마음이 달했다. 최장집이 김우창을 두고 내렸다는 '우리 시대의 현자'라는 평가에 퍽 공감하고 있는 나로서는 김우창이 그 인터뷰에서 충분히 현명하지 못했다고 생각한다. '학술적' '객관적' '가치중립적' '보편성'이라는 말은 김우창 자신이 수행하고 옹호해온 지적 작업에 대한 합당한 평가이기는 하나, 그것이 '전투적 글쓰기'나 '공격 담론'의 대립항으로 설정된 맥락에서 그것을 표나게 강조하는 것은 내가 아는 김우창의 인품과 다소 어긋난다.

그러나 그 문제 이전에 한 가지 사소한 지적을 하고 싶다. 나도 한 사람의 신문쟁이로서 얼핏 들었던 의아심인데, 『중앙일보』기자든 『뉴스메이커』기자든 나는 그 인터뷰어가 '전투적 글쓰기'나 '공격 담론'[8]에 대한 김우창의 의견이 정말 궁금해서 그걸 물었는지 잘 모르겠다. 물론 사람마다 생각들이 다를 테니까 그 기자들로서는 그것이 정말 궁금했을 수도 있고, 또 인터뷰에서 무얼 묻느냐는 온전히 기자의 판단에 달린 것이지만, 그런 질문에 따를 대답이 내게는 너무 뻔해 보이기 때문이다. "의미가 있다, 그러나 그게 다는 아니다", 이런 대답 말고 무슨 대답이 나올 수 있겠는가? 나는 어쩌면 기자가 김우창의 '권위'를 빌어서 그런 '전투적 글쓰기'나 '공격 담론'에 대한

---

8) 이 두 표현을 두 기자가 똑같이 쓰고 있는 것도 재미있고, 거기에 대한 김우창 씨의 평가가 두 매체에서 거의 비슷한 문장으로 표현된 것도 재미있다. 김우창 씨가 똑같은 얘기를 했을 가능성이 크기는 하지만, 그 두 기사 사이의 '상호 텍스트성'에도 내 상상력이 열린다.

간접적 비판을 하고 싶었을지도 모른다고 생각한다. 물론 이것은 내 지레짐작일 뿐이므로 내가 틀렸을 수도 있다. 아니 틀리기 쉬울 것이다. 내 의심을 거두어들이겠다. 나는 내 동업자들의 양식을 믿는다. 그러나 그 질문과 대답의 상투성이 적어도 강준만이 인용한 부분의 인터뷰 텍스트를 썰렁하게 만들고 있다는 지적은 해야겠다.

나는 지금 김우창의 그 인터뷰 발언에 대한 강준만의 비판이 너무 뜨거웠던 것이 아닌가 하고 말하려는 참이다. 비록 강준만의 김우창 비판은 자신의 존재 전체를 걸고 있는 비판적 글쓰기에 대한 정당방위의 성격이 있기는 하지만 말이다. 정확히 말하자면, 그 인터뷰 발언 자체에 대한 강준만의 비판이 너무 뜨거웠다는 것이 아니라, 아마도 김우창의 그 발언이 '마지막 한 방울의 물'이 돼서 김우창의 다른 부분들로 이어진 강준만의 비판 가운데 너무 뜨거워진 부분이 있지 않은가 하는 생각이 든다는 것이다.

그렇다는 것은 적어도 김우창의 인터뷰 답변 자체에 대해서는 옹호할 마음이 내게 없다는 뜻이기도 하다. 신문 기사의 힘이나 자신의 이름의 무게를 알 만한 분이므로, 또 그런 질문이 어떤 맥락에서 나왔는지를 짐작할 수 있을 만한 분이므로, 그리고 무엇보다도 '전투적 글쓰기'나 '공격 담론'이라는, 폄훼의 성격이 매우 강한 딱지를 달고 있는 이즈음의 비판적 글쓰기가 한국 사회의 이데올로기 지형에서 어떤 지점에 놓여 있는지를 알 만한 분이므로, 그는 좀더 신중히 대답했어야 했다.

내가 강준만의 글을 통해서 그 인터뷰들의 일부분을 읽고 새삼 깨달은 것은, 김우창이 인터뷰에는 걸맞지 않는 분이라는 것이었다. 김우창은 찬찬히 자신의 생각을 가다듬어서 그것을 글로 표현하는 사람이지, 그때그때의 순발력이 요구되는 인터뷰에 적합한 사람이 아니다. 나는 김우창이 앞으로 대중매체의 인터뷰에는 응하지 않기를 소망한다. 인터뷰 기사는 근본적으로 인터뷰어의 텍스트이지 인터뷰이의 텍스트가 아니다. 인터뷰의 대상으로서는, 일단 인터뷰가 끝난 뒤에는, 자신의 말이 어떤 맥락에서 어떻게 편집돼 공개될지에 대해 예측할 수도 없고 그 과정에 손을 쓸 수도 없다. 자신의 글의 지적 엄밀함에 대해 김우창만큼 세심한 문필가라면, 아예 인터뷰를—특히 대중매체와의 인터뷰를—안 하는 것이 좋다고 생각한다.

여기까지 쓰고 보니 떠오르는 이름이 밀란 쿤데라다. 쿤데라는 더러 대중매체에 글을 쓰기는 하지만, 대중매체의 인터뷰에 응하는 일은 거의 없다. 그 이유 가운데 하나는 자신의 발언이 기자의 펜을 거치면서 뒤틀릴 것이 염려스러워서라고 한다. 물론 김우창은 쿤데라 정도의 은둔자는 아니지만, 자신의 말이 뒤틀리는 데 대해서는 쿤데라만큼 걱정을 할 것이다. 실상 내가 아는 김우창은 본디 신문에 얼굴을 잘 안 비치는 분이었다. 신문 기고도 좀체로 하지 않는 분이고, 신문과의 인터뷰도 좀체로 하지 않는 분이었는데, 강준만의 글을 보니 최근에 이런저런 계기로 대중매체에 더러 등장했던 모양이다. 나는 그것이 좀 아쉽다. 물론 신문에 자기 글을 싣거나 신문 인터뷰에 응하는 것은 조금도 비판받을 일이 아니고, 어떤 바람직한 목적을 위해서는 그것이 오히려 선양되어야 할 일이지만, 나는 우리 문단이나 학계에 김우창 같은 '은둔적 거인'이 한 사람쯤 있기를 바랐기 때문이다.[9]

---

9) 사실 이런 말을 할 자격이 내게는 없다. 나는 최근에도, 내키지 않아 하시는 김우창 씨께 여러 번 간청해, 『한국일보』 독자를 위해 그분과 피에르 부르디외의 대담 자리를 만든 적이 있다. 더구나 갑자

강준만의 글을 읽으며 내가 뜻밖이라고 생각한 점은 김우창이 『조선일보』와 공적으로 얽혀 있다는 것이었다. 나는 김우창이 『조선일보』와 한국학술협의회가 공동으로 주관한다는 '석학 연속 강좌'의 '석학'으로 초빙되었다는 것을 강준만의 글을 읽고서야 알았다. 나는 놀랐다. 내가 사적으로 모르는 분도 아닌 어른에게 결례가 되는 언설일 터이지만, 나는 김우창에게 그 순간 다소 실망했다고 말하지 않을 수 없다. 한국학술협의회 이사장이라는 김용준과의 인연에 끌려 그리 된 것인지 어쩐지 그 사정은 알 수 없지만, 『조선일보』가 어떤 신문인지를 아는 분이 그 신문의 상징자본을 불려줄 일을 수락했다는 것은 비판받을 만하다.[10]

말하자면 나는 '비판적 글쓰기' 또는 '공격 담론'에 대한 김우창

기 광고가 치고 올라오는 바람에, 그 대담 기사는 아주 옹색하게 나갔다. 게다가 그분이 이끄시는 '2000 서울 국제 문학 포럼' 조직위원회의 말석에 있으면서, 나는 그분의 얼굴이 대중매체에 비치는 것을 은근히 조장하기도 했다. 선생님께 용서를 구한다.

10) 『조선일보』가 어떤 신문인지를 김우창 씨가 알고 있다고 내가 어떻게 단정할 수 있는가? 강준만 씨도 자신의 글에서 인용한, 1998년 10월 28일자 『한겨레』 칼럼 「민주사회의 사상과 정치」를 내가 읽었기 때문이다. 강준만 씨는 김우창 씨의 그 칼럼이 너무 '학술적'이고 '객관적'이고 '가치중립적'이어서 도무지 맘에 안 들었다고 하는데, 사실 나는 그 당시 그 글이 마음에 쏙 들었다. 나는 현실을 늘 먼 거리에서 바라보는 김우창 씨가 그런 글을 쓴 것이 우선 기뻤고, 신문 글에서도 여전히 유지되고 있는 그의 글의 품격에도 감탄했다. 나는 그 글을 읽으며 『조선일보』와의 싸움 의지를 다시 다지기도 했다. 나는 강준만 씨와는 달리 그 글이 '학술적'이고 '객관적'이고 '가치중립적'이었다고 생각하지 않는다. 그 글은 다분히 당파적이었고, 비록 격조는 있었지만 '학술적'이라고 비판받을 정도는 아니었다. 김우창 씨는 자신의 인터뷰 발언을 배반한 것이다. 아니, 그 칼럼을 쓴 것이 먼저니까, 자신의 어떤 글을 배반하는 인터뷰를 나중에 한 셈이다. 그리고 만약에 강준만 씨가 정말 그 칼럼을 '학술적'이라고 판단했다면, 강준만 씨는 김우창 씨의 글에 대한 기대를 접는 것이 좋을 것 같다. 내가 아는 한, 김우창 씨는 그런 스타일에서 크게 벗어난 글은 쓸 수 없는 분이다. 아닌게아니라, 강준만 씨의 글을 끝까지 읽어보면, 그가 김우창 씨에 대해서 기대를 접은 것 같기도 하다. 말이 나온 김에 『정치와 삶의 세계』라는 책의 출간에 대해 강준만 씨가 내린, "(김우창 씨가) 상아탑의 세계를 벗어나 대중을 만나기 위해 시장 거리로 뛰쳐나왔다"는 평가에도 토를 달고 싶다. 그 부분은 강준만 씨가 조금 '오버'를 한 듯하다. 나는 강준만 씨가 이 발언을 한 시점까지는 그 책을 읽어보지 않았을 거라는 짐작을 한다. 또는 김우창 씨의 다른 책들을 읽지 않았든지. 왜냐하면 『정치와 삶의 세계』라는 책은 김우창 씨가 지금껏 내온 책과 전혀 다를 바 없는 '학술적' 책이기 때문이다. 그리고 김우창 씨는 자신의 비평 활동의 초기부터 문학 비평과 사회 비평을 겸해왔다. 다만 역동적이고 구체적인 현실의 세목(細目)과는 일정한 거리를 유지한 채 '학술적'으로 비평해왔을 뿐이다.

의 발언 자체에 대해서 강준만이 보인 반응에 다소 미지근하게 동의하고, 김우창의 '석학' 수락에 대한 강준만의 비판에 전적으로 동의한다.

그러나 그에 이어서 '호남 차별을 어떻게 보나'와 '김용옥의 원맨쇼'라는 소제목으로 강준만이 이어나간 김우창 비판에는 선뜻 공감할 수가 없다. 강준만이 '호남 차별을 어떻게 보나'에서 인용한 최장집의 글을 다시 인용해보자.

> 나로서는 선생이 한국 정치의 가장 중심적인 사안이라고 할 수 있는 호남지역 차별 문제를 어떻게 생각하고 있을까 하는 것이 평소 궁금하게 여기던 것 중의 하나였다. 더욱이 선생은 전라남도의 함평 태생으로 광주 서중과 광주고를 졸업하고 서울대학교로 진학한 전라도 사람이 아니던가? 역시 미국 사회과학연구원 일로 미국인 교수들과 회의를 가졌을 때였다. 회의 막간에 한국 정치와 지역 문제에 대해 얘기하던 중 한 미국인 교수가 불쑥 선생의 고향은 어디냐고 물었다. 선생은 그 질문에 "나는 파리아 도(pariah province-賤民의 道라는 뜻) 출신이다"라고 대답했다. 그 말은 가슴을 때리는 어떤 것이었다. 이후 나는 호남 문제를 생각할 때면 자주 선생의 그 한마디 말이 떠오르고 그것은 나를 슬프게 하고는 한다.

강준만은 이 글을 인용한 뒤에 "호남 차별에 대해 '나는 파리아 도 출신이다'라면서 자학만 하면 되는 것인가?"라고 묻는다. 강준만이 내게 물은 것은 아니지만, 내가, 전라도 사람으로서, 그 질문에 대답하는 것이 크게 주제넘은 일은 아닐 것이다. "그래서는 안 된다!" 바람직한 것은 그 차별에 정면으로 맞서는 것이다. 그 모범을 강준만이 보여주었다. 스스로를 자유주의자로 생각하는 사람으로서, 한국인의 한 사람으로서, 그리고 전라도 사람으로서, 나는 강준만에게 경의와 고마움과 부채감을 표하지 않을 수 없다.

　그는『조선일보』문제와 지역 차별 문제라는, 한국 사회의 가장 긴급한, 그러나 누구도 공적인 자리에서 언급하기를 꺼리는 문제에 거의 단기필마로 맞서서 그것을 이 사회의 중요한 의제로 만들었다. 만약에『조선일보』문제에 대한 인식이 우리 사회에 확산되고 있다면, 그리고 어떤 이유로든『조선일보』에 글을 쓰는 것을 껄끄러워하는 지식인들이 늘어나고 있다면, 그것은 거의 온전히 강준만이 지난 십 년 가까이 자기 몸 버려가며 싸워온 덕분이라고 말해도 좋을 것이다. 나는『인물과 사상』이 한국에서 나오는 가장 중요한 잡지 가운데 하나라고 생각하고, 그 잡지에 글을 쓰고 있는 것을 자랑스럽게 생각한다. 강준만이 없는 한국을 생각하면 끔찍하다. 나는 그가 한국 사회에서 대체(代替)가 불가능한 드문 지식인 가운데 하나라고 생각한다. 그(와 진중권을 비롯한 몇몇 비판적 지식인들)가 없는 지식인 사회, 즉 모두가『조선일보』앞에서 비굴하고 모두가 영남 패권주의 앞에서 고분고분한 지식인 사회는 정말 꼴불견일 것이다.

　그러나, 아니 바로 그런 이유 때문에, 모든 사람들이 강준만 같기를 바랄 수는 없다. 강준만도 자신이 대단히 예외적인, 비-전형적인 지식인이라는 것을 의식하고 있을 것이다. 그는 어떤 문제에 대해 정면으로 다가서서 직설로 맞부딪친다. 사실은 그것이야말로 문제 해결의 지름길이고 정도(正道)다. 그리고 그런 지름길에 새겨진 발자국이 늘어날수록 문제 해결의 시기는 앞당겨질 것이다. 그러나 모든 사람이 강준만처럼 강하고 호연(浩然)할 수는 없다. 그것은 일차적으로 기질의 문제와 관련된다. 그리고, 위에서 살짝 내비쳤듯, 부분적으로는 전라도 사람으로서의 자의식과도 관련된다. 전라도 사람으로서, 나는 김우창의 그런 태도를 이해할 수 있을 것 같다, 비록 지지할 수는 없지만. 강준만이 '순수한' 전라도 사람이라면, 아마 그의 비판 양식은 조금 달라졌을지도 모른다. 물론 이것은 말 그대로 달라졌을지도 모른다는 것이지, 반드시 달라졌을 거라는 얘기는 아니다. 강준만의 비범함을 아는 사람으로서, 나는 그가 '순수한' 전라도 사람이었다고 해도 그의 비판 양식이 달라졌을 거라고 단정하지는 못하겠다. 그러나 나는 김우창의 '자학'에 대해서 강준만보다는 조금 더 따스한 눈길을 줄 수 있을 것 같다. 아마 강준만도 알고 있을 '짠하다'라는 전라도 말이 있는데, 나는 위의 최장집 글을 읽으며, 매우 외람된 말이지만 김우창이 짠했다. 나는 강준만의 비판이 옳다는 것을 머리로는 이해하면서도, 가슴으로는 그것을 온전하게 접수하지 못하는 것이다.

강준만이 김용옥의 글을 길게 인용하며, "김우창은 아무래도 자학을 더 높은 단계로 승화시키기로 한 게 아닌가 하는 생각이 든다"라고 말했을 때는, 내 머리와 가슴이 둘 다 강준만의 발언을 접수하지 못했다는 걸 고백해야겠다. 강준만이 적절히 지적했듯, 김용옥이 묘사한, 어느 구정 연휴 김용준의 자택 풍경은 그야말로 김용옥의 '원맨쇼'였다. 김용옥의 글쓰기 방식을 누구 못지않게 잘 알고 있을 강준만이 김용옥의 글을 근거로 김우창의 "더 높은 단계로 승화한 자학"을 거론하는 것은 이해하기 힘들다. 더구나 김용옥의 그 글이 쓰여진 시점은, 내 기억이 옳다면, 김용옥이 『신동아』에 연재하던 「도

올세설」의 한 회분에서, 노태우에게 '세계사적 개인' 운운하며 별별 더러운 아부를 다 하던 시점 언저리였다. 진중권이 가상의 '제2의 도올'의 입을 빌어 표현한 바에 따르면, "노태우 똥구멍이나 빨"던 시점 언저리였다. 1980년대의 한때 김용옥의 애독자였던 사람으로서, 나는 강준만이 인용한 김용옥의 글에서 김용옥의 비굴함과 야비함을, 그의 천격(賤格)을 읽었을 따름이다. 그는 김대중 비판이라는, (나 자신도 그 유혹에서 완전히 자유롭지 않았던) 당시 지식인 사회의 패션을 그럴 듯한 무대에 올리기 위해서, 그리고 "노태우 똥구멍이나 빠"는 자신의 몸에 탈취제(脫臭劑)를 뿌리기 위해서 김우창을 이용했을 뿐이다. 적어도 내 생각으로는.

물론 강준만은 김우창의 "도통(道通)한 종교인의 태도"가 "시비걸일은 아니"라고 말한다. 그런데도 그가 실질적으로 시비를 건 것은 왜인가? 김우창이 자신의 "그런 태도를 기준으로 남의 비평 방식에 시비를" 걸었기 때문이다. 위에서도 말했듯, 강준만의 김우창 비판은 정당방위의 성격이 짙다. 그리고 다시 말하지만, 나는 김우창이 인터뷰에서 좀더 신중하게 대답했어야 했다고 생각한다. 강준만이, 예의 그 '전투적 글쓰기'의 주체로서, 김우창의 발언에 실망했을 것은 충분히 짐작할 수 있다.[11] 그러나 강준만이 김용옥의 퇴행성 막말을 근거로, 호남 차별에 대한 김우창의 태도를 '자학의 승화'라고 빈정거

---

11) 누가 처음에 사용했는지는 모르겠지만 나는 '전투적 글쓰기'라는 말을 좋아하지 않는다. '공격 담론'이란 말은 더 혐오스럽다. 그리고 그 표현들이 강준만 씨의 글쓰기에 적합하다고도 생각하지 않는다. 그러나 더 좋은 말들이 생각나지 않고, 특히 '전투적 글쓰기'라는 말은 일종의 저널리즈(journalese)로 굳은 듯하니, 그냥 놓아두기로 하자. 아무튼 나는 그 범주 안에 강준만 씨의 글쓰기를 다른 사람들의 글쓰기와 묶는 것은 공정하지 않다고 생각한다. '전투적 글쓰기'든 또다른 무엇이든, 그 범주의 필자로서는 강준만 씨가 유일하다. 그의 글은 다른 사람들의 글과 묶일 수가 없다. 스타일의 차원에서만은 아니다. 그만이 그 글쓰기에 자신의 온몸을 싣고 있고, 거의 그만이 그 글쓰기를 오로지 공적 차원에서 수행하고 있기 때문이다.

릴 때, 나는 어떤 불편함을 느꼈다고 말해야겠다.

그 글을 읽으며 나는 아주 오래전에 읽은, 김우창과 어떤 문인과의 대담을 떠올렸다(그 다른 문인의 이름을 적지 않는 것은 그가 누구였는지를 잊었기 때문이다. 영남 출신의 문인이었던 것으로 기억한다). 이야기가 박목월의 시에 미치면서 대담 상대자가 목월 시의 경상도 사투리에 찬사를 보내자 김우창이 했던 말이(정확한 워딩은 아니다. 벌써 20년 저편의 일이어서, 그 대담을 실은 잡지가 뭐였는지도 생각나지 않는다), 대충 "지금이 아무리 경상도 세상이라지만 나는 목월 시의 경상도 사투리에서 무슨 시학적 필연성도 읽지 못했고 좋은 느낌도 받지 못했다"는 거였다. 나는 그때, 뒷날 김현의 "전라도는 원죄야" 발언을 읽었을 때처럼, 놀랐다. 김우창처럼 겉보기에 순탄한 삶을 살아온 사람에게도, 전라도 사람으로서의 자의식이 있구나 하는 놀라움이었다. 그리고, 강준만이 인용한 최장집의 글을 보니, 아닌게아니라 그 자의식은 강준만이 지적한 대로 점점 '자학'에 가까워지고 있는 듯하다. 그렇다면, 지금보다 훨씬 젊은 시절의 김우창이 "지금이 아무리 경상도 세상이라지만"이라고 '항의'한 것이, 그가 호남 차별 문제에 대해 '구체적'이고 '가시적'으로 할 수 있는 발언의 최대치일지도 모른다. 그것이 김우창의 문약(文弱)일 것이다. 나는 강준만이 그 문약에 대해 조금 너그러울 수 있으면 좋겠다.

유태인 생각

전라도 사람의 '자학'과 나란히 얘기할 수는 결코 없지만, '자학' 얘기가 나온 김에 예전에 읽은 로베르 마지오리라는 사람의 글 얘기로 이 글을 마무리하자. 로베르 마지오리는 프랑스의 좌파 일간 신문 『리베라시옹』의 철학 담당 기자다. 『리베라시옹』을 접한 지가 오래 돼 그가 지금까지 그 신문의 기자로 있는지는 모르겠지만, 파리에 살 때 나는 그의 기사를 읽는 재미로 『리베라시옹』을 구독했다. 로베르 마지오리는, 『르 누벨 옵세르바퇴르』의 디디에 에리봉과 함께, 30대 의 내가 모델로 삼았던 기자였다. 나는 그들처럼, 사회적 방언들이 흩날리는 담론의 만다라를 일상 언어로 풀어헤쳐, 쉽게 판독할 수 있 는 사상의 지도를 독자들에게 그려 보여주고 싶었다. 일상의 쾌락을 좇으며 내가 세상 잡사에 한눈을 파는 동안, 그 꿈은 어느 결에 내 손 가락 사이로 빠져나가 버렸다.

마지오리는 『리베라시옹』(1989년 12월 21일자) 기사[12]에서 스물세 살에 자살한 카를로 미헬슈탯테르의 『설득과 수사』에 대한 평을 하기 전에, 오스트리아-헝가리 제국의 붕괴, 곧 당사자들로서는 세계의 붕괴로 보였던 사건에 때맞춰 일어난 비인과 트리에스테 출신 유태 인 지식인들의 잇따른 자살의 예를 나열한다. 자연에 반하는 이런 때 이른 죽음은 그쪽의 지식인 사회에서 흔히 '형이상학적 죽음'이라고 불리는 모양이다. 오토 말러(작곡가 구스타프 말러의 동생), 시인 게오 르크 트라클, 물리학자 루트비히 볼츠만, 한스·루디 그리고 쿠르트 비트겐슈타인(철학자 루드비히 비트겐슈타인의 형제들), 그리고 카를 로 미헬슈탯테르처럼 스물세 살에 자살한 오토 바이닝어가 마지오리 의 리스트에 오른 그 '형이상학적 죽음들'의 주인공들이다. 오토 바 이닝어는 베토벤이 죽은 비인의 아파트에서 자살했다. 그의 케이스

---

12) 그 기사는 그의 저서 『그날그날의 철학(La philosophie au jour le jour)』(플라마리옹, 1994)에 실려 있다.

는 다른 다섯 케이스와 함께 테오도르 레싱의 『유태적 자기 혐오』(1930)에서 분석되었다. 자기 주위의 타인들에게 거부당한 개인이나 집단은 그 거부를 내면화함으로써 자신을 증오하게 된다는 것이 '유태적 자기 혐오'의 핵심이다. 마지오리는 이런 '형이상학적 죽음'의 예를 열거하면서, 오스트리아-트리에스트인들의 '자살 소명'의 어떤 것이 미헬슈탯테르를 건드렸을 수도 있다고 말한다. 한스 비트겐슈타인처럼, 미헬슈탯테르의 형인 지노도 1909년에 뉴욕에서 자살했다.

마지오리의 기사에 따르면, 소설가 이탈로 스베보가 교통사고로 죽었을 때 동료 작가 제임스 조이스는 "유태인들의 죽음에 맞닥뜨리면, 나는 늘 자살이 아닐까 의심한다"고 말했다고 한다. 조이스는 이 말을 하며, 자신도 모르게, 지난 세기 초에 널리 퍼진 '이데올로기'에 맞장구를 친 것이다. '자살하는 유태인'이라는 이데올로기 말이다. 그 '이데올로기'가 널리 퍼진 것은 트리에스테 사람들의 우상이었던 오토 바이닝어가 자살한 뒤라고 한다. 반유태주의적 유태인 바이닝어가 상징하는 '유태적 자기 혐오'는 때로는 비겁하고 때로는 용감한 '자기 희생'으로 이어지며 기다란 자살 리스트를 채웠다.

나는 전라도 사람 가운데 그 태생을 비관해 자살했다는 사람 이야기는 못 들어보았지만, 강준만이 김우창에게서 발견한 그 '자학'은 유태적 자기 혐오와도 선이 닿을 것이다. 그 자학은 사회적인 것이기도 하고 심리적인 것이기도 하다. 다시 말하지만, 나는 그 자학을 지지하지 않는다. 나는 강준만의 헌걸찬 싸움 방식을 옹호한다. 그것만이 문제를 해결할 수 있기 때문이다. 반면에 나는 그 자학을 이해할 수는 있다. 내가 어쩔 수 없는 전라도 사람이기 때문일 것이다.

이 글의 앞 부분에서 언급한, 아버지의 고향이 청진인 시인은 내가 『인물과 사상』에 전라도 얘기를 쓰겠다고 하자, 내게 이렇게 핀잔을 주었다: "또? 작년 이맘때도 서얼단상인지 하는 제목으로 전라도 타령을 하더니 또? 이젠 그만 좀 우려 먹어."

나는 겸연쩍어 하며, 깊이 반성하며, 동의의 뜻으로 대답했다: "그래애애애애!"

〈덧글 1〉 반성

황석영이 자신의 작품 『오래된 정원』이 동인문학상의 심사 대상이 되는 것을 거부한다고 천명한 뒤, 안티조선 사이트 '우리모두'는 생동의 기운이 더욱더 커졌다. 나는 그 왁자지껄한 사이트를 산책하다가, 네티즌 한 분이 나에 대해서 언급한 글과 만났다. 고종석은 『조선일보』의 논조에 대해 대단히 비판적이다. 그런데 그의 작품은 동인문학상 후보에 오른 적이 있다. 그런데도 그는 자기 작품이 심사 대상이 되는 것을 거부하지 않았다. 도대체 왜 그랬을까, 하는 것이 그 글의 요점이었다. 약간의 비아냥이 느껴지는 (내가 자격지심으로 그렇게 느꼈는지도 모르겠다) 그 글의 필자가 '안티조선'에 가까운지 '프로조선'에 기울어져 있는지는 알 수 없다. 그러나 그 글의 필자가 『조선일보』에 대해 어떤 입장을 지녔든, 또는 어떤 의도로 그 글을 썼든, 나는 그 물음에 대답할 의무감을 느낀다. 그 물음이 정당하기 때문이다.

내가 1994년에 발표한 단편 「제망매」와 1996년에 발표한 단편 「서유기」는 각각 그 이듬해에 동인문학상 후보로 선정됐다. 그러나 나는 두 번 다 그 작품들이 후보작이 되는 것을 거부하지 않았다. 그런데 지금 나는 '안티조선' 주변에서 어슬렁거리고 있다. 이런 모순은 충분히 지적될 만하다.

나는 과거에 왜 내 작품이 동인문학상의 후보작이 되는 것을 거부하지 않았나?『조선일보』에 대한 내 생각이 그 사이에 바뀐 것인가? 그렇지 않다. 나는 1995년에도 1997년에도『조선일보』가 유사 파시스트 신문이라고 생각하고 있었다. 내가『조선일보』에 대해 처음으로 비판적 글을 쓴 것은 1989년 초였다. 지금은 제목을 기억할 수 없는 그 70매 가량의 글은『말』지에 실렸다. 그리고 그 글은 그 얼마 뒤『조선일보』와 평민당 사이에 '조-평 사태' 라는 것이 터졌을 때, 평민당보에 전재되었다. 사실은 그 글이 온전히 내 글이었다고 말할 수는 없다. 나는 일종의 고스트 라이터였으니까 말이다. 그 글은『조선일보』에서 해직되었다가『한겨레』에서 일하고 있던 한 선배 기자의 이름—그 이름도 그 선배가 수배 중에 사용하던 가명이었다. 실명을 내걸고 동업자를 비판하는 것이 그때만 해도 그리 어려웠나 보다—으로 나갔다.『말』지에서는 본디 그 선배에게 그 글을 청탁했지만, 사회부의 시경 캡으로서 정신없이 바빴던 그 선배가 그 일을 내게 미룬 것이다. 내가 쓰기는 했지만, 그 선배가 '데스크' 를 보아『말』지에 넘겼고, 그 선배의 이름으로 글이 나갔고, 나와『말』지와는 아무런 직접적 커뮤니케이션이 없었으니, 그 글의 저작권은 그 선배에게 있다고 말할 수 있다. 그러나 내가 적어도 그 글의 공동 저자이기는 하고, 그것은 내가 이미 1989년에, 아니 그 훨씬 이전부터,『조선일보』를 열린 사회의 적으로 생각하고 있었다는 것을 뜻한다.

그러면 나는 왜 내 작품이 동인문학상의 후보작이 되는 것을 거부하지 않았는가? 우선 자잘한 이유들이 있다. 그 시절에 나는 프랑스에 있었다. 나는 프랑스에 살려고 갔고, 다시 말해 이민 가는 기분으로 갔고, 그래서 한국 상황에 대한 내 현실감이랄까 책임감이랄까 하는 것이 엷어진 상태였다. 『조선일보』 문제가 아득한 세상 저편의 문제처럼 느껴졌던 것이다. 외국인 프리랜서로서 근근히 생활을 꾸려가던 내게는 재수록료 1백만 원도 큰 돈이었다. 또 그 상을 심사하는 분들과의 면식도 마음에 걸렸다. 그리고 무엇보다도 '튀고' 싶지가 않았다(상을 주겠다는 것도 아닌데, 거부라니?).

그것만이 다였다면 크게 부끄러워할 일은 아닐 것이다. 그러나 그 이유들의 밑바탕에는 인정(認定)에 대한 욕망이 파닥이고 있었던 게 분명하다. 누군가가 내 글을 좋게 읽었다는데, 그것을 내치고 싶지가 않았던 것이다. 그 당시에 내 작품이 단순히 후보작이 되는 데 그치지 않고 수상작이 되었다면, 나는 어떻게 처신했을까? 나는 아마 받았을 것이다. 그러고는 비릿한 인정 욕구의 충족을 기뻐하며, 『조선일보』 문제로부터 눈길을 돌리려고 애썼을지도 모른다. 돈도 궁했고, 사람들과의 인연도 무척 소중했고, 특히 '튀는 것'에 대한 거리낌도 컸지만, 인정에 대한 욕망을 내가 초월해 있었다면, 나는 내 작품이 심사 대상이 되는 것을 아마 거부했을 것이다.

나는 지금 내가 나빴다고 얘기하는 것이다. 얼마나 나빴는가? 아주 나빴다. 내가 흔쾌히 동의할 수 없는 방식으로 안티조선 운동을 하고 있는 한 문인은, 과거에 자신은 『조선일보』가 어떤 신문인지 몰라서 거기에 기고를 하곤 했다고 말한 바 있는데, 내게는 그런 면책 사유(또는 책임 경감 사유)가 없다. 나는 그 문인과는 달리, 내 작품이 심사되는 순간에도, 아니 그 훨씬 이전부터, 『조선일보』 문제에 대한 명료한 의식이 있었기 때문이다.

인정에 대한 욕망은 보편적이고, 그래서 그것 자체를 마냥 비판할 수는 없다. 내가 비판받아야 하는 것은, 비록 수동적 방식으로나마 그것을 시민적 양식이라는 더 큰 가치와 맞바꾸었기 때문이다. 나는 빈껍과 습속에 버무려진 인정 욕구에 휘둘려 『조선일보』에 대한 판단을 벽장 안에 슬며시 처박아둔 것이다. 그것은 내가 윤리적이지 못했다는 뜻이다. 내 실존 속에서 욕망이 이성을 이겼다는 뜻이기도 하다.

말할 나위 없이, 내 실존 속에서 욕망이 이성을 이긴 것이 그때 한 번뿐이었던 것은 결코 아니다. 그러니까 내가 이 고해성사를 통해서, 동인문학상 후보작과 관련된 타협이 내가 반성해야 할 유일한 잘못이라고 말하는 것은 결코 아니다. 내 삶은 비윤리적 욕망의 충동에 휘둘리며 일일이 기억할 수 없을 정도로 수많은 흠집을 쌓아왔다. 동인문학상과 관련한 이 반성은, 누군가가 우연히 내 잘못을 지적했기 때문에, 그것을 계기로 좀더 또렷한 의식화의 과정을 거쳐 이뤄졌을 따름이다. 욕망을 이성의 규율 안에 가두는 것이 적어도 내게는 쉬운 일이 아니었다. 성공을 호언할 수는 없지만, 나는 앞으로의 내 삶에서 그 둘 사이의 힘의 관계가 역전되도록 노력하겠다.

〈덧글 2〉 트집

지난 8월 7일 서울 안국동의 철학 카페 느티나무에서 있었던 '조선일보 기고와 인터뷰를 거부하는 지식인 1차 선언'은 『조선일보』 제 몫 찾아주기 운동의 중요한 진전을 의미한다. 그것은 우리 사회에서 극우-유사 파시즘 세력과 민주주의 세력 사이의 전선이 또렷이 드러났다는 뜻이기도 하다. 최장집에 대한 사상 검증 소동이 지식인 사회에서 십자포화를 맞은 뒤 잠시 몸을 움츠리는 듯했던 『조선일보』가 동인문학상의 체제 개편을 통해서 문화적 이레덴티즘의 대공세를 시작한 직후에 시의적절하게 이 선언이 나왔다는 것도 뜻깊다.

『조선일보』는 그 이튿날자 지면에 「미군 철수 등 반대하는 조선일보에 기고 거부」라는 제목을 뽑아 이를 보도했다. 과연 『조선일보』다운 기민함과 교활함이다. 안티조선 운동을 그대로 반미 운동으로 몰아버린 것이다. 『시사저널』(8월 24일자)을 통해 표명된 조선일보사의 공식 입장도 마찬가지다. 이 공식 입장은 "자유민주 사회에서 언론의 기본적인 사명은 권력에 대한 감시와 견제이다. 그런데 선언문은 조선일보 거부의 주요 이유로 조선일보가 정부를 공격한다는 사실을 들고 있다. 정부를 비판하는 언론을 거부하겠다는 발상은 권력을 가진 자나 할 수 있는 것 아닌가"라고 적고 있다. 안티조선 운동을 정권 보위 운동으로 본 것이다.

『조선일보』의 그런 행태는 비판받아 마땅하다. 비판이 쉬이 먹혀들 집단도 아니기는 하지만, 현재로서는 안티조선 운동의 거의 유일무이한 수단이 지면 비판인만큼, 비판은 끊임없이 계속돼야 한다. 그 비판은 적어도 간접적으로는 『조선일보』에 영향을 끼칠 수 있다. 『조선일보』를 비롯한 몇몇 거대 언론이 과점하고 있는 커뮤니케이션의 물줄기를 다양화해서, 『조선일보』에 겸손과 자경(自警)의 예(禮)를 가르쳐줄 수는 있다는 뜻이다. 아무튼 이 기사와 '공식 입장'이라는 문건이 침소봉대의 형태로 사안의 본질을 크게 왜곡하고 있는 것은 분명하다.

그러나 안티조선 쪽의 전술적 무신경도 지적받을 만하다. 『조선일보』가 어떤 신문인지를 가장 잘 알고 있는 사람들이 안티조선 운동을 이끌고 있는 이들이므로 더 그렇다. 그 신문의 주필이 어떤 사람인가? 자신과 자사(自社)가 지지하는 대통령 후보가 아들들의 병역 기피 문제로 위기에 빠지자, 국민의 시선을 분산시켜 그를 구출해내기 위해서 다른 예비 후보 아들의 (최소한의 양식을 지닌 사람이라면 공적인 자리에서는 결코 입 밖에 내지 않을) 극히 미묘한 몸상태를 『조선일보』 지면을 통해 온 세상에 까발린 사람이 그다. 또 누가 어떤 목적으로 내질렀는지도 모를 인터넷상의 혐오 발언을 빌미 잡아 '악귀 소동'을 벌이며, 중병을 앓고 있는 자사 후배 기자의 상처를 후벼낸 사람이 그다. 『딴지일보』가 지적한, 그의 '독창적인' 영문 독해법에 대해서는 재론할 필요도 없다. 말하자면 그는 시민사회가 요구하는 최소한의 윤리의식조차 결여돼 있는 사람이고, 그 사람이 기자들의 우두머리인 신문이 『조선일보』다.

당연히, 선언문 하나를 쓸 때도 『조선일보』 쪽에 어떤 빌미를 주지 않도록 세심하지 않으면 안 된다. 안티조선 운동의 상대자는 아둔패기가 아니라 언제든지 이쪽의 헛점을 뚫고 들이칠 준비가 돼 있는, 꾀많고 잔혹하고 유능한 집단이기 때문이다.

선언문의 "조선일보는 정부가 하는 일에 대해서는 연일 맹목적인 공격을 퍼붓고 있다"라거나 "미군 철수도 반대하고 있다"라는 구절은 없었으면 좋았을 대목이다. 물론 선언문에서는 "조선일보는 정부가 하는 일에 대해서는 연일 맹목적인 공격을 퍼붓고 있다"라는 문장 뒤에 "언론이 권력을 비판하는 것은 당연히 해야 하는 사명이다. 그러나 조선일보의 정부 비판은 그런 차원이 아니다. 정부의 개혁 작업을 무력화시켜 역사의 수레바퀴를 거꾸로 돌리려는 의도에 다름 아니다"라는 문장들이 따르고 있지만,『조선일보』가 선언문 전문을 게재해서 독자들에게 공정한 판단의 기회를 줄 것을 바랄 수는 없는 일이다. 아니, 그 정도가 아니라 그 신문이 단지 그 문장의 맥락을 이해해서 무심하게 넘어가 주는 것 정도도 바랄 수 없는 일이다. 그런 정도의 양식을 지닌 신문이었다면 안티조선 운동이 일어날 필요도 없었을 것이다.

"미군 철수도 반대하고 있다"는 문장은 특히 경솔한 것이었다. 그 문장은 선언문의 한 귀퉁이에 지나가듯 삽입된 것이지만,『조선일보』쪽에서는 그것을 보고 쾌재를 불렀을 것이다. 소파의 개정을 요구하는 것과 미군 철수를 요구하는 것은 전혀 다른 문제다. 나는 아직도 한국 시민들의 다수가 미군 철수를 바라지 않는다고 생각한다. 그리고 그 선언문에 서명한 1백54명 모두가 미군 철수를 바라고 있는지도 잘 모르겠다.

캠페인이 그 본디 뜻대로 일종의 전장(戰場)이라면, 병법의 가장 큰 원리 가운데 하나는 적을 고립시키고 제3세력을 자기편으로 끌어들이거나 적어도 중립화시키는 것이다. 미군 철수 문제를 거론한 것은 그 원칙을 정면으로 거스르는 것이었다. 그것은 아군을 고립시키고 제3세력을 적의 편으로 만드는 방식이었다. 자국에 외국 군대가 주둔해 있는 것은 부자연스러운 일이고, 그것 자체는 충분히 논쟁이나 토론의 주제가 될 수 있다. 그러나 그것은『조선일보』비판의 장(場)과는 다른 장에서 이뤄져야 한다. 미군의 한국 주둔에 동의하는 세력 모두를『소선일보』쪽에 넘겨줄 생각이 아니라면 말이다.

이런 지적은 내가 11년 전에 쓴 글에 대한 반성을 포함하고 있다.

나는『말』지에 실린 그 글에서『조선일보』비판의 근거의 하나로 이 신문의 친미적 태도를 거론했었다. 물론 나는 거기서 미군 주둔 문제를 거론하지는 않았으나,『조선일보』문제를 거론하면서 미국을 끌어들인 것 자체가 현명한 일은 아니었다.『조선일보』를 비판하기 위해서 반미주의자가 될 필요는 없다. 나는 반미주의의 깃발을 내걸지 않고서도『조선일보』에 반대할 수 있다고 생각한다. 좌파가 되지 않고서도『조선일보』에 반대할 수 있듯이.

『조선일보』와 안티조선이 이뤄내는 그림은 일종의 반전 도형 (reversible figure)이다. '루빈의 술잔 도형' 같은 형-지(形 - 地) 반전 도형일 수도 있고, '아내와 장모' 같은 의미적 반전 도형일 수도 있지만, 어느 쪽이든 관찰자의 마음의 흐름에 따라 배경과 전경이 뒤바뀌는 것은 순식간이다. 그리고 사람의 마음이란 변덕스럽기 마련이다. 그것은 사로잡기는 어렵고 잃기는 쉬운 요물이다. 안티조선 운동이 미군 철수 운동이나 일종의 친위(親衛) 운동으로 비치는 순간, 시민 다수의 눈에 비치는 이 운동의 이미지는 젊고 아름다운 아내의 얼굴에서 늙고 심술궂은 장모의 얼굴로 뒤바뀌어 버릴 수 있다. 그리고『조선일보』는 사람의 마음을 사로잡을 수 있는 자산에서만이 아니라, 배경과 전경을 뒤바꿔버릴 수 있는 조작의 능력과 의지에서 안티조선에 앞서 있다. 성명서 한 장을 기초하면서도 말을 더하고 더는 데 세심해야 하는 이유는 거기에 있다. 이 트집이 선언문을 작성한 분이나 거기 서명을 한 분들께 누가 되었다면 정중히 사과드린다.

(2000년 10월)

조선일보 문제 재론

지난해 9월 파리에 들렀을 때, 홍세화와 나눈 대화 가운데 한 토막.[1]

홍세화 : 내가 국민들 생각을 훨씬 더 개혁적으로, 그러니까 국민들이 요구하는 개혁의 기대치를 실제보다 지나치게 높여 잡고 있는지도 모르지만, 내 생각엔 김대중 씨가 지금까지 개혁에 대한 국민의 열망보다 너무 뒤처지게 일을 처리해온 것 같아요.

---

[1] 내가 파리에 간 것은 홍세화 씨와 함께 책을 한 권 만들기 위해서였다. 그와의 인터뷰랄까, 대담이랄까 하는 걸로 이뤄진 책 말이다. 홍세화 씨가 국내에 이름이 널리 알려진 사람이니, 그와 함께 만든 책이라면 제법 팔려나가 내 살림살이에 보탬이 될 것이라는 얄팍한 속셈이 있었다. 홍세화 씨와 일곱 번 만나서 스무 시간 남짓 얘기한 것 같다. 서울에 와서 녹음을 풀어 파리로 보냈는데, 홍세화 씨가 그 뒤 몸이 불편하기도 했고 또 대담의 초고가 그의 마음에 쏙 들지 않았는지 그가 그 초고를 쥐고 있는 상태에서 시간이 꽤 흘렀다. 총선 이전이었다면 몰라도 이제 그 대담 원고가 원형을 대강이나마 유지한 채 출판되는 건 불가능해졌다. 새정치국민회의라는 정당이 존재했고 민주노동당이 만들어지고 있던 시점에서 16대 총선과 그 이후에 대해 더듬어본 정치·사회적 전망이 그 대담의 큰 부분을 차지하고 있었기 때문이다. 파리에 있는 동안 한국일보사의 장명수 사장이 중간에 사람을 넣어 내게 기별을 해왔다. 책상을 마련해 놓았으니 급료는 박하지만 와서 일하라는 전갈이었다. 서울

고종석 : 국민이라고 뭉뚱그려 말씀하시지만 실제로 김대중 씨가 과감하게 일을 처리하지 못하는 것도 기득권 세력의 눈치를 보느라 그런 것 아닙니까? 기득권 세력이 워낙 완강하게 저항을 하고 그것이 여론의 형태로 포장이 되니 소수파 정권으로서 마구 밀어붙일 수만도 없지요.

홍세화 : 그건 그렇죠. 사실 제일 큰 문제가 언론이고, 또 야당도 그렇죠. 그러니까 가장 중요한 것은 한국 사회의 극우 헤게모니에요. 우선적으로 그 극우 헤게모니와 싸워야 하는데, 두루뭉수리해 가지고 그 구분을 제대로 못하면서 휩쓸려 가고 있는 것 같아요. 예컨대 조선일보하고는 과감하게 선을 긋는 모습을 보여줬으면 좋겠는데.

고종석 : 그 극우 헤게모니와 단독으로 싸우기에는 김대중 정부의 기반이 약한 셈인데, 그러니까 사실은 김 정권을 도와주거나 적어도 우호적 중립을 취해야 할 세력이 반(反)개혁 세력과 협공을 하고 있는 것 아닙니까? 조선일보 쪽에서도 사사건건 김대중 씨를 물고 늘어지면서 개혁의 물길을 되돌리려고 하고 있고, 조선일보의 논조를 반대하는 쪽이랄까 아무튼 개혁 세력 쪽에서도 도대체 이 정권의 개혁 속도가 왜 이것밖에 안 되느냐 이런 식이죠.

로 돌아온 얼마 뒤 나는 출근을 시작했고, 확실히 박봉이기는 하지만 살림살이에 숨통이 약간 트였다. 그래서 홍세화 씨와 나눈 대담의 원고가 실질적으로 사장된 것에 대해 큰 아쉬움은 없다. 그 대담의 한 토막을 홍세화 씨의 동의를 얻어 여기 옮긴다. 저널룩『인물과 사상』외에『월간 인물과 사상』을 구독하는 독자들에게는 여기 인용된 홍세화 씨의 주장 가운데 많은 부분이 익숙할 것이다. 특히『조선일보』의 전략을 그람시의 헤게모니 이론을 빌어 설명한 대목이 그럴 것이다.『조선일보』와 지식인 사이의 관계를 그렇게 투명하고 깔끔하게 분석하기는 쉽지 않다.『조선일보』의 진지전과 기동전을 분석한 그의「한국의 지식인에게-극우 조선일보의 진지전과 한국의 지식인」(『월간 인물과 사상』1999년 10월호) 하나만으로도 홍세화 씨는 강준만 씨가 발의한 '조선일보 제 몫 찾아주기 운동'의 진전에 커다란 기여를 했다고 할 만하다. 그러나 내가 그와의 대화에서 이 부분을 따 여기 옮기는 것은 인용된 마지막 부분, 곧 '조선일보 안 보기 운동'의 방법론 때문이다. 홍세화 씨에게는 그 방법론이 이로정연(理路整然)해보이는 듯한데, 나는 아직 이 부분의 난점을 논리적으로 해결하지 못했다.

홍세화 : 그래요. 그 얘기는 무슨 말인지 알겠어요. 결국 진보 세력이, 소위 그 진보 세력이라는 것이 있다면 하는 말이지만요, 지금까지 갖고 있었던 타성 때문에 김대중 정부가 서 있는 상황에 대한 이해는 별로 하지 않고 어떤 이상적인 기준을 가지고 김대중 정부를 비판하는 게 문제인 것 같아요. 한국이 현재 처해 있는 상황하고 김대중 정부가 하고 있는 일하고 비교를 해서 얘기를 해야 되는데, 그게 아니고 자기들이 보고 있는 저쪽 세상, 이상적인 세상, 그거하고 김대중 정부를 비교해서 얘기를 하니까 좋은 얘기를 할 수 없는 거죠. 누가 봐도 깔 것밖엔 없는 거죠. 요는 극우 헤게모니에요. 김대중 정부가 개혁 쪽으로 걸음을 내딛을 때마다 조선일보가 이런저런 색깔 공세를 할 거고, 지역감정 선동할 테고. 그러니까 김대중 정부에 대해서 비판할 때, 조금 조심해야 할 부분은 있어요. 아무튼 한국 사회에 관철되고 있는 극우 헤게모니라는 걸 항상 생각해야 합니다.

고종석 : 그러니까 회초리 들고 매질을 하더라도 적어도 김대중 정부에 대해서 요구하는 것 이상을 조선일보 쪽이나 그 지지·배후 세력에 대해 해야 하는 것 아닙니까?

홍세화 : 그렇죠. 사실 재벌 개혁 문제나 통일이나 여성 문제나 환경 문제나 이런 것들이 다 별개인 것처럼 보이지만, 이런 문제들을 해결하는 데 가장 큰 걸림돌이 되는 게 극우 헤게모니거든요. 극우 헤게모니가 사람들을 정신적 폐색 상태로 몰아가는 거죠. 너 빨갱이지, 하면 끝이니까. 그러니까 한마디로 얘기하면 진보 세력이 맞서 싸워야 할 것은 보수가 아니라 극우다, 이 얘기를 하고 싶어요. 말로는 그런 얘기 많이 하죠, 앞으로 한국 정치가 진보하고 보수가 이끄는 체제로 가야 된다는. 그러나 극우가 있는 데서는 보수도 설 자리

가 없어요, 진보는커녕.

고종석 : 그 부분인데, 만약에 홍 선생님 말씀대로 현재 조선일보를 유기적 매체로 삼는 극우 헤게모니가 한국 사회에 관철되고 있다면, 그런 사실 자체가 어느 정도는 한국 사람의 정서에, 지금 한국 사람들의 정서에 말입니다, 극우 친화적인 요소가 있다는 것을 뜻하는 것 아닐까요? 물론 극우가 실제보다 과도하게 대표되고 있을 가능성도 있기는 하지요. 일부 언론 매체의 장악을 통해서요. 아마 그러기 쉽겠죠. 그런데 홍 선생님이 보시기에 지금 한국 사회에 건전한 보수랄까, 온건한 보수랄까, 아무튼 극우와 엄밀히 분리되는 보수 세력의 층이 꽤 형성돼 있는 것 같습니까? 이를테면 조선일보를 혐오하면서도 딱히 진보 색깔이라곤 할 수 없는 층 말입니다.

홍세화 : 키워 나가야죠. 지금 약하더라도. 그러니까 그러기 위해서도 이 싸움을 가볍게 생각해선 안 돼요. 이 싸움은 굉장히 중요한 겁니다. 그런 층이 얼마나 될지 측정할 수야 없지만 그런 세력이 실제로 극우 헤게모니에 의해 휩쓸리는 경우도 있으니까 그것을 떼내는 역할이 필요한 거죠. 자유주의자들도 자유주의자의 탈을 쓴 극우를 떼어내야 하고, 물론 진보 진영에서도 극우와 보수를 구분해서 싸워야 하고. 자신을 보수주의자라고 생각하는 사람들도 예컨대 조선일보에서 김대중 정부에 대해 색깔 공세를 하면 이 정부에 있는 사람들은 그런 거 아니다, 이렇게 말을 해야지요. 이회창 씨 개인이 극우인지 아닌지는 모르겠지만, 재벌 개혁이나 국가보안법 문제에 대해서 한나라당에서 대응하는 걸 보면 한국 사회에 극우 헤게모니가 먹혀들어가고 있는 거예요. 사실 그람시가 말하는 진지전과 기동전을 가장 효율적으로 실천하는 게 조선일보라고 생각합니다.

고종석 : 극우 집단이 좌익 이론가의 헤게모니 이론을 이용한다는 건가요?

홍세화 : 예. 무서울 정도로. 조선일보를 보고 이게 극우인지 잘 모르겠다고 하는 사람들이 있어요. 이런 사람들은 조선일보가 평소에 펴는 진지전, 나는 진지 구축전이라고 얘기하는데, 그 면만 보는 거죠. 실은 조선일보는 항상 극우 헤게모니를 지키기만 하면 된다는 것이거든. 거기에 걸림돌이 나타나면 기동해서 이것만 집중적인 공격을 하지 평소에는 진지 구축만 하는 거예요. 그런데 조선일보의 진지 구축에 누가 동원되느냐, 이게 지식인들이라구요. 무서운 일이죠. 고형도 잘 알겠지만 여기서 사상 검증을 한다느니 이런 소릴 하면 모두 미친 사람 취급하는데, 조선일보가 사상 검증 한다는데도 이 신문이 극우인지 아닌지 모르겠다는 지식인들이 있거든요. 정말 무서운 일이죠. 극우 집단의 진지 구축을 지식인들이 해주고 있다는 것.

고종석: 조선일보 얘기는 계속 나올 테니까 잠깐 김영삼 정권에 대해서 얘기해보죠. 조선일보와 무관한 얘기도 아니니까요. 환란 정권이라고 해서 말도 많고, 또 퇴임 후 김영삼 씨의 언행에 비판 받을 점은 많지만, 저는 김영삼 정권에 대해 평가할 부분이 있다고 생각합니다. 제가 김영삼 정부 초기에는 서울에 있었는데, 정치군부를 숙청했다든가 금융실명제를 실시했다든가 한 것은 크게 평가받을 만하다고 생각합니다. 특히 정치군부의 숙청은 김영삼 씨의 그런 결단성 있는 성격이 아니면 그런 방식으로 쉽게 이루어졌을 것 같지가 않습니다. 김영삼 씨의 욱 하는 퍼스낼러티가 아주 긍정적 맥락에서 작동한 것 같아요. 김진영 씨가 옷을 벗었을 때는, 정말 이제 정치군부는 끝이구나 싶어서 수십 년 묵은 체증이 내려가는 것 같았습니다. 그 즈음

에 지역을 불문하고 김영삼 정부에 대한 지지가 90%를 넘기도 했지만, 저 개인적으로도 한때 그 정부에 반했었습니다.

그 당시에 저는 한겨레신문의 논조가 불만스러웠습니다. 잘하는 것을 잘한다고 추켜올려 주면서 그 정부를 좀더 개혁적으로 이끌었어야 했는데, 너무 비판 일변도였던 것 같아요, 제 기억에는. '태생적 한계'라는 말이 너무 남용됐던 것 같습니다. 빨리 정체를 밝혀라, 하는 식의. 분명히 김영삼 정권에 태생적 한계는 있었지만, 초기의 김영삼 정부는 그 태생적 한계를 돌파하려는 개혁 의지가 있었다고 생각합니다. 그런데 한겨레신문을 포함한 진보적·자유주의적 언론에서는 이 정도는 개혁이랄 수 없다, 이나마의 개혁도 태생적 한계로 곧 좌초할 것이다라는 식으로 써대고, 수구기득권을 대표하는 언론에서는 김영삼 정권의 개혁 정책에 자꾸 이런저런 색칠을 해대며 덜미잡고 딴죽걸고 이랬단 말입니다.

그러니까 김영삼 정권 초기의 개혁 정책은 어느 언론에 의해서도 전폭적인 의미 부여가 되질 못했어요. 물론 제 개인적인 느낌입니다. 한쪽에선 언제쯤이나 태생적 한계가 드러날까 하고 백안시하고, 다른 쪽에선 이거 정말 수상한데 하고 위험시해서 좌우로부터 고립되는 형국이었지요. 조선일보 주변의 수구파들이 김영삼 정부의 개혁 드라이브에 제동을 건 것은 이해할 만한 일이지만, 진보적·자유주의적 언론이 초기에 그 정부를 충분히 보듬지 못했던 것은 정말 아쉽습니다. 그때 진보적·자유주의적 언론이 비판의 대상으로 삼아야 했던 것은 김영삼 정부가 아니라 조선일보로 대표되는 수구파였는데, 표적을 잘못 설정한 것 같아요. 김영삼 정부의 좌초에 언론의 책임이 있다고 할 때, 저는 그 책임을 물론 수구 언론만큼은 결코 아닐지라도 개혁적 언론도 약간은 나누어 져야 한다고 생각합니다. 순진한 생각인지는 모르겠지만, 김영삼 정부 초기의 개혁 열기로 볼 때, 진보적·자유주의적 언론이 그 정부를 충분히 지지하고 격려했다면 그 정부가 좀더 오래도록 개혁적 노선을 견지할 수 있었을 것 같습니다. 말하자면 김영삼 정부는 그 정부의 정책을 싫어했던 수구 언론과 그 정부의 인적 구성을 싫어했던 진보적·자유주의적 언론의 협공을 받아 좌초한 것이 아닌가 생각합니다.

김영삼 정부로서는 개혁 일변도로 나가도 어차피 양쪽에서 욕을 먹는데, 그럴 바에야 수구 쪽으로 선회하면 한쪽의 불만은 잠재울 수 있다는 생각이었겠지요. 요컨대 제 말은, 어차피 군사정부가 끝나고 문민개혁이 시작되면 기득권층의 저항이 있을 수밖에 없는데, 진보적·자유주의적 언론에서도 김영삼 정부의 입지를 자꾸 좁힌 게 아닌가 하는 것이죠. 진보 언론 쪽에서 조금 더 등두드려 주면서 앞으로 나가게 하는 게 아니라 오히려 조선일보와 합작으로 등을 끌어당기는 형국이 돼버린 게 아닌가 하는. 홍 선생님은 그런 느낌 없으셨어요?

홍세화 : 나는 그 당시 국내의 그런 부분까지 관찰할 수 있는 능력이 없었고 그래서 자세한 건 모르겠어요. 다만 지금 정부에 대해서도 태생적 한계 얘길 하는데, 김영삼 정부의 태생적 한계가 좀더 컸던 건 확실하지 않은가 생각합니다. 몇 년 전에 고형하고 얘길 할 때 그런 말을 했죠. 그 정권을 뒷받침하고 있는 세력을 생각하면, 김영삼 정권에 별 기대는 하지 않는 것이 좋다고.

고종석 : 예, 그러셨죠. 그게 1993년이었죠. 그렇지만 그 정권의 근본적 성격이 어떻든지, 구체적 정책에 대해서는, 예컨대 정치군부를

숙청했다거나, 뭐 이런 거.

홍세화 : 그렇죠. 그때에 그런 것을 북돋워주는 것은, 특히 김영삼 씨의 퍼스낼러티하고 연결해서 보면, 그건 좀 필요하지 않았을까 그런 생각은 드네요. 물론 구체적으로 어떤 상황에서, 어떻게, 이런 것은 잘 모르겠고, 잘한다 잘한다 하는 식으로 해줬다면 좀 낫지 않았을까 그런 생각이 들기도 들어요, 뭐 고형 얘길 들어서가 아니라. 그러나 지금 정부의 태생적 한계하고는 확실히 다른, 보다 더 근본적인 태생적 한계는 확실히 김영삼 정부에 있었어요. 똑같이 군사정권 세력과 연합을 했어도, 김영삼 씨는 개인으로 들어가 거기 기생을 한 거고, 김대중 씨는 자신이 주체가 돼서 김종필 씨의 도움을 받은 거니까. 김대중 정권은 적어도 극우 헤게모니에 기생하는 정권은 아니죠, 비록 질질 끌려다닐 조짐이 보이긴 하지만.

고종석 : 조선일보가 구축하고 있는 극우 헤게모니 말씀을 하셨는데, 조선일보라는 신문은 성격이 참 묘한 신문 아닙니까. 순수한 이념 신문이어서 장사가 안 되더라도 우린 그 부분을 밀고 나간다 이런 게 아니라, 극우 이념을 상품화하기도 하고 안보를 상품화하기도 하고, 때로는 좌파와 386세대를 상품화하기도 하고. 그러니까 상업 신문, 선정 신문의 성격도 강하게 띠고 있다는 말입니다. 그러니까 일단은 돈을 추구하는 거죠. 그리고 권력을 추구하는 거고. 어떤 이념이나 정치적 가치를 추구하는 게 아니라. 예컨대 조선일보가 이회창 씨를 지지한다고 그랬을 때, 이회창 씨가 말을 바꾸면 조선일보도 같이 말을 바꾸어 지지하기도 하고. 그 거꾸로인 경우도 있고. 그런 것 못 느끼셨어요?

홍세화 : 그런 면이 있죠. 조선일보가 지금까지 말을 바꿔왔던 것,

예를 들어서 김영삼 씨에 대해서도 그렇고, 앞서 말이 나왔지만 권력 지향적이라고 얘기할 수 있는데, 그 권력이라는 것이 결국은 이권이죠. 논조의 일관성도 없이. 그러니까 그 극우라는 것 자체가 조선일보의 목적이 아닌 것은 분명해요, 제가 생각하기에도. 그런데 강준만 씨가 안보 상업주의라는 말도 썼지만, 그것이 먹혀들어가는 것 자체가 한국 사회에 극우 헤게모니가 관철되고 있다는 얘기고, 또 그것을 고양시키면서 장사도 하고 그런 것 아니겠어요. 그런데 어떤 의미에서는 조선일보가 고마워요. 한편으론 진지를 구축하면서 극우가 아닌 것처럼 행세하지만, 일단 극우 헤게모니에 제동이 걸릴 문제에는 굉장히 신경질적인 반응을 보이잖아요. 극우 헤게모니의 대표성이랄까 하는 걸 보여주는 거지요. 그래서 싸움의 대상을 선명하게 해주죠.

그런데 이 조선일보라는 극우 매체는 순수한 극우보다 훨씬 더 부도덕해요. 돈과 권력을 위해서 사실을 왜곡하니까요. 그 점도 고마워요, 역설적이지만. 딴지일보에서도 지적했지만, 외신 같은 걸 비틀고, 자기들이 예전에 한 말 뒤집고, 출판계나 문단에서 언론 권력 휘두르고, 자기들끼리 밤의 대통령이니 이런 소리들을 해대고… 아무튼 이런 행태를 통해서 명확한 목표물이 되어주고 있는 것, 그게 고맙다는 거지요. 극우 헤게모니와 극우의 부도덕성을 조선일보가 집약적으로 보여주고 있다는 것 말이에요. 만약에 이렇게 눈에 보이는 목표물이 없다면 극우 헤게모니와의 싸움이 훨씬 더 힘들어질 겁니다. 조선일보가 꼬리를 내리면 극우 세력이 다 꼬리를 내릴 것이냐, 그건 그때 가봐야 알겠지만 영향을 안 받을 수는 없겠죠.

고종석 : 조선일보를 인터넷으로만 가끔 보신다죠? 그런데 최근 들어 그거 못 느끼셨어요? 저도 조선일보를 구독하지는 않지만 우연히

눈에 띄면 들춰보기는 하는데, 예전과 똑같은 것 같습니까? 요즘 들어 조금 자중하고 있는 것 같기도 한데.

홍세화 : 그래요. 그런데 아직도 김대중 칼럼이나 류근일 칼럼, 사설 같은 데서는 안 그래요. 비비 꼬면서 별 기괴한 얘기를 다 해대죠.

고종석 : 어차피 조선일보 얘기가 다시 나왔으니까 이 신문 얘기를 좀 해보죠. 그러면 조선일보 문제에 대한 해결 방법이 뭡니까?

홍세화 : 여러 가지를 생각할 수 있겠죠. 우선 완전히 무시해버리자는 견해도 있을 수 있어요. 왜냐하면 자꾸 조선일보 갖고 얘기하니까 그것이 토론거리가 되고, 그러다 보니 오히려 조선일보를 무슨 참조지(參照紙)인 것처럼 만들어 그 신문에 무게를 실어주는 것이 아니냐, 이런 얘기죠. 그 말에도 일리가 있어요. 사실 조선일보도 얻어맞는 것 내심 좋아할 거예요. 그게 장사에 도움이 되고 극우 세력의 단결을 유도할 수 있을 테니까. 아무도 조선일보 얘기를 안 하는 날이 오면 저도 정말 좋겠어요. 그러나 얘기할 가치조차 없는 그 신문을 왜 얘기할 수밖에 없느냐? 현실적으로 그 신문이 힘을 지니고 있고, 지식인들을 동원해서 계속 진지를 구축하고 있고, 독자들을 몽매주의에 빠뜨리고 있기 때문이죠. 그걸 무시할 수는 없죠. 결국 그 신문을 안 보게 해야 하는데, 안 보게 하려면 그 신문이 어떤 신문이냐 하는 것을 계속 계몽해야죠. 그리고 그 신문의 진지구축전을 도와주는 지식인들을 설득해야죠.

고종석 : 그 지식인들을 어떻게 설득합니까?

홍세화 : 따져야죠. 당신들이 지금 어떤 짓을 하고 있는지를 아느냐고 물어야죠. 모르면 깨우쳐줘야죠. 당신이 극우의 진지를, 조선일보의 진지를 구축해주고 있다고 말해줘야죠. 왜냐하면 조선일보는

기동할 때만, 기동전을 펼 때만 극우를 분명히 드러내거든. 그렇지 않을 때는 진지를 구축하는데, 거기 당신들이 동원되고 있는 거라고. 숱한 사람들이 그런 얘기 하잖아요. 조선일보란 매체하고 자기 메시지는 다른 거다, 거기에 실려도 난 다른 얘기한다. 참 우스운 얘기죠. 그런 나이브한 생각을 하고 있는 사람들에게 실은 그게 진지전과 기동전의 메커니즘이라는 걸 얘기해야죠. 그 다음에는 대중을 상대로 조선일보 읽지 말라고 얘기해야죠. 어쨌든 제일 중요한 게 읽히지 않는 것이거든.

고종석 : 읽히지 않게 하기 위해서 읽어야 되는 거군요. 비판하기 위해서(웃음).

홍세화 : 아니 그러니까, 일부 사람들만 읽자 이거죠. 인터넷이 나왔으니까, 일부 사람들만 대신 읽고 그 기사와 비판문을 인터넷에 띄우자, 이거예요. 비판할 필요가 있는 사람만 대신 읽어주는 운동이죠. 그 다음에 대중들한테는, 난 최근에 어떤 글에도 그걸 썼어요, 일체의 통신에 조선일보는 읽지도 말고 사지도 말자는 머리말을 집어넣자, 이런 운동을 벌이자는 겁니다. 구체적으로 해야 되니까. 그런 작업들이 대중 사이에서 일어나면 운동이 전개되면서 그 안에서 왜 그래야 하는가에 대한 토론도 나올 것이고. 난 이게 중요하다고 봅니다, 토론 말이에요. 어쨌든 그러다 보면 결국 조선일보를 호텔업자로 만들 수 있다는 거죠. 호텔업자에 맞으니까, 그쪽으로 아예 전업하라는 거죠. 내가 그렇다고 호텔업자를 비하하는 건 아니고.

고종석 : (웃음) 그런데 대중의 입장에서는 이런 생각도 들 것 아닙니까? 일부 사람만 읽는다고 했을 때 그 일부를 누가 정하느냐, 왜 우리는 못 읽고 당신만 읽느냐, 조선일보를 읽을 자격을 당신들에게 누

가 주었느냐, 당신들이 비판하면서 읽는다면 우리도 비판하면서 읽겠다 하는 생각 말입니다.

홍세화 : 그러니까 대신 읽어라, 이거죠. 대신 읽어주는 사람을 통해서 읽으면 되죠.

고종석 : 그런데, (웃음) 나도 직접 읽겠다, 왜 내가 대신 읽어주는 사람을 통해서 읽어야 하느냐라고 하면 반박할 여지가 없지 않나요?

홍세화 : 그렇게까지 읽고 싶은 사람은 읽으면 되죠 뭐. 그것이, 지금 고형은 웃었는데 웃지 말자 이거지. (불쾌한 듯한 웃음) 웃지 말고, 정말 일체의 모든 통신문에, 무슨 통신문이건 다, 그것을 가족한테 보내든 친구한테 보내든, 그 얘기를 쓰자는 거예요. 조선일보는 읽지도 말고 사지도 맙시다라고. 그 얘기는 곧 뭐냐 하면 자신이 조선일보를 안 읽는다는 것을 표현하는 것이거든. 우선 그렇잖아요? 그건 상대방에게 하지 말자는 뜻 이상으로 우선 나 자신이 조선일보를 안 읽는다는 것을 표시해주는 것이니 그 점이 중요한 거죠.

마지막 부분에서 나는 홍세화에게 집요하게 물었다. 말하자면 누가 『조선일보』를 보겠다는데, 자기가 직접 보며 비판하겠다는데, 그걸 어떤 논리로 말리겠는가 하고 말이다. 홍세화는 자기 생각을 몇 번 반복해 얘기하다가 내가 계속 되묻자 마침내 짜증을 냈고, 그래서 나도 넘어가기는 했지만, 내게 그 문제가 깔끔하게 해결된 것은 아니다.

『조선일보』와 '밥그릇' 문제

강남의 어느 고등학교에서 물리를 가르치는 L이라는 초등학교 동창 친구가 있다. 아주 가까운 친구다. 물론 초등학교 때부터 가까웠던 것은 아니다. 사실 초등학교 때는 서로의 존재도 모르고 지냈다. 그럴만도 한 것이, 나중에 따져보니 같은 반이었던 적도 없었다. 학교 운동장에서든 복도에서든 스치기야 했겠지만 결국은 사귐이 없이 서로 다른 중학교로 흩어진 친구다. 십오 년쯤 전 어찌어찌해서 초등학교 동기들의 모임 소식이 내게 전해졌고, 무슨 변덕이었는지 거기에 들렀다가 인사를 나누게 됐다. 첫눈에 마음이 맞았고, 그래서 개인적으로 만나게 됐다. 그 이후로 초등학교 동창회는 한 번도 열리지 않아서—물론 열렸는데 나나 그 친구에게 연락이 닿지 않았을 수도 있지만. 그렇기 쉬울 것이다—다른 친구들은 만날 기회가 없었지만, 그 친구와는 자주 만났다. L은 어느덧 내게 가장 가까운 친구 가운데 하나가 되었다. 속마음을 털어놓을 수 있는. 물론 내가 그의 가장 가까운 친구에 포함되는지는 모르겠지만.

L은 강준만의 우호적 독자다. 그 계기를 만든 것은 나다. 강준만의 『김대중 죽이기』가 나왔을 때 나는 프랑스에 있었는데, 『한겨레』의 기사를 통해 그런 책이 있다는 걸 알게 된 내가 그 친구에게 그 책을 사서 부쳐달라고 부탁했고, L은 그 책을 내게 부치기 전에 읽어본 뒤 강준만에게 호감을 갖게 된 것이다. L은 1998년 봄에 내가 프랑스에서 귀국할 때까지 한 일 년 남짓 『인물과 사상』을 내게 부쳐주기도 했다. 강준만의 책을 공감을 가지고 읽었으니, 『조선일보』에 대한 생각이 부드러울 수는 없다. 그는 물론 『조선일보』를 보지 않는다. 그렇다고 다른 신문을 정기구독하는 것도 아니다. 그는 어느 신문도 정기구독하지는 않는다. 고등학교 교사라는 '먹물' 직업인으로서는 좀 문제가 있는 친구다. 그렇다고 신문을 전혀 안 보는 것은 아니다. 거의 매

일 가판대에서 내키는 신문을 사본다. 『조선일보』만 빼놓고.

일 년쯤 전, 그 L과 양재동의 한 호프집에서 만난 적이 있다. 둘이 이따금 들르는 지하 호프집이다. 내가 그 집에 먼저 도착했는데, 스탠드바 위에 누군가가 흘리고 간 『조선일보』가 있어서 참으로 오랜만에 그 신문을 훑어보았다. 페이지를 넘기다 보니 한 시인이 전면에 걸쳐 쓴 글이 있었다. 몽고에서 아내에게 보내는 편지 형식의 그 글을 읽다보니 마음이 어지러워졌다. 나도 두세 차례 만난 적이 있는 그 시인은 1980년대 말에 '민족해방문학' 진영에 속해 있던 문학운동가이기도 했다. 1990년엔가 1991년엔가 김지하가 이른바 분신정국의 와중에 『조선일보』 지면을 통해서 "죽음의 굿판을 걷어치우라" 고 일갈했을 때, 힘차고 비장한 반박문을 『한겨레』에 기고한 사람이기도 하다. 더구나 내가 양재동의 호프집에서 그 시인의 글을 읽고 있던 시점은 『조선일보』가 최장집의 사상을 검증하겠다고 한 차례 소동을 벌인 지 얼마 안 돼서였다.[2]

그러나 내 심란함은 그 시인에 대한 언짢음이나 '그럴 줄 알았다' 는 식의 미움 섞인 허탈에서 비롯된 것은 아니었다. 그 심란함은 또 『조선일보』의 국가주의와 NL파의 주사 편향과 시인의 몽고기행 사이의 기묘한 이질동형 또는 동질이형에 대한 짜증스러운 확인에서 비롯된 것도 아니었다. 내 심란함은 내가 과연 이 시인을 비판할 수 있는가 하는 자의식에서 비롯된 것이었다. 실상 『조선일보』 비판 또는 『조선일보』의 협력자 비판은 대개 윤리적 비판의 형태를 띠게 되는데, 윤리에 관한 한 난 늘 내 발밑이 불안하다. 그런 원칙의 문제 이

---

2) 이 부분은 확실치 않다. 내 기억엔 그렇다.

외에도 내게는 각론적인 정보가 없었다. 우선 나는 그 시인이 어떤 계기로 몽고에 가서 왜 『조선일보』에다 그런 글을 쓰게 됐는지에 대해서 아는 바가 없었다. 그 기행을 시인이 기획해서 『조선일보』와 접촉했는지, 아니면 『조선일보』가 기획해서 그 시인에게 부탁했는지도 나는 알지 못했다. 어느 쪽이 주도적이었든 시인은 결국 조선일보사의 배려로 몽고에 갔을 거다, 라는 짐작이 가능하기는 했지만, 그건 그야말로 짐작일 뿐이었다. 그리고 그가 조선일보사의 배려로 몽고에 갔다고 하더라도, 그걸 내가 과연 비판할 수 있을까도 싶었다.

위에서 언급한 김지하 비판문을 포함해서 내가 읽어본 그 시인의 산문들을 통해, 나는 그가 경제적으로 매우 어려운 성장기를 보냈다는 것을 짐작하고 있었다.[3] 그 시인이 몽고기행을 썼던 시점에도, 그리고 아마 지금도 그 시인은 경제적으로 풍족하지 않을 것이다. 내가 결례를 무릅쓰고 그의 글들을 평가하자면, 그는 썩 괜찮은 시인이고 아주 뛰어난 산문가다.

그러나 그를 옥죈 가난은 그에게서 쓸 만한 학연을 만들 기회를 박탈했고, 학연이 눈에 보이지 않는 그러나 이따금은 결정적인 힘을 발휘하는 한국 문단에서 그에게 풍족한 인간관계의 네트워크를 만들어주지 못했을 것이다. 아마도 그것이 한 원인이 되어서, 그는 자신의 글에 합당한 평가를 받지 못했을 것이다. 그가 지금 한국 문단의 중심부에 있지 못하다면, 그것은 민족해방문학론이라는 것이 이론적 · 실천적으로 파산해서만은 아닐 것이다. 그것 못지않게 중요한 이유

---

3) 혹시 이 글을 그 시인이 읽게 되더라도 그가 불쾌감을 갖게 되지 않기를 바란다. 나는 지금 그가 겪었을 어려운 성장기를 동정하는 것은 절대 아니다. 나는 누군가를 동정할 만큼 내가 잘났다고는 절대 생각하지 않는다.

는 그가 너무 가난했고, 그래서 학연을 포함한 연줄을 만들 기회가 부족했고, 그래서 부르디외가 사회관계 자본이라고 불렀던 상징적 재산이 그에게 부족했다는 점에 있을 것이다.[4]

그 시인은 왜 『조선일보』의 원고 청탁을 받아들였을까? 아니, 『조선일보』 쪽에서 청탁을 했는지 어땠는지는 알 수 없으니, 질문을 이렇게 바꾸자. 그는 왜 『조선일보』에 글을 썼을까? 우선 생각해볼 수 있는 가능성은 그가 NL과 『조선일보』 국가주의 사이의 차이를 이론적으로 봉합하고 『조선일보』를 괜찮은 신문으로 보았을 가능성이다. 그러나 나는 이 가능성은 거의 없다고 생각한다. 김영환을 비롯해 『시대정신』 주변 사람들 그리고 그들의 대부라는 황장엽처럼 그런 이론적 봉합에 성공한 날렵한 사람들이 없는 것은 아니지만, 그것은 아무나 할 수 있는 일은 아니다. NL과 『조선일보』 국가주의는 그 형식적 친화에도 불구하고 불과 얼음의 관계다. 『조선일보』의 사설과 사내 칼럼들은 예나 지금이나 북한을 주적(主敵)으로 설정하고 국내의 반대 세력을 친북한주의자로 몰아치고 있다.

두번째 가능성은 시인이 자신이 견지했던 NL노선을 포기하고 과격하게 전향했을 가능성이다. 실제로 황장엽이나 김영환도 NL과 『조선일보』 국가주의를 이론적으로 봉합했다기보다는 과격하게 전향했다

---

4) 이것은 다 내 어림짐작이다. 내가 읽은 그의 글들과 내가 엿본 한국 문단의 어떤 풍경들에 기초한. 어쩌면 이 시인은 내 생각과 달리 지금 우리 문단의 중심에 서 있을지도 모르고, 그의 작품들은 내가 몰라서 그렇지 충분한 비평적 조명을 받고 있을지도 모르고, 비록 그가 문단의 중심에 서 있지 않다고 하더라도 거기에는 다른 이유가 개재됐을지도 모른다. 그리고 그에게는 내 짐작과는 달리 풍부한 사회관계 자본이 있을지도 모른다. 비록 두세 번 얼핏 스쳤을 뿐이지만, 내게 비친 그는 친화력과 마음씀씀이가 커 보였고, 그러니 그의 주위에는 촘촘한 인간관계의 네트워크가 형성돼 있을 수도 있다. 또 그는 내 짐작과는 달리 지금은 가난하지 않을 수도 있다. 내 어림짐작이 사실과 어긋나서, 또는 사실에 부합하더라도 이런 공개적 글에서 언급되기에는 부적절한 것이어서 시인에게 불쾌감을 주었다면 진심으로 사과한다.

고 보는 것이 옳을 것이다. 그러나 시인이 그렇게 과격하게 전향했을 것 같지는 않다. 물론 내가 모르는 사이에 그랬을 수도 있겠지만 그 시인이 노골적인 반북주의나 전쟁을 통한 통일을 선동하는 글을 쓴 것을 내가 보지 못했으니, 이 가능성은 접어두자.

세번째 가능성은 『조선일보』가 가끔 못된 짓을 하기는 하지만 그 신문과 다른 보수적 신문들 사이의 차이가 질적인 것은 아니라고 시 인이 판단했을 가능성이다. 이 가능성은 충분히 있다. 그리고 사안에 따라서는 일부 보수 신문들이 『조선일보』보다 더 앞서서 난장판을 벌이는 경우도 있으므로 이런 판단이 반드시 그릇됐다고는 할 수 없 다. 다시 말해, 그 문제에 대해서는 토론의 여지가 있을 수도 있다. 그러나 이 가능성이 나를 심란하게 하지는 않았다. 내 심란함은 네번 째 가능성과 관련된다. 그 가능성은 『조선일보』가 다른 보수 신문들 과 질적으로 구별되는 극우 신문이라는 생각을 시인도 하고 있고, 시 인은 자신을 극우파라고 생각하지는 않는데, 어쩔 수 없이 그 신문에 기고를 했을 가능성이다. 이 가능성도 꽤 있다.

그러나 이 가능성이 현실과 합치한다고 하더라도 내가 그 시인을 비판할 수 있을까? 사람은 대체로 자신의 아픔은 크게 보고 남의 아 픔은 작게 보는 것이어서, 나도 내 자신의 지나온 삶을 생각하면 구 질구질하다는 생각이 앞서는 것은 사실이지만, 적어도 그 시인에 비 해서는 훨씬 운이 좋은 삶을 살았다고 말하는 것이 공정할 것이다.[5] 내가 만일 그 시인의 처지였다면, 말하자면 살기가 지금보다 더 팍팍 했다면, 그런데 어느 날 아침에 『조선일보』 기자가 전화를 해 살가운

---

5) 위에서도 말했듯 이 판단이 틀렸을 수도 있다. 틀렸다면 시인에게 사과한다.

목소리로 원고를 청탁했다면, 그때 나는 『조선일보』의 제의를 거절할 수 있었을까? 거절할 수도 있었을 것이다.

그러나 받아들였을 가능성도 그 못지않다는 생각이 나를 심란하게 했다. 더구나, 조갑제가 요란스럽게 선동한 범몽고주의 때문에 몽고 평원에 대해 내가 지니게 된 이미지는 아주 더러워졌지만, 그 시인이 거기서 아내에게 보낸 편지는 정겨움으로 그득했다. 어려서 사귄 아내에게 마흔이 넘어서도 그렇게 살가운 편지를 쓸 줄 아는 시인 앞에서, 이제 무덤덤하게밖에는 아내를 대할 줄 모르는 나는 부끄러웠다.

만약에 우리 글판에 '강준만 패거리'라는 것이 있다면―이 패거리는 아마 구성원들 사이에 거의 안면이 없는 점조직의 기괴한 패거리이기는 하지만―나는 사람들 눈에 그 패거리의 일원으로 보일 것이므로, 『조선일보』가 내게 글을 청탁하는 일은 없을 것이다. 그리고 『조선일보』가 내게 글을 청탁한다고 해도 내가 거기에 응하는 일은 없을 것이다. 물론 『조선일보』가 지금의 위치에서 과격하게 좌향이동을 하지 않는 한 말이다. 『조선일보』가 그럴 가능성은 거의 없어 보이므로, 내가 『조선일보』에 글을 쓸 일도 없을 것이다.

그러나 내가 『조선일보』에 글을 안 쓰겠다고 마음을 먹을 수 있는 이유는 무엇인가? 그것은 내 '영혼의 순결함' 때문인가? 물론 그렇지 않다. 가장 커다란 이유는 알량하나마 내게 부여된 물질적 조건이다. 요컨대 강준만이 어느 자리에서 얘기했던 '밥그릇' 문제다. 말하자면 나는 적어도 『조선일보』에 기대지 않고도 먹고사는 데 큰 지장이 없기 때문에 『조선일보』에 글을 안 쓰겠다고 마음먹을 수 있는 것이다. 나는 언제 그만둘지는 모르지만 네 식구 살림을 근근히나마 꾸려나갈 수 있도록 해주는 직장이 있다. 더구나 그 직장은 신문사다.

물론 내가 그 시인의 글을 『조선일보』에서 읽었을 때, 나는 직장이 없었다. 그러나 그때보다 훨씬 젊었던 시절에 했던 기자 노릇 덕분에, 내 글을 실을 지면을 얻기가 어렵지는 않았다. 문제가 되는 것은 내 게으름이었지, 지면은 아니었다. 나는 내가 쓰고 싶은 글을 실어줄 잡지사 친구들도 있고, 내 글들을 책으로 만들어줄 출판사 친구들도 있다. 말하자면 나는 『조선일보』가 아니더라도 내가 사용할 수 있는 신문 지면이 있고, 내가 원하면 얻을 수 있는 잡지 지면이 있고, 『조선일보』 눈치를 안 보고 내 책을 내줄 출판사가 있다. 나는 안다, 그것이 내 글이 신통해서라기보다는 내가 언론계의 한 구석에서 밥을 먹고 있고, 출판계에 친구들이 있어서라는 것을.

　그런데 만약에 내게 그런 사회관계 자본이 전혀 없다면, 그런데 어느 날 내 글에 반한 『조선일보』 기자가 내게 다정한 목소리로 글청탁을 해온다면, 그때 나는 그 기자의 호의를 사양하고 청탁을 거절할 수 있을까? 위에서 말했듯, 그럴 수도 있겠지만 그러지 않을 수도 있다는 가능성이 나를 심란하게 했다.

　나는 내 첫 책을 민음사에서 냈는데, 내가 그 당시 출판담당 기자였으므로 그 출판사의 주간과 직업적으로 얽혀 있었다. 나는 내 두번째 책을 문학동네에서 냈는데 발행인도 주간도 친구였다. 나는 내 세번째 책을 문학과지성사에서 냈는데 거기에도 역시 친구들이 여럿 있었다. 그 책들에 묶인 글들을 나는 그 전에 『세계의 문학』이나 『문학동네』나 『문학과 사회』 같은 잡지에 실었었는데, 내가 그 잡지들의 편집위원들과 안면이 없었어도 내 글이 거기 실렸을지에 대해서는 자신이 없다. 그래서 나는, 글재간이 분명히 나보다 앞서면서도 나보다 아마 경제적으로 더 어렵고 어쩌면 나보다 이용할 수 있는 지면이 적을 내 또래의 그 시인이 『조선일보』의 청탁에 응한 걸 거리낌없이 비판할 수가 없었다. 그리고 그것이 내 마음이 뒤숭숭했던 이유였다.

　L이 왔다. 나는 그에게 『조선일보』를 펼쳐 보인 뒤, 내가 시인의 글을 읽으며 심리적으로 허우적거릴 수밖에 없었던 이유를 얘기했다. 그러나 뜻밖에도 L은 내 생각에 동조하지 않았다.

　L : 네가 그런 이유로 이 시인을 비판할 수 없다면 신경숙 씨를 비판할 수도 없어.

　나 : 왜 그렇지?

　L : 우선 원론적으로 얘기할 수 있는 건, 그 한계를 어떻게 정하느냐가 문제가 된다는 거지. 그 시인이 정말 형편이 어려워서 조선일보에 글을 썼을 테니까 그걸 이해해야 한다, 그러면 너는 월수 얼마 이상 되는 사람부터를 비판의 대상으로 삼을래?

　나 : 아니, 난 그걸 정하자는 게 아니라, 밥그릇의 문제가 고려의 대상이 안 될 수는 없다는 거지.

　L : 좋아, 인정해. 물론 그건 아주 중요한 문제지. 그런데 네가 결정적으로 잘못 생각하고 있는 게 하나 있어. 그건 처음부터 그런 원론을 아예 고려할 필요가 없다는 거야. 조선일보가 어떤 곳인데, 누가 경제 사정이 어렵다고 그 사람에게 원고 청탁을 하겠니?

　나 : 그렇다는 건?

　L : 네가 생각하고 있는 것처럼 이 시인의 삶이 팍팍하지는 않을 거라는 얘기야. 조선일보만이 아니라 일간신문에 자기 얼굴을 박아서 글을 실을 수 있다는 것은 그 사람이 우리 나라에서 문화적 기득권자라는 뜻이야. 조선일보에 지면을 얻을 수 있는 사람이라면, 다른

신문에도 지면을 얻을 수 있는 사람이야. 그리고 우리 나라에서 일간 신문에 자기 글을 실을 수 있는 사람이라면 웬만한 잡지에는 자기 글을 실을 수 있는 사람이구. 말하자면 누군가가 조선일보에 글을 쓴다는 건 그 사람의 적극적 선택이라구. 그건 네가 생각하듯이 강요된 글쓰기가 아니야. 강요됐다고 하더라도 무슨 경제적 사정 때문에 강요된 건 아니지. 굳이 강요됐다면 명예에 대한 욕구, 이름에 대한 욕구 말이야, 그런 것에 의해 강요됐다고는 할 수 있겠지. 이름에 대한 욕구는 물론 중요하고, 어떤 사람들에겐 그게 아주 중요하겠지만, 그 욕구가 충족되지 못한다고 죽지는 않아. 너는 지금 네 상상 속의 잘못된 정보에 기초해서 값싼 감상주의에 빠져 있는 거야.

나 : 그러니까 이 시인도 비판받아야 한다는 거군.

L : 네가 조선일보에 글을 쓰는 다른 사람들을 비판한다면, 이 시인도 당연히 비판받아야 한다는 거지. 모르긴 몰라도 이 시인이 너보다 형편이 어렵지도 않을 거야. 아니, 어려울지도 모르지만 그렇더라도 너랑 별 차이는 없을 거야. 조선일보 아니더라도 쓸 수 있는 지면이 얼마든지 있을 거라구. 어려울 거라는 네 짐작 자체가 불합리해.

『조선일보』 문제를 대하는 인식론적 무기

어쩌면 L의 말대로 그 시인은 나보다 사정이 나았을 수도 있다. 그리고 그 시인이 나보다 형편이 더 어려웠다고 하더라도, 그 경우에 그의 『조선일보』 기고를 어떻게 볼 것인가 하는 것은 사실 주변적인 문제일 것이다. 다른 신문들이 그렇듯 『조선일보』도 일반적으로 잘 알려져 있고 영향력이 큰 필자, 즉 최소한 살림살이 걱정에서는 해방

돼 있을 가능성이 매우 높은 필자를 원할 것이고, 『조선일보』에 대한 기고 문제에서 쟁점이 되는 것도 주로 그런 필자들의 경우일 테니 말이다.

여기서도 몇 가지 경우를 상정할 수 있다. 우선, 『조선일보』가 극우 신문이라는 것을 인정하고 그 극우성을 지지하는 필자들이 그 신문에 기고를 하는 경우가 있을 수 있다. 이 경우에 민주주의의 관점에서 『조선일보』를 비판하는 사람들에게 고민거리가 생길 이유는 없다. 그때에 『조선일보』나 그 신문의 기고자들에게 민주주의자들이 수행해야 할 것은 가차없는 사상투쟁이지 논의의 가닥을 잡는 것이 아니다. 둘째, 『조선일보』가 극우 신문이라는 것을 인정하고 자신은 민주주의자라고 생각하면서도 그 신문에 기고를 하는 사람들의 경우가 있을 수 있다. 이 유형의 사람들도 『조선일보』 비판자들에게 고민거리를 안기지는 않는다. 그것은 일종의 정신질환이므로 적절한 정신과(精神科) 치료를 공여하거나, 그 치료를 굳이 거부할 경우엔 거기 합당한 욕지거리를 해주면 그만이다. 거기에 논쟁이 개입할 공간은 없다. 문제가 되는 것은 『조선일보』의 극우성을 인정하지 않거나, 그것을 부분적으로 인정하더라도 다른 신문과 별 차이가 없으므로 기고한다는 입장을 보이는 지식인들의 경우다. 바로 이 지점에서 토론이나 논쟁의 여지가 생긴다.

나는 『조선일보』의 지면에서 드러나는 광신적 반공주의와 거기에 기초한 사상 검열 취향, 국가 상징물에 대한 강박증적 집착과 이따금씩 보이는 전쟁 불사(不辭) 노선으로 보아, 이 신문이 분명히 일종의 극우 신문이라고 생각한다. 물론 여러 사람들이 지적했듯, 이 신문이 순수한 극우 신문은 아니다. 이 신문은 경제적·정치적 이득을 위해서 이념적 순결성을 포기하는 것을 주저하지 않는다. 이 신문이 궁극적으로 숭배하는 것은 극우 이데올로기라기보다는 권력과 돈이고, 때때로 극우 이데올로기는 권력과 돈을 확보하기 위한 수단으로 보인다. 강준만이 안보 상업주의라고 표현한, 먹성 좋고 파렴치한 약탈 자본주의·수렵 자본주의가 이 신문의 편집 원리다. 이 수렵 자본주의는 때때로 자유주의나 좌파 이데올로기에 미소를 짓기도 한다. 그 자유주의나 좌파 이데올로기에 환금성(換金性)이 있다면. 그리고 그 어색한 미소가 자신의 세력을 확대하거나 보위하는 데 필요불가결하다면.

그러나 이 신문의 지면이 그때그때 어떤 현란한 화장을 하든, 이 신문이 한국의 주류 언론 가운데 극우에 가장 가까운 신문인 것은 사실이다. "남북문제는 냉엄한 비즈니스"라고 보는 탁월한 '경제적 안목'은 평양교예단의 서울 공연 일정에 우연히 현충일이 포함돼 있는 데 대해서 분개하는 탁월한 '정치적 안목'에 뒷받침돼 있다.『조선일보』의 전 지면에서 극우성이 드러나는 것은 아니지만, 사설이나 내부 칼럼을 포함한 지면의 뇌수(腦髓)는 악성 극우 종양의 침입으로 사물에 대한 정상적 판단 기능을 잃은 지 오래다. 물론 이것은 내 사견이므로 나는 나와 다르게 생각하는 사람들의 의견도 들을 준비는 돼 있다. 그러나『조선일보』의 성격에 대해서 토론이나 논쟁이 점화된다고 하더라도, 그것이 깔끔한 논리의 향연이 되지는 않을 것이다. 그 논쟁은 극우지론자(極右紙論者)들이든 상업지론자(商業紙論者)들이나 보수지론자(保守紙論者)들이든, 논쟁 당사자들의 개인적 욕망과 이해관계가 오줌버케처럼 덕지덕지 붙어서 이내 파당적 선전전(宣傳戰)과 인격 살해의 무대로 변할 가능성이 크다.

나는 『조선일보』에 글을 쓰는 친구들을 만날 때마다 그 신문이 극우 신문이고 그러므로 그 신문에 기고해서는 안 된다고 내 나름으로는 찬찬히 얘기했으나, 그들을 설득할 수 없었다. 반 정도는 논리의 문제였고, 반 정도는 욕망의 문제가 아니었나 싶다. 프랜시스 후쿠야마가 헤겔에게서 배워 멋지게 정식화한 인정투쟁(認定鬪爭) 또는 차라리 자기확산의 욕망이 적어도 부분적으로는 거기에 개재되지 않았나 짐작한다. 내 친구 L이 나와의 대화에서 얘기했고, 강준만도 『조선일보』와 협력하는 시민운동 단체를 거론하며 더러 언급했던 명예욕 비슷한 것 말이다.

나는 한때 『조선일보』에 실린 스마트한 외부 필자들의 뜻밖의 밋밋한 글들을 보며 뛰어난 인문적 교양과 감수성이 정치적 둔감함(물론 내 정치적 입장에서 판단한 둔감함이다)과 기이하게 결합될 수 있다는 사실 앞에서 탄식하곤 했지만, 내가 정치적 둔감함이라고 이해한 것은 기실 계산된 둔감함, 합리적 둔감함이었을지도 모른다는 생각을 요즘 한다. 인정에 대한 욕망의 더듬이를 통해서 정치적으로 조율된 정치적 둔감함 말이다.

임지현이 일상적 파시즘이라고 부르는 집단주의적 에토스의 심리적 기반 가운데 하나는 ─비록 그것이 그 기반의 사소한 일부일 뿐이기는 하겠지만─그런 인정에 대한 욕망인지도 모른다. 그것이 권력에 대한 의지와 분리돼 있는 것은 아니다. 단지 그것은 가장 세련된 형태의 권력 의지일 뿐이다. 그리고 그 욕망이나 의지의 최소 형태 또는 가장 소극적인 형태는 적어도 주류에 속하고 싶다는 욕망, 주류에 속하겠다는 의지일 것이다. 그 욕망이나 의지의 배면에는 소외나 배제에 대한 소박한 두려움이 깔려 있다.

문제는 그것을 인정에 대한 욕망이라고 부르든 그저 투박하게 명예욕이라고 부르든 그런 욕망이 보편적이고, 그래서 반드시 비난받아야 할 욕망이 아니라는 데에 있다. 그 욕망은 『조선일보』의 비판자들에게도 당연히 있는 욕망이다. 그것은 물론 내 마음 깊은 곳에서도 부글거리고 있을 욕망이다. 내 경우엔 다만 그 욕망의 크기보다 『조선일보』에 대한 미움의 크기가 더 클 뿐이다. 그것은 내 정치적 입장이 내 스스로 생각하는 것보다도 더 래디컬하다는 걸 뜻하는지도 모르겠다. 그러나 나는 이제 더이상 『조선일보』에 글을 쓰는 친구들을 설득하려고 하지 않겠다.

내가 사숙하는 스승 복거일은 어느 자리에서 "어떤 이념을 내세우는 글이 다른 이념들을 따르는 이들을 설득하는 경우는 드물다. 이미 설득된 이들을 설득하는 경우가 대부분이다"라고 말한 바 있지만, '어떤 이념을 내세우는 글'이 아니더라도 사정은 크게 다르지 않다. 사람을 설득하는 일은 참으로 어렵다. 특히 개인적 이해관계가 개입돼 있을 때, 스무 살 넘은 사람을 설득하기는 참으로 어렵다. 지적으로 설득하는 일도 어렵지만 정서적으로 설득하는 일은 더 어렵다. 그런데 사람은 정서적으로 설득되기 전에는, 지적으로도 충분히 설득되지 않는다.

『조선일보』는 그 비판자들보다 훨씬 더 촘촘한 인간관계의 망을 우리 사회에 지녔다. 그 망 가운에 일부는 『조선일보』 비판자들과도 연결돼 있는데, 『조선일보』를 비판하기 위해서 그 망을 모조리 쳐내버리는 일은 누구에게나 쉬운 일이 아닐 것이다. 물론 내게도 그렇다. 나는 한 친구와 『조선일보』 문제와 관련해서 얼굴을 붉히며까지 언쟁을 벌였지만, 그의 생각을 손톱만큼도 바꿀 수 없었다. 『조선일보』가 우아한 신문이라고 생각하는 친구들, 『조선일보』의 극우성이 문제라면 그것의 해결은 그 신문보다 더 우아한 신문을 만드는 것으로 이뤄져야지 그 신문에 대한 비판을 통해 이뤄져서는 안 된다고 생각하는 친구들을 나는 설득할 수 없었다. 물론 그 친구들도 나를 설득할 수 없었다. 나는 『조선일보』가 우아함과는 거리가 먼 신문이라고 생각하고, 미국의 제국주의를 극복하기 위해서 꼭 미국보다 더 풍요로운 나라를 만들어야 할 필요는 없다고 생각하니까 말이다. 그러니까 미국의 제국주의에 대한 끊임없는 비판도 미국의 제국주의를 극복하는데 기여할 수 있는 한 가지 방법이라고 생각하니까 말이다.

그래서 나는 앞으로도 계속 『조선일보』를 비판할 것이다. 그러나 『조선일보』에 대한 내 생각을 내 주변 사람들에게 강요하지는 않겠다. 그리고 내가 개인적으로 설득할 수 없었던 친구들을 공개적으로 이름을 거명해서 비판할 생각도 없다. 다른 한편으로 생각해보면 그들을 설득하거나 비판할 근거도 튼실하지 않다. 좌파라는 자기 규정을 아직도 자랑스러워하는 인텔리들, 평소의 지론이 국가보안법 철폐인 사람들, 지난 20년 동안 자기 이름을 광주에 얹어 팔아온 문필가들까지 『조선일보』에 거리낌없이 얼굴을 내밀고 있는 판국에, 그들보다 정치적 오리엔테이션이 덜 명료한 사람들에게 『조선일보』에 글을 쓰지 말라고 말하는 것은 씨도 먹혀들지 않을 소리일 것이다.

전열을 정비하기도 쉽지 않다. 『조선일보』에 글을 기고하는 사람, 심지어 『조선일보』 기자들 개개인이, 그 모두가, 그 반대편에 있는 사람들보다 도덕적으로 반드시 더 열등하다는 증거가 없기 때문이다. 이런 사람이 있는가 하면 저런 사람이 있기도 하고, 어떤 사람이 사안에 따라 더 윤리적이거나 덜 윤리적인 태도를 보일 수 있기 때문이다. 그런 자잘한 실존적 경험의 갈피들, 개인적 삶의 주름들에 눈을 감고 대의를 위해서 자나깨나 『조선일보』 조심을 하는 것이 모두에게 쉬운 일은 아닐 것이다. 모든 개인에게는 그 자신만의 진실이 있다. 60억의 개인에게는 60억 개의 진실이 있을 수 있다. 그 진실들은 흔히 겹치지만, 적어도 그 무게중심은 흔히 다르고, 때로는 그것들이 상반될 수도 있다.

이런 상대주의―적어도 느슨한 상대주의―는 내가 신봉하는 개인주의의 인식론적 가정 가운데 하나다. 그렇다면, 『조선일보』 문제를 대중적으로 인식시키는 것은 특히 어려운 일일 것이다. 예컨대 노희경의 KBS 드라마 〈바보 같은 사랑〉에 등장하는, 그 가난하고 순결한 사랑의 주인공들에게 『조선일보』 문제는 과연 얼마만한 무게를 지닐 수 있을까? 또 김정수의 SBS 드라마 〈파도〉에 나왔던, 신산(辛酸)의 삶 끝에 병마에 치인 어머니 앞에서 절규하는 자식들에게 『조선일보』 문제는 얼마만한 무게를 지닐 수 있을까?

내 생각에 『조선일보』는 분명한 악이지만, 당연하게도 그것이 유일한 악은 아니다. 찾아보면 『조선일보』보다 더 커다란 악도 얼마든지 있을 것이고, 그런 악과 싸우는 데 열중해 있는 내 이웃들에게 관심을 『조선일보』 쪽으로 집중하라고 요구할 권리도 내게는 없다. 그들에게는 그들의 삶이 있기 때문이다, 한 번밖에 없는 삶이. 남의 적의에는 적의로 대하고, 남의 호의에는 호의로 대하는 것은 인지상정이다. 그 적의나 호의는 때로는 불합리한, 그러니까 설명될 수 없는 적의나 호의일 수도 있다. 약한 개인으로서의 우리는 그 설명될 수 없는 타인의 적의 앞에서 절망하고, 타인의 불합리한 호의 앞에서 우쭐한다.

그리고 설명될 수 있든 없든, 『조선일보』의 호의에 노출된 사람이

『조선일보』를 호의로 대하는 것을 마냥 나무랄 수만은 없다. 그들은 궁합이 맞는 것이다. 그리고 궁합이라는 것이 원래 그렇듯, 그것은 계산 너머에 있을 수도 있다. 그렇게 『조선일보』와 궁합이 맞는 내 이웃에게, 『조선일보』 문제가 한국 사회의 온갖 문제들을 집약하고 있다는 것을 쉽게 납득시킬 수 있을까?

게다가 『조선일보』 비판도 일종의 만화경이다. 『조선일보』 비판을 내 선(善)의 징표로 내세울 생각이 내게 추호도 없듯이, 나는 또 다른 사람들의 『조선일보』 비판을 그 비판자들의 선(善)의 증명서로 받아들일 생각이 추호도 없다. 『조선일보』 애호자들은 확실히 나를 불편하게 만들지만, 『조선일보』 적대자들이라고 해서 꼭 나를 편안하게 하는 것은 아니다. 『조선일보』 애호가 자주 그렇듯, 『조선일보』에 대한 적대의 피륙도 더러는 누추하고 황폐한 욕망과 변덕의 날과 씨로 짜여져 있다. 그것을 직시하는 것은 슬픈, 더 나아가서는 오싹한 일이지만, 그것을 우회하는 것은 자기기만이다.

이것은 일종의 청산주의인가. 그런 기미가 없지 않다. 그러나 나는 『조선일보』에 대한 내 생각을 주위 사람들에게 강요하지 않겠다는 것이지—왜냐고? 정직이 최선의 방책이라는 말을 믿어보자. 그것이 그들의 생각을 전혀 바꾸지 못하면서 나와 그들과의 관계를 껄끄럽게 만들기 때문이다—『조선일보』에 대한 내 생각을 공적으로 발설하지 않겠다는 것은 아니다. 나는 앞으로도 겨를이 있을 때마다 『조선일보』에 대해서 얘기할 것이다. 내 목소리가 아무런 메아리도 불러일으키지 않고 내 입장이 한 점 그림자도 만들지 못한다고 해도, 나는 다만 내 표현 욕구의 충족을 위해서라도 계속 『조선일보』 문제와 드잡이할 것이다. 그 문제가 해결되지 않은 채 남아 있는 한 말이다.

'동인문학상'의 신장개업

『조선일보』는 최근에 동인문학상의 체제를 바꾸었다. 바뀐 골간은 세 가지다. 첫째는 지금까지 중·단편 소설에 수여되었던 이 상의 대상을 앞으로는 단행본으로 하기로 한 것이고, 둘째는 심사위원단을 종신직으로 한 것이며, 셋째는 상금을 대폭 올린 것이다.

수상 대상을 장편소설이나 창작집으로 바꾼 것은 아무리 생각해도 잘한 일이다. 중요한 문학상들이 단편소설 하나에 주어지는 나라는 우리 나라를 제외하고는 드물 것이다. 다만, 동일한 문학상의 수여 대상이 선택적으로 장편·중편·단편을 모두 아우르고 있는 것은 깔끔해 보이지 않는다. 또 김동인의 뛰어난 작품들은 단편이므로, 장편 소설에 이 상을 주는 것이라든지 대하소설에도 논의의 여지를 남겨 놓은 것이 어색할 수는 있다. 상 이름을 바꾸면 깔끔하게 해결되겠지 만, 『조선일보』가 동인문학상이라는 이름을 포기하지는 않을 것이다. 그 이름에는 퇴적된 시간의 권위가 있기 때문이다. 남들의 입에서 '조선'이라는 말만 나오면 대한민국의 정통성을 부정한다고 펄펄 뛰 는 『조선일보』가 그 이북의 국호를 꿋꿋이 자신의 제호로 사용하고 있는 것도, 퇴적된 시간이 만들어낸 권위의 이미지 때문일 것이다. 그러나 대하소설에 대한 입장은 아직 확정되지 않은 듯하고, 장편소 설만이 아니라 단편소설집도 수상 대상에 포함시켰으므로, 동인문학 상이라는 이름과 바뀌어진 실제가 꼭 서로 어긋난다고는 할 수 없다. 또 비록 수작(秀作)이랄 수는 없지만, 실상 김동인은 장편『운현궁의 봄』이나 『젊은 그들』의 작가이기도 하므로, 위의 내 지적은 그저 트 집잡기일 뿐이다.

심사위원단을 종신직으로 하는 것도 그 자체로는 나쁠 것이 없다. 이번에 종신 심사위원직에 위촉된 문인들 모두가 이 '영예로운' 자리에 적합한가에 대해서는 의견들이 다를 수 있겠지만, 심사위원직의 종신제는 작품 심사의 책임을 강화하고 이 상의 권위를 높일 것이다. 실제로 유럽의 몇몇 권위 있는 문학상들은 심사위원단을 종신으로 못박아두고 있다. 일종의 아카데미 형식으로 운영되는 것이다. 상금을 대폭 올린 것도, 꼭 칭찬할 만한 일은 아니겠지만, 문인들에게 나쁜 일은 아닐 것이다. 문인들이 숨쉬고 있는 공기도 자본주의 사회의 공기니까 말이다. 상업주의라는 말은 흔히 경멸적 울림을 담아 사용되지만, 위선의 덫에 치이지 않은 채 그것에서 자유롭다고 자부할 수 있는 작가는 거의 없을 것이다. 작가는 문필 노동자이고 일인 기업의 경영자다.

그러나 동인문학상의 운영 주체가 조선일보사라는 점을 염두에 두면, 이 상의 체제 변화가 낳을 사회적 효과를 생각해보지 않을 수 없다. 구체적으로 동인문학상의 체제 변화에 내포된 문단적 의미는『조선일보』비판 세력에게는 대단히 불길한 것이다. 그 효과는『조선일보』비판 세력에게 치명적이 될 수도 있다.『조선일보』가 의도했든 그렇지 않든(나 개인적으로는『조선일보』가 명료한 의도를 지녔다고 생각한다), 동인문학상의 체제 변화는 문단에 대한 이 신문의 장악력을 크게 강화할 것이다.

상금이 올랐다는 것보다 더 중요한 것은 종신직 심사위원제를 만들었다는 것이다. 칠순의 소설가 박완서에서 40대의 평론가 정과리에 이르기까지 이번에 종신 심사위원으로 위촉된 일곱 사람의 문인들은 한국 문단 안에서 적지 않은 힘과 권위를 지닌 사람들이다.『조선일보』는 자사가 운영하는 문학상의 종신 심사위원직을 이들에게 위촉함으로써, 자사의 확실한 종신 협력자들을 문단 안에서 확보한 셈이다.

최장집에 대한『조선일보』의 사상검증 소동 이후로 한동안 이 신문에 글을 쓰는 것을 기피하는 풍조가 문단에 있었다. 그러나 시간이 『조선일보』 편이었던지, 망각과 타성과 욕망의 얽힘 속에서 그런 미풍양속은 점점 사라져가고 있다. 그런데 이제 동인문학상의 체제 개편은 문인들로 하여금『조선일보』에 기고하지 않는 것을 더 어렵게 만들 것이다. 상향 조정의 가능성을 남겨둔 채 잠정적으로 5천만 원으로 결정된 상금의 크기도 유혹적일 테지만, 더 근본적으로는 이 신문사와 종신으로 협력하고 있는 명망 있는 문인들과 껄끄러운 관계에 놓이는 것을 작가들이 원하지 않을 것이기 때문이다. 이 신문에 기고하기를 머뭇거리는 작가들의 눈에는 이내 불사(不死)의 '조선일보 플레야드(Pléiade)' — '조림칠현(朝林七賢)' 이라고 해도 좋다—의 얼굴들이 어른거릴 것이고, 그것은 문학적 · 문단적 야망에서 자유로울 수 없는 작가들에게 커다란 압력으로 작용할 것이다.[6]

『조선일보』는 위대하다! 이건 비아냥이 아니다. 나는 이 신문의 응변(應辯)과 원모(遠謀), 그 탁발한 병법(兵法) 앞에서 경배하지 않을 수 없다. 조금 다른 얘기지만 말이 나온 김에 짚고 넘어가자면, 최근 『조선일보』의 서평난은 외부 필자들의 글의 비중을 점점 더 높이고 있다. 외부 필자들의 풀(pool)을 확대하는 것이 이 신문의 최근 방책인 듯하다. 그것은『조선일보』의 협력자들을 늘림으로써 비판자들을

---

6) 나는 정과리 씨가 그 '플레야드'에 낀 데 대해 개인적으로 유감을 표하지 않을 수 없다. 그는 내 머릿속에 각인된 뛰어난 재능들 가운데 맨 앞자리에 있기 때문이다.

고립시키는 효과를 가져올 것이다.

최근에 김우창의 『정치와 삶의 세계』를 읽었다. 그 책에 모인 글들의 제재는 여럿이지만, 논의의 기조는 저자가 평소에 자주 얘기해오던 자기 비판적 이성 또는 심미적 이성의 테두리 안에 있다. 그런 자기 비판적 이성에 대해 김우창이 최근에 피력한 생각은 『비평』 창간호에 실린 「오늘의 인문과학과 코기토」라는 글에 담겨 있다.

김우창은 이 글에서 오늘의 인문과학이 직면한 상황을 "사람 사는 일이 정신을 차릴 수 없도록 어지럽게 된 것"이라고 요약하고, 그래서 정신을 차리는 문제, 정신을 가다듬는 문제를 따져본다. 김우창이 그 문제에 접근하기 위해 기대는 것은 해체주의자들이 저주하는 이성과 합리성이다.

그러나 김우창이 이성과 합리성의 위험을 간과하는 것은 아니다. 그는 이성이 권력 의지의 표현이고, 이성과 합리성이 힘의 장(場)에서 투쟁적으로 존재한다는 것을 지적한다. 그럼에도 그는 이성을 하나의 갈등 과정에서 생겨나는 보편성의 확대 궤적으로 바라본다. 그래서 그의 이성은 반성하는 이성이다. 그가 말하는 이성의 원리는 단순한 실증적 원리가 아니라 자기 비판적이고 자기 성찰적인 원리다. 그의 합리성은 합리성의 테두리 바깥에 존재하는 도덕적·미적 지혜들을 껴안을 수 있는 오지랖 넓은 합리성이다. 그 이성은 오늘의 사유를 역사의 사유에 일치시킬 줄 아는 개인적 공감의 능력과 또 그것을 넘어가는 보편적 사유의 능력이고, '오늘의 시점에서 자기 반성적으로 정화된 코기토'다.

이런 자기 비판적 이성은 물론 김우창의 발명품이 아니라 서유럽의 비판이론이나 현상학에 뿌리를 둔 것이지만, 그는 오래전부터 이것의 중요성을 정제된 언어로 되풀이 강조해왔다. 어쩌면 이 밋밋하고 두루뭉수리한 '자기 비판적 이성'이야말로 좌우·동서·고금(古今)을 감싸안은 '제3의 길'이고, 정신을 차릴 수 없도록 어지러운 상황에서 『조선일보』 문제를 대하는 우리의 인식론적 무기가 돼야 할는지 모른다. 『정치와 삶의 세계』에서 인상 깊었던 구절.

> 서양의 제국주의적인 침략 아래서 혼란 상태에 빠진 나라들이 부딪치는 문제는 자유나 인권 문제 못지않게 또는 그보다도 먼저 기본적인 질서를 확보하는 문제입니다. 서양 사람들이 자유롭다고 하지만 지켜야 할 것이 얼마나 많습니까? 그런 이유로 하여 후진국 사람이 미국이나 영국에 가서 보고 감탄하는 것은 그들의 자유 이전에 그들의 질서입니다. (…) 복잡하고 다양한 권리가 있기 위해서는 하나의 질서의 테두리가 필요합니다. 물론 그것도 다양하게 표현되는 것이어야 하겠지만, 되풀이하여 말하건대 그것은 보편적인 것이어야 합니다. 그러면서 그것은 현실적 제도로 구성되는 것이어야 합니다. 그렇다는 것은 달리 말하면, 그것이 일정한 현실적인 힘을 가진 것이라야 한다는 말입니다. 그것은 강제력을 말합니다. 그리고 모든 것이 자유로울 수만은 없는 상태를 말합니다.(182쪽)

최근에 읽은 글 가운데 이 몇 줄처럼 가슴을 서늘하게 하는 말은 없었다. 물론 나는 이즈음에 내 마음에 난 스산한 구멍을 '질서'라는 말로 서둘러 메웠는지도 모르겠다. 『조선일보』에 휘둘리는 한국 지식인 사회를 보면서도 나는 그의 말을 되뇐다. 자유의 존재 근거는 질서라는 것. 한국 사회에 정말 부족한 것은 자유가 아니라 질서라는 것. 그 질서의 다른 이름은 규칙일 것이다. 최소한의 보편적 규칙. 자유의 거푸집으로서의 규칙.

『월간 인물과사상』 3월호에 임지현이 기고한 글을 읽으며 든 생각. 난데없이 로자 룩셈부르크가 등장하는 것도 어색했는데, 옛 소련의 보건장관이었다는 세마쉬코라는 사람 얘기를 듣고는 피식 웃음이 나왔다. 웃음의 이유를 지금 생각해보면 여러 가지였던 것 같다. 우선 처음 들어보는 세마쉬코라는 이름의 울림이 재미있었고, 여성의 멘스는 자본주의가 여성의 신체에 끼친 영향 때문이라는, 임지현이 가르쳐준 세마쉬코의 기발한 주장이 재미있었고, 그런 주장을 강준만에게 겹쳐놓으려는 임지현의 꾀가 재미있었다. 그때는 그냥, 그저 재미있었다. 나는 그것을 임지현의 유머 감각 덕분이라고 생각했다.

그런데 『우리 안의 파시즘』이라는, 아마 임지현이 책임 편집을 한 듯한 책의 서문에 이 세마쉬코라는 인물이 스베르드로프 공산주의자 대학 총장 리아도프라는 인물로 변신해서 재등장하는 걸 보고, 더 나아가 거기서 강준만이 확실히 한국의 리아도프가 돼 있는 것을 보고, 나는 이게 웃을 일이 아니라는 걸 깨달았다. 개명(改名)의 경위야 어찌 됐든, 『월간 인물과 사상』에서 세마쉬코 얘기를 했을 때 임지현은 진지했던 것이다. 나는 정말 놀랐다. 임지현 씨! 그럼 못써요!

(2000년 7월)

서얼단상(庶孽斷想)

족보라는 이름으로 남은 신분제도

세 해 전에 나는 「사십세」라는 단편소설을 어느 계간지에 발표했다. 그 소설은 그 이듬해에 『제망매』라는 제목으로 나온 내 소설집에 묶였다. 「사십세」는 마흔을 앞둔 화자가 자신의 성장기를 되돌아보며 늘어놓는 일종의 푸념이다. 화자는 말하자면 첩실[1]의 소생인데, 그는 어린 시절 그 사실로 마음에 커다란 상처를 입었다.

축첩 여부를 떠나 그다지 매력적인 인격을 지니지 못했던 아버지를 화자는 격렬히 증오한다. 나이가 들어가며 자신의 외모와 성격이

---

[1] 이 말의 도발적 뉘앙스를 용서하시길. 나는 다른 말을 찾아낼 수가 없었다. 앞으로 이 말이나 이와 비슷한 뉘앙스를 지닌 말들이 몇 차례 더 나올지도 모르겠다. 게다가, 내가 운 좋게 이 말에 대한 완곡어를 발견하거나 발명해 그 말을 사용한다고 해서, 그것이 뒤틀린 현실을 교정할 수 있는 것은 아니다. '첩실'의 부정적 함축 의미는 이내 그 완곡어에 달라붙을 것이다. 현실 속에 '첩'이 존재하고 그 '첩'에 그늘이 드리워져 있는 한, 언어 속의 '첩'이 밝을 수는 없다. 곱게 단장한 완곡어도 마찬가지다. 현실은 언어 이전에 있다. '정치적 올바름'이 흔히 부질없게 되는 이유가 그것이다.

아버지를 닮아가는 것을 깨닫고 심한 자기 혐오를 느낄 만큼 소설의 화자는 아버지를 미워한다. 이미 죽은 아버지와 화자의 화해 가능성이 소설의 끝머리에서 설핏 암시되기는 하지만, 화자는 그 소설 속에서 줄곧 아버지에게 말의 돌팔매질을 멈추지 않는다. 프란츠 카프카가 자기 아버지에게 했듯 말이다. 그러나 더 격렬하고 후레스럽게.

내가 내는 책들이 늘 그렇듯, 그 소설집도 내게 별다른 경제적 도움이 되지 못했다. 그러니까, 「사십세」라는 소설을 읽은 독자는 많지 않을 것이다. 그 많지 않은 독자들─내 가까운 친구들이기도 하고, 내가 전혀 모르는 사람들이기도 한─가운데 몇 사람에게서 나는 그 소설의 독후감을 들었다. 흥미로운 것은 그들이 하나같이 소설 속의 화자를 나와 동일시했다는 점이다. 특히 일인칭 소설의 경우에 화자와 작가를 동일시하고 싶어지는 것은 많은 독자들이 느끼는 유혹이지만, 「사십세」를 내 이야기라고 생각하는 독자들 가운데는 전문적인 독자, 곧 문학평론가도 있었다. 허물없는 친구 하나는 언젠가 술자리에서 은근한 목소리로 그 소설 얘기를 꺼내며 "그런 일이 있었니?" 하고 묻기도 했다. 꼭 어떤 대답을 요구하는 질문도 아니어서 빙그레 웃고 말기는 했지만, 나는 소설 속의 인물과 현실의 인물을 포개는 관습의 완강함에 놀랐다.

사실인즉, 그 소설은 완전히 꾸며낸 이야기다. 내 부모님은 구존해 계시고, 그 소설이 그리고 있는 가족사를 나는 경험해보지 못했다. 「사십세」의 화자의 아버지와는 달리 내 아버지는 생업에 성실하고 자기 아내─내 어머니─에게 충실한 분이다. 나는 아버지가 어머니 이외의 다른 여성과 연애는 고사하고 단 하룻밤을 같이 지냈다는 것도 상상할 수 없다. 젊은 시절에도 도대체 외박이라고는 모르는 분이었다. 물론 아버지의 연애가 대단히 교묘해서 가족이 그 사실을 눈치채지 못했을 수도 있지만, 내 느낌이 옳다면 어머니는 아버지의 유일한 여자였다. 적어도 결혼 이후에는 말이다. 그렇다고 내가 그 점을 자랑스러워하는 것은 아니다. 아버지가 어머니 이외의 다른 여자를 사랑했다고 하더라도, 그리고 어머니가 아버지 이외의 다른 남자를 사랑했다고 하더라도, 나는 그것을 이해하려고 노력했을 것이다. 그리고 그 상황이 이해할 만한 것이었다면 이해했을 것이다. 물론 감정의 불편함은 느꼈겠지만.

아버지는 평생을 고등학교에서 국어를 가르치셨는데, 얼마 전 평교사로 정년퇴직을 하신 뒤에는 남한산성 부근에 손바닥만한 밭뙈기를 마련해 채소 재배로 소일하고 계시다. 그런 점에서 내가 「사십세」라는 소설을 쓴 것이 아버지껜 좀 죄송스러운 일이기도 하다. 몇 안 되는 독자들의 상상력을 아버지도 상상하실 수 있었을 테니까. 실제로 그 소설이 발표된 얼마 뒤, 아내는 내게 부모님이 「사십세」를 불편해 하신다고 귀띔하기도 했다.

그러나 한편으로 생각하면, 그 이야기를 꾸며내면서 내가 내 스스로의 체험을 완전히 배제했다고는 할 수 없다. 사실, 직접적이든 간접적이든 체험과 완전히 유리된 이야기는 누구도 얽어내기 힘들다. 상상도 체험 속에서 부화한다. 진공 속에서야 어떻게 생명이 움트겠는가? 그런 점에서 「사십세」도 내 체험과 기억의 변형일 뿐이다. 우선 그 소설은 한국 사회에서 흔하디흔한 가족 이야기다. 내 어린 시절의 친구들 가운데도 나에 대한 친밀감의 증표로 내게 그런 얘기—일주일에 한두 번 집에 들르는 아버지 얘기, 배다른 형제 얘기—를 해준 아이들이 몇 있다. 말하자면 「사십세」라는 소설은 골방에서 나눈 그런 은밀한 이야기를 파렴치하게 우려먹은 것이라고도 할 수 있다. 또 소설 속의 화자와 아버지가 현실 속의 나와 내 아버지하고 완전히 무관한 것도 아니다. 나는 어려서부터 아버지와 뜻이 맞지 않았다. 그리고 지금도 그 분과 그리 좋은 사이라고는 할 수 없다. 소설 속의 화자만큼 아버지를 증오한 것은 결코 아니었지만, 아버지에 대한 내 감정은 그리 격조 있는 것은 아니었고 아마 지금도 그럴 것이다.

또 내 아버지에게는 소설 화자의 아버지처럼 봉건적인 문중 의식이 있다. 나와 내 누이들은 어려서부터 아버지에게 우리 집안의 옛 어른들에 대한 이야기를 귀가 아프도록 들었다. 아버지는 그런 이야기를 하기 위해 한 해면 열 번도 넘게 돌아오던 제삿날 합문(闔門)과 계문(啓門) 사이의 막간을 주로 이용했지만, 평소에도 조금 분위기만 잡히면 조상 이야기를 했다. 임진왜란 때의 의병장 고경명 '선생'(족보에 따르면 나는 그의 14대 손이다)과 그 자제들의 충의(누구에 대한 충의? 그 무능하고 이기적이었던 선조 임금에 대한 충의?)에 대해서, 5대조 할아버지 아래로의 세세한 가족사에 대해서 아버지는 당신의 자식들에게 쉬임 없이 얘기했다. 자라서 생각해보니, 아버지 말씀을 곧이곧대로 다 받아들인다고 해도 우리 집안은 한미하다고밖에는 말할 수 없는 잔반(殘班) 집안이었을 뿐인데 말이다. 게다가, 그 먼 과거의 일을 누가 남김없이 알 수 있겠는가? 내 직계의 남녀 조상이 모두 순수한 조선 사람이었고, 넓은 의미의 사족(士族)이었고, 적자(嫡子)였고, 정실(正室)이었다는 것을 누가 증명해 주겠는가? 족보가? 푼돈이면 윤색과 조작이 가능했던 그 족보가? 그리고 설령 내 모든 직계 조상이 정말로 적자였고 정실이었다고 하더라도, 그것이 내

존재를 얼마나 값지게 하는가? 그것이 내 유전자를 얼마나 '고귀하
게' 만드는가? 적자와 정실의 염색체는 서자와 부실(副室)의 염색체
와 그 구조와 개수(個數)가 다른가?

채소 재배가 아버지의 소일거리라면, 종친회 일은 아버지의 열정
이다. 아버지는 교직에서 은퇴하시자마자, "고씨(高氏) 장흥백파(長
興伯派) 창평(昌平) 하삼천(下三川) 종중(宗中) 도유사(都有司)"라
는 '길고 어마어마한' 직책을 맡으셔서 문중 일에 동분서주하고 계시
다. 은퇴를 하신 아버지에게 그런 일이 맡겨져서 그 분이 자주 바깥
공기를 쐴 수 있게 된 것을 나는 다행스럽게 생각한다. 그러나 나는
그 일이 그리 가치 있는 일이라고 생각하지는 않는다. 아마 앞으로도
그럴 것이다. 아버지가 유년기의 아들에게도 문중의 중요함을 일깨
우지 못했다면[2], 이제 마흔이 훌쩍 넘어버린 아들에게 그것을 일깨우
는 것은 더더욱 어려운 일일 것이기 때문이다.

나는 위에서 「사십세」라는 소설이 골방에서 나눈 은밀한 이야기를
'파렴치하게' 우려먹은 것이라고 말했다. 그러나 내가 그것을 정녕
파렴치한 일이라고 생각했다면, 「사십세」를 쓰지 않았을/못했을 것
이다. 글을 쓰고 안 쓰고에 무슨 생사가 달린 것도 아닌데, 파렴치하
다는 것을 알고도 어떤 글을 썼다면 그것이야말로 부끄러워해야 할
일일 것이다. 그러나 나는 그 소설을 쓴 것이 조금도 부끄럽지 않다.
아니, 나는 그 소설을 써야만 했다. 내게 그런 이야기를 해준 어린 시
절 친구들의 쓸쓸한 감정에 내가 완전히 공감했기 때문이다. 그리고,
그런 이야기를 은밀할 수밖에 없게 만드는 우리 사회의 관습과 편견

---

[2] 나는 어린 나이에도 고경명 '선생' 삼부자의 순사(殉死)—이름 없는 민중의 피로 새겨진 '의병장 고
경명'이라는 허울—를 그리 자랑스러워하지 않았다.

에 내가 분노했기 때문이다. 아버지께는 죄송스러운 일이지만, 아버지가 자랑스러워하는 우리 집안의 내력을 내가 조금도 자랑스러워하지 않듯이, 내 5대조 할아버지가 예컨대 어느 사대부 집의 노비였다고 하더라도 내가 그것을 부끄러워하지는 않을 것이다. 물론 나는 내 5대조 할아버지의 신분과 상관없이 19세기 말까지 조선 사회에 온존해 있던 노비제도라는 이름의 노예제를 생각할 때마다 분노가 솟아오른다. 마찬가지로, 나는 내가 아버지의 적자(嫡子)라는 사실이 그리 자랑스럽지 않듯이, 내가 아버지의 서자(庶子)라고 해도 그것을 그리 부끄러워하지는 않을 것이다.

물론, 아버지가 한 평생 어머니에게 충실했다는 것은 집안의 화목을 위해서 매우 다행스러운 일이었다. 그러나 열정의 바람이 아버지를 어머니 이외의 어떤 다른 여자에게로 몰아가 두 사람 사이에 자식이 생기고, 내가 바로 그 자식이었다고 하더라도, 내가 그 사실 자체를 부끄러워하지는 않을 것이다. 물론, 나는 내가 서자이든 적자이든 그것과 상관없이, 적자와 서자라는 것에 아직도 의미 있는 차이를 부여하는 우리 사회의 관습과 편견에 강하게 분노한다.

전라도의 피

그래도 아직 한 가지 의문은 남는다. 내가 만일 아버지의 서자였다면, 그때도 「사십세」라는 소설을 쓸 수 있었을까? 잘 모르겠다. 어쩌면 썼을지도 모르지만, 그런 소설을 쓰는 것을 조금은 부담스러워했을 것이다[3].

그것은 내가 '전라도 원적자'이기 때문에 우리 사회의 지역문제에 대해서 목소리를 높이기가 껄끄러운 것과 비슷하다. 사실이 그렇다. 전라도 사람에 대한 편견이 얼마나 부당하고 근거 없는 것인지를 나는 논리적으로 설명할 수 있지만, 내가 전라도 사람이라는 것 때문에 그런 일이 구차하게 느껴지고, 이내 내가 '중립적인' 관찰자가 될 수 있는 일로 관심을 옮기게 된다. 내가 전라도 원적자라는 사실은 때로 정치에 대한 내 발언도 굴곡시킨다. 김대중을 비판할 때 내 목소리는 높아지고, 김대중을 옹호할 때 내 목소리는 잔잔해진다. 나는 지금도 김대중에 대한 지지를 공언하는 것이 부담스럽다. 그 지지를 내가 합리적으로 설명할 수 있을 때조차 그렇다.

언젠가 강준만이 푸념했듯이, 우리 사회에서 전라도 사람으로 분류되는 방식이 묘하다. 강준만이 전라도 사람이라면 나는 서울 사람일 테고, 내가 전라도 사람이라면 강준만은 황해도 사람일 텐데, 세상 사람들이 보기엔 강준만도 나도 전라도 사람이다. 부모의 출생지든 본인의 출생지든 한쪽만 전라도면 그 사람은 전라도 사람이 되는 것이다. 피와 땅이 공히 '순결'해야만 그는 전라도라는 굴레를 벗어나게 된다. 게다가 부모 가운데 한쪽만 전라도 사람이어도 그는 전라도 사람이다. 독일 제3제국의 정권 담당자들이 유태인에게 적용했던 종부종모(從父從母) 규정과 유사하다. 하긴 그런 종부종모법은 고려조나 조선조의 한 시기에 노비에 대해서도 적용되었다. 곧 일천즉천(一賤則賤)이다. 좋은 피는 아무리 많아도 나쁜 피를 맑게 할 수 없지만, 나쁜 피는 한 방울로도 좋은 피를 흐린다. 흑인과 백인 사이의 제

---

3) 그것은 내가 서자라는 것을 부끄러워했으리라는 뜻이 아니다. 다만, 내가 서자라는 것을 의식했으리라는 것이다. 여기까지 얘기하고 보니 앞에서 한 말에 자신이 없어진다. 나는 정말 내가 서자라는 사실을 조금도 부끄러워하지 않았을까? 그래, 부끄러워하지는 않았을 것이다. 그러나 어떤 불편함을 느끼기는 했을 것이다

1대 혼혈아인 뮬래토만이 아니라, 흑인의 피가 1/4이 섞인 쾨드룬도, 흑인의 피가 1/8이 섞인 옥터룬도 흑인이다. 그래서 내 아들의 아들의 아들의 아들도 전라도 사람일 것이다. 그들이 느끼든 못 느끼든.

김대중의 집권이 한국 정치사에서 지닌 의미는 건국 이후 처음으로 여야간에 평화적 정권 교체를 이루었다는 것 못지않게, 처음으로 전라도 출신 인사가 국가의 수반이 되었다는 데 있다. 그것은 한국인들에게 정말 다행스러운 일이었다. 전라도 사람들에게만 그런 것이 아니라, 경상도 사람들을 포함한 다른 지역 사람들에게도 마찬가지다. 지난 선거에서의 승패 여부와 관계없이, 그 선거는 김대중이 집권할 수 있는 마지막 기회였다. 그가 '대통령병'을 고치지 않는다고 하더라고, 그의 물리적 나이가 그의 재출마를 가로막을 터였다.

그가 만약에 지난 선거에서 졌다면, 한국인 세 사람 가운데 한 사람은—적어도 네 사람 가운데 한 사람은—한국 국가에 대한 일체감이 회복하기 힘들 만큼 손상되는 것을 경험했을 것이다. 그리고 그것은 국가적 통합을 크게 위협했을 것이다. 어쩌면 그것은 전라도에 구체적 형태로 분리주의의 씨앗을 뿌렸을 수도 있다. 그리고 만일 전라도의 분리주의가 수면 위로 떠오른다면, 그 부담이 전라도 사람들에게만 지워지지는 않을 것이다. 김대중과 전라도와의 관계는 예컨대 김영삼이나 김종필이 자신들의 출신지역과 맺고 있는 관계와 다르다. 71년의 대통령선거 이후 김대중이 겪은 모든 수난이 전라도 사람들에게는 바로 자신들이 겪는 수난의 표본처럼 보였을 것이고, 그래서 그들은 김대중의 운명을 자신들의 운명과 일치시켰을 것이다.

김대중에게 씌워진 두 개의 굴레, 전라도 출신이라는 굴레와 '색깔'이라는 굴레 가운데 훨씬 더 단단한 것은 전라도라는 굴레였다.

해방기의 건준에 잠시 관여했다는 20대 때를 포함해서 그가 좌파였던 적은 한 번도 없었겠지만, 설령 그가 한때 좌파였다고 하더라도 그 경우에는 '전향'이라는 통로가 그를 구해줄 수도 있었다. 대한민국 군대에 침투한 진짜 좌익이었던 박정희가 동료들을 배신하고 전향했듯이, 그리고 무책임한 선동으로 80년대 민주화 운동의 물줄기를 왼쪽으로 돌려댄 몇몇 인사들이 무슨 곡절에선지 어느 날 극우의 선봉이 돼 국가보안법의 신성불가침을 외치고 있듯이.

그러나 이념이 전향의 대상이 되는 것과는 달리 출신지역은 전향의 대상이 되지 않는다. 한 사람이 출신지역과 맺는 관계는 자신이 부인한다고 해서 부인되는 것이 아니다. 김대중의 '색깔'에 대해서는 논란이 있을 수가 있지만 그의 출신지역에 대해서는 논란의 여지조차 없다. 그는 전라도 사람인 것이다. 그 점에서 김대중에게는 자신의 '색깔'보다 전라도가 더 근원적이고 강력한 굴레였다. 개인주의도, 그리고 그것의 물질적 기반인 시민사회도 형성되지 않은 한국에서 그는 개인으로서의 김대중, 또는 그저 정치인 김대중이 아니라 전라도 출신의 정치인 김대중이었다. 실제로 그가 전라도 사람이 아니었다면, 역대 군사정권이 그에게 취한 야비한 이념 공세가 그렇게 큰 효력을 발휘하기도 힘들었을 것이다. 그의 전라도 이미지와 색깔 이미지는 서로 상승작용을 일으키며 그를 옥죄었다.

그는 건국 이후 첫 전라도 출신 국가수반이지만, 아마 앞으로 오래도록 유일한 전라도 출신 국가수반으로 남을 것이다. 그의 집권과 상관없이 전라도는 앞으로도 오래도록 소수 집단의 표상으로 남아 차별(적어도 문화적 차별)에 시달릴 것이고, 우리 사회는 앞으로 오래도록 한 사람에게서 그 개인을 보는 것이 아니라 집단의 표상을 읽어내는 집단주의를 떨쳐내지 못할 것이고, 앞으로 어떤 전라도 출신 정치인도 김대중만큼 전라도 사람들의 마음속에 파고들 수는 없을 것이기 때문이다. 사실, 주류 언론이 김대중에 대해서 보였던 노골적인 적대감을 고려하면 그가 집권한 것은 기적에 가깝다. 그리고 언론을 포함해서 우리 사회의 지배집단이 정치를 배제의 원리 위에 구축하고 있는 것은 그들이 쥐락펴락하는 이 나라의 안녕을 위해서도 우려스러운 일이다.

한국의 전라도와 캐나다의 퀘벡을 동일한 수평 위에서 비교할 수는 없겠지만, 캐나다에서 총리를 포함한 중앙정부에 퀘벡 출신의 프랑스계가 과도하게 대표되고 있는 것은 우리의 경우와 크게 대비된다. 캐나다의 주류 집단인 앵글로·색슨계가 프랑스계를 중앙정부의 핵심에 오히려 과도하게 끌어들임으로써 퀘벡의 분리주의를 억제하려고 노력한 데 비해, 한국의 지배 블록은 정치 과정에서 전라도를 의도적으로 배제함으로써 그 지역에 작용하는 원심력을 증대시켜 왔다. 분리주의의 위험이 싹틀 정도로까지 말이다.

전라도 사람에 대한 편견을 박정희가 처음 만들어낸 것은 아니다. 그러나 박정희와 그를 이은 군인 정치가들은 김대중이라는 정적을 박해하는 과정에서 처음으로 지역이라는 것을 한국 정치의 결정적 변수, 결정적으로 의미 있는 변수로 만들었다. 널리 지적되듯이, 63년 대선과 67년 대선에서 전라도 유권자들이 박정희에게 보낸 지지는 그 전까지 한국 정치에서 한 정치가의 출신지역이 의미 있는 변수가 아니었다는 것을 보여준다. 63년의 5대 대선에서 전남 유권자의 57.2%가 박정희를 지지했다. 그것은 그 선거에서 박정희가 경북의 유권자들로부터 얻은 지지율 55.65%를 웃도는 것이었다. 심지어 박정희 캠프가 대구에서 지역감정을 선동했던 71년 선거에서도 전라도 유권자 세 사람 가운데 한 사람은 박정희를 지지했다. 그 선거에서 부산의 유권자 두 사람 가운데 한 사람은 김대중을 지지했다.

그러나 바로 그 71년 대선부터 97년 12월까지 한국의 집권 세력은 선거 때만 되면 은근히 또는 노골적으로 반전라도 캠페인을 벌였고, 그것은 다른 지역 사람들이 전라도에 대해 지니고 있는 이미지를 그 전까지보다 더 악화시켰다. 억압적인 선거 분위기에도 불구하고 박정희의 3선을 위태위태하게 만든 71년 대선의 자신의 지지율(유효표의 45%)에 김대중은 그 뒤로 한 번도 근접하지 못했는데, 그것은 김대중 자신의 처신이나 그때그때의 정치지형·이념공세·선거구도 탓이기도 하겠지만, 그 이유의 작지 않은 부분이 반김대중 캠페인을 반전라도 캠페인에 포개 놓았던 역대 정권의 선거전략에 있다고 보아도 좋을 것이다. 그 점에서 박정희 이래의 영남 지배블록과 주류 언론은 탁월한 전략가, 명민한 전술가들이었다. 그런 전략, 그런 전술이야말로 '권모술수'라는 이름에 값하는 것이다.

두 겹의 감정

나는 무던히도 전라도 사람이 되려고 애써왔다. 적어도 우리 사회에서 전라도 사람에 대한 시선이 특별하다는 것을 깨달은 열예닐곱 살 무렵부터는 그랬다. 그때부터, 내가 전라도 사람이라는 걸 부인하는 것은 식민지 조국 조선을 배반하는 것이었고, 더럽고 냄새나는 조국 중국을 배반하는 것이었고, 희망 없는 조국 베트남을 배반하는 것이었다. 그것은 백인-앵글로색슨-프로테스탄트가 지배하는 기회와 풍요의 나라 아메리카합중국에서 내가 뱀과 같은 유태인이라는 것을, 내가 무식하고 가난한 히스패닉이라는 것을, 내가 거리에서 부랑아로 자라난 이탈리아인이라는 것을 부인하는 것이었다. 번영의 제국 유럽연합에서 내가 아랍인이라는 것을, 내가 터키인이라는 것을, 내가 포르투갈인이라는 것을 부인하는 것이었다. 그것은 내가 흑인이라는 것을 부인하는 것이었고, 내가 사생아라는 것을 부인하는 것이었고, 내가 이혼녀라는 것을 부인하는 것이었고, 내가 장애인이라는 것을 부인하는 것이었다. 어머니가 '세컨드'라는 것을, 레프라라는 것을, 얽빼기라는 것을, 무학력자라는 것을 부인하는 것이었다. 제 민족을 배반한 유태인, 나사렛 예수가 되는 것이었다. 그 스승을 배반한 유태인, 가룟 유다가 되는 것이었다.

나는 배역자가 되지 않기 위해서 전라도 사람이 되려고 노력했다. 나는 티없고 약삭빠른 서울아이에서 어둡고 음험한 전라도 사람으로 성장했고, 80년 5월 어느 날 내가 진짜 전라도 사람이라는 것을 알았다. 그 해 5월에 내가 느낀 공포는 민주주의의 압살에 대한 것 못지않게 혈육의 죽음에 대한 것이었다. 나는 독일과 폴란드의 간교한 동포들이 학살당하는 꼴을 안전한 미국에서 바라보는 간교한 유태인의 무참한 심정으로, 광주의 뱀 같은 혈육들이 학살당하는 것을 안전한 서울에서 뱀처럼 지켜보았다. 독일어와 폴란드어를 사용하는 동포들의 떼죽음을 바라보며 영어로 한탄했던 미국의 유태인들처럼, 나는 그 비천한 사투리를 쓰는 혈육들의 떼죽음을 날씬한 서울말로 애도했다. 그 날 나는 완전한 유태인이 되었고, 중국인이 되었고, 베트남인이 되었고, 히스패닉이 되었다. 나는 아랍인이 되었고, 터키인이 되었고, 흑인이 되었다. 나는 사생아가 되었고, 이혼녀가 되었고, 장애인이 되었다. 나는 온전한 전라도 사람이 되었다.

　그러나 나는 내가 전라도 사람이라는 것을 자랑스러워하지 않는다. 1929년의 광주든 1980년의 광주든 내게 그곳은 어둠의 도시이고 학살의 도시이지, 빛의 도시도 항쟁의 도시도 아니다. 나는 홍성담의 판화 〈대동세상〉의 그 빛나는 낙관주의를 내 것으로 육화할 수 없다. 갑오년의 농민군들을 생각하면, 내 마음은 보국안민의 기개로 들뜨는 것이 아니라 슬픔과 공포로 가라앉는다. 신문기자로 일하면서 광주로 출장을 간 일이 몇 번 있지만, 그곳에서 특별한 정겨움을 느껴본 적은 없다. 차라리, 어떤 이물감 같은 것을 느꼈다고 말하는 것이 옳겠다. 말하자면, 나는 관념적으로만 전라도 사람인 것이다. 아내가 친정 식구들과 얘기할 때 사용하는 경상도 사투리를 내가 듣기 거북해 하듯이, 내 선조들이 살았던 반도 서남쪽의 억양도 때때로 내 귀에 거슬린다. 그 억양은 서울에서 반백 년을 살아온 아버지의 말투에도 의연히 남아 있는데 말이다. 물론 그런 거슬림이 '때때로'라는 것을 강조해야겠다. 게다가 내 귀는 다른 지방의 사투리에 견주어서는 전라도 사투리에 대해서 덜 저항적이다. 그것은 내가 어쩔 수 없는 전라도 사람이라는 뜻이겠다.

　그렇다고 해서 내게 전라도 사람으로서의 자긍심이 있는 것은 아니다. 게다가 나는 내가 전라도 사람이라는 데에 무심하지도 못하다. 오토 바이닝어가 빈의 프로테스탄트 사회에서 경험했고, 그것을 실마리 삼아 테오도르 레싱이 개념화한 '유태적 자기 혐오' 비슷한 감정이 내게도 있다. 전라도 사람에 대한 타지 사람들의 거부를 전라도 사람인 내가 내면화해 버린 것이다. 레싱이 유태인들을 대상으로 분석하기는 했지만, 기실 그런 자기 혐오는 모든 소수 집단―인종적 ·

정치적 · 문화적 · 경제적 소수 집단—에서 공통적으로 발견할 수 있을 것이다. 바이닝어의 예에서처럼 그것이 자살로까지 이어지는 일이야 극히 드물겠지만, 최소한 그 자기 혐오가 낙천성을 갉아먹는 형태로는 나타날 수도 있을 것이다. 내 경우가 아마 그런 게 아닌가 싶다.

그러나 전라도 사람으로서의 내 정체성이 내게 준 선물이 있다. 나는 철들 무렵부터 내 눈길이 늘 소수 집단에게로 쏠리는 것을 느꼈다. 즉, 다수결주의라는 의미의 민주주의에 대해 거부감을 느꼈다. 그것은 지금도 마찬가지다. 학술회의장에서의 다수결주의는 정말 끔찍한 것이지만, 나 같은 '반민주주의자'에게는 정치적 · 사회적 과정에서의 다수결주의도 끔찍하다. 많은 사람들이 그렇게 생각하니까 그 생각이 옳다는 생각, 그것은 『조선일보』의 독자가 가장 많으니까 그 신문의 견해가 옳다는 생각이고, 선거를 통해 합법적으로 집권해서 국민 다수의 지지를 받았으니 나치즘이 옳다는 생각이다. 그런 견해는 대중이 늘 이성적으로 판단하고 행동한다는 가정에 근거한다. 그런 가정을 거부한다는 점에서 나는 '반민주주의자'이지만, 민주주의는 다수결의 원칙보다 상위에 있는 근본적 규범들을 포함하고 있고 그 규범들 가운데 하나가 소수 집단에 대한 배려라고 생각한다는 점에서 나는 민주주의자다.

소수파에 쏠리는 내 눈길은 날씬하지 못했던 내 인생살이와 관련이 있는 것이겠지만, 그 눈길의 방향을 정한 요소들 가운데 맨 밑자리에 있는 것은 아마 전라도 사람으로서의 내 정체성일 것이다. 그러니까, 내게 전라도 사람이라는 것은 사회적 소수파를 뜻한다. 내가 자신을 서자라고 느낄 수 있는 것, 내가 「사십세」라는 소설을 쓴 것도 근원적으로는 내가 전라도 사람이어서 그랬을 것이다. 전라도 사람으로서의 내 정체성은 그러니까 내게 두 겹의 감정을 불러일으킨다. 그것은 레싱이 유태인들에게서 관찰한 자기 혐오를 불러일으키기도 하고, 모든 소수파를 향해 확산되는 자기애를 불러일으키기도 한다. 내게 전라도 사람이라는 말은 은유적으로 쓰일 때 정치적 소수파를 의미할 수도 있고, 학문 세계에서의 이단아를 의미할 수도 있고, 이혼녀를 의미할 수도 있고, 탈북자를 의미할 수도 있고, 장애인을 의미할 수도 있고, 동성연애자를 의미할 수도 있고, 노숙자를 의미할 수도 있고, 외국인 노동자를 의미할 수도 있다. 이런 사회적 소수파를 뭉뚱그릴 때 전라도라는 말보다 더 적절한 것은 서자 또는 서얼이라는 말일 것이다. 그 말은 전라도라는 말의 지역색을 탈색시키면서, 차별의 원시적 기반인 혈통을 더 부각시킨다.

사라진 제도와 남아 있는 편견들

오늘날, 적자와 서자(사전적 의미에서의 적자와 서자) 사이에 제도적 차별이 존재하지는 않는다. 실은 서자라는 말이 지닌 음습한 뉘앙스 때문에 그 말은 잘 사용되지도 않는다. 축첩이나 첩이라는 말이 거의 사용되지 않듯이. 첩이란 말만이 아니다. 그 첩이란 말의 '점잖은' 동의어들인 소실(小室)·소가(小家)·부실(副室)·별가(別家)·별실(別室)·별방(別房)·측실(側室) 따위의 말들도 사용되지 않는다. 아내의 입장에서 자기 남편의 첩을 이르는 말인 '시앗'이라는 말도 속담 속에나 남아 있을 뿐 일상적으로는 사용되지 않는다. 그것은 축첩에 대한 도덕적·법률적 제재가 일반화되면서 그 말들이 사용될 기회가 줄어드는 한편, 그 말들의 함축적 의미가 더 부정적으로 변했기 때문일 것이다.

오늘날, 축첩은 불법이다. 그것은 간통죄를 구성하고, 운 좋게 형사처벌을 받지 않는다고 하더라도 적어도 이혼소송의 사유는 된다. 그러나 첩이라는 말이 거의 사라졌어도 축첩은 여전히 존재한다. 그 경멸적 뉘앙스를 크게 완화시키지 못한 채 첩을 대치한 말은 '세컨드'인데, 우리 사회에는 아직도 무수한 '세컨드'가 있다. 그리고, 그 '세컨드들'의 소생인 서자가 있다. 현대의 '세컨드'나 서자는 일부일처제에 대한 법률적·관습적 지지와 남성의 성적 욕구가 길항하면서 생긴 부산물이다. 이 서자, 즉 혼인 외의 자식은 아버지가 너그러울 때 그의 호적에 편입되고, 너그럽지 못할 때는 사생아로서 어머니와 살거나 보육원으로 보내진다. 그러나 아버지의 호적에 입적된다고 해서 서자의 사생아 딱지가 지워지는 것은 아니다. 그는 가족을 포함한 사람들의 편견에 시달려야 한다. 일부일처제 말고도 이 서자, 즉 사생아의 존재를 떠받치는 버팀목이 또 있다. 그것은 이혼에 대한 편견과 남성 중심의 호적제도다. 이혼과 재혼에 대한, 그리고 여성 중심의 호적제도에 대한 법률과 관습의 지지가 강화된다면 현실 속에서도, 그리고 마침내 언어에서도 서자는 사라질 것이다.

다시 말하지만, 오늘날 서자가 적자에 견주어 제도적으로 불이익을 받지는 않는다. 그는 자신의 재능과 노력에 따라 좋은 학교에 들어갈 수 있고, 좋은 직장을 얻을 수 있다. 그러나 그에 대한 사회적 편견은 여전히 남아 있다. 그는 아마 결혼을 할 때 약간의 불편함을 느낄 수도 있을 것이고, 족보라는 걸 볼 때마다 커다란 불편함을 느낄 것이다. 그리고 가문이니 문중이니 하는 얘기를 하는 것을 꺼리게 될 것이다. 이처럼 적자와 서자의 구별은 근본적으로 가족 내부의 일이다.

그러나 위에서도 비쳤듯 그 말이 은유적으로 쓰일 때 적서(嫡庶)라는 개념은 사회에도 적용될 수 있다. 그 말은 다수파와 소수파, 중심과 변두리라는 의미를 담으면서 한 사회의 풍경을 그리는 데 적절한 틀이 된다. 그것은 궁극적으로 집단과 개인이라는 함의를 지닌다. 집단으로서의 적(嫡)과 개인으로서의 서(庶) 말이다. 집단이라는 추상 앞에서 개인이라는 구체는 언제나 서자다. 마르크스가 도식화한 역사의 발전단계에서 각 단계마다 등장하는 주도적 두 계급은 적과 서에 얼추 대응한다고 할 만하다. 그러나 적과 서는 예컨대 부르주아와 프롤레타리아 또는 지배 계급과 피지배 계급보다 훨씬 더 보편적이고 섬세하며 신축적인 틀이다. 그 적과 서는 부르주아 내부의 수많은 계층들, 그 계층들 내부의 수많은 소집단들, 그 소집단들 내부의 수많은 개인들 한 사람 한 사람에게까지 눈길을 돌린다. 그 적과 서는 전라도 내부의 수많은 집단들(예컨대 광주일고나 광주고나 전주고를 졸업한 사람들과 그 학교들을 나오지 못한 사람들)에도 눈길을 준다. 그러니, 유사 이래 인간 사회에는 절대적이고 상대적인, 분해되고 통합되는 두 개의 신분—계급이라고 해도 좋다—만이 있었을 뿐이다. 하나가 적자고 다른 하나가 서자다.

글의 앞머리에 내 어쭙잖은 소설을 끄집어내며 서자 이야기를 한 것은 내가 최근에 김필동의 『차별과 연대』(문학과지성사)라는 논문집과 고은광순의 『어느 안티미스코리아의 반란』(인물과사상사)이라는 시집을 읽었기 때문이다. '조선 사회의 신분과 조직'이라는 부제를 단 『차별과 연대』는 그 부제대로 조선조의 신분 질서와 향약·계 등 그 신분 질서를 반영하고 있는 조직에 대해 사회사적 조명을 가한 글들을 모은 책이다. 전통적으로 '중인'이라고 불려온 조선조의 신분집단을 저자는 '중간신분층'이라고 부르고 있는데, 이 중간신분층의 한 구성 요소가 이른바 서얼(庶孽)이다. 저자의 눈길은 조선조의 신분 질서 전반을 두루 살피고 있으므로, 이 책에서 서얼에 대한 논의가 자세한 것은 아니다. 그러나 그것이 어설픈 글 하나를 써보고 싶다는 욕심의 실마리가 되기에는 충분했다. 그리고 나는 김필동의 안내를 받아 『한국의 전통사회와 신분구조』(문학과지성사)라는 책에 실린 지승종의 글 「조선 전기의 서얼 신분」을 내처 읽었다.

고은광순의 『어느 안티미스코리아의 반란』 역시 딱히 적서 문제를 부각시키고 있는 시집은 아니다. 미적 정제에 대한 배려를 충분히 받지는 못한 이 시집은 일종의 '페미니스트 매니페스토'다. 그런데 이 시집에 실린 첫번째 시 「'일부' 한국 넘들」에서 나는 '정실' '소실'이라는 말을 참으로 오랜만에 들어보았고, 그것이 곧 적서의 문제라는 데 생각이 미쳤다. 게다가 이 시집에 실린 시들은 비록 간접적으로나마 적서의 문제를 조명하고 있다. 실상 『어느 안티미스코리아의 반란』을 관통하는 여성의 시각은 흔히 서자의 시각과 겹치며 사회적 소수파의 목소리로 일반화된다. 나는 이 두 책과 지승종의 글을 베끼고 요약하고 메이크업하며 서자에 대한 얘기를 조금 더 해보고 싶다.

왕위계승을 둘러싼 권력갈등이 빚어낸 서얼제도

서얼은 첩의 소생이다. 서얼은 서자와 얼자를 아울러 이르는 말인데, 『명종실록』의 한 문장에 따르면 서자는 양첩자(良妾子), 곧 양인

(良人)인 첩의 소생을 뜻하고, 얼자는 천첩자(賤妾子), 곧 천인(賤人)인 첩의 소생을 뜻한다. 양인은 노비를 제외한 주민집단 전체를 말한다. 조선 전기의 신분제가 혈통의 귀천에 따라 공민(公民)인 양인과 비공민(非公民)인 노비로 이뤄졌다는 이른바 '양천 신분제설'에 따르면 그렇다는 말이다. 말을 바꾸면 양인이란 시민권 소지자 또는 자유민이라고 할 수 있다. 물론 이 양인은 직업의 귀천에 따라 관원(官員)·생원(生員)에서 장인(匠人)·상인(商人)에 이르기까지 여러 층으로 이뤄져 있었다. 봉건시대에 직업을 담당하는 것은 대체로 남성이었으므로, "서자란 양인인 첩의 소생"이라고 할 때 그 양인은 양인의 딸을 뜻하는 것이다. 반면에 '노비'란 예속 남녀를 아울러 이르는 말이므로, "얼자란 천인인 첩의 소생"이라고 할 때 그 천인은 '노비'의 비(婢)를 뜻한다고 할 수 있다. 그러나 실제 사료에서의 용례를 보면 반드시 서와 얼이 양천(良賤)으로 구분되어 쓰인 것은 아니라고 한다.

『차별과 연대』의 저자에 따르면 여말선초(麗末鮮初)까지는 서얼에 대해 제도적 차별이 존재하지 않았다. 물론 그 전에도 축첩의 관행이 있었으므로 사회적 편견은 있었겠지만 서얼이라는 것이 법률적 신분으로 확립된 것은 조선 초기 왕위계승을 둘러싼 권력 갈등 이후다. 이른바 왕자의 난을 치르는 과정에서 적서(嫡庶) 문제가 불거져 나왔고, 왕조 초기의 제도 정비에 골몰하던 당시의 사대부들은 이 사건을 배경 삼아서 귀천의 신분차별을 엄격히 한다는 명분으로 서얼에 대한 차별적 법제화를 시도했다. 그 결과로 『경국대전』(1471)에 "서얼 자손은 문과와 생원진사과에 응시할 수 없다"라는 이른바 '서얼금고(庶孽禁錮)' 조항이 삽입되게 되었다. 나아가 『경국대전 주해』

(1555년 반포)에서 서얼금고 조항의 '서얼 자손'을 '자자손손'으로 규정함으로써, 서얼 신분은 당대에 그치지 않고 그 자손에게 대대로 계승되는 신분 범주로 굳어지게 됐다.

서얼은 주로 양반의 서얼을 지칭한다. 상민의 경우에는 양반만큼 축첩이 흔치 않았고, 첩이 있는 경우에 양첩자는 일반 상민으로, 천첩자는 천첩 소유자의 노비로 신분이 귀속되었기 때문에 양반 서얼과 같은 범주의 문제는 사실상 없었다. 그러니 서얼의 신분적 지위는 일반 상민보다는 우월한 것이라고 할 수 있었다. 그러나 실제로 이들은 현저한 지위 불일치를 경험할 수밖에 없었다. 왜냐하면 서얼은 양반의 자손임에도 불구하고 집안에서 아들로 취급되지 않았고, 적자가 없는 양반 집안의 가계 계승은 서자로 하지 않고 친족 집단 내의 양자를 들여 계승시켰기 때문이다. 유교 이데올로기에 기반을 둔 봉건적 계급사상과 귀천사상이 높아지면서 조선 전기 서얼은 사족의 혈통과 양천인(良賤人)의 혈통을 섞어 받은 중간 신분층으로서 반사(半士) 또는 일명(逸名)이라고 불리며, 가문 안이나 사회에서 극심한 멸시와 천대를 받았다. 요컨대 그는 경계인이었다.

홍길동전의 그 유명한 출분 장면에서 묘사되듯 서얼은, 특히 천첩자의 경우에는, 가족 내에서도 호부호형을 하지 못하고, 아버지를 나으리라고 부르고 자신을 소인(小人)이라고 지칭했다. 퇴계 이황도 서얼이 적모(嫡母)를 부를 때는 노비들이 주모(主母)를 부를 때와 같은 말을 써야 한다는 견해를 내놓고 있다. 말하자면 자기 아버지나 그 아버지의 정실과 서얼의 관계는 주인과 노비의 관계보다 크게 나을 것이 없었다. 실제로 16세기 초의 한 문헌에서는 이서존적(以庶尊嫡)이 이노사주(以奴事主)에 비유되고 있다. 또 서얼은 자기 조카뻘

되는 사람들에게도 그들이 적출일 경우에는 상당한 예우를 해야 했다. 서자가 가계를 계승하면, 그 집안은 서얼로 신분이 하강되었다. 신분내혼(身分內婚)이 일반화된 봉건사회에서 혼인은 각 신분을 뚜렷이 드러내주는 중요한 징표다. 당연히 서얼은 혼인에서도 커다란 제약을 받았다. 서얼은 서얼끼리 혼인하거나 그보다 낮은 신분에 속한다고 간주되는 사람들과만 혼인할 수 있었다. 사족(士族)의 서녀가 다른 사족을 혼처로 택하는 경우도 있었지만 그것은 예외 없이 정실 자리가 아니라 첩실의 자리였다. 그러니까 서녀(庶女)는 서녀를 낳을 수밖에 없었다.

서얼 신분의 법적 폐지는 1894년의 갑오경장에 이르러서야 비로소 이루어졌다. 경장을 추동한 커다란 힘 가운데 하나가 농민전쟁이었으므로, 서얼의 신분 해방은 갑오농민전쟁의 한 열매라고도 할 수 있다. 이 해 음력 6월 새로 등장한 정부(여기에는 서얼 출신들이 다수 참여했다)는 군국기무처를 통해 신분제 폐지에 관한 법령을 제정·공포했다. 이 가운데 서얼과 직접 관련이 있는 조항은 적처(嫡妻)와 첩에 모두 아들이 없는 연후에야 비로소 양자 들이는 것을 허용할 것, 과녀(寡女)의 재가(再嫁)는 귀천을 무론(毋論)하고 그 자유에 맡길 것, 이 둘이다. 앞의 규정은 서자의 가계 계승 자격을 공식적으로 인정하고 더 나아가 이것을 부분적으로 보장하고 있다. 그리고 뒤의 규정은 재가의 자유와 그 정당성을 인정함으로써, 대부분 서얼이 될 수밖에 없었던(양반일 경우) 재가녀 자손의 지위를 간접적으로 보장해주는 의미를 지녔다.

한편 19세기 말 20세기 초에 서얼의 재산 상속권도 크게 신장했다. 조선시대 전기간을 통하여 서얼의 재산 상속분은 매우 낮은 수준에 머물러 있었다. 『경국대전』에는 노비와 전택(田宅)의 상속 비율을 양첩자녀(良妾子女)는 적자녀(嫡子女)의 1/7, 천첩자녀(賤妾子女)는 1/10 수준으로 규정하고 있었다. 조선시대 말기로 가면서 그 비율은 꾸준히 상승되었고, 19세기 말엽에는 적서간의 차이가 2:1 정도로 좁혀졌다.

그러나 법률적으로 서얼이라는 신분이 폐지됐다고 해서 서얼에 대한 문화적·사회적 차별도 함께 사라진 것은 아니다. 관성은 물체의 운동만을 지배하는 것이 아니라 관습이라는 형태로 사람의 의식까지 지배하기 때문이다. 특히 가정 내에서 서얼은 여전히 서얼이었다. 그리고 서얼에 대한 사회적 차별 역시 상당히 오랜 뒤까지도 완강한 관습으로 남아 있었다. 실상 서유럽의 시민혁명 이후에 확립된, 모든 인간이 법 앞에 평등하다는 원칙은 이제 세계 대부분의 사회에서 부인되지 않고 있다. 그러니까, 아직까지도 법률의 수준에서 주민집단의 일부를 차별적으로 대하는 사회는 거의 없다. 반면에, 주민집단의 일부에 대한 문화적·사회적 차별이 완전히 사라진 사회도 거의 없다. 그러니까 현대의 소수파는 법률적 소수파가 아니라 문화적 소수파다. 전라도 사람이 그렇고 서얼이 그렇다. 서얼에 대한 집안에서의 차별이 가장 눈에 띄게 드러나는 자리는 제사와 족보일 것이다.

제사와 적서 이데올로기

우선 제사. 전통사회에서 승중(承重), 곧 제사 상속은 가계의 계승과 가장권의 상속이라는 중요한 의미를 가졌다. 그런데 서얼은 과거 응시 자격 같은 공적 영역에서만이 아니라 제사 상속 같은 사적 영역에서도 차별되거나 배제되었다. 『경국대전』에서는 제사 상속자의 순위를 적장자(嫡長子)·중자(衆子: 맏아들 이외의 아들)·양첩자(良妾子)·천첩자(賤妾子)의 순으로 규정해서 적자가 없을 경우에는 서얼이 제사를 받들도록 했지만, 바로 그 밑에서 "첩자만 있을 경우 제(弟)의 자(子)로 계후하고자 하는 자는 받아들인다"는 규정을 두어 조카가 제사를 상속할 수 있는 길을 열어두었다. 그래서 실제로 적자가 없을 경우에도 서얼이 제사를 상속하는 일은 드물었다.

사실 이것은 적서지분(嫡庶之分)을 확립하거나 종법(宗法)을 유지해야 한다는 명분보다는 서얼을 후사로 삼아 가계를 계승시킬 경우에 입게 되는 불이익 때문이었다. 서자가 가계를 계승하면 그 집안의 격이 서얼로 떨어져 금고 조항 등 여러 가지 불이익을 받게 되므로 승중을 서얼에게 맡기는 것을 극구 기피하게 된 것이다. 그러면 오늘날엔 안 그런가? 서자에 대한 공적 영역의 법률적 제재가 사라진 지금도 제사 상속을 서자에게 시키는 일은 드물다. 남의 눈을 의식하기 때문이다. 그래서 대개는 질항(姪行)의 적자가 상속한다. 조카를 양자로 들이는 것이다. 사실, 서자에게 그 제사라는 것은 다만 참례하기도 불편한 자리다. 그곳은 가족이 모이는 자리이고, 그 속에서 서자는 한 개인으로 존재하는 것이 아니라 가족적 위계질서 속에 존재하기 때문이다. 그 가족적 위계질서를 정하는 기준은 연령 못지않게 (사실은 그 이상으로) 적서(嫡庶)다. 「사십세」의 화자는 이렇게 말한다.

그렇다, 나는 첩의 자식이었다. 나는 음지식물이었고, 어쩌다 친척들의 행사에라도 끼이게 되면 늘상 몸을 움츠려야 하는 죄의 씨앗이었다. 부산에 살던 시절 가장 괴로웠던 것은 할아버지나 할머니의 기일에 범일동의 아버지 집을 방문해야 하는 일이었다. 나를 제사에 참례하도록 한 아버지의 그 너그러움이 내게 얼마나 잔인한 짓이었는지 아버지는 알고 있었을까? 어머니는 아무 말도 없이 침울한 얼굴로 그 집의 부엌을 지켰고, 어리디어린 내 누이들 역시 대청의 한 구석이나 골방에서 자신들의 미묘한 처지를 곱씹어볼 수밖에 없었다. 그것은 어린 우리들에게 힘든 훈련이었다. 수모에 적응하는 훈련, 눈치에 익숙해지는 연습.

제사에서만큼 적서의 위계가 확연히 드러나는 자리가 달리 없다. 그러나 제사는 적서의 위계만 드러나는 자리가 아니다. 제사는 남녀의 위계가 확연히 드러나는 자리이기도 하다. 복거일이 어느 자리에서 지적했듯, 제사는 우리 사회의 성원들이 남녀차별을 내면화하는 중요한 계기다. 제사는 엄숙하고 경건한 자리다. 그 엄숙하고 경건한 자리에서 한국인들은 남자의 역할과 여자의 역할을 확연히 구분한다. 여자의 자리는 부엌이고 남자의 자리는 사랑(舍廊)이거나 대청이다. 남자들은 앞자리에 서서 참례하고 여자들은 뒤에서 참례한다. 남자들은 절을 두 번만 하지만, 여자들은 절을 네 번씩 한다.

이런 엄숙하고 경건한 자리에서 잡히는 남녀의 위계 질서는 그것을 목격한 어린 아이들에게 매우 강한 인상—여느 때보다 훨씬 강한 인상—으로 남는다. 그 질서는 제사가 지닌 위엄에 실려 아이들에게 거부할 수 없는 어떤 것으로 비친다. 남자아이든 여자아이든 자연스럽게 남존여비의 이데올로기를, 그리고 적서의 이데올로기를 내면화하게 되는 것이다. 제사의 습속이 점차 사라지고 있는 요즘에도 설과 추석에 올리는 차례의 전통은 여전히 남아 있다. 그 설과 추석에 여성이 놓이는 처지를 고은광순은 이렇게 묘사한다.

그러나 새색시는 불안하기만 하다.
물 설고 사람 설다.
아유…… 가시 방석이야.
불륜이다, 불륜(不倫:아니 불, 인륜 륜)

헌색시도 않는다, 명절 신드롬.
결혼한 지 18년, 명절엔 친정도 한 번도 못 갔어.
불륜이다, 불륜.
　　　　　―「추석, 설 연휴에 벌어지는 불륜, 불륜들」 부분

그래서, 고은광순은 아예 혼의 목소리를 빌어 이렇게 말한다.

아니라면 화장해 흩뿌려주렴
돌아가는 길 박수로 축하해주렴
고통 속에 살았다면 벗어남을 축하하고
행복하게 살았다면 머물렀음을 축하해주렴

이 세상 어느 것도 사라지지 않아
다만 모습이 변화될 뿐이지
고맙게도 인간의 모습으로 잠시 왔다가
귀한 삶을 살고 다시 돌아가는 거야

(중략)

너희에게 마지막 부탁 있다면
너희들의 현재와 미래를 사랑하기를
'과거 속의 나'는 도울 수 없어
(영화 〈사랑과 영혼〉 봤지? 귀신은 동전 한 닢 옮길 수 없어)
'과거 속의 나'는 네 옆에 없어
'과거 속의 나'는 돌아오지 않아
나? 또 다른 환생 때문에 바쁠지도 모르지

명절엔, 귀신 말고 살아있는 사랑하는 이들과 한 판 벌여봐
둥글게 둥글게 어깨를 걸고
나은 현재, 나은 미래 위해 흥겨운 판을 벌여봐.
　　　　　　　　　　　　　　　—「얘들아, 내 제삿밥 지내지 마라!」부분

그 많던 노비는 모두 어디로 갔는가?

다음은 족보.「사십세」의 화자는 또 이렇게 말한다.

아버지는 술이 깨면 전혀 딴 사람이 되었다. 실은 그것이 더 혐오스러
운 점이었지만. 그는 나를 앉혀놓고, 청주 한씨 가문에 대한 우스꽝스
러운 자찬에서부터 그가 내게 걸고 있다는 기대에 이르기까지(그가
과연 내게 어떤 기대를 걸고나 있었을까?) 지루한 설교를 늘어놓는
것이었다.

그의 양반 타령은 역겹고 지겨운 것이었다. 내가 그에게서 받은 그 불쾌한 주입식 교육 덕분에 나는 내가 소속감을 거의 느끼지 못하는 어떤 가문의 내력을 달달 외게까지 되었다. 청주 한씨의 내력은 그대로 조선의 역사와 일치한다고 그는 내게 말했다, 대개는 주정질로 집안을 발칵 뒤집어놓은 이튿날에. 그가 이야기하는 한씨 집안의 내력은 단지 조선조를 훌쩍 뛰어넘어 고려 때의 중시조라는 태위공 한란에서 시작되는 정도가 아니라, 아예 한씨 조선이라는 것을 세웠다는 기자로부터 시작되었다.

우리는 평양에 도읍한 한씨 조선의 왕족이었을 뿐만 아니라 금마에 도읍했던 마한의 왕족이었다. 마한이 백제의 온조왕에게 망하자 원왕의 세 왕자였던 우평·우성·우량이 각각 고구려·백제·신라에 귀의해 북원 선우씨·행주 기씨·청주 한씨의 시조가 되었다, 그래서 우리 한씨와 선우씨·기씨는 한 집안이므로 서로 통혼을 해서는 안 된다, 조선조 때만 하더라도 우리 집안에서는 상신(相臣) 열셋, 왕비 여섯, 부마 넷, 공신 스물넷 등 수많은 정치가와 학자가 나왔다 운운.

한국의 웬만한 집안에 가보면 족보 하나씩은 다 있다. 그리고 그 족보에는 그럴 듯한 벼슬자리를 한 조상들이 꼭 끼여 있다. 거기에 오른 사람들은 남자들의 경우에 누구나 동일한 성을 지녔다. 그 성을 포함해서 한국 사람의 이름은 대개 석 자다. 그런데 실상 '이름 석 자'라는 표현도 봉건시대에는 신분적으로 중간층 이상의 사람들에게만 해당되는 말이었다. 갑오경장 이후 신분제가 철폐되고 1909년의 민적법(民籍法) 시행으로 그 이듬해에 민적부(民籍簿)가 완성되기 전엔, 하층민의 대다수에게 성이 없었다. 민적부가 만들어지기 전까지 한국인 가운데는 성이 없는 사람들이 성이 있는 사람들보다 더 많았다. 그러니까 지금의 한국인 가운데 반수 이상은 아주 가까운 조상이 성 없는 사람이었던 셈이다. 그러나 20세기 들어 통혼의 신분적 제약이 거의 없어졌다는 점을 고려하면, 실상 지금의 한국인 대부분이 부계 쪽으로든 모계 쪽으로든 20세기 초까지 성이 없었던 조상의 후손이라고 말할 수 있다.

더구나 그 성 없는 조상들 가운데는 노비도 있었다. 다시 『차별과 연대』의 저자의 설명을 들어보자. 노비는 (물론 고조선의 팔조금법 시기부터 있었지만) 조선시대 신분제 하에서 최하층을 이루는 피지배 신분이었다. 조선시대 신분제의 법적 기본틀이 양천제였다면, 공민으로서의 양인에 대칭되는 신분이 천인, 바로 노비였다. 천인은 넓게는 칠반천인(七般賤人)이란 의미로도 사용된다. 칠반천인에는 일반적으로 승려(僧侶)·창우(倡優＝才人)·무격(巫覡)·천역인(賤役人)·피공(皮工＝갖바치)·백정과 함께 노비가 포함된다. 그러나 조선시대의 문헌에서 '賤' 또는 '賤人'이라고 표현되는 신분계층은 보통 노비를 가리킨다. 노비는 다른 신분 성원과는 달리 주인에게 물적·인적으로 예속되어 있다는 데에 그 특징이 있다. 그래서 노비는 물건과 같이 매매·저당·기증·상속의 대상이 되었다. 또 노비는 주인에 대해 무제한의 충성을 바칠 것을 강요받았다. 이렇게 주인이 노비를 다른 신분 성원과는 근본적으로 다르게 대우·규제할 수 있게끔 하는 제도가 바로 노비제였다.

노비제는 주노(主奴) 관계라는 개별적·사적 지배 관계지만, 조선왕조 국가는 이 주노 관계를 정치적 필요성 때문에 공인·합법화했다. 그리고 이것을 뒷받침하기 위해서 노비제의 이데올로기와 노비

통제의 기제를 마련해두었다. 노비제의 정당성을 뒷받침해주는 논리는 여러 가지였다. 당대의 지배층이 자주 강조한, 노비는 범죄자의 후손이라는 관념, 노비 소유가 매우 오래된 전통이라는 논리, 또 노비가 체제의 유지에 기여한다는 지적 같은 것이 모두 노비제의 이데올로기로 기능했다. 그러나 이보다 더욱 강력하고 직접적인 논리는 주노 관계를 강상(綱常)의 차원에서 규정하고, 또 거기에 상하지분(上下之分)·존비지분(尊卑之分)과 같은 명분이 깃들여 있는 것으로 파악하는 것이었다. 학자들이 '주노 관계의 이데올로기'라고 부르는 것이다. 이 논리에 따르면 주노 관계는 삼강의 하나인 군신 관계와 같은 것이다. 그래서 노비는 본주에게 절대적인 충성을 바치도록 요구되었다. 심지어 노비는 주인을 대신해서 처벌을 받기도 했다.

노비제와 주노 관계의 이데올로기에 의해 노비는 본주와 국가로부터 철저한 통제를 받았다. 우선 노비는 본주로부터 통제를 받았다. 본주의 모범적인 노비 통제 방식으로는 소위 은위병행(恩威竝行)이라는 것이 권장되었다. 은위병행이란 주인이 노비에 대해 은혜를 베푸는 것과 위엄을 세우는 것을 병행함으로써 노비가 마음으로부터 승복하게끔 하는 것을 말한다(역겹지 않은가?). 그러나 본주는 사형(私刑)과 추쇄(推刷: 도망간 노비를 되찾아 잡아오는 것)라는 적극적인 통제 수단도 마다하지 않았다. 노비에 대한 혹형(酷刑)을 국가는 금지했지만, 잘못을 범한 노비에 대한 사형(私刑)은 의례적인 것이었고, 그 결과로 심지어 노비가 죽는 경우에도 본주가 처벌을 받는 일은 매우 드물었다. 주인은 사노비를 죽이는 경우에만 관청에 보고하고 그 이외에는 어떤 형벌도 마음대로 가할 수 있었고, 노비는 주인이 모반을 하는 경우가 아닌 이상 관청에 고발할 수 없었다. 만약에 모반 이외의 일로 노비가 주인을 관청에 고발하는 경우에 그 노비는 강상을 어지럽히는 것으로 간주돼 교살되었다. 그러니 본주의 노비 소유는 사실상 완전 소유에 가까운 것이었다.

한편 국가는 노비의 범죄, 특히 본주에 대한 범죄를 형률로써 엄격하게 다스렸다. 같은 범죄라도 본주에 대한 범죄는 일반인 사이의 범죄보다 훨씬 더 가혹한 처벌을 받았다. 국가가 노비제의 유지를 적극적으로 뒷받침했던 것이다. 그러니까, 한마디로 노비는 사람이라기보다는 짐승이거나 말하는 물건이었다고 할 수 있다. 조선조 초기에 견주면 그 말기에 전체 인구에서 노비가 차지하는 비율은 많이 줄었지만, 성종 때만 하더라도 전체 인구의 1/3 가량이 노비였다는 기록이 있다.

그런데도 자신이 '상놈'의 후손, '천민'의 후손이라고 생각하는 한국인은 거의 없다. 대부분의 한국인이 '족보'라는 것에 이름을 올리고 있고, 그 족보들이 그리고 있는 것은 죄다 명문거족이다. 성이 없던 조선조의 민중은 다 어디로 가버렸는지 알 수 없다. 그들이 집단적으로 단종(斷種)을 하지 않은 이상 그들의 후손이 우리들 가운데도 분명히 있을 텐데, 그 성 없는 민중의 후손을 발견하는 건 불가능하다. 실제로 한국인 누구도 자신들의 조상이 노비였을 것이라는 생각은 하지 않는다.

반여성적이고 반서얼적인 제사와 족보를 없애자

나는 위에서 한국인 대부분이 부계 쪽으로든 모계 쪽으로든 20세기 초까지 성이 없었던 조상의 후손이라고 말할 수 있다고 지적했다.

거기서 더 나가보자. 만일 성종 때의 노비가 전체 인구의 1/3이었다는 기록이 옳다면, 그리고 조선 후기의 노비 면천(奴婢免賤)과 갑오경장 이후의 신분간 통혼을 고려하면, 한국인 대부분이 부계 쪽이든 모계 쪽이든 조선조 초기의 노비를 조상으로 삼고 있다고 말할 수 있다. 그런데도 종친회라는 것이 공직자 선거에 커다란 영향을 끼칠 만큼 활발히 움직이는 사회, 일간지에 '성씨의 고향'이라는 것이 연재되는 사회, '보학(譜學)'이라는 것이 노년층에선 아직도 학문의 대접을 받는 사회가 한국 사회다. 성에 대한 집착도 대단하다. 웬만한 어린이도 제 본향을 알고 있다.

고은광순의 「족보?」라는 시를 보자.

뿌리찾기 운동 본부,

올라가 올라가 거슬러 올라가

조상 한 명 붙잡고 책 만들고 CD 만들고

통신에 메일 띄워 조상 찾아주겠노라?

얼러리여?

어느 집안 시조 모시기 연중 행사에

문화재 관리국에서 보조금 기천만 원?

껄러리여?

선거판 후보들이 같은 ××씨 ××공파라서

붓뚜껑을 어디에 찍을지 모르겠다고?

옴멈머?

중학생한테

시조 중시조 파 알아오기 숙제를?

시조에게 느-을 감사해야 허느니!

조상이 없었으면 네가 어찌 존재허겠냐!

자-알 모셔야 허느니라아!

그래야 네가 복을 받느니라아!

고려 태조 왕건

지역 호족에게 성씨 분배, 본관 성씨 정착했지.

16세기, 전 인구 40%가 성(姓)이 없었고

오래 후에 새로 이름 만든 사람들,

김 이 박 최 정 유명 성씨 선택했지.

본격적인 족보 출현은 조선시대.

왕실의 많은 처첩, 그 자녀들이 뒤엉켜

특권분배 둘러싸고 싸움, 충돌 자주 하니

왕실 위계질서 확립이 족보편찬 이유라.

누가 처? 누가 첩? 누가 적손? 누가 서손? 누구 많이? 누구 조금?

양반들도 따라 만들었지.

혈족은 모여라! 에헴!

하층민과 우린 절대로 다른 핏줄이라카이!

고귀한 혈통! 뛰어난 조상! 넘보지 마란 마리야!

그나마 조선 전기

딸 아들, 재산도 평분(平分)하고 제사도 순번제로.

아들 딸 친손 외손 동일하게 기록하여

안동 권씨 족보(성화보)엔 전체 9,120명 중 타성(他姓)이 90.5%

조선 후기 들어와

아들 없어? 양자 들여!

여자는 필요 없어. 기록도 하지 마!

성씨와 본관은 조작하고 윤색하자!

높낮이 있는 사회, 가짜 족보 출현은 필연적이니

신성불가침 성씨! 화려한 가문!—우리의 믿음도 가짜 아니리?

네가 감사해야 할 것은

진흙도 아메바도 시조 ××씨도 아니거니

태양의 따스한 에너지,

땅의 포용력.

남보다 더 많이 애써 노력한

에디슨, 슈바이처, 유관순, 김구……

성실한 너 자신!

　나는 고은광순이 이 시에서 설명하고 있는 족보의 사회사가 사실과 정확히 부합하는지 여부는 모르겠다. 확실한 것은 족보라는 것이 부계를 중심으로 혈연관계를 도식화한 종족의 계보이고, 그것이 존비(尊卑) · 항렬(行列) · 적서 · 남녀의 구별을 명백히 하고 있다는 것이다. 족보에는 서자라는 것이 명확히 표현된다. 문중의 힘을 키우기 위해 족보가 남발되는 요즈음에 와서는 적서를 표시하는 일이 드물어졌지만, 아무튼 가까운 과거까지만 해도 족보에는 아무개가 서자라는 것이 명확히 기재되었다. 게다가 요즘에도 대부분의 경우에는 딸자식의 이름이 아예 오르지 않는다. 부계 중심의 혈통의식 때문이다. 그런데 그 부계 중심의 혈통의식이 얼마나 우스꽝스러운 것인지를 고은광순은 이렇게 보여준다.

아니, 거기다가 또 뭐냐.

모 남자만 씨를 가졌구 여자는 밭일 뿐이라구?

콩 심은 데 콩 나구 팥 심은 데 팥 나니까 씨가 중요하다구?

이런 무시-칸 놈을 봤나.

얌마, 암술머리에 수술가루가 붙어야 씨가 여무는 거 몰람마?

씨는 이미 암수(난핵 · 정핵)의 결합이구,

여자두 남자두 절반의 씨앗을 가졌자넘마.

내 5대 조상은 2의 5제곱(32명), 10대 조상은 2의 10제곱(1,024명),

20대 조상은 2의 20제곱 일백사만팔천오백칠십육명

(중략)

그러닝깐 그 동안 네들이 어깨에 힘주믄서리

김수로왕 몇 대 손이구, 이씨 왕손 몇 대 손이구 하능거는

모두 귀신 씨나락 까먹는 소리라능 거 아냐.

그러게 이름 가운데 제일 의미 없는 게

그간 네가 신주단지 모시듯 모셔왔던 성씨란 말이지.

─「취중 진담」 부분

우리 시대의 안티 미스코리아 고은광순은 자신의 시를 통해 제사도 족보도 없애자고 얘기한다. 그것이 반여성적이기 때문이다. 나도 제사와 족보를 없애자는 고은광순의 주장에 동의한다. 그것이 반서얼적이기 때문이다.

무슨무슨 향우회 명부나 무슨무슨 동창회 명부가 그렇듯, 족보도 우리 사회 연고주의의 기반이 된다. 향우회 명부가 한 개인의 얼굴을 지우고 거기에 출신지역이라는 탈을 씌우듯, 그리고 동창회 명부가 한 개인의 얼굴을 지우고 거기에 출신학교라는 탈을 씌우듯, 족보는 한 개인의 얼굴을 지우고 거기에 문중이라는 탈을 씌운다. 사람들은 그 탈 속의 맨얼굴을 보는 것이 아니라, 그 탈만을 본다. 예컨대 대구라는 탈, 경북고등학교라는 탈, 안동 권씨라는 탈 말이다. 여성과 서얼을 감싸는 제사와 족보도 가능하기는 할 것이다. 추세가 점점 그 방향으로 가고 있는 것 같기도 하다. 그러나 제사와 족보의 핵심 이데올로기가 가부장주의·혈통주의·적자주의인 이상, 그 공간에서 여성과 서얼에 대한 차별이 완전히 사라지지는 않을 것이다. 요컨대 제사든 족보든, 그것들은 최선의 경우(여성과 서얼을 감싸고 문중 이기주의를 누그러뜨릴 경우)에도 고작 무해무익한 것이다. 그런 것들에 전통의 이름으로 계속 집착할 필요가 있을까?

'우리' 혹은 '중앙'이라는 이름의 폭력

1882년 임오군변(壬午軍變)이 수습된 뒤에 약간 정신을 차린 고종이라는 임금은 다음과 같은 전교를 내렸다.

우리 나라에서 문지(門地=문벌)를 숭상하는 것은 진실로 천리(天理)의 공정함이 아니다. 국가가 인재를 등용함에 있어서 어찌 귀천을 가릴 것인가. 이제 모든 것을 새롭게 시작하려는 날을 기하여 마땅히 용인의 길을 넓혀, 무릇 서북(西北)·송도(松都)·서얼(庶孼)·의역(醫譯)·서리(胥吏)·군오(軍伍=常民)를 막론하고 (유능한 인재들을) 일체 현직에 등용코자 하니 오직 재능에 따라 (인물을) 천거하도록 하라.

서얼과 나란히 언급한 서북·송도란 말이 인상적이다. 지금 전라도가 서얼이듯이, 통일이 되면 평안도 땅, 개성 땅이 아마 다 서얼이 될 것이다.

서얼은 조선조 신분질서 내에서도 매우 주변적인 계층이다. 다시 말하지만 그들은 경계인이었다. 그리고 모든 경계인이 그렇듯 그들에게는 혁명의 열정도 보수의 집념도 없었다. 그들은 절대로 혁명의 주체가 될 수 없었던 계층이다. 세계관으로도 그랬고, 수적으로도 그랬다. 그들은 상승하는 부르주아 계급도, 위대한 프롤레타리아 계급도, 프롤레타리아의 동맹군인 농민도 될 수 없었다. 심지어 고대 유럽의 노예나 중세 한국의 노비(망이·망소이를 보라!)만큼도 진보의 역량을 담지할 수 없었던 계층이 서얼이다. 서얼이 진보에 기여할 수 있다면, 단지 스스로가 상처가 되어서일 뿐이다. 자신이 상처가 되어서, 서얼은 그 사회의 집단주의적 폭력성을 드러낸다. 서얼은 개인주의자다. 내가 바라는 세상은 집단주의가 해체된 세상, 모두가 서얼인 세상이다.

한국인들처럼 '우리' 라는 말을 좋아하는 사람들도 달리 찾기 힘들 것이다. 우리 엄마, 우리 경숙이 같은 일상어에서 그 '우리'는 '나'를 지칭하기도 하지만, 지식인들을 포함한 시민 일반이 엄숙한 맥락에서 사용하는 '우리'는 거의 예외 없이 한국 국가나 조선 민족을 지칭한다[4]. 예컨대 조동일의 『우리 학문의 길』(지식산업사)에서 '우리'도 한국인이고, 최근에 나온 이진우의 『한국 인문학의 서양 콤플렉스』(민음사)에 무수히 출몰하는 '우리'라는 주어도 한국인이다. "우리는 민족 중흥의 역사적 사명을 띠고 이 땅에 태어났다"에서 '우리'도 한국인이다. 우리는 무의식적으로 '우리'라는 말의 울타리를 국가나 민족의 울타리와 동일시하고 있는 것이다. 왜 그래야 하는가? 실제로 그 '우리'는 무수한 이질적 집단들·개인들로 이뤄져 있는데 말이다.

그것은 우리가 민족주의 또는 국가주의를 내면화하고 있다는 뜻일 것이다. 한반도에 살고 있는 모든 사람들에게 그 '우리'가 한국이거나 조선이어야 한다면, 그 '우리'는 이미 폭력적이고 억압적이다. 내게, 그리고 당신에게, '우리'는 한국인일 수만 있는 게 아니라, 전라도 원적자일 수도 있고, 서울 사람일 수도 있고, 강남구민일 수도 있고, 프티부르주아 계급일 수도 있고, 프리랜서일 수도 있고, 자유주의자일 수도 있고, 우익일 수도 있고, 『조선일보』 비판자일 수도 있고, 포도주 애호자일 수도 있고, 세계시민일 수도 있다. 그렇다면 내게, 그리고 당신에게, '우리 학문'은 전라도 원적자의, 서울 사람의, 강남구민의, 프티부르주아의, 프리랜서의, 자유주의자의, 우익의, 『조선일보』 비판자의, 포도주 애호자의, 세계시민의 학문이 될 수 있

---

[4] 물론 논문에서 때로 '나' 또는 '필자'라는 의미로 사용되는 '우리'가 있고 신문의 사설에서 해당 신문사라는 의미로 쓰이는 '우리'가 있지만, 이런 제한된 맥락의 '우리'는 유럽 사람들의 관습을 수입한 것이다.

는 게 아닐까? 아니 보편주의자로서의 내게, 그리고 당신에게, '우리 학문'은 '내 학문' '당신의 학문'이 될 수 있는 게 아닐까? 나 개인의 학문, 당신 개인의 학문, 곧 서얼의 학문 말이다.

고은광순은 「무녈, 또는 그를 닮은 아자씨들께」라는 시를 다음과 같은 연으로 끝낸다.

아자씨들은 변방의 설움이 더럽다며 중앙으로, 중앙으로 줄을 섰지만
우리는 중앙을 넓혀 변방 없는 세상으로 가꿀랍니다.
그러니 그 육중한 몸 저 머-얼리 치워주실랍니까.

나는 고은광순과는 반대로 변방을 넓혀 중앙 없는 세상을 만들고 싶다. 모두가 서얼인 세상, 서울도 서얼이고 대구도 서얼인 세상, 자유주의자도 서얼이고 사회주의자도 서얼인 세상, 모두가 서북이고 송도인 세상, 남자도 서얼이고 여자도 서얼인 세상, 모두가 소수인 세상, 그래서 모두가 궁극적 소수 곧 개인인 세상. 모두가 서얼인 그 세상은 아무도 서얼이 아닌 세상일 것이다. 그 세상에서 나는 전라도 사람이기 이전에 개인이고, 서울 사람이기 이전에 개인이고, 한국인이기 이전에 개인이고, 아시아인이기 이전에 개인이고, 남성이기 이전에 개인이고, 김대중의 비판적 지지자이기 이전에 개인이고, 문필가이기 이전에 개인이고, 4인 가족의 가장이기 이전에 개인이고, 무신론자이기 이전에 개인일 것이다.

이것은 내가 그런 세상에서 한국 사람이나 무신론자가 아니라는 얘기가 절대 아니다. 그런 세상에서 나는 개인인 이후에 한국 사람이고, 개인인 이후에 무신론자라는 것이다. 집단이 뒤로 물러난 그 세

상은 그것 때문에 개인의 정체성이 위협받거나 사라지는 세상이 아니라, 한 개인의 정체성을 구성하는 요소들이 다양화하고 균형을 이루는 세상이다. 집단이라는 추상에서 개인이라는 구체로 눈높이가 낮아진 그 세상은 유토피아의 기획이 포기된 세상이다. 그러므로 그 세상은 혁명에 대한 열정이 넘쳐나는 세상이 아니라, 반동에 대한 경계와 조화에 대한 배려가 미만한 세상이다. 그 세상은 사람의 기쁨을 키우는 세상이 아니라, 사람의 슬픔을 더는 세상이다. 그 세상은 선이 넘쳐나는 세상이 아니라, 악이 줄어드는 세상이다. 그 세상은 아마 고은광순이 꿈꾸는 세상과 똑같은 세상은 아닐지라도 거기에 꽤 근접한 세상일 것이다.

(1999년 10월)

제2부

시와 정치

제비뽑기의 정치학

가라타니

올해 초에 나온 반년간지 『흔적』의 창간호에는 가라타니 고진의 「프롤레타리아 독재에 대하여」라는 글이 실려 있다. 세 페이지가 못 되는 이 짧은 글에서 가라타니는 프롤레타리아 독재에 대한 다소 '기발한' 개념화를 꾀하고 있다. 가라타니의 주장에 따르면, 프롤레타리아 독재의 핵심은 추첨제다. 가라타니는 글의 서두에서 옛 현실 사회주의 사회에서 프롤레타리아 독재가 당 관료독재로 끝난 경위를 짧게 되돌아본 뒤, 관료제나 그것의 폐해인 권력 집중을 피하기 위해서 추첨제를 도입하자고 제안한다. 구체적으로는, 무기명 선거로 뽑은 복수 후보자 가운데 추첨으로 대표자를 뽑자는 것이다. 리콜이나 비밀투표로는 모든 권력의 속성인 관료제화 즉 '대표하는 자의 고정화'를 막을 수 없으니, 권력이 집중하는 자리에 이렇게 우연성을 도입해 권력의 고정화를 저지하자는 것이 그의 제안이다. 추첨제가 관료주의를 치료할 약이 되는 것이다. 가라타니의 생각은 두 가지 점에서 기발한데, 첫째는 일반 민주주의의 핵심적 도구라고 할 보통선거를 추첨으로 대체하자는 것이고, 둘째는 바로 그 추첨제야말로 프롤레타리아 독재라고 주장한다는 것이다. 가라타니는 말한다: "무기명 투표에 의한 보통선거, 즉 의회제 민주주의가 부르주아적인 독재라고 한다면 추첨제야말로 프롤레타리아 독재라 해야 할 것이다."

가라타니는 추첨제의 장점을 그 나름대로 부연한다.

바람직한 것은 예를 들면 무기명 투표로 3명을 뽑고 그 중에서 대표를 추첨으로 뽑는 식의 방식이다. 그러면 마지막 단계가 우연성에 의거하기 때문에 파벌적 대립이나 후계자 투쟁은 의미가 없어진다. 그 결과 가장 뛰어난 것은 아니라 해도 상대적으로 뛰어난 대표자가 선출되게 된다. 추첨에서 뽑힌 사람은 자신의 능력을 과시할 수가 없게 되고 추첨에서 떨어진 사람도 대표자에 대한 협력을 거부할 이유가 없다. 이러한 정치적 기술은 '모든 권력은 타락한다' 는 식의 진부한 성찰과는 달리 실제로 효력이 있다.

우리는 권력 지향이라는 인간성의 변화나, 개개인의 능력 차이가 안 보이게 되는 일들을 전제로 해서는 안 된다. 그러한 것들이 나쁜 결과를 초래하는 것은 제도 때문이거나 혹은 그런 사실에 대한 통찰이 결여되어 있기 때문이다. 권력의 폐해는 권력이 집중하는 자리에 우연성(추첨제)을 도입하는 일에 의해 막을 수 있다.

추첨제의 도입이라는 결말이 비현실적으로 보일지라도, 가라타니

사고의 출발점이 극히 현실적이라는 점은 인정할 수밖에 없다. 그 점은, 권력 지향이라는 인간성의 변화나 개개인의 능력 차이가 없는 상태를 전제로 해서는 안 된다는 그의 발언에서 또렷하다. 그는 출발점에서 유토피아주의자나 몽상가가 아닌 것이다. 그의 말마따나 사회과학자가 해야 할 일은 일차적으로 제도에 대한 통찰이고, 정치적 기술을 고안해내는 것이다. 러시아 혁명이 당 독재, 관료지배로 우울하게 끝장난 것을 볼셰비키의 책략이나 배반 탓으로 돌리는 것은 아무런 해결책이 아니다. 가라타니는 제도에 대한 통찰을 통해서 무언가를 도모했고, 그 통찰이 다다른 곳이 추첨제다.

가라타니는 여기 덧붙여 이 추첨제는 미래의 과제가 아니라 현재의 기업이나 관청, 그밖의 조직에서도 이뤄낼 수 있는 일이라고 말한다. 많은 사람들이 고민하는 것은 임금의 불평등보다도 노동 현장의 관료적 고정화이므로, 국가와 자본에 대항하는 운동은 말할 것도 없이 자신의 체제 속에 이 원리를 도입해야 한다는 것이 그의 주장이다. 바로 이 지점에서 그의 프롤레타리아 독재 개념이 어슴푸레하게 드러난다. 그가 생각하는 프롤레타리아 독재란 반-관료주의다. 그리고 관료주의에 대한 처방으로서 가라타니가 생각해낸 것이 추첨제다. 따라서 그의 생각에, 프롤레타리아 독재는 곧 추첨제다.

계급들 사이의 정치적 경제적 세력 관계의 (폭력적 또는 비폭력적) 재편에 의해서가 아니라 추첨제라는 '정치적 기술'의 도입으로 프롤레타리아 독재가 실현될 수 있다는 가라타니의 관점은 일단 기괴하달 수밖에 없다. 그것은 부르주아 독재도 (정치와 행정의 여러 단계에서) 관료주의만 추방하면 프롤레타리아 독재가 된다는 관점에서 크게 멀지 않다. 제정신을 가진 사람으로서 이 주장에 선뜻 동의할 사람은 많지 않을 것이다. 그러나 그것이 부르주아 독재든 프롤레타리아 독재든, 관료주의나 권력의 집중을 막기 위한 장치로서의 추첨제를 가라타니가 얘기하고 있다면, 그것을 일소에 부칠 수만은 없다. 그것은 적어도 진지한 생각거리는 된다.

교회

가라타니의 이 글을 읽자마자 떠오른 것이 최근 한국의 개신교에서 거론되고 있는 추첨제다. 국내 개신교 최대 교단인 대한예수교 장로회(예장) 합동 교단이 올 9월 열리는 제86회 총회부터 임원들을 제비뽑기로 선출하기로 한 것은 독자들도 알고 있을 것이다. 예장 합동은 지난해 가을 진주에서 열린 제85회 총회에서 차기 총회 임원 선거 때부터 제비뽑기를 도입하기로 결의하고 그 세부 사항을 임원회에 위임한 바 있다. 이 결의는 총회 대의원들의 절대적 지지를 받아 이뤄졌다고 한다. 합동 교단은 재작년 제84회 총회에서, 총회 임원 선거의 금권 타락 선거를 없애기 위해서는 『성경』에서 가르치고 있는 제비뽑기를 실시할 수밖에 없다며 이 제도의 도입을 요구한 9개 노회의 헌의안을 긍정적으로 받아들인 뒤, 선거법 개정을 검토할 5인 특별위원회를 두고 한 해 동안 연구해온 끝에 지난해 가을 제비뽑기안을 통과시켰다. "배수를 공천해서 하느님께 기도를 하고 제비를 뽑는다"는 이 방식은 가라타니가 제안한 방식과 유사하다. 그러나 가라타니의 구상은 최종 선출을 제비뽑기로 하기 전에 보통선거로 복수 후보를 뽑는 것을 상정하고 있는 듯해, 입후보할 수 있는 자격 기준을 엄격히 세워 시행하되 투표 방식을 아예 배제한 듯한 예장 합동의 결정과는 다르다.

　보수적인 예장 합동 교단이 이런 결정을 한 데는, 그 동안 총회장을 비롯한 총회 임원 선거에서 금전 수수 논란이 끊이지 않았고 때로 법정 다툼까지 벌어지는 등 교회 안의 선거 분위기가 매우 혼탁했던 것이 그 배경으로 작용했다고 한다. 총회 임원 선거운동 과정에서 선거 브로커들이 준동했고, 그래서 교회의 돈과 인력이 엉뚱한 데 소모됐다는 것이다. 게다가 그 돈이 후보자들의 개인 재산이 아니라 교인들의 주머니에서 나온 헌금이어서 더 문제가 됐다. 그러니까 예장 합동의 제비뽑기 선출 방식은 일종의 자정 차원에서 제기된 것이다. 새 방법에 따르면 임원에 입후보한 사람들이 공탁금을 걸고, 그 공탁금을 교단발전기금으로 사용할 모양이다.

　예장 안의 제비뽑기 지지자들에 따르면, 장로교의 창시자인 장 칼뱅도 「사도행전」을 근거로 삼아 제비뽑기가 교회의 가장 좋은 선출 제도라는 주장을 이미 16세기에 했다고 한다. 「사도행전」은 예수를 배신하고 떠난 유다의 자리를 채울 새 사도를 뽑는 과정을 이렇게 묘사하고 있다.

　그들은 바르사빠라고도 하고 유스도라고도 하는 요셉과 마티아 두 사람을 천거한 다음 이렇게 기도하였다. '모든 사람의 마음을 다 아시는 주님, 주님께서 이 두 사람 중 누구를 뽑으셨는지 알려주십시오. 유다는 사도직을 버리고 제 갈 곳으로 갔습니다. 그 직분을 누구에게 맡기시렵니까?' 그러고 나서 제비를 뽑았더니 마티아가 뽑혀서 열한 사도와 같이 사도직을 맡게 되었다.(「사도행전」1:23~26)

제비뽑기는 감리교를 비롯한 다른 교단에서도 관심 있게 지켜보고 있다. 교단의 임원 선거에 제비뽑기를 도입하자고 주장하는 사람들이 가장 큰 근거로 내세우는 것은 『성경』에 나오는 제비뽑기 장면들이다. 아닌게아니라 『성경』에는 제비뽑기 장면이 여러 번 나온다. 구약 시대의 유대인들에게는 어떤 결정을 내리기 위한 제비뽑기가 일상적이었던 듯하다. 그것은 무엇보다도 하느님의 뜻을 묻기 위한 절차였다. 한 예로 「잠언」에는 "주사위는 사람이, 결정은 야훼께서"(「잠언」 16:33)라거나 "주사위만이 송사를 끝내고 세도가들의 사이를 판가름한다"(「잠언」 18:18)는 구절이 나온다. 『성경』에는 이밖에도 구체적인 상황에서의 제비뽑기가 많이 묘사된다.

예컨대 초대 임금을 뽑을 때("사무엘이 이스라엘 온 지파를 내세우고 제비를 뽑자 베냐민 지파가 뽑혔다. 다시 베냐민 지파를 갈래별로 내세우고 제비를 뽑자 마드리 갈래가 뽑혔다. 다시 마드리 갈래를 한 사람씩 내세우고 제비를 뽑자 키스의 아들 사울이 뽑혔다."(「사무엘 상」 10:20~21))나, 전쟁터에 나갈 때("우리는 아무도 자기 천막에 돌아가지 못한다. 이제 기브아 놈들에게 이렇게 하자. 제비를 뽑는데 이스라엘 각 지파에서 백 명마다 열 사람을 뽑고 천 명마다 백 명을, 만 명마다 천 명을 뽑아 군량미를 모으자. 베냐민 지파에 속한 기브아 놈들이 이스라엘에서 저지른 이 고약한 일을 보복하러 올라갈 사람들의 양식을 모으자."(「판관기」 20:9~11))나, 성가대를 뽑을 때("그들은 대가나 평단원, 선생이나 제자의 구별 없이 제비를 뽑아 번들었다."(「역대기 상」 25:8))나, 제사장을 뽑을 때("사제들의 관례에 따라 주님의 성소에 들어가 분향할 사람을 제비뽑아 정하였는데 즈가리야가 뽑혀 그 일을 맡게 되었다."(「루가」 1:9))나, 문지기를 뽑을 때("그들은 큰 가문 작은 가문 가리지 않고 제비를 뽑아 각 문을 맡았다. 해 뜨는 쪽 문을 놓고 제비를 뽑으니, 셀레미야가 뽑혔다. 그의 아들 즈가리야는 명석한 참모였는데, 제비를 뽑아 북문을 맡게 되었다."(「역대기 상」 26:13~14)], 유대인들은 제비뽑기를 했던 모양이다.

　「여호수아」를 보면 심지어 범인을 색출할 때나 가나안 땅을 분배할 때도 제비뽑기를 했던 듯하니, 유대인들만큼 제비뽑기를 좋아했던 사람들도 없었을 것이다.

　　여호수아는 아침 일찍 일어나서 이스라엘을 지파별로 나오게 하였다. 그 가운데서 유다 지파가 (주사위로) 잡혔다. 유다 지파를 갈래별로 나서게 하였더니 제라 갈래가 (주사위로) 잡혔고, 제라 갈래를 가문별로 나서게 했더니 잡디 가문이 (주사위로) 잡혔다. 다시 여호수아가 잡디 가문의 장정을 차례로 나서게 했더니 유다 지파, 제라의 증손이요 잡디의 손자며 가르미의 아들인 아간이 (주사위로) 잡혔다.(「여호수아」 7:16~18)

　　그들은 야훼께서 모세를 시켜 명하신 대로 제비를 뽑아 아홉 지파 반에게 나누어 주었다.(「여호수아」 14:2)

　이런 제비뽑기 선호에는 「잠언」이 기록하고 있는 것처럼 모든 결정은 하느님이 한다는 믿음이 뒷받침돼 있는 것 같다. 요컨대 제비뽑기는 피조물로서의 인간이 창조주의 뜻을 묻는 수단이었던 것이다. 「민수기」에는 구체적으로 하느님의 뜻을 물을 때는 우림을 쓰라는 귀절이 나온다.

그러나 그가 나에게 무엇을 묻고 싶을 때에는 엘르아잘 사제 앞에 나와야 한다. 그러면 엘르아잘은 우림을 써서 가부간의 결정을 내려줄 것이다. 여호수아는 그의 지시를 따라 백성을 거느리고 들기도 하고 나기도 해야 한다.(「민수기」 27:21)

우림은, 둠밈과 함께, 재판 때 야훼의 뜻을 알기 위해 흉패에 달았던 보석이다. 「출애굽기」에 "시비를 가리는 이 가슴받이 속에는 우림과 둠밈을 넣어 두어라. 아론이 야훼 앞에 들어갈 때 이것을 가슴에 붙이고 들어가게 하여라. 아론은 야훼 앞에서 이스라엘 백성의 시비를 가릴 때 언제나 이것을 가슴에 붙이고 있어야 한다"(「출애굽기」 28:30)는 구절이 나온다.

물론 제비뽑기가 유대인들만의 관행은 아니다. 중세에는 사제들을 포함한 기독교 신자들 사이에 '사도들의 제비뽑기'라는 것이 유행했던 모양이다. 어떤 결정을 내려야 할 때 『성경』을 들고 아무 데나 펼쳐서 발견한 구절을 판단의 자료로 삼는 것이다. 프란체스코회라는 탁발수도회의 창립자이자 신(神)의 음유시인이라는 별명을 지닌 시인이기도 했던 아시시의 프란체스코도 이런 사도들의 제비뽑기로 자신의 생애를 결정했다. 그 자신 프란체스코 수도회의 회장을 지내기도 한 보나벤투라의 『아시시의 성프란체스코 대전기』에 따르면, 프란체스코는 젊은 시절의 향락을 버리고 회심해서 프란체스코회를 세우기 전에 하느님이 자신에게 원하는 삶이 무엇인지를 알기 위해 산 니콜로 성당에 가서 복음서를 세 번 펼쳐보았다고 한다. 그래서 찾은 구절이 "네가 완전한 사람이 되려거든 가서 너의 재산을 다 팔아 가난한 사람들에게 나누어 주어라. 그러면 하늘에서 보화를 얻게 될 것이다. 그러니 내가 시키는 대로 하고나서 나를 따라오너라"(「마태오」 19:21)와 "길을 떠날 때 아무것도 지니지 말라. 지팡이나 식량자루나 빵이나 돈은 물론, 여벌 내의도 가지고 다니지 말라"(「루가」 9:3)와 "나를 따르려는 사람은 누구든지 자기를 버리고 제 십자가를 지고 따라야 한다"(「마태오」 16:24)라는 예수의 말이었다. 아무렇게나 펼쳐 본 복음서의 구절들이 모두 청빈하게 자신을 따르라는 예수의 말이었고, 그래서 프란체스코는 그 구절들을 회칙으로 삼아 '작은 형제의 모임'을 창립했다.

제비뽑기는 유대기독교적 전통만은 아니고, 전근대적 전통만도 아니다. 일본에서도 새해 아침에 신사에서 신년 운세를 알아보기 위해서 제비뽑기를 한다. 이른바 오미쿠지다. 미미 레더 감독의 영화 〈딥 임팩트〉에는 혜성과 지구의 충돌 이후를 대비해서 2년간 1백만 명을 수용할 수 있는 석회암 동굴 속 지하요새를 만들고 '생사의 제비뽑기'를 하는 장면이 나온다. 한국에서 새로 건설되는 아파트를 분양하는 것도 추첨을 통해서고, 또뽑기식의 발주 방법을 채택하고 있는 건설업계의 입찰장에는 허가증만 가진 페이퍼 컴퍼니의 직원들이 휴대폰을 들고 '제비뽑기'의 요행수를 바라며 득실거린다.

뭐니뭐니 해도 제비뽑기의 현대적 형태는 복권일 것이다. 복권의 효시는 고대 로마 시대로 거슬러 올라간다지만, 근대적 복권의 형태는 15~16세기에 네덜란드와 이탈리아에서 시작되었다. 16세기에는 이탈리아의 피렌체에서 세계 최초로 로토라고 불리는 복권이 나와 오늘날 로토 게임의 효시가 되었다. 오늘날 인터넷 사이트들은 경품 추첨이라는 이름의 사이버 복권으로 사람들의 눈과 마음을 호리고 있다.

그러나

나는 비신자로서, 어떤 기독교 교단 안에서 신자들이나 대의원들이 교단의 임원을 추첨으로 뽑는 데에는 별 관심이 없다. 더구나 그것이 『성경』의 기록에 근거를 두고 있는 것이라면, 교회의 차원에서는 되살려서 이어나갈 만한 미풍양속일지도 모른다. 또 나는 자본주의 사회, 자유주의 경제의 수동적 지지자로서, 현대를 풍미하는 복권 열풍에도 아무런 불만이 없다. 비록 그것이 또다른 형태의 착취이고 환멸을 종착역으로 삼은 기차라고 하더라도, 복권이 베푸는 일확천금의 희망—사행심—은 이 팍팍한 삶을 적어도 주관적으로는 좀더 살 만하게 만들 수도 있을 것이다. 그러나 세속의 정치 과정에 제비뽑기를 도입하는 문제에 대해서는, 시민의 한 사람으로서, 나도 할 말이 있다.

과연 정치 과정에 우연성을 도입하는 것이 가라타니의 주장대로 파벌적 대립이나 후계자 투쟁을 몰아낼 수 있을까? 추첨으로 뽑힌 정치 지도자는 자신의 능력을 과시할 수가 없게 되고 추첨에서 떨어진 사람도 대표자에 대한 협력을 거부할 이유가 없게 될까? 내게는 그것이 그리 또렷해 보이지 않는다. 내 사견으로는 오히려 그렇게 되지 않을 가능성이 크다.

재능보다 나은 것이 덕이고 덕보다 나은 것이 복이라는 속언이 있듯이, 어떤 '좋은 운명'에 대한 사람의 존중심은 크다. 사람은 이성의 동물이지만, 충분히 이성의 동물은 아니기 때문이다. 걘 돈 벌 팔자를 타고났어, 걘 관운을 타고났어, 라는 말에는 그 말을 하는 사람의 부러움이 그득 차 있다. 그것이 불합리한 일이라는 걸 누구나 알지만, 사람들은 흔히 남들의 획득된 지위보다는 귀속적 지위를 더 부러워한다. 사실 출생이야말로 가장 원초적인 제비뽑기일 터인데, 세속의 기준은 흔히 자수성가한 사람보다는 '뽑기를 잘한' 재벌 2세를 더 '존중할 만한' 부자로 보고, 자신의 힘으로 바닥에서 천정까지 오른 에스트라다(이른바 '민중 혁명'이라는 것에 의해 쫓겨난 필리핀의 전 대통령 말이다)보다는 누대를 잘 먹고 잘 산 지주 부르주아 출신의 '뽑기를 잘한' 정치인들을 더 윗자리에 놓는다. 나폴레옹은 프랑스의 보수주의자들에게 오래도록 코르시카의 촌놈이고 왕권의 찬탈자일 뿐이었다. 그는 원래 재수가 좋다, 그의 사주에는 권세가 들러붙어 있다, 그는 왕이 (또는 부자가) 되게끔 태어났다, 하느님이 그의 편이다, 라는 말처럼 그에 대한 존중심과 권위를 불러일으키는 말은 달리 없다. 왕권신수설이 그렇게도 오래도록 힘을 발휘할 수 있었던 것은 사람들의 마음속에 깊이 박혀 있는 이런 숙명주의나 순응주의를 반영한다.

말하자면 어떤 지도자가 추첨으로 뽑혔다고 하더라도, 뽑혔다는 사실 자체가 하느님(이 아니면 어떤 섭리나 자연의 이법이라고 해두자)의 뜻과 겹쳐지기 쉽고(이 점이 아주 중요하다. 제비뽑기의 시원은 신의 뜻을 묻는 것이었다는 점을 기억하자), 그런 야릇한 신비주의를 통해 그는 이내 권위를 갖게 되고 자신의 능력을 과시할 수 있게 될 가능성이 크다. 새천년 들어서도 가장 난숙한 자본주의 사회에서부터 제3세계의 전근대적 사회에 이르기까지, 그리고 정계나 재계의 거물들에서부터 일자리를 잃었거나 언제 잃을지 모르는 서민들에 이르기까지 복점(卜占)이 생활의 한 부분을 차지하고 있다는 사실은 그런 예측을 지지한다. 보통선거로 뽑힌 정치 지도자보다 추첨으로 뽑힌 정치 지도자가 더 겸손하고 그래서 권력의 남용을 삼갈 것이라는 예측은 순진해 보인다. 관료주의도 마찬가지다. 관료주의를 막는 길, 즉 대표하는 자의 고정화를 막는 길은, 내게는, 제비뽑기를 도입하는 데 있는 것이 아니라 선출직을 지금보다 더 확대하고 연임과 겸임을 지금보다 훨씬 더 넓은 범위에서 (그러니까 국가의 최고 지도자에서부터 통장 반장에 이르기까지) 훨씬 더 엄격히 제한하는 데 있는 것 같다. 운 좋은 사람들이 계속 권력을 지닐 가능성을 이론적으로 열어놓고 있는 제비뽑기는 권력 남용이나 관료주의에 대한 해결책이 아니다.

사실, 예비 심급에서 민중의 뜻이 부여한 위광(威光) 위에다 최종 심급에서 신의 뜻이 부여한 위광까지 겹쳐져, 제비뽑기로 태어난 정치 지도자는 왕권신수설 시기의 군주처럼 행동할 수도 있다. 정치 지도자를 제비뽑기로 선출하자는 것은 우리들을 구약 시대로 되돌리자는 것이고, 적어도 데카르트 이전으로 되돌리자는 것이다. 정치 지도자를 추첨으로 뽑는 것에서 전근대적인 신비주의까지는 그리 먼 걸음이 아니다. 게다가 추첨제도 자체도 악의적으로 관리될 수 있다. 보통선거라는 멋진 발명품을 악의적으로 관리해 타락시킬 수 있는 능력을 인간이 이미 보여준 이상, 추첨제라고 해서 그야말로 (선한) 신의 뜻대로 되게 그냥 놓아둔다는 보장은 없다. 권력 지향이라는 인간성의 변화만을 기다리는 것은 가라타니의 말대로 부질없는 짓이겠지만, 사람의 심성을 어느 정도 이타적으로 이끌려는 사회화 과정에서의 노력이 무용한 것은 아니다. 어쨌든 보통선거가, 가라타니의 말로 바꾸면 부르주아 독재가, 늘 최선을 확보해주지는 못 하지만, 최악을 피할 수 있는 장치라는 것은 이론적으로나 경험적으로 사실에 가깝다.

결국, 우리가 기댈 궁극적 지주는 어쩔 수 없이 인간의 이성이다. 물론 그 이성은 도구적 이성을 넘어서는 사회적 이성, 도덕적 이성, 심미적 이성이어야 할 것이다. 그 이성은 20세기를 전체주의의 시대로 만든 그 이성은 아니어야 할 것이다. 그러나, 그 이성이 아무리 불완전한 것이라고 할지라도, 이성을 신탁으로 대치할 수는 없다. 초월적 진리에 대한 광신을 누그러뜨리고 다수의 견해가 평화 속에서 공존하는 관용의 사회를 이룩하기 위해 우리가 기댈 수 있는 것은 불완전하나마 우리의 이성뿐이고, 그 이성에 기반을 둔 합리주의뿐이다. 정치를 바람직한 형태로 만드는 것도 마찬가지다. 경화된 권력이나 타락한 선거 풍토는 우리의 덜 다듬어진 이성 때문이지 이성 그 자체 때문은 아니다. 우리의 이성은 불완전한 것이지만, 그것을 내팽개치고 제비뽑기를 통해 하느님의 뜻을 찾을 수는 없다. 그 하느님이 선한 하느님이고 인간에 대한 애정이 있는 하느님이라면, 인간의 정치가 제비뽑기로 퇴행하는 것을 그 자신부터 바라지 않을 것이다.

게다가, 세속의 정치에 하느님의 자리는 되도록 없는 것이 좋다. 중세의 종교 재판이나 십자군 전쟁에서부터 지금 서남 아시아의 신정 체제에 이르는 광신적 정열들은 그 점을 또렷하게 보여준다. 최근에 일부 완고한 기독교 단체들의 압력에 따라 일화 축구팀의 성남 연고권이 위태로워지고 있는 것도 속세로 나온 하느님의 어두운 모습을 보여준다. 사실은 하느님이 어둡다기보다는, 하느님을 따른다고 주장하는 사람들이 어두운 것이겠지만.

물론 정치 과정에서의 제비뽑기와 신권정치는 외양상 별 관련이 없다. 그러나 아마도 무신론자일 가라타니가 제안한 제비뽑기가 함축하는 의미 가운데 가장 커다란 것은 마땅히 이성이 담지해야 할 판단의 권능을 (우연이라는 이름의) 신에게 헌납하는 것일 터이다. 역사상 가장 신심 깊은 백성들 가운데 하나였을 구약 시대 유대인들의 제비뽑기 취향은 이런 판단을 적어도 부분적으로는 정당화한다. 나는 그 함축이 불안하고 찜찜하다. 현실 정치의 실상에 자주 절망하는 사람으로서 나는 가라타니의 모색에 존경을 표한다. 그리고 그의 제비뽑기의 정치론을 처음 들었을 때 한순간 귀가 솔깃했던 것도 사실이다. 그러나 한 번 더 생각해보며 그 제비뽑기의 함의(含意)를 읽은 뒤에는, 영 입맛이 썼다.

물론 사람은 보잘것없는 존재다. 인류는 그 점을 역사를 통해 무수히 증명해왔다. 어쩌면 우리들 하나하나는 신(들)이 두는 체스판의 말에 지나지 않을지도 모른다. 그러나 그것이 확인되기 전까지는, 우리는 우리(의 이성)를 믿을 수밖에 없다. 그것이 유일하게 합리적인 태도다(말해놓고 보니 동어반복이고 순환논법이군. 그러나 이런 논리의 닫힘은 우리가 인식할 수 있는 세계의 닫힌 상태를 반영할 뿐이다). 이성을 정치적 삶의 나침반으로 삼는 것, 그것은, 김우창의 말을 약간 맥락을 비틀어 인용하면 "모순과 피곤의 길이기도 하지만, 그리고 그 미래의 전망이 밝은 것으로 보이지도 아니하지만 우리에게 열려 있는 유일한 길이다."(『정치와 삶의 세계』, 277면)

(2001년 4월)

언어와 정치 사이를 오락가락하기

백낙청 · 김윤식 · 정과리

　'우리 공부의 길을 찾아서'라는 주제의 기획 특집에 내가 글을 쓰는 것이 분별 있는 일이라고는 생각하지 않는다. 나는 『현대사상』 편집자가 이 특집의 필자들로 상정하고 있는 듯한 젊은 '연구자'가 아니기 때문이다. 게다가, '우리 공부'할 때 그 '우리'의 경계를 어디에 획정해야 하는지가 내게는 모호하기 때문이다. 그 '우리'는 내가 막연히 귀속감을 느끼는 프티부르주아 계급을 뜻하는가, 아니면 내 국적인 대한민국이나 내 민족적(民族籍)인 한민족을 뜻하는가? 그것은 동아시아를 뜻하는가, 아니면 넓은 의미의 제3세계를 뜻하는가? 그것은 마흔을 막 넘긴 내 세대를 뜻하는가, 아니면 세계 시민주의자로서의 내 정서적 울타리를 뜻하는가? 보편주의자에게도 공부와 '우리' 공부가 의미 있는 차이를 형성하는가? 이런 질문들에 대한 대답이 내 머리 속에는 엉클어진 실타래처럼 널브러져 있을 뿐이다.

그러나 노동의 양과 임금의 크기가 냉혹하게 비례하는 프리랜서의 처지에서 진자리 마른자리를 가릴 수는 없다. 『조선일보』나 『한국논단』 같은 거룩한 매체가 아닌 다음에야, 원고 청탁을 받는 족족 앞뒤 잴 것 없이 그저 고마운 마음으로 쓰는 것이 내 직업적 의무라는 생각을 한다. 게다가, 손호철이 어느 자리에서 분별없이―나는 '유치하게' 라거나 '야비하게' 라고 쓸까 하다가 분별을 되찾아 '분별없이' 라고 쓴다―빈정거렸듯, '(학교에 자리잡아야 먹고살 수 있는 좌파와는 달리) 우파나 자유주의자들은 프리랜서로도 먹고살 수 있' 다는 것을 증명해야 하니까 말이다. 한국의 우파, 참 짐이 무겁다.

공부에 대해서 한마디 하라니, 대뜸 생각나는 것이 백낙청의 『분단체제 변혁의 공부길』이라는 책이다. 그 책을 낸 창비사의 편집부에서 당초에 그 표제를 마뜩지 않아 한 모양이다. 저자가 그 머리말에서 그런 사정을 설명하면서, "지금도 '공부길을 잡는다' 는 말처럼 가슴 깊숙이 울림을 주고 설렘을 안겨주는 표현이 몇이나 될까"고 그 제목을 옹호하고 있으니 말이다. '공부길을 잡는다' 라는 표현에서 깊은 가슴 설렘을 느끼는 걸 보면 백 교수가 천생 학인은 학인인 듯하다. 나는 아마 백낙청의 그 서문에서 '공부길을 잡는다' 는 말을 처음 듣지 않았나 싶다. 읽으면서 무슨 뜻인지를 곧 알아챈 걸 보면 혹 그 이전에도 얼핏 그런 말을 들어보았을 수도 있겠지만, 적어도 그 뜻을 음미하며 들어본 것은 그 때가 처음이다. 공부가 직업이 아닌 나는 그 말에서 깊은 울림이나 설렘은 못 느꼈지만, 단아하고 향기로운 표현이라는 생각은 했던 것 같다.

실상 '공부'라는 말에서 내가 거의 자동적으로 떠올리는 사람은 백낙청이 아니라 김윤식이나 정과리 같은 이들이다. 그들이 공부길을 제대로 잡았는지를 살필 혜안은 내게 없지만, 범골의 육안에도 김윤식이나 정과리가 지독한 공부꾼이라는 것 정도는 잡힌다. 그것이 꼭 부럽기만 한 것은 아니다. 과정으로서든 목적으로서든, 공부가 삶에서 차지해야 할 몫의 크기가 내겐 가늠되지 않기 때문이다.

공부 · 쿠후우 · 쿵푸

국어사전을 들추어 '공부(工夫)'를 찾아보니, "학문이나 기술을 닦거나 배움"이라고 풀이돼 있다. 이 말이 한국어의 어휘 목록에 언제 편입됐는지는 모르겠지만, '공부'라는 한자어는 전형적인 차용어는 아니다. 그것이 한자어는 한자어이되, 오늘날의 용법을 보면 일종의 한국 한자어라고 할 만하다. 우리말 한자어의 두 원천인 중국이나 일본어에서 工夫가 의미하는 것은 우리말 '공부'가 의미하는 것과는 꽤 다르기 때문이다. 중국이나 일본에서도 옛 문헌에서는 工夫가 현대 한국어의 '공부'와 같은 의미로 쓰였을지 모르겠지만, 적어도 현대 중국어와 현대 일본어에서 工夫는 우리말 '공부'와 뜻하는 바가 사뭇 다르다.

일본어 '쿠후우(工夫)'는 일차적으로 '생각을 짜냄' '여러 가지로 궁리함' '고안함'이라는 뜻을 지닌다. '쿠후우 노 하테니(工夫の果てに)'는 '궁리 끝에'라는 뜻이고, '쿠후우 오 코라스(工夫を 凝らす)'는 '생각을 짜낸다'는 뜻이다. '쿠후우'의 두번째 뜻은 불교와 관련돼 있다. 그것은 선종의 용어로, 주어진 공안(公案)에 대해 생각을

거듭한다는 뜻이다. 이런 뜻들이 우리말 '공부'의 의미와 전혀 무관한 것은 아니겠지만, 일본인들이 工夫라는 한자에서 한국어 '공부'의 뉘앙스를 알아채기는 어려울 것이다. 일본어 工夫는 또 '코오후'라고 읽으면 공사판의 노동자를 의미한다. 뜻이 전혀 달라지는 것이다. '공사판의 인부'라는 뜻은 실상 한자 工과 夫의 가장 일반적인 뜻을 알고 있는 사람들이라면 쉽게 떠올릴 수 있는 의미다. 그런데도 한국어 '공부'에는 이런 뜻이 전혀 없고, 일본어 工夫도 이차적으로만 이런 의미를 지니고 있다. 이 '코오후'라는 말은 매우 경멸적인 뉘앙스를 지니고 있어서, 지금은 '코오슈(工手)'라는 말로 바뀌었다.

중국어에서도 '쿵푸(工夫)'는 우리말 '공부'와 판이한 의미를 지니고 있다. 고려대학교 민족문화연구소에서 펴낸 『중한사전』에서 工夫를 찾아보니, '(투자한) 시간' '틈·여가' '때' '솜씨' '노력' '옛날의 임시 고용 노동자' 등의 뜻을 지니고 있다고 설명돼 있다. 그것은 일본어 '쿠후우'와도 다르고 우리말 '공부'와도 다르다. 특히 '시간'이나 '틈·여가' 따위의 의미는 한국어 '공부'나 일본어 '쿠후우'에서는 도저히 유추할 수 없는 '쿵푸'만의 의미다. 고대 민연의 『중한사전』은 工夫가 이런 뜻을 지닌 용례로 不久工夫的(얼마 지나지 않아), 你有工夫嗎?(너 짬이 있니?) 같은 문장을 보이고 있다. 그러니까 동아시아의 세 나라는 다 저마다의 工夫를 가지고 있는 셈이다.

물론 현대 중국어가 아닌 한문에서 工夫는 우리말 '공부'의 뜻으로 쓰이기도 한 모양이다. 學者做工夫當忘寢食做一場(학자는 공부하느라 침식을 잊어야 학문에 들 수 있다)이라거나 今人做工夫不肯便下手皆是要等待(요즘 사람들은 즉시 공부를 시작하려 하지 않고 대체로 내일로 미루겠다고 한다) 같은 주희의 문장에서, 工夫는 현대 한국어

'공부'와 대체로 비슷한 뜻을 담아 쓰인 듯하다. 그러니까 우리말 '공부'는 고전 중국어 工夫의 화석이라고도 할 만하다. 내가 위에서 '공부'가 '일종의' 한국 한자어라고 한 것은 그런 뜻에서다. 하긴 현대 일본어 '쿠후우'가 지닌 '궁리'라는 의미나, 현대 중국어 '쿵푸'가 지닌 '노력'이라는 의미는 고전 중국어 工夫나 한국어 '공부'와 뜻이 통한다면 통한다고도 할 수 있겠다.

우리말의 '공부'는 일상적으로 학교 제도나 시험과 관련되어 있다. '공부 좀 해라' '공부 잘 하는 아이' '공부도 못하는 것들' '고시 공부' '의사 공부가 그렇게 쉬운 게 아냐' '기말고사 공부는 다했니?' '입시 공부' '입사 시험 공부' 같은 표현들에서 시험이나 학교 제도와 '공부'의 깊은 관련이 드러난다. 그러니까, 우리말의 '공부'는 일본어 '쿠후우'나 중국어 '쿵푸'에 견주어서는 물론이고 고전 중국어 工夫에 견주어서도 그 의미의 폭이 매우 좁다고 할 수 있다. 그리고 그런 의미의 '공부'라면, 내 경우 18년 전의 대학 졸업 시험 공부 이후에는 해본 기억이 거의 없다.

그러나 우리말의 '공부'가 반드시 학교나 시험과 밀착되어 있는 건 아니다. 예컨대 '성경을 공부해 보고 싶어요' '소설 공부 좀 해보려고요' 할 때 그 '공부'는 딱히 학교나 시험과 관련되어 있는 것은 아니다. 더구나 백낙청이 예의 그 머리말에서 인용한 속담대로 "학교에는 졸업이 있어도 공부에는 졸업이 없다"(실상 나는 이 밋밋한 '속담'도 백 교수에게서 처음 들은 듯 싶다)는 말이 맞다면, 공부의 외연은 더 넓어질 수 있을 것이다. 『논어』의 들머리를 치장하는 '배우고 때로 익히'는 것, 또는 적어도 무언가를 읽고 생각하고 쓰는 것을 '공부'라고 할 수는 있을 것이다. 김윤식이나 정과리 같은 이들이 내게 전형적인 공부꾼의 이미지를 준 것도, 그들이 반드시 연구자 또는 교사라는 직업적 공부꾼이어서가 아니라, 그들이 무엇인가를 읽고 생각하고 쓰는 것으로 삶의 여러 가지 기쁨과 즐거움을 대치하고 있다는 생각 때문일 것이다. 급박하거나 실용적인 목적 없이도 무언가를 읽고 생각하고 쓰는 것이 공부라면, 나는 게으른 대로, 그리고 단속적으로, 공부 비슷한 것을 해온 셈이다. 비록 공부길을 잡지는 못했지만 말이다. 어쩌면 이 글을 쓰는 동안에 홍해가 갈라지듯 공부길이 잡히고 열리는 행운을 얻을지도 모른다는 몽상이 나를 들뜨게 한다.

공부와 책

박희병이 편역한 『선인들의 공부법』이라는 책에는 공자부터 최한기에 이르는 동아시아 학자들이 공부의 안팎을 공부하며 얻은 지혜가 모여 있다. 그 책은 공부란 무엇인가, 공부의 기능은 무엇인가, 공부하는 사람의 자세는 어떠해야 하는가 따위에 대한 옛 사람들의 견해를 보여준다. 그 견해들은 조금씩 다른 듯도 하지만, 그들이 시대와 장소를 떠나서 공유하고 있는 것은 공부에 대한 경건함이다. 공부에 대한 그 경건함은 이내 글이나 책에 대한 경건함으로까지 이어진다. 상대적으로 분방한 지식인이었던 연암마저 "책을 대하여 하품을 해서는 안 되며, 책을 대하여 기지개를 켜서는 안 되며, (…) 책을 베고 누워서는 안 되며, 책으로 그릇을 덮어서는 안 되며, 책을 흐트러뜨려 놓아서는 안 된다"고 일종의 '책 물신주의'를 피력할 정도다. 그들의 경건함은 나를 주눅들게 한다. 동양의 이 위대한 직업적 학인들과는 달리 내게 책은 이런저런 이야기를 담은 종이 뭉치일 뿐이고,

내게 공부는 일종의 딜레탕티슴이기 때문이다.

나는 흔히 책을 베고 누워서 잠을 자기도 하고, 책으로 부채질을 하기도 하고, 심지어 책을 밟고 전등을 갈아 끼우기도 하고, 책을 우산이나 라켓 대용으로 쓰기도 한다. 나는 지하철 안의 무료함을 달래기 위해서 책을 펼치고, 잠자리에서 불면증과 싸우다 지쳐 책을 덮는다. 나는 되도록 입맛에 맞는 책만 골라 읽는다. 당연히 내 공부는 체계를 갖추지 못한 채 어지럽다. 엘러리 퀸이나 애거서 크리스티의 추리소설들(대부분 예전에 읽은 것이지만, 대부분 처음 읽는 것처럼 새롭다. 기억력이 신통치 않은 게 좋을 때도 있다), 강준만의 에세이들(나는 석 달마다 『인물과 사상』을 꼭 사 보고 『월간 인물과사상』을 정기 구독한다), 뉴턴의 『프린키피아 마테마티카』(큰아이가 읽고 싶다기에 최근에 그 책을 사준 뒤 나도 틈틈이 읽는데, 고답적인 제목과는 달리 물리학이나 수학에 별 관심이 없는 사람들도 읽어낼 만하다. 재미없는 부분은 건너뛰면 그만이다), 알랭 레가 책임 편집한 『프랑스어 역사 사전』(이 사전은 어원 사전으로서는 세계 최대 규모다. 부피가 커서 들고 다닐 수는 없고 잠자리에서 읽기에 제격이다) 같은 것들이 요즘 내가 즐겨 소비하는 책들이다.

그렇다. 나는 물질로서의 책을 구박하며 정신으로서의 책을 소비한다. 그 책에서 쥐어짜낸, 또는 통째로 훔쳐낸 생각들을 메이크업해서 내 생각인 양 글로 발표하기도 한다. 말하자면 그것이 내 공부다. 박희병의 선인들에게는 크게 나무람 들을 짓이다. 그러나 공부에 대한 견해가 다른 걸 어떻게 하겠는가? 다행스럽게도, 내가 그 선인들에게 공감하는 부분도 있다. 이들 가운데 많은 사람들이 공부가 일차적으로는 개인을 위한 것이지만 그 은택이 사회에 미친다는 견해를 지니고 있는 듯한데, 나도 그 견해를 부분적으로는 받아들일 수 있다. 비록 어떤 공부냐가 문제가 되겠고, 또 흔히 그 은택이 해악으로 바뀌기도 한다는 것을 덧붙여야 하겠지만.

나의 '국어 공부'

나는 성글게나마 내 공부의 방향을 둘로 잡고 있다. 우선 나는 앞으로, 아마 겉핥기식이 되겠지만, 국어 공부를 할 것 같다. 국어 공부는 내가 푸르디푸르렀던 십대 때부터 마음이 끌렸던 분야다. 외솔의 『우리 말본』을 처음 읽었을 때의 감동이 지금도 새롭다. 말에 대해서 생각하고 궁리하는 것도 공부라고 할 수 있다는 것을 나는 그 책을 통해서 알았다. 그리고 나는 그 책을 통해서 한국인으로서의 내 정체성을 실감했다. 대학에서 엉뚱한 공부를 하느라, 그리고 졸업 후에는 직장 생활을 하느라 국어 공부를 제대로 할 기회를 얻지는 못했지만, 내 마음의 행로에서 국어에 대한 관심이 완전히 철거된 적은 없다. 내가 늦깎이로, 그리고 어설프게나마 국어 공부를 하는 것은 일생을 국어 교사로 보내신 아버님의 생업을 내 나름의 방식으로 계승하는 것이기도 하다.

내가 지금 단기적으로 염두에 두고 있는 주제는 두 가지다. 첫째는 한국어에서 몸의 여러 부분들을 가리키는 이름들이 만들어내고 있는 의미의 망이다. 예컨대 '손'이라는 말은 한국어에서 무수한 복합어와 숙어·관용어를 만들어낸다. 손거울, 손풍금, 손저울, 손도끼, 손위, 손아래, 손사래, 손질, 덩굴손, 갈퀴손, 큰손, 벽손, 부처손, 잡을손, 횟손, 흙손, 혼잣손, 일손, 대팻손, 두름손, 뒷손, 맷손, 선손, 탑손, 톱

손, 손쉽다 같은 복합어들과, 손에 넣다, 손에 익다, 손을 거치다, 손을 놓다, 손을 떼다, 손을 쓰다, 손을 뻗치다, 손을 맞잡다 같은 관용어들은 손에 대한 한국인의 상상력의 얼개를 보여준다. '다리'나 '머리' 같은 다른 신체어들도 때로는 생긴 모습 그대로, 때로는 은유와 환유에 몸을 실으며 한국인의 상상력을 자극하고 확장시켜 왔다. 나는 우리말 신체어들이 만들어내는 다양한 표현들을 통해서 한국인들의 몸의 상상력을 살피고 싶다.

둘째는 몸의 소멸, 곧 죽음에 관련된 말들이 만들어내고 있는 어휘장을 살피는 것이다. 한자어까지를 합치면 '죽다'와 '죽이다'를 의미하는 우리말 표현은 거의 3백 가지에 이르는데, 그런 섬세함은 여느자연언어에서는 그 유례를 찾아볼 수 없는 것이다. 그 말들을 살피는 것은 한국인들이(물론 부분적으로는 옛 중국인들이) 죽음과 죽임에 대해서 어떤 태도를 취했고, 죽음과 죽임을 어떤 기준에 따라 어떻게 분류했는지를 살피는 작업이 될 것이다. 그런 공부를 책으로 묶을 수 있을지는 모르겠지만, 틈틈이(노는 틈틈이) 공부는 해볼 생각이다.

그것은 어떤 의미를 지니는가? 모르겠다. 앎에 대한 내 욕구를 하필 국어로 이끌고, 또 하필 몸의 존재와 부재로 이끄는 동력이 무엇인지는 나도 모르겠다. 그것은 우연이든지 내 천분일 것이다. 내가 그 작업을 통해서 운 좋게 한국어나 한국 문화의 어떤 측면을 발견하거나 재발견한다고 해서, 그것이 세상을 좀더 살 만하게 바꾸는 데 기여할 것 같지는 않다. 결과적으로 그런 기여를 하게 된다고 하더라도, 적어도 내가 그것을 의식하고 있지는 않다. 국어 공부는 순수히 내 자족감에만 기여할 것이다. 인문학 공부란, 꼭 그런 건 아니겠지만 흔히는, 그렇게 자기 충족적인 것이 아닐까? (말이 나온 김에 소위

'인문학의 위기'라는 것에 대해 한마디만 하자. 나는 위기에 빠진 것은 한국의 인문학이 아니라 한국의 인문학 종사자라는, 즉 그 위기는 인문학 종사자들의 '몫'과 관련돼 있다는 일각의 비아냥거림이 정곡을 찌르고 있다고 생각한다. 도대체 한국의 인문학이 지금 위기를 이야기할 만큼 가멸진 과거를 지닌 적이 있었던가? 위기에 빠진 인문학 종사자가 '인문학의 위기' 담론을 퍼뜨리며 내세우는 논리는 흔히 자가당착에 이른다. 예컨대 잘 알려진 평론가 한 사람은 이런 취지로 말한다: "인문학적 가치는 돈으로 환산할 수 있는 것이 아니다. 사람의 문제를 어떻게 돈과 관련시킨단 말인가? 그런데, 앞으로는 이 인문학적 감수성이 있어야 돈도 벌 수 있다." 인문학은 황금 너머에 있지만, 한편 그것은 황금알을 낳는 거위이기도 하다는 것이다. 정말, 한국의 인문학 종사자들, 위기에 처한 게 확실하다.)

나의 '언론 공부'

국어 공부보다 내 마음을 더 세게 잡아당기는 것은 우리 사회의 언론에 대한 공부다. 언론에 대해서 공부한다는 것은 우리 정치, 우리 사회에 대해서 궁리하고 따져본다는 뜻도 되겠다. 흔히 얘기되듯, 언론은 그 사회의 거울이니까 말이다. 물론, 잘 닦여진 평면경은 결코 아니겠지만. 내가 체질적인 냉소와 허무주의를 핑계 삼아 마땅히 보아야 할 것을 보지 않고, 마땅히 해야 할 말을 하지 않고 산 것이 아닌가 하는 반성을 요즘 하고 있다. 이를테면 '조선일보 문제'만 해도 그렇다. 나는 단지 그 신문이 싫다는 이유로, 그 신문을 읽으면 스트레스를 받는다는 이유로, 그 신문을 멀리하며 한국 사회에 『조선일보』가 없는 듯 살아왔다. 그러다 보니 최근 두 해 가까이 『조선일보』
에 대해 내가 지닌 정보는 다 간접적인 것이었고, 그것에 대한 자의
식 때문에 『조선일보』에 대한 말도 아껴왔다. 그것은 칭찬받을 짓은
아니었다. 나는 산사의 중이 아니라 세속의 글쟁이이기 때문이다. 모
르긴 몰라도, 나는 가까운 시일 안에 『조선일보』를 다시 보게 될 것
같다. 매일은 아니더라도 이따금씩은 말이다. 그리고 그 신문의 비판
적인 독자가 될 것 같다. 『조선일보』만이 아니라 좀더 많은 신문들을
보게 될 것 같다. 그리고 그 신문들에 대해서 지금보다 더 많이, 과감
히, 발언하게 될 것 같다.

내게, 국어 공부와는 달리 언론 공부는 자족감을 위한 것은 아니
다. 거기에는 공부를 통해서 사회에 발언하고, 세상을 바꾸려는 노력
에 그 발언으로써 힘을 보태겠다는 뚜렷한 목적의식이 깔려 있다. 물
론 내가 멸사봉공의 거룩함을 지향하고 있다는 뜻은 결코 아니다. 사
회적 발언은 나 자신을 위한 것이기도 하다. 나는 '프리랜서로도 먹
고살 수 있'는 잘 나가는 '우파'지만, 이 우파에게도 한국 사회는 너
무 힘들다. 실상 한국 사회는 극우파가 앞에서 이끌고 낡은 좌파의
일부가 뒤에서 밀어주며 굴러가는 사회다. 이 극우파와 낡은 좌파는
흔히 서로를 욕한다. 그러나 그들은 본능적으로 알고 있다, 서로가
서로에게 힘이 된다는 것을. 서로가 동류라는 것을. 그들은 둘 다 유
토피아를 꿈꾼다. 그들은 적어도 그렇다고 말한다. 그런데 그들의 유
토피아는 필연적으로 전체주의적 질서를 전제한다. 이 기존 이데올
로기 질서의 두 축 가운데 하나인 낡은 좌파는 때때로 소위 캐비어
좌파이기도 하다. 그들은 널따란 응접실에서 동류 인텔리와 함께 프
르미에 크뤼 포도주를 홀짝거리며, 상상 속의 문화혁명기를 그리워

하고 밀림 속의 게릴라를 찬양한다. 그들이 친화감을 느끼는 프롤레타리아는 그들 관념 속의 위대한 노동자 계급이지, 현실 속의 나약하고 비루한 노동자 개개인이 아니다. 그래서 그들의 프로그램은 아직도 웅장하다. 이 낡은 좌파와 극우파는 우리 사회에서 실제로 정치적 사안에 따라 흔히 힘을 합한다. 나는 그들의 연합을 깨고 우파의 공간을 넓히기 위해서 발언하고 싶다.

강준만 · 진중권

내 마음을 그런 방향으로 움직인 것이 강준만과 진중권이라는 사실을 고백해야 하겠다. 실상 최근 한두 해 동안 내가 가장 즐겨 읽은 글은 강준만과 진중권의 글이었다. 내가 그들의 글에 거의 중독된 게 아닌가 싶을 정도다, 물론 중독된 사람이 나 혼자만은 아니겠지만. 나는 강준만이나 진중권에게 강한 연대감을 느낀다. 그 연대감은 때때로 일종의 형제애처럼 생각되기까지 한다. 물론 당사자들에게야 조금도 달갑지 않은 일이겠지만 말이다. 나는 '형제애'라는 말로써 일방적으로 무슨 상징적 도원 결의를 맺고, 독자들에게 잘 알려진 필자의 대열에 무임승차해서 '신분 상승'을 이루고 싶은 욕심은 추호도 없다. 그러니까, 독자들에게 행사하는 영향력에서 내가 그들과 비교되고 싶은 욕심은 없다. 또 그런 점을 젖혀놓더라도 나는 내가 그들과 여러 모로 다르다는 것을 잘 안다.

우선 내게는 그들에게 있는 열정이 없다. 그리고 그들에게는 내게 있는 냉소가 없다. 나는 때때로 그들의 '금욕주의'가 무섭다. 무섭다는 말이 지나치다면 적어도 낯설기는 하다. 내가 그 '금욕주의'라는 말로 뜻하는 건 별 게 아니라, 그들의 엄청난 작업량이다. 그러니, 그 '금욕주의'라는 말은 재미있게도 '쾌락주의'라는 말로 바꾸어도 뜻이 통할 것이다. 그들은 어느 면에서 글쓰기의 쾌락에 빠진 사람들이니 말이다. 아무튼 나는 읽고 쓰기 위해서 일상의 자잘한 쾌락을 반납하는 생활을 상상할 수 없다. 진중권과 견주어서는 모르겠지만, 강준만에 견주면 내가 글을 더 열심히 써야 할 이유가 분명히 있는데도 (내가 직장이 없는 프리랜서라는 이유 말이다), 나는 도저히 그럴 엄두가 안 난다. 강준만이 나보다 훨씬 더 정력적인 사람일 것이라는 짐작이 없는 건 아니지만, 그의 엄청난 작업량이 단지 그의 원기 때문만은 아닐 것이다.

내가 그 두 사람과 생각이 똑같은 것도 아니다. 나는 1990년대 한국의 글판에서 강준만만큼 중요한 사람을 달리 꼽기는 쉽지 않을 것이라는 견해에 동의한다. 그리고 내가 이전에도 어느 자리에서 얘기했듯, 만일 철학자의 임무가 세계를 변화시키는 것이라는 말이 맞다면 강준만이야말로 1990년대의 진짜 철학자라고 생각한다. 그의 글쓰기는 철두철미하게 세계의 변화를 겨냥해왔고, 비록 그 자신에게는 너무 더디게 생각되겠지만 큰 줄기는 잡힌 한국 사회의 변화에 그의 글쓰기가 기여한 몫은 작지 않다. 그가 자신을 때때로 고립시키며 실천하고 있는 실명 비판과 그 비판에 수반하는 그 나름의 원칙에도 나는 거의 아무런 유보 없이 공감한다. 그러나 그가 그 원칙을 적용해서 내린 인물평에는 공감하지 않을 때가 꽤 있다. 그가 어떤 인물을 비판할 때 나는 대체로 그에게 공감하지만, 그가 어떤 인물을 옹호할 때 나는 반 정도만 그에게 공감한다. 내가 그보다 성격이 더 모나다는 뜻도 되겠다.

예컨대 박노해에 대한 평가의 경우에, 이 시인에 대한 내 시각은 강준만의 것보다는 김규항의 것에 더 가깝다. 그러나 김규항과는 조금 다른 이유에서다. 내 기준은 윤리적 기준이 아니라 심미적 기준이고, 나는 그가 변했기 때문에 그에 대해서 불편해하는 것이 아니라 그가 변하지 않았기 때문에 그에 대해서 불편해한다.

박노해라는 이름과 관련해서 지금도 내 뇌리에 깊이 박혀 있는 것은 1990년 초엔가 나온 『노동해방문학』 복간호다. 그 잡지의 권두에 실린 「박노해 선배와의 비밀 좌담」이라나(여기서 '이라나'는 비아냥거리기 위해서 쓴 말이 아니다. 내가 그 좌담의 제목을 정확히 기억하고 있지 않아서 쓴 것이다) 하는 것을 읽어본 사람이라면, 그리고 그가 평균적인 심미안을 가진 사람이라면, 그 좌담의 사회자에게 역겨움, 까지는 아니더라도 불편함을 느끼지 않을 수 없을 것이라고 나는 생각한다. 그 좌담은 『노해문』의 거의 매호에 실린 기다란 산문들을 통해서 시인이 어김없이 드러낸 분별없는 ─ 나는 이번에도 '유치한'이라고 쓸까 하다가 분별을 되찾아 '분별없는'이라고 쓴다─자기 과시욕과 무책임한 선동의 결정판이라고 할 만하다. 사노맹을 어마어마한 단체로 부풀리는 데에는 사노맹과 안기부가 만족스럽게 합의했다. 사노맹은 그 허세를 통해서 아이들에게나 어울릴 수준의 자기 과시욕을 충족시킬 수 있어서 좋았고, 안기부는 이 '어마어마한' 반체제 지하조직을 핑계로 공안 한파를 조성할 수 있어서 좋았다. 사노맹의, 그리고 박노해의 그 분별없는 과시욕은 1980년대 말에서 1990년대 초 시동을 건 우리 사회 민주화의 행로에 한 걸림돌로 작용했다는 것이 내 판단이다. 1990년대 초에 사노맹이 추진한 보급 투쟁이라는 것을 직접 겪은 사람이라면 시인에 대한 불편함이 더 커졌을 것이다.

문제는 보급 투쟁 그 자체가 아니라, 보급 투쟁을 실천하는 방식이었다. 사노맹이라기보다는 박노해라는 이름으로 추진된 그 보급 투쟁의 전사들은, 내 기억에, 어설픈 협박을 통해서 혁명세를 거두는 세리들이었지 운동가들이 아니었다.

물론 그것은 과거의 일이다. 그러나 나는 최근에 시인이 『중앙일보』에 연재하는 산문을 읽으면서도 그가 크게 변했다는 인상은 받지 못했다. 그는 여전히 무구한 어린아이처럼 자기 안에 갇혀 있다. 나였다면 몸과 마음을 망가뜨리지 않고서는 도저히 감당할 수 없었을 기나긴 옥살이를 하고 나온 이 강인한 시인이, 그 험한 세월을 겪으면서도 거의 변하지 않았다는 것은 나를 쓸쓸하게 한다. 그리고 그것은 사람은 쉽게 변하는 것이 아니라는 내 우익적 인간관을 강화시킨다.

물론 강준만의 자기성찰적 논법을 빌면 박노해를 평가할 자격이 내겐 없다. 그가 가장 힘들게 살아낸 1980년대와 1990년대를 나는 평범한 직장인으로서 안전하게 살았으니까. 그리고 우리 사회에 우글우글한 파시스트들(한 인간을, 자신들도 내심으로는 위험시하지 않았을 한 인간을 속죄양으로 만들어 잡아다 고문하고 사형을 구형하고 무기징역을 선고하고 8년 동안 가두어둔 인간쓰레기들)을 잠시나마 젖혀놓고 굳이 박노해를 비판하는 것은 공평한 일도 아닐 테니까. 그러나 내가 박노해에게 윤리적 평가를 내릴 수는 없어도 심미적 평가를 내릴 수는 있을 것이다. 취향은 개인마다 다를 수 있으니까 말이다. 나는 그가 그르다고 말할 수는 없어도 그가 (내 눈에) 아름답게 보이지 않는다고는 말할 수 있다. 그는 진과 선을 구현하고 있는지는 모르겠지만 미를 구현하지는 못했다. 그래서 나는, 고질적인 탐미주의자로서, 강준만이 그에게 보내는 따스한 시선에 별로 공감하지 않는다. 그것은 아마 그릇의 크기일 것이다. 또는 사랑의 크기일 것이다.

박노해만이 아니다. 나는 강준만이 옹호하는 이들 가운데, 강준만에게는 있는 자기 성찰이 전혀 없는 사람들을 이따금 발견한다. 그들은 지적으로는 성장했을지 모르지만 정서적으로는 유아기에 멈춰 있다. 그러나 나는 그들을 옹호하는 강준만을 탓하지는 않는다. 다시 말하지만, 탓해야 할 것은 내 사랑의 부족이다. 덧붙여, 그런 유형의 정서적 유아들은 강준만의 주변에서보다 바리케이드 건너편에서 훨씬 더 흔히, 그리고 전형적인 모습으로 발견된다는 사실도 지적해야 하겠다.

진중권은 자신이 사람에 대해서가 아니라 오직 텍스트에 대해서만 얘기한다고 말한다. 텍스트와 사람이 늘상 그렇게 또렷이 구분될 수 있는지는 모르겠지만, 아무튼 텍스트(또는 사람)에 대한 그의 평가는 나의 평가와 대체로 일치하는 듯하다. 이 가볍고 날쌘 정신의 '좌파' 문필가는 세상을 보는 눈이나 사람을 보는 눈이 나 같은 우익과 신기하게도 닮았다. 단, 복거일의 경우를 제외한다면 말이다. 내가 읽는 복거일의 (텍스트의) 미덕을 그는 읽지 않는 것 같다. 내가 보기에 복거일의 텍스트는 그렇게 조롱받아야 할 텍스트는 아니다. 문제가 된 영어공용어론만 해도 복거일이 영어의 공용어화를 예컨대 당장 정부의 힘으로 강제하자고 하는 것은 아닐 것이다. 영어의 국제어화가 필연적이고 그래서 영어공용어화의 욕구가 자연스러운 흐름이라면 그것을 인위적으로 막지는 말자는 정도의 뜻일 것이다. 나는 그렇게 읽었다. 물론 복거일을 나처럼 읽으라고 진중권에게 강요할 생각은 없다. 내게 그럴 권리도 없고.

이 자리에서 길게 얘기할 수는 없지만, 진중권은 언어의 어떤 측면에 대한 생각이 나와는 조금 다른 듯하다. 예컨대 그는 음악이나 조형예술 같은 상부구조와 언어를 '본질적으로는' 동일한 수평의 표현수단으로 보는 것 같다. 물론 자연언어의 의미망이 주로 개념을 중심으로 이뤄진 데 비해서 예술 작품의 의미망이 심미적·정서적·표현적 타래로 이뤄져 있다는 걸 진중권이 무시하고 있다는 뜻은 아니다. 내 말은 그가 그 차이를 대수롭지 않게 생각하는 것이 아닌가, 또는 자연언어의 정서적·세계관적 측면을 지나치게 크게 보고 있는 게 아닌가 하는 것이다. 그래서 일반적인 문화제국주의와 언어제국주의에 같은 정도의 적개심을 느끼는 것이 아닌가 하는 것이다(물론 이것은 내가 받은 인상일 뿐이다). 내 생각으로는, 자연언어는 예술적 표현수단보다는 논리언어·수학언어에 더 가깝다. 즉 '표준화'의 효율이 압도적으로 크다. 과잉 표준화가 파시즘의 첫걸음이라는 데에는 누구나 동의하겠지만, 언어의 경우는 다른 표현수단에 견주어 '표준화'에 너그러움을 보임으로써 실익을 얻을 여지가 꽤 있다는 말이다. 물론 진중권은 이 정도에도 동의하기 어려울 것이다.

개인주의자들의 느슨한 연대

이렇게 강준만이나 진중권과 나는 다르다. 그러나 형제가 모든 점에서 닮아야 하는 것은 아니다. 내가 그들에게 형제애를 느끼는 것은 그들이 다른 무엇보다도 소수의 옹호자이기 때문이다. 여기서 소수가 반드시 양적으로 적다는 뜻은 아니다. 내가 말하는 소수는 문화적·정치적·사회적으로 표지를 지닌, 그래서 차별받는 개인들을 말한다. 그런 개인들이 무표지의 사람들보다 수적으로 더 많을지라도, 그들은 여전히 소수다. 강준만과 진중권은 바지런한 글쓰기 작업을 통해서 자신들이 이런 의미의 소수의 옹호자라는 것을 증명해왔다. 게다가 그들은 강한 세속주의적 정향을 공유한다. 그들은 비-종교적이고 비-귀족적이다. 어떤 종류의 신비주의나 형이상학도 그들의 마음을 끌지 못하는 듯하다. 아무튼 나는 그들을 그렇게 읽었다.

그런 세속주의를 바탕에 깐 소수 옹호자의 명단에 김어준이나 고은광순도 마땅히 포함돼야 하겠다. 고은광순과 김어준은 소수에 대한 애정만이 아니라 풍자의 정신을 진중권과 공유하고 있다. 나는 최근에 고은광순의 풍자 시집 『어느 안티미스코리아의 반란』(인물과사상사)을 아주 재미있게 읽었는데, 그의 계산에 따르면, "그러니까 네 10대 조상은 2의 10제곱 1,024명!/ (도대체 내가 이 얘기를 몇 번씩이나 해야 하는 거냐)/ 20대 조상은 일백사만팔천칠백오십육명!"(「야, 너 판유걸 말이야!」 중에서)이다. 그러니, 시인의 말대로 "해서/ 이름 중에 가장 의미 없는 것이 성씨라니까 자꾸 그러네, 거참". 고은광순은 이 간단한 셈을 통해서 아버지의 성과 자신의 '혈통'과는 거의 아무런 관련이 없음을 명쾌하게 보여준다. 그렇다면, 고은광순과 진중권과 김어준은 오누이들이다. '이름 중에 가장 의미 없는 성씨'가 서로 다른 그들은, 풍자를 무기로 삼은 소수의 전사라는 점에서, 정신의 혈통을 공유한 오누이라고 할 만하다. 이들이 발랄하게 꽃피워 낸 풍자의 밑자리에, 화장기 없는 글로 우리 사회의 다수·기득권 세력을 난타하며 소수의 참입(參入)을 옹호하는 강준만의 정공법이 있다.

나 역시 그들만큼 세속적이다. 그리고 비록 그들만큼 전투적인 옹호자는 못 되지만 소수의 옹호자라고 할 수 있다. 생각하는 것이 때로 많이 다르기는 하지만, 우리가 같은 목표를 향해 힘을 합칠 수는 있을 것이다. 힘도 지혜도 그들만은 못하지만, 나도 그들의 싸움을 옆에서 거들 생각은 있다. 물론 여가를 활용해서 말이다.

　강준만에서부터 김어준까지를 거론하며 내가 무슨 '신성 가족'의 족보를 만들려는 것은 결코 아니다. 그들은 우선 신성하지 않다. 세속주의는 그들 혈통의, 그래서 정신의 신분증명서다. 게다가, 그들에게는 '족보'가 상정하는 '가족주의'도 없다. 예컨대 강준만과 꽤 달라 보이는 진중권이 다른 식구들을 매개로 해서 가족 유사성의 테두리 안에 들었다고 하더라도, 그들이 이룩한 가족은 '가족주의'를 내뿜고 있는 가족은 아니다. 짐작컨대 그 가족의 구성원들은 서로 일면식도 없을 것이다. 그 가족의 구성원들은 그저 저마다의 개성을 지닌 개인들일 뿐이다. 개인주의자들은(나는 개인주의자다. 그러나 강준만에서 김어준에 이르는 소수 옹호자들이 개인주의자들인지는 모르겠다) 흩어져서 싸운다. 그들은 오(伍)와 열(列)을 혐오한다. 그들의 연대는 집단주의 정신이 강요하는 기계적·수직적 연대가 아니라 독립적이고 자주적인 정신 사이의 자발적 연대이고, 느슨하지만 깊숙한 연대다. 나는 개인주의자들의 그런 수평적 연대야말로 참다운 연대라고 생각한다. 개인주의는 자신에 대한 존중일 뿐만 아니라 타인에 대한 존중이기도 하다. 개인주의는 인격을 지닌 개체 하나하나에 대한 존중이기 때문이다. 개인주의자들의 연대는 궁극적 소수의 연대이고, 반-획일주의의 연대다. 프랑스인들이 흔히 하는 말장난대로, 우리가 '서로 닮지 않으면서도 뜻을 합칠(se rassembler sans se ressembler)' 수는 있는 것이다.

국어 공부와 사회적 발언을 함께 하겠다고 쓰고 보니, 얼른 떠오르는 사람이 촘스키다. 물론 언어에 대한 내 관심은 촘스키의 경우처럼 전문적인 것이 되지는 않을 것이고 또 그러려고 해도 그러지 못할 것이다. 정치나 언론에 대한 내 발언도 촘스키처럼 급진적이지는 않을 것이고 또 그러려고 해도 그러지 못할 것이다. 그래도 어떤 준거틀이 있는 것은 좋은 일이다. 나는 그가 해왔고 지금도 하고 있는 일을 온건한 호사가로서 흉내내 보려고 한다. 촘스키에게 언어 연구와 정치 평론이 단지 깊은 층위에서만 관련이 있었듯, 국어에 대한 내 관심과 한국 정치나 언론에 대한 내 관심도 유기적 관련이 없이 평행선을 그을 것 같다.

(1999년 가을)

시의 운명

　　지난 한가위를 전후로 달포 가량 나는 유럽에 있었다. 두 해만의 바깥나들이였다. 파리에서 처리해야 할 일이 몇 가지 있어서 홍콩을 거쳐가는 파리행 캐세이 퍼시픽에 몸을 실은 것이지만(홍콩을 경유해 비행시간을 늘이고 몸을 괴롭힌 것은, 멋이라고는 없이 크기만 한 홍콩 공항을 구경하기 위해서가 아니라 파리로 직행하는 것보다 다른 도시를 경유하는 것이 항공료가 훨씬 싸기 때문이다), 나는 유럽에 머무르는 동안 줄곧 그저 대서양 쪽으로 팔자 좋게 놀러온 것일 뿐이라고 속으로 우겨댔고, 유한 계급의 한가로운 기분 상태를 유지하려고 애썼다. 그리고 그 애씀은 어느 정도 보상을 받았다. 나는 유럽에서 잠시동안 서울의 속도를 잊어/잃어버린 채 귀족처럼 느끼고 행동할 수 있었다. 로테르담의 한 카페에 앉아서 유리벽 바깥으로 바라본 보름달은 크고 아름다웠다. 서울의 달도 그랬을 것이다. 차면 기운다는 속담의 바탕이 바로 달인만큼, 그 만월은 퇴락할 미래의 씨앗을 품고 있었던 것이지만.

　내게 유럽이 낯선 곳은 아니다. 한동안 나는 그 대륙의 주민이었다. 나는 파리에서 백수로 다섯 해 가까이 살았고, 매인 데 없는 백수라는 그 이점 때문에 파리의 거리를 고샅고샅 살필 수 있었다. 그 시절 나는 시간을 죽이기 위해 파리의 크고 작은 거리를 끊임없이 걸었고, 그 무상의 배회가 서울에서 터진 외환 위기의 파편을 맞아 두 해쯤 전에 중단됐을 때, 그 조그마한(서울에 견주어 그렇다는 말이다) 도시의 뒷골목들은 거대한 서울의 어떤 대로들보다 내게 더 익숙해져 있었다. 그러나 그런 파리에서라고 할지라도, 가족과 떨어져서 허름한 호텔 방에서 혼자 아침을 맞곤 하는 것은 내게 낯선 경험이었다. 샌드위치와 햄버거를 질릴 정도로 먹어대는 것 역시 그랬다. 그것만이 아니다. 정처 없이 지하철에 몸을 싣고 차내 풍경을 관찰하는 것으로 시간을 보내는 것도 낯선 경험이었다. 나는 파리에서 살 때, 무작정 배회는 즐겼지만 무작정 승차는 별로 즐기지 않았기 때문이다. 이번의 유럽 체류를 통해서 나는 샌드위치와 햄버거로 끼니를 이어가는 것이 남에게 그리 추천할 만한 체험은 아니라는 것을 알았다. 그러나 정처 없는 지하철 여행은 그럭저럭 즐거운 경험이었다. 사람들의 표정, 생김새, 눈빛, 피부색, 머리카락의 형태와 빛깔, 옷차림만이 아니라, 전동차의 내벽에 요란스럽게 붙어 있는 광고판들도 눈길을 줄 만했다. 그렇게 나는 파리의 지하철을 즐겼다. 그리고 거기서 나는 시를 보았다. 시의 운명을 보았다.

　문학 저널리스트들이나 평론가들이 듣고서 조금도 놀랄 일이 아니기는 하지만, 유럽에서 시는 죽었다. 문학은 죽지 않았지만 시는 죽었다. 한국에서는 죽지 않았지만 유럽에서는 죽었다.

죽은 시인들의 죽은 시

문학의 죽음이라는 것은 현재의 일은 아니다. 사실의 기록이나 이론적 글쓰기를 배제한 좁은 의미의 문학에 대해서 말하더라도 마찬가지다. 문학의 죽음이 현재형으로 사용될 때, 그것은 일종의 메타포이거나 침소봉대이거나 이론적 곡예다. 문학은 살아 있다. 그 이유는 다른 데 있지 않다. 파리와 카이로와 요하네스버그와 부에노스아이레스와 뉴욕과 도쿄와 서울과 베이징과 모스크바에서, 여자와 남자와 노인과 청년들이, 밤과 낮을 가리지 않고, 영어나 스페인어나 러시아어나 프랑스어나 한국어나 일본어나 네덜란드어나 포르투갈어로, 수많은 소설들을 쓰고 있고, 그 소설 가운데 어떤 것은 수백만 부 수천만 부씩 팔려나가고 있으며, 그렇게 팔려나간 책들 대부분이 실제로 읽히고 있기 때문이다. 그러나 시의 죽음이라는 것은 메타포도 아니고 미래의 묘사도 아니다. 그것은 완료된 죽음이다. 적어도 유럽에서는 그렇다. 대중에게 읽히는 유럽의 생존 시인을 꼽는 데 양손이 다 필요할 것 같지는 않다.

물론 유럽 사람들이 시를 전혀 안 읽는 것은 아니다. 그들은 초등학교 때부터 고등학교를 졸업할 때까지 시를 읽는다. 문학 교과서에 올라 있는 '고전적인' 시들 말이다. 그들은 문학 교사의 지침을 받아 고전적 시인들의 시집을 사서 읽기도 한다. 그러니까 그들은 시를 읽는다기보다는 시를 공부한다. 학교 수업을 따라가기 위해서, 그리고 상급 학교에 진학하기 위해서. 그들이 공부하는 시를 쓴 시인들은 죽은 시인들이다. 살아 있는 사람들은 더 이상 시를 쓰지 않는다. 시인은 죽었다. 그러므로 시도 죽었다. 실제로 유럽 서점들의 시집 코너는 늘 한산하다. 그곳을 어슬렁대는 사람들은 대체로 문학을 전공하는 대학생들이다. 대학입시를 위해서 시를 공부하는 중고등학생들도 시집의 독자들이기는 하지만, 그들이 대체로 선호하는 것은 시집이라기보다는 수험용 시 해설서들이다. 그들은 시를 감상하는 것이 아니라 시에 대한 표준적 이해를 주입받는다. 시에 대한 '순수한' ― '창조적'이라는 의미에서 '순수한' ―독자는 거의 사라져버린 셈이다. 그러니까 전통적 의미에서 시는, 유럽에서는, 죽었다. 죽지 않았다고 하더라도, 그 시들은 적어도 일상의 공간에서는 구축돼 버렸다. 그것들은 박물관 안에 갇혀 있다. 학교라는 박물관 말이다.

그러면 모든 형태의 시가 유럽에서 완전히 사라져버렸는가? 그렇지는 않은 것 같다. 시를 '리듬을 실은 간결한 언어'라고 느슨하게 이해할 경우에, 유럽에서도 시는 번창한다. 노래 가사의 형태로 말이다. 6년쯤 전에 다른 자리에서도 그런 말을 한 적이 있지만, 앞으로 시가 살아남는 것은 노래 가사의 형태로일 것이라고 나는 생각한다. 실제로 시의 출발은 노래였고, 역사의 오랜 기간 동안 그래왔다. 신라의 향가도 노래였고, 중세의 음유 시인도 노래꾼이었다. 시의 그 출발점이 시에게 남겨진 미래다. 지금은 운문 문학의 주변부에 자리 잡고 있는 작사가들이야말로, 미래 시단의 주류를 형성하게 될 것이다. 작사가들이 만들어내는 그 시들은 멜로디에 실려 가수의 입을 통해 대중에게 전달되면서 오래도록 강한 생명력을 유지할 것이다. 미래의 그 시는, 발생기의 시가 그랬듯이, 이미지보다는 음악이 승한 시일 것이다. 그러면 노래 가사가 아닌 시의 운명은 어떻게 될 것인가? 위에서 나는 파리의 지하철 안에서 시의 운명을 보았다고 말했다. 시의 운명이라는 것은 과장일 것이고, 시의 운명을 이루는 한 형식이라고 말하는 것이 더 적절할 것이지만.

지하철 시

파리의 전동차 내벽에는 흔히 시가 붙어 있다. 내가 그것을 이번 참의 유럽 체류 때 처음 본 것은 아니었다. 이전에 가족과 함께 파리에 살 때도 나는 지하철 안에서 그런 시들을 자주 보았다. 그러나 사람은 보고 싶은 것만 보고, 의미화하고 싶은 것만 의미화하는 것인지, 그때는 지하철 안의 시에서 시의 서러운 운명 같은 것을 생각하지는 않았다. 내가 이번에 파리엘 들렀을 때 지하철 안의 시를 보고 시의 운명이라는 데에 생각이 미친 것도, 서울을 떠나기 전에 『동서문학』의 권두 에세이 청탁을 받은 탓인지도 모른다.

아무튼 파리 지하철 안의 시는 대가들의 시가 아니다. 그 시를 쓴 시인들은 죽은 시인이 아니라 살아 있는 시인이고, 그런 점에서 그 시는 박물관 속의 시가 아니라 일상 속의 시라고 할 수 있을지도 모른다. 그러면 그 시를 쓴 시인들은 누군가? 파리 지하철공사는 매년 파리 시민들을 대상으로 시를 공모한다. 아마추어 시인들을 대상으로 한 현상 공모인 셈이다. 응모된 시들 가운데서 추려진 몇 편의 시들은 지하철 전동차 안에서 시민들을 만난다. 파리 지하철의 시들은 그런 아마추어 시인들의 시인 것이다. 어떤 시에는 제목이 붙어 있고, 어떤 시에는 제목이 없다. 어떤 시에는 그 시를 쓴 이의 이름이 붙어 있고, 어떤 시에는 작자가 표시되어 있지 않다. 어떤 시는 여러 연으로 이뤄져 있고, 어떤 시는 한 연으로 이뤄진 단시다. 아마추어 시인들의 시인 만큼, 그 시들에서 예술의 향취가 물씬 풍기는 것은 아니다. 그러나 그 시들이 다 형편없는 것은 아니다. 어떤 시들은 대가의 시집에 끼여 있다고 하더라도 그리 튀지 않을 만한 격조와 울림을 지니고 있다. 예컨대 나는 파리에 이번 참에 들렀을 때, 지하철 1호선 전동차 안에서 이런 시를 발견했다.

> 그는 이 사막에서 너무 외로워
>
> 이따금 뒤로 걸었다
>
> 자기 앞에서 발자국을 보기 위해서

이 한 연이 전부다. 제목도 없고 작가 이름도 없다. 이 시가 파리 지하철공사가 공모한 시들 가운데 뽑힌 것이라는 사실만을 밝히고 있을 뿐이다. 이 시는 정치적 사회적 인간과 구별되는 개체적 인간, 모래알 인간의 초상이다. 시의 화자는 정말 사막에 있을 수도 있고, 사막에 있는 자신을 상상했을 수도 있다. 또는 흔히 '군중 속의 고독'이라는 상투어로 요약되는 대중사회 도시인의 소외감을 어떤 파리 시민이 "이 사막에서 너무 외로워"라고 표현했는지도 모른다. 아무튼 이 시의 주인공은 사막에서 너무 외롭다. 그는 혼자다. 가족도 이웃도 친구도 없다. 그 외로움을 지우는 처방으로 그는 무엇을 하는가? 그는 이따금 뒤로 걷는다. 뒤로 걸으면 자기 발자국을 볼 수 있고, 그 발자국에서 자기 아닌 다른 사람의 존재를 조작해낼 수 있기 때문이다. 자기 발자국에서 타인의 존재를 상상하는 것은 나쁜 믿음, 곧 자기 기만이다. 그러나 그것이 고독의 무게에 짓눌린 한 개체가 고육지책으로 짜낼 법한 처방인 것도 확실하다. 실제로 이런 유형의 자기 기만은 타인과의 유대감이 점차 엷어지는 대중사회에서 많은 사람들이 고독을 치유하기 위해 선택하는 처방이기도 하다.

　자기 발자국에서 타인의 존재를 조작하는 것이 자기 기만이라면, 이 시를 쓴 사람이 이런 자기 기만을 옹호하는 것은 아닐 것이다. 그는 그런 자기 기만을 통해서만 삶을 이어갈 수 있는 군중적 개인의 고독한 처지를 슬프게 응시하고 있을 따름일 것이다. 또 반드시 현대 대중사회가 아니더라도, 세계에 맞선 자아의 궁극적 보편적 고독이 이 시에 담겨 있다고도 할 수 있다. 한편으로, 그런 자기 앞의 발자국은 개인의 또 다른 자아, 일상에 함몰되지 않은 내면의 목소리라고 해석할 수도 있다. 양식이나, 윤리적 균형감각이나, 반성적 이성이나, 자기 성찰로 불리는 또 다른 자아 말이다. 자기 앞의 발자국을 그렇게 해석할 때 이 시는 시공을 초월해서 인간이 취하는/취해야 하는 내성(內省)이라는 덕목, 자신과의 대화라는 덕목을 담고 있다고도 해석할 수 있다. 더 나아가, 문학이라는 것은, 또는 크게 보아 삶이라는 것은, 자기 앞의 발자국을 보기 위해 뒤로 걷는 과정이라고도 할 수 있는 것 아닐까? 그 발자국이 희미하거나 비뚤비뚤할 때 우리는 서글퍼지고, 그 발자국이 또렷하고 반듯반듯할 때 우리는 자긍심과 만족감을 갖게 되는 것 아닐까?

　아무튼 나는 이 아마추어 시인의 시에서 좋은 시가 의당 갖추어야 할 의미의 겹을 감촉했다. 그렇다면 파리의 이 지하철 시는, 만족스러울 만큼은 아닐지라도, 전통적 의미의 시를 일상 속에 존속시키는 방법 가운데 하나라고도 할 수 있을 것이다. 그 지하철에서 이 시를 본 사람들은 저마다 어떤 생각을 할까? 안경 너머의 눈빛이 순한 흑인 청년, 쌀자루 옆에 맥없이 서 있는 중국 남자, 낱말 맞추기 게임에 몰입해 있다가 이따금 고개를 쳐드는 백인 소녀, 노동에 지친 듯한 표정의 뚱뚱한 아랍 여성, 일거리나 돈을 달라고 외치는 부랑인, 커다랗고 낡은 가죽 가방을 든 유태인 노인…….

시의 박물관

우리 사회의 경우, 시의 죽음을 이야기하면 흰소리 치지 말라는 핀잔을 받기 십상일 것이다. 비록 소설만큼은 아니지만, 시는 대중에게 아직도 사랑받고 있다. 한국의 웬만한 가정에는 시집이 몇 권씩 반드시 갖추어져 있다. 무엇보다도, 살아 있는 시인들이 우리 사회에는 수두룩하다. 모르기는 몰라도, 우리 사회만큼 시인이 넘쳐나는 데도 드물 것이다. 어떤 시집은 베스트셀러 자리를 소설과 경쟁하기도 하고, 그런 베스트셀러 시집이 반드시 최악의 시집인 것도 아니다. 미적으로 정련된 최고의 시집들이, 비록 시인들에게 부를 가져다 주지는 못하지만, 웬만큼은 팔려나가는 곳이 우리 사회다.

그러나 이런 '한국적 예외'가 오래 계속될 것인가? 나는 그다지 낙관적이지 않다. 우리 사회에서도 다른 산업사회, 탈산업사회의 경우처럼 머지 않은 장래에 시의 자리는 좁아질 것이다. 왜 그런가? 다른 무엇보다도, 시의 위세, 시인의 위세가 새로운 세대에게 계속 전수되기는 어려울 것이기 때문이다. 그것은 글쓰기의 민주화—대중화라고 해도 좋다—와도 관련이 있다. 파리에서와 같은 지하철 시를 통해서든 통신망을 통해서든 시를 쓰는 사람들은 예전보다 더 늘어날수도 있겠지만, 그 시인들은 시 앞에서 경건한 예전의 시인들은 아닐 것이다. 아마추어 시인으로서의 그들이 자신들과 구별되는 '시인'에게 특별한 권위를 부여하고 그 시인의 독자가 되어줄 것 같지는 않다. 게다가 대중 가요는 민주주의와 친화력이 큰 그 단순소박함을 무기로 끊임없이 시의 자리를 넘볼 것이다. 그래서 우리의 경우도 결국 시는 노래 가사의 형태로 대중에게 접근하게 될 것이다. 그리고 전통적 의미의 시는 박물관 안에 갇힐 것이다.

우리 시의 박물관은 문학 교과서만은 아니다. 우리의 경우 그 시의 박물관은 공공 건물의 벽면이나 공원의 시비 같은 것이 될 수도 있을 것이다. 서울 시내 몇몇 고층 빌딩 곁이나 공원 몇 군데에는 값비싼 대리석에 시를 박아놓은 시비들이 보인다. 그 가운데는 문학적 평가에서 논란의 소지가 큰, 살아 있는 시인의 시비도 있다. 우리는 박물관의 진열품을 선정하며 공공성이라는 기준을 내팽개치고 있는 것은 아닐까? 웅장한 건물 안에 진열된 유물의 예술적 빈약함은 뒷날 박물관을 찾을 관람객들의 발걸음을 더욱더 뜸하게 만들 수도 있다. 시간의 검증을 통과할 엄정한 기준 없이 당대의 세속적 힘의 관계를 반영해 선정된 유물들은 박물관을 이내 무덤으로 만들고 말 것이다. 설령 무덤이 되지 않을지라도, 그 박물관은 뒷날 기껏 조롱을 위한 견학의 대상이 될 것이다. 자신의 생애 중에 자신을 박물관 안으로 보낸 시인들의 용기가 경탄스럽기는 하지만, 그것이 아름다운 일은 아니다. 물론 그 시인들이 죽은 시인이 되기까지 많은 세월이 남은 것은 아니지만.

(1999년 겨울)

대통령의 두 가족

　　지난 (1996년) 1월 11일 이른 아침, 프랑수아 미테랑의 죽은 육신이 생전의 마지막 거처였던 파리 프레데릭-르-플레 거리 9번지를 빠져 나왔다. 삼색기를 덮어씌운 관은 프랑스군 장교 여덟 사람의 어깨에 실려 영구차로 옮겨졌고, 영구차는 경찰 오토바이 스물여섯 대의 호위 속에서 베르사유 근처 빌라쿠블레 군 비행장에 닿았다. 생전의 미테랑과 가까웠던 벗들과 미테랑 가족이 또다른 버스 한 대에 타고 영구차를 따랐다. 파리의 겨울 날씨가 늘상 그렇듯, 하늘은 잔뜩 찌푸려 있었다.

　　쇼팽의 〈장송행진곡〉이 울려퍼지는 가운데 육·해·공 삼군의 대표들이 빌라쿠블레 군 비행장에서 그들의 옛 통수권자에게 마지막 경의를 표한 뒤, 트랑스알 비행기가 미테랑의 시신을 프랑스 중서부 푸아투-샤랑트 지방의 코냑 공군 기지로 실어날랐다. 공군 기지를 보듬고 있다는 것으로보다는 같은 이름의 술을 증류하는 것으로 더 유명한 코냑은 미테랑의 고향인 자르낙에서 멀지 않은 곳이다. 미테랑의 자식들과 주치의 장-피에르 타로 박사, 옛 비서실장 피에르 카시니외가 트랑스알 비행기에 고인과 동승했다. 미테랑의 죽음을 전후해 줄곧 주인의 침상을 지켰던 고인의 애견 발틱에게도 탑승이 허용됐다.

베토벤의 〈장송행진곡〉과 함께 트랑스알 비행기에서 내려진 미테랑의 관은 코냑 공군기지에서 다시 영구차에 실려 자르낙의 생피에르 성당에 닿았다. 고별 미사를 위해서였다. 가까운 친지들만 참석한 가운데 생 피에르 성당에서 미테랑에 대한 고별 미사가 거행되고 있는 바로 그 시각에, 파리의 노트르담 성당에서도 외국의 국가 · 정부 수반 예순 한 사람과 프랑스의 좌우, 전 · 현직 정치인들이 참가한 가운데 미테랑에 대한 고별 미사가 진행되고 있었다.

그 외국 정부수반들 가운데 한 사람이었던 헬무트 콜 독일 총리는 뒤뤼플레의 진혼곡이 흘러나오자 감정을 주체하지 못한 채 흐느끼기 시작했고, 그 흐느낌은 사흘 전에 세상을 버린— '세상을 버린' 이라는 표현은 미테랑에게 꼭 들어맞는다. 비록 늙고 병든 탓에 그에게 남은 날들이 많을 수야 없었겠지만, 그가 얼마쯤은 더 살 수도 있었다. 그러나 그는 자신이 죽을 날짜를 결정한 뒤 주치의들에게 투약의 중지를 부탁함으로써 능동적으로 세상을 버렸다. 여든 해에 가까운 세월 동안 그가 늘상 자신의 삶을 능동적으로 통제해왔듯이 종국에는 죽음까지도 통제하려 한 것인데, 미테랑의 이 결정은 그가 죽은 뒤에 가톨릭 윤리와 관련해 프랑스 사회에서 약간의 논란을 낳았다—이 불세출의 정치인을 직 · 간접적으로 알고 있던 많은 '동업자' 들에게 감염되었다. 그리고 그것은 텔레비전의 브라운관을 통해서 콜의 눈물을 목격한 수많은 프랑스인들에게도 마찬가지였다. 비가 추적추적 내리기 시작한 노트르담 성당 앞 광장에서도 시민들이 젖은 눈으로 그들의 옛 대통령을 추모했다. 파리와 자르낙만이 아니라 프랑스 전체가 애도와 추모의 눈물을 뿌렸다. 좌익 프랑스든 우익 프랑스든. 그 눈물은 그 눈물을 흘리는 개개인의 마음속에 쌓인 짜증을 정화시켜 주었을 것이다. 예컨대 한 달 이상 계속되다가 바로 그 며칠 전에 끝난 운수노동자들의 전면 파업 동안에, 묶인 발을 동동 구르며 어쩔 수 없이 마음속에 쟁여놓은 짜증 같은 것들을 말이다.

미테랑의 관은 베토벤의 〈환희의 찬가〉 속에서 생 피에르 성당을 빠져나와 그것이 담고 있는 육신의 생가인 아벨-기 거리 22번지 앞에 잠시 멈춘 뒤, 마침내 그랑-메종 묘지에 묻혔다. 미테랑의 선조들이 묻혀 있는 바로 그 묘지에. 미테랑 가와 친분이 있든 없든 대통령의 수많은 고향 사람들도 운구 행렬을 따르며 자르낙이 낳은 이 위대한 인물의 마지막 길을 지켜보았다. 프랑스의 사회민주주의와 유럽 통합의 상징이었던 인물의 마지막 길을.

미테랑 열풍

현장에 직접 입회할 수 없었던 대부분의 프랑스인들도 이 모든 것을 지켜보았다. 미테랑의 장례를 꼼꼼히 추적했던 방송과 신문 덕이다. 실상 미테랑이 죽은 8일부터 그의 장례식이 치러진 11일까지 프랑스의 언론은 최고의 전성기를 누렸다. 미테랑이 죽은 것은 8일 오전 8시 30분이었고, 그 죽음이 프랑스인들에게 알려진 것은 10시 55분 AFP 통신의 타전을 통해서였다. 그로부터 2분 뒤에 미테랑 특집 방송을 시작한 공영 프랑스 2 방송은 그 날 자정까지 오직 미테랑에 대해서만 얘기했다. 민영 TF1 방송도 이에 뒤질세라 오전 11시 조금 넘어서부터 자정 넘어까지 미테랑 특집 방송을 내보냈다. 그리고 그것이 그 날 하루만으로 끝나지도 않았다. 전국민적 애도에 동참하고 또 한편으로 그 애도를 창출해냈던 이 방송들의 미테랑 열기에 의해서 죽은 미테랑이 다시 부활하는 것 같았다. 잊혀진 미테랑이 재림하는 것 같았다.

그러나 엄밀히 얘기하자면 그것을 부활이나 재림이라고 할 수도 없었다. 실상 지난해 5월 자신이 14년 동안 세들어 있던 엘리제 궁을 뒤로 하고 '보통 프랑스인'으로 돌아온 뒤에도, 미테랑은 여전히 프랑스의 대통령이었다. 그는 죽지도 않았고, 잊혀지지도 않았다. 재임 기간이 오래이기도 했고, 드골 못지않은 독재자의 면모도 없지 않았던 터라, 많은 프랑스인들은 대통령이 아닌 미테랑을 상상하기 어려웠다. 현 대통령인 드골주의자 자크 시라크조차 미테랑이 죽은 다음 날 텔레비전에 나와서 자신이 그 좌익 대통령의 '후계자'임을 천명한 뒤에야 비로소 프랑스의 진짜 대통령이 된 것처럼 보였다. 프랑스인들이 그를 대통령으로 뽑아준 뒤 여덟 달이 지나서야, 그러니까 전임자가 죽은 뒤에야, 시라크는 이제 프랑스의 유일한 대통령이 된 것이다. 미테랑의 이런 카리스마는 미테랑의 재임 중에 그 전임자인 발레리 지스카르 데스탱이 누렸던 초라하기 짝이 없는 권위와 크게 대비된다. 요컨대 엄밀한 의미에서 미테랑의 전임자들은 나폴레옹이라는 이름을 지닌 숙질간의 두 황제나 드골이지, 그 사이사이에 끼어든 수많은 '민주적' 지도자들은 아닌 것이다.

그러나 한편으로 이런 미테랑 열풍을 방송이 거든 것도 사실이다.

텔레비전과 라디오는 미테랑의 죽음부터 매장까지의 자그마한 사건들 하나하나를 프랑스인들에게 보여주고 들려주었고, 프랑스인들은 거기에 답해 그들의 눈과 귀를 방송에 고정시켰다. 결국 방송사와 시청자들이 서로 화답하며 미테랑 열풍에 상승 작용을 일으킨 것이니, 또 한편으로 생각해보면 방송을 탓할 것만도 아니다. 실제로 프랑스 방송은 그 즈음에 최고의 시청률을 기록했다. 역대의 어떤 월드컵 축구게임도 프랑스인들을 그 정도로는 브라운관 앞에 붙들어 두지 못했다.

신문도 마찬가지였다. 시사 주간지 『레벤망 뒤 죄디』 1월 18일치 보도에 따르면, 미테랑이 죽은 다음날인 1월 9일 중앙 일간지들이 미테랑에 할애한 지면은 140페이지가 넘었고 지방 일간지들이 할애한 지면은 600페이지가 넘었다. 이 수치는 50페이지를 할애한 『르 누벨 옵세르바퇴르』, 69페이지짜리 미테랑 특집호를 꾸민 『렉스프레스』, 18페이지를 할애한 『레벤망 뒤 죄디』, 무려 136페이지를 할애한 『파리 마치』 등 수많은 주간지들이 며칠 사이에 미테랑에게 할애한 페이지들은 셈하지 않은 것이다. 방송의 경우와 마찬가지로, 열광은 편집자들만의 것이 아니라 독자들의 것이기도 했다. 1월 9일, 전 대통령의 죽음을 1면 전단 헤드라인으로 뽑은 『르 몽드』는 파리의 가판대에서만 19만9천 부가 팔려나갔다. 이 수치는 26년 전 드골이 죽은 다음날 이 신문이 팔려나간 것과 비슷한 수치다. 좌파 신문 『리베라시옹』은 그 날 파리에서만 15만 부가 넘게 팔려나갔는데, 이 수치는 1973년 장-폴 사르트르가 이 신문을 창간한 이래 세번째의 기록이었다. 우파 신문 『르 피가로』도 파리에서만 11만 부가 넘게 팔려나갔다. 평소보다 70 퍼센트 이상 더 나간 것이다.

정치인 스캔들과 언론 스캔들

그 방송들과 신문들을 통해서 대다수 프랑스인들은 처음으로 미테랑의 사생활을, 그의 또다른 가족을 보았다. 프랑스의 언론이 선정적이어서가 아니었다. 실제로 프랑스의 신문과 방송은 미테랑의 죽음과 장례 절차를 '객관적으로' 보여주었을 뿐이다. 그렇지만 프랑스인들은 그 '객관적' 보도를 통해서도 미테랑의 사생활을 피해나갈 수가 없었다. 죽은 미테랑 자신이 그것을 원했기 때문이다. 자기 사생활을 보여주고 싶어했기 때문이다.

프레데릭-르-플레 거리를 떠나는 미테랑의 차가운 육신 뒤에는 미테랑의 두 가족이 나란히 서 있었다. 한 가족은 법적인 가족이었고 또 한 가족은 법 바깥의 가족이었다. 하나는 미테랑이라는 성을 지닌 가족이었고, 또 하나는 다른 성을 지닌 가족이었다. 미테랑의 부인인 다니엘 미테랑과 그녀의 아들 장-크리스토프, 질베르가 그 법적인 가족이었고, 미테랑의 내연의 여자 안 팽조와 그녀의 딸 마자린이 또다른 가족이었다. 방송과 신문은 장례식 취재 자체를 포기하지 않는 한 그런 장면을 피해갈 수 없었다. 그 두 가족은 흰색 버스에 동승해 미테랑의 영구차를 따라 빌라쿠블레 군 비행장에 도착했다. 거기서, 마자린은 어머니와 헤어져 이복 오빠 장-크리스토프, 질베르와 함께 트랑살 비행기에 동승해 코냑 공군 기지로 날아갔다. 안 팽조는 그의 '연적' 다니엘 미테랑과 함께 또다른 비행기 팔콩 900을 타고 빌라쿠블레에서 코냐크까지 날아갔다. 그 두 가족은 자르냑의 생 피에르 성당에서 함께 고별 미사를 드렸고, 그들의 공동 가장(家長)의 육신이 그랑-메종 묘지에 묻히는 것을 함께 지켜보았다. 그 묘지에서 다니엘 미테랑은 자기가 낳지 않은 남편 딸 마자린을 껴안고 흐느꼈다. 신문과 방송은, 다시 한번, 장례식 취재 자체를 포기하지 않는 한 그런 장면을 피해갈 수 없었다. 그래서, 이 모든 것을 프랑스인들은 지켜보았다. 브라운관과 신문을 통해서.

미테랑의 또다른 가족의 존재를 프랑스인들 모두가 그 때 처음으로 안 것은 아니다. 94년 11월 화보 중심의 대중 주간지 『파리 마치』는 미테랑에게 스무 살 먹은 갈색 머리의 예쁜 딸이 있다는 사실을 선정적으로 폭로했다. 그 딸의 이름이 마자린이었다. 프랑스의 특수 엘리트 학교인 파리 고등사범학교에 막 입학한 마자린과 그의 대통령 아버지가 파리의 한 레스토랑에서 나오는 사진을 표지에 실은 그 주의 『파리 마치』는 발간된 지 얼마 되지 않아 가판대에서도 찾을 수 없을 만큼 날개돋힌 듯 팔려나갔다. 1949년에 그 잡지가 창간된 이래 최고의 판매 기록이었다. 그리고 그것은 스캔들이었다. 그러나 그것은 한 정치인의 스캔들이 아니라 언론의 스캔들이었다. 일반인들의 사생활과 마찬가지로 정치인의 사생활도 엄격히 보호해야 한다는 프랑스식 언론 윤리를 과감하게 깨뜨린 『파리 마치』는 그 '특종'과 기록적인 판매부수의 대가(代價)로 다른 언론매체들의 집중적인 십자포화를 받았다. 좌파나 중도파 매체들은 말할 것도 없고, 미테랑을 끊임없이 비판하던 우파 신문들도 『파리 마치』의 '특종'을 맵게 질타하면서 이를 앵글로-색슨 저널리즘 특유의 천박한 폭로주의가 프랑스에 상륙하고 있다는 위험신호로 받아들였다.

언론계에서 흘러나온 뒷소식에 따르면, 당시 『파리 마치』의 편집자는 표지 사진과 기사의 내용을 사전에 엘리제 궁에 알렸지만 대통령은 그 기사를 막기 위해 아무런 조처도 취하지 않았다고 한다. 자신의 재임 기간 동안에 대통령의 직위를 이용해서 언론에 대해 이런저런 압력을 넣기도 하고 로비를 하기도 한 미테랑이 『파리 마치』에 아무런 압력도 가하지 않은 것은 그가 자신에게 또다른 가족이 있다는 사실을 내심 공개하고 싶어했기 때문이 아니냐는 추측이 그 당시부터 있었다. 1월 11일의 장례식에서 미테랑의 의사는 다시 확인되었다. 그는 죽기 전에 마자린이 자기 딸로 공인되기를 바랐던 것이다. 미테랑의 동생인 로베르 미테랑도 형이 죽은 다음날 한 텔레비전 방송에 나와 마자린은 미테랑 가의 일원이라고 선언해 형의 의사를 확인했다.

마자린과 그녀의 어머니가 자기 아버지, 자기 '남편'과 멀리 떨어져 산 것은 아니었다. 미테랑은 안 팽조와 마자린을 엘리제 궁 근처의 국가 소유 아파트에 살게 했다. 미테랑의 오랜 친구인, 그러나 미테랑과의 불화 끝에 재작년에 자살한 프랑수아 드 그로수브르가 그들을 돌보았다. 그리고 그런 사실을 기자들도 모르지 않았다. 미테랑이 대통령이 된 얼마 후인 1982년 한 기자가 그에게 또다른 가족의 존재에 대해 묻자, 대통령은 아무렇지도 않게 그 사실을 시인하기도 했다. 미테랑은 특히 자신의 딸에 대해서 세심한 배려를 했다. 마자린이 입학하고 싶어했던 명문 앙리4세 고등학교가 이미 정원이 찼다는 이유로 그녀의 입학을 거절하자, 엘리제 궁이 나서서 학교에 압력을 가해 대통령 딸의 입학을 성사시키기도 했다. 당차고 맹랑한 마자린도 자기 친구들이나 교사가 아버지의 직업을 물으면 전혀 망설임 없이 프랑스 공화국의 대통령이라고 대답했다고 한다.

미테랑의 '숨겨진 여자', 즉 마자린의 어머니 안 팽조는 오르세 미술관의 조각 파트 책임자다. 그녀가 프랑수아 미테랑을 처음 만난 것은 지난 1960년대 초, 관광지로 유명한 랑드 해변의 오스고르에서였다. 클레르몽페랑의 부유한 사업가이고 프랑스 은행의 고문이기도 했던 그녀의 아버지 피에르 팽조가 미래의 대통령과 함께 골프를 치러 그 곳에 가는 길에 자기 딸을 동반했던 것이다.

마자린과 안 팽조가 별스런 은둔 생활을 한 것은 아니지만, 특히 안이 되도록 조심스럽게 처신해온 것은 사실이다. 오르세 미술관의 이 평범한 예술사 전문가는 자기가 '대통령의 여자' 라는 티를 내는 법이 없었다. 미술관의 동료들조차 아주 가까운 한두 사람을 제외하고는 그녀가 대통령 딸의 어머니라는 사실을 몰랐다고 한다. 물론 미테랑 자신이 그것을 원하기도 했을 것이다. 죽음의 박두를 확실히 예감하기 전까지는, 자신의 이중 생활이 세상에 알려지는 것을 미테랑이 꺼려했던 것이 분명하다. 또 자신의 두 가족이 서로 상대방의 시선에 노출되지 않기를 미테랑이 바랐던 것도 분명하다. 그 두 가족은 서로 그 존재는 알고 있었지만 만나지는 않았다.

10년 전부터 미테랑의 연말 의식은 정해져 있었다. 크리스마스 휴가는 마자린, 안과 함께 이집트의 나일강변에서 보내고 신년 휴가는 다니엘, 아들·손자들과 함께 랑드 지방의 라치에 있는 별장에서 보내는 것이 불문율이었다. 문제의 『파리 마치』가 나왔을 때 다니엘 미테랑은 자기가 그 폭로 기사에서 새로 알게 된 것은 아무 것도 없다고 담담하게 말했었다. 그렇지만 미테랑의 둘째아들인 질베르가 마자린을 처음 만난 것은 불과 2년 전의 일이다. 이 두 가족의 만남은 미테랑의 만년의 바람이었다. 자신의 임기와 함께 자신의 삶도 동시에 끝나가는 것을 느낀 그는 자신의 딸을 진짜로 인지하고 싶었던 것이다. 마자린이 장례 행렬 끄트머리에서 상복을 입은 채 남의 눈치나 살피는 미지의 처녀가 되는 걸 그 아버지는 원치 않았던 것이다.

특히 1994년 이후로 대통령은 이제 더 이상 남의 눈을 꺼리지 않았다. 그는 마자린을 데리고 파리의 커다란 레스토랑에 공공연히 나타났다. 들어가기 어려운 것으로 이름난 파리 고등사범학교에 딸이 입학했을 때도, 그걸 축하하기 위해 마자린, 안 팽조, 그리고 측근 두 사람과 함께 파리의 레스토랑에서 식사를 했다. 그 자신 뛰어난 문필가이자 탐욕스러운 책벌레이기도 했고, 아마 그런 이유도 작용해서 자기 주변의 국립행정학교 출신 엘리트 정치인들을 프랑스어도 제대로 못 쓰는 얼간이들이라고 경멸했던 미테랑으로서는, 프랑스 인문학의 산실이라고 할 만한 파리 고등사범학교에 자기 딸이 입학했다는 것이 커다란 기쁨이었음에 틀림없다. 외모만이 아니라 정신의 기질로도 마자린은 아버지를 닮은 것이다. 『파리 마치』가 미테랑과 마자린의 사진을 찍은 것이 바로 그 때다.

그러나 그 이전부터 이미 마자린은 대통령의 딸이었다. 그 얼마 전 자신의 아버지이자 프랑스 대통령인 미테랑이 엘리제 궁에서 일본 천황 내외를 접견하는 자리에, 그 공식적이기 이를 데 없는 자리에, 마자린도 참석했던 것이다. 그것은 공적인 것과 사적인 것을 기묘하게 혼합시키는 미테랑의 스타일이기도 했다. 드러낼 준비는 다 돼 있었는데, 때맞춰 마자린이 『파리 마치』에 나타난 것뿐이다.

'두 가족'이 불러온 윤리 문제

미테랑의 두 가족과 관련해서 논쟁거리가 될 수 있는 것은 크게 세 가지다. 그 가운데 가장 덜 중요한 것은 좁은 의미의 풍속의 문제다.

무슨 말이냐 하면 법 바깥의 가족이 고인의—특히 그가 공인인 경우—장례에 공식적으로 참가할 수 있느냐 하는 문제다. 참석을 원하는 사람에게 참석을 허용하는 것은 인정이다. 그러나 모든 풍속이 인정과 합치하는 것은 아니다. 법 바깥 가족의 장례 참가는, 실제로, 우리 나라에서는 물론이고 서양 대부분 나라에서도 그리 자연스럽게 받아들여지지 않는다. 그것은 심지어 관용이라는 뜻의 '톨레랑스'가 혁명 이후 시민사회의 자랑스러운 준칙이 돼 있는 프랑스에서도, 물론 정도의 차이는 있지만, 마찬가지다. 유럽의 다른 나라들이나 또는 혁명 이전의 구체제 프랑스와는 분명히 다르지만, 그리고 많은 예외가 있기는 하지만, 그래도 고인과 그 가족의 명예에 누가 된다는 구실로 '두번째 가족'의 장례식 참석이 아예 허용되지 않거나, 허용되더라도 사람들의 눈에 띄지 않게끔 은밀하고 조심스러운 처신을 할 것이 요구되곤 한다. 그러나 다니엘 미테랑은 그런 관례를 깨고 남편의 장례식에 안과 마자린을 불러들였다. 그리고 그 두 가족은 법의 안팎을 떠나서 나란히, 평등히, 공개적으로 고인의 죽음을 슬퍼했다. 물론 그것은 자신의 죽음을 계기로 그 두 가족을 화합시키고 싶어했던 미테랑의 뜻을 따른 것이었다. 죽은 미테랑은 프랑스의 국장(國葬)이라는 극히 공식적인 행사를 통해서 전통적 결혼과 현대적 남녀 관계를 마술적으로 화해시키고 혼합시키는 연출력을 발휘했다.

이것과 관련해 좀 다른 각도에서 되물을 수 있는 질문은 국민의 세금으로 충당되었을 전직 대통령의 장례비 일부가 대통령의 '두번째 가족'에게 들어간 것이—예컨대 빌라쿠블레에서 코냑까지의 이동비용이라든가—법적으로, 그리고 윤리적으로 정당화될 수 있는가에 대한 것이다. 미테랑의 장례에 프랑스 정부가 개입한 것은 그가 법적으로 프랑스의 대통령이었기 때문인데, 그 개입의 혜택이 미테랑의 법적 가족을 넘어서 사실적 가족에게까지도 확대될 수 있느냐의 문제다. 이 물음은 더 나아가 안과 마자린이 살았던 국가 소유의 아파트로까지 번진다. 집세 처리 문제에 대해 확인된 것은 없지만 만일 안과 마자린이 무상으로 그 아파트에 살았다면, 그것은 분명히 법적 문제가 된다. 그리고 안이 매달 집세를 치렀다고 하더라도, 안과 마자린이 국가 소유의 아파트에서 살았다는 사실 자체가 특혜라는 비판을 받을 수 있다. 나로서는, 안과 마자린이 당연히 미테랑의 장례에 참가해야 한다고 (물론 자신들이 원한다는 전제로) 생각하지만, 만일 안과 마자린이 단지 대통령의 사실적 가족이라는 이유만으로 그들의 생활비를 (그 일부라도) 프랑스 납세자들이 부담했다면, 그것은 부당하다고 생각한다.

　두번째로 생각할 수 있는 것은 언론 윤리의 문제다. 예컨대 대통령과 같은 공인도 일반인과 마찬가지로 그 사생활이 언론의 추적으로부터 보호돼야 하느냐의 문제다. 실제로 프랑스 언론은 미테랑이 죽은 뒤 장례식을 통해 고인의 의사가 확인되기까지는 그의 또다른 가족에 대해 일체 보도하지 않았다(물론 『파리 마치』를 포함한 한두 개의 대중 잡지를 빼고는). 이것은 프랑스인 일반의 윤리 감각과도 일치한다. 1월 말 시사주간지 『렉스프레스』가 유럽1 방송과 함께 프랑스인들을 대상으로 실시한 여론조사 결과에 따르면, 보도의 대상이 공인 중의 공인인 대통령이라고 하더라도 그 사생활이 일반인들에게 공개돼서는 안 된다고 생각하는 프랑스인이 전체의 77 퍼센트에 이른다. 그것은 앵글로 색슨 식의 언론 윤리로는 상상도 할 수 없는 일이다. 젊은 시절의 여성 관련 스캔들로 대통령 후보 경선을 포기해야 했던 개리 하트 상원의원은 말할 것도 없고, 현 대통령 빌 클린턴도 확인되지 않은, 그러나 언론이 끊임없이 물고 늘어지는 여성 관련 스캔들에 시달리고 있다. 사실 미국에서는 공인의 사생활을 검증하는 것이 언론의 의무처럼 돼 있기도 하다. 공인이라면 사생활에서도 완벽해야 한다는 것이다.

내게는 프랑스적 언론 윤리가 더 바람직하게 생각된다. 그가 공인이라고 하더라도, 심지어 대통령이라고 하더라도, 그의 사생활이 그의 공직 수행에 영향을 끼치고 있다는 증거가 없는 한, 언론이 그의 사생활을 캐서는 안 된다고 생각한다. 지난 1987년 우리 나라 대통령 선거 직전에 한 후보의 '숨겨놓은 딸'이 미국엔가 어디에 있다는 식의 기사가 어느 잡지에 실린 것으로 기억하는데, 선거에 영향을 끼치기 위해서 능히 그런 일도 할 만한 잡지라는 생각을 하면서도, 나는 그 보도가 이중으로 무책임했다고 생각한다. 첫째는 그것이 명백히 확인되지 않은 사실이었다는 점에서 무책임했고, 둘째는 설령 그 후보에게 '숨겨놓은 딸'이 있을지라도 그것이 그의 대통령직 수행능력과 어떤 관련이 있으리라는 증거가 없었다는 데서 무책임했다.

마지막으로는, 공식적인 가족과 은밀한 가족을 함께 거느렸던 미테랑 개인의 윤리 문제다. 실상 이 부분이 가장 민감하고 중요한 문제다. 여기서 문제가 되는 것은 한 남자가 한 여자에게, 또는 한 여자가 한 남자에게 일생 동안 한결같은 정열이나 사랑을 유지해야 하느냐의 여부가 아니다. 여기서 문제가 되는 것은 비공식적이고 지속적인 가족관계의 문제다. 그러니까, 미테랑이 다니엘과 이혼을 하고 안과 재혼을 했다면 여기에는 윤리의 문제가 개입될 여지가, 비록 사정에 따라 있을 수도 있겠지만, 거의 없다. 프랑스의 현직 총리 알랭 쥐

페도 재혼한 지 그리 오래되지 않았고, 지난해 5월 대통령 선거에서 시라크와 접전을 벌였던 사회당 후보 리오넬 조스팽도 마찬가지다. 물론 미국에서라면 재혼 자체도 공직자에게 커다란 약점으로 작용하겠지만, 아무튼 프랑스에서 재혼이 문제가 되지는 않는다.

　결혼 제도 자체에 좁은 의미의 계약적 성격이 점차 강화되고 남녀 관계에서 전통적인 남성 우위가 점차 약화되는 것과도 관련이 있겠지만, 오늘날 프랑스의 이혼율은 적게는 30퍼센트에서 많게는 50퍼센트에 이른다. 그 수치가 15퍼센트에 머물렀던 20년 전과 비교해도 결혼이 두 남녀나 가족을 결속시킬 수 있는 힘은 엄청나게 약화된 것이다. 두 쌍 또는 세 쌍의 부부 가운데 한 쌍은 이혼을 하는 셈이니 말이다. 이혼율의 증가가 담고 있는 사회학적 함의는 젖혀두더라도, 아무튼 프랑스에서는 이혼이라는 것이 그리 별다른 사건이 될 수 없다. 그러니까 문제는 미테랑이 안과 결혼하지 않은 채 안과 가족관계를 유지해왔다는 것, 그래서 자신의 딸 마자린이 미테랑이라는 성을 가지고 있지 않다는 데에 있다. 요컨대 안이 내연의 처고, 마자린이 '사생아'라는 데 문제가 있는 것이다. 작년까지의 아일랜드가 그랬듯 가톨릭 교회의 압력으로 이혼이 아예 법적으로 금지돼 있는 사회라면 또 몰라도 부부 두 쌍 가운데 한 쌍은 이혼을 하는 프랑스에서 말이다. 사실, 이 문제는 엄밀히 말해 대통령의 윤리 문제가 아니라, 한 개인의 윤리 문제다. 또 그 문제는 프랑스적인 윤리 문제가 아니라 보편적인 윤리 문제다. 다만 우리들 이야기의 맥락에서 그 문제를 상징하는 것이 마자린이라는 이름을 지닌, 프랑스 대통령의 '사생아'일 뿐이다.

'결혼'은 감정에 대한 폭력?

장-자크 루소가 낳은 수많은 사생아들 얘기를 모르는 사람은 별로 없겠지만, 그렇게 옛날로 가지 않고 20세기 프랑스 문화사만 훑더라도 내연의 관계를 통해 사생아를 낳은, 또는 그 자신이 사생아인 명사들이 여럿 있다. 소설가 앙드레 지드는 엘리자베트 반 리셀베르그라는 여성과의 사이에 카트린이라는 딸을 두었고, 폴 클로델은 마담 베치라는 여성과의 사이에 루이즈라는 딸을 낳았다. 소설가 로맹 가리는 자신이 러시아의 유명한 무성영화 배우 이반 모스주킨의 아들이라고 주장했고, 시인 루이 아라공, 배우 알랭 퀴니도 사생아를 자처했다. 그러나 그런 모든 '고백들'에도 불구하고 사생아라는 말은 여전히, 엄연히, 상처다. 그것을 프랑스인들이나 영국인들처럼 '자연스럽게 낳은 아이(enfant naturel)'나 '사랑의 아이(love child)'라고 돌려 말한다고 해서 그 말에 드리워진 그늘이 완전히 걷히는 것은 아니다. 그리고 결혼이라는 제도가 존속되는 한 사생아라는 말이 없어지지는 않을 것이다.

그 사생아라는 말은 또 당사자에게만큼은 아닐지라도 그의 부모에게나 그의 부(父) 또는 모(母)의 또다른 배우자에게도 상처다. 마자린을 미테랑의 '자연스럽게 낳은 딸(fille naturelle)'이라고 표현한 『파리 마치』에 대해 미테랑은 "그들은 왜 그저 '미테랑의 딸'이라고 쓰지 못할까" 하고 투덜댔고, 한 잡지 기자가 다니엘 미테랑에게 마자린에 관해 질문하자 이 퍼스트 레이디는 "그건 나와 프랑수아 (미테랑) 사이의 문제지 당신과는 아무 관련이 없다"고 대답하고서도, 뒤이어 "내가 받을지도 모를 괴로움 때문에 괴로워하는 프랑수아에게

'그 아이는 나를 당신에게 더욱더 밀착시킬 것'이라고 위로했다"고 덧붙였다. 마자린의 어머니인 안 팽조가 지니고 있을 상처는 더욱더 클 것이다. 그것은 당신의 잘못이다, 라고 안을 질책할 수 있을까? 나는 없다고 생각한다. 마자린을 '사생아'로 만들고 안을 '내연의 처'로 만든 것은 안이나 미테랑의 처신 이전에 결혼이라는 제도이기 때문이다. 결혼이라는 것은 사실 얼마나 자주 인간의 감정을 억누르는 폭력으로 작용하는가. 그러면 나는, 과연 결혼이라는 제도 바깥에서―결혼을 하고 안 하고를 떠나서 결혼이라는 제도가 이 세상에 존재하지 않는 듯이―살 수 있는가? 불행하게도 내겐 그런 용기가 없다.

가족 사회학자 이렌 테리에 따르면 지난해 프랑스의 경우 사생아의 65퍼센트만이 그 아버지에 의해 자식으로 인지됐는데, 이 수치는 20년 전의 39퍼센트에 견주어서는 많이 높아진 것이지만 그럼에도 불구하고 프랑스의 많은 가정에서 '아버지 부재' 문제는 심각한 지경에 이르고 있다. 한쪽 부모가 이끄는 가정의 그 한쪽 부모는 대체로 어머니인 것이다. 핵가족의 모계화라고 부를 만한 이런 현상은 설령 남녀 평등이 완전히 구현된다고 하더라도 출산의 역할이 생물학적으로 여성에게 맡겨질 수밖에 없는 한, 그리고 결혼의 구속력이 점차 약화되는 한 피할 수 없는 추세인 것 같다. 사실 이것은 법 바깥 가족이나 사생아의 문제인 것만이 아니라 결국 이혼까지를 포함한 가족의 와해 문제이기도 하다. 지난해의 통계를 보면 프랑스 성인 1백20만 명이 배우자 없이 2백만 명의 아이들을 기르고 있다. 그리고 부모 가운데 적어도 한쪽이 아이들의 친부모가 아닌 가정이 1백만을 넘어서고 있다. 이런 인위적 결손 가정의 증가에 대한 반동으로 경제적 ·

정서적 연대의 마지막 보루로서 가족의 중요성이 새삼 강조되기도 하고, 그런 흐름을 타고 교황 요한-바오로 2세의『가족들에게 보내는 편지』가 프랑스에서 베스트 셀러가 되기도 했지만, 어머니와 자식 둘로만 이뤄지는 가족의 증가, 즉 가정의 '초-핵가족화'나 '평등한 개인 사이의 자유로운 결합과 해소'라는 자유주의적 남녀관에 따른 가족 자체의 분해 추세를 중화시키기에는 아직 역부족인 것 같다. 부르주아 계급의 경제적·정치적 이데올로기였던 그 자유주의·개인주의가 바로 그 계급의 신성한 가족과 굳건한 결혼을 그 근저에서부터 무너뜨리고 있는 것이다.

미테랑으로 다시 돌아가자. 예의『렉스프레스』여론조사 결과에 따르면 62퍼센트의 프랑스인들은 부부 가운데 한편이 혼외 관계를 지속적으로 유지하고 있는 경우 당사자는 두 가족 가운데 하나를 선택하는 것이 바람직하다고 말함으로써 미테랑의 이중 생활에 부표(否票)를 던졌다. 그러나 이와 관련해서 미테랑의 장례식 때 다니엘과 안이 함께 나타난 것이 프랑스 여성의 이미지를 손상시켰느냐는 질문에 대해서는 71퍼센트가 그렇지 않다고 대답했고, 그것이 프랑스 가족의 이미지를 손상시켰느냐는 질문에 대해서는 65퍼센트가 그렇지 않다고 대답했다. 다소 모순되는 듯한 이 여론조사 결과는 프랑스인들이 적어도 미테랑 가족에 대해서만은 원칙을 벗어나는 융통성, 예의 그 톨레랑스를 발휘한 것으로 해석된다.

결혼 제도 바깥에서 살 용기가 없는 나로서는 이번에도 프랑스인들의 다수 편에 서서, 그러니까 부르주아 윤리의 수호자가 되어, 두 가족을 지속적으로 양립시키려 했던 미테랑을 비판해야겠다. 그는 둘 가운데 하나를 선택했어야 옳았을 것이다. 자기 자신으로부터만이 아니라 두 가족 모두로부터 그늘을 없애기 위해서. 그러나 그렇게 말하는 것도 무책임한 일인지 모른다. 우선, 한번도 공인이었던 적이 없고 앞으로도 공인이 될 가능성이 전혀 없는 내가 일생을 공인으로 지내온 그를 속속들이 이해할 수는 없을 테니까(그는 대통령이 되기 전에 선택의 시기를 놓쳤는지도 모른다). 그리고 미테랑은 정말 두 여자, 두 가족에게 똑 같은 사랑을 느껴서 어느 하나만을 선택할 수가 없었을지도 모르니까.(그는 오직 한 가족의 가장으로 남기엔 너무 위대한 인물이었는지도 모른다.) 마지막으로, 어쩌면 이게 가장 중요한 이유인데, 내가 모르지도 않듯이, 어차피 모든 결혼이라는 게, 그러니까 초혼이든 재혼이든 삼혼이든, 궁극적으로는 감정에 대한 폭력이니까(사실 이게 내가 정말 하고 싶었던 말인지도 모른다).

(1996년 4월)

파리, 1994년 5월

'68혁명' 이후 최대 시위

절망의 푸닥거리는 일단 멎었다. 그러나 절망은 아직 사라지지 않았다. 가장 절망적인 것은, 그 절망을 완전히 걷어내지는 못할지라도 얼마간 덜어는 줄 수 있을 희망마저, 앞으로 쉽사리 솟아오르지 않으리라는 데 있다. 애초부터 희망의 씨앗은 그들 안에도, 그들 밖에도 심어져 있지 않았다. 그것이 그들과 68년 5월 세대를 다르게 만드는 점이다. 그리고 그것이 사회주의 몰락의 앞과 뒤의 차이다.

지난달 (1994년 4월) 31일 3만여 명의 프랑스 대학생, 고등학생들은 그 전날 에두아르 발라뒤르 총리가 굴욕적으로 발표한 취업계약제(CIP) 철회를 자축하며, 그리고 전세계 언론의 관심을 모았던 그들의 3월투쟁을 흥겹게 마무리하며 격렬한 시위를 벌였다. 발라뒤르는 그 전날 CIP를 철회하는 대신 26세 이하의 젊은이를 18개월 이상 고용하는 기업에 대해, 고용된 젊은이 1인당 매월 1천 프랑씩을 9개월 동안 보조하겠다는 안을 발표했다. 올 10월 1일까지는 잠정적으로 매월 2천 프랑씩 지급하게 될 이 기업 보조안은 약 50만 명의 젊은이에게 혜택을 주는 대가로 올해 프랑스 정부 재정에 60억 프랑 정도의 부담을 안길 것으로 예상되고 있다. 젊은이들의 고용 확대 비용을 취업자에게도 기업에게도 떠맡기지 않고 정부가 떠맡는 일종의 '사회주의적' 안이 채택된 것이다. 한 달여에 걸친 정부와의 싸움에서 학생들이 일단 승리한 것은 확실하다.

그러나 그 승리는 매우 불안정한 승리다. 우선 발라뒤르의 새 조처가 노동자들을 직접 지원하는 제도가 아니라 기업으로 하여금 신규 채용을 다소 쉽게 할 수 있게 만들어주는 간접 지원의 성격을 띠고 있는데다가, 이 기업 보조제 자체가 언제까지 지속될지도 알 수 없다. 벌써부터 노동계 안팎으로부터는 이 안이 내년의 대통령 선거를 의식한 발라뒤르 정부의 일시적 환심이라는 관측이 대두되고 있다. 올 10월 1일까지는 지원액을 두 배로 하겠다는 정부의 제안 자체가 그런 의혹을 더욱더 부풀리고 있다. 그러나 정부의 새 조처가 지닌 성격보다 더 근본적인 문제는 결정적으로 호전될 기미를 내보이지 않고 있는 프랑스 경제의 무기력에 있고, 차라리 포스트-사회주의 시대에 얄궂게도 더욱 갈팡질팡하고 있는 자본주의 세계체제 자체에 있다.

지난 3월 초부터 거의 5주 동안 68년 5월 이래 가장 격렬한 학생 시위를 프랑스 전역에 불러일으킨 CIP란 바칼로레아(우리나라의 대입 수학능력평가 고사에 해당)를 통과한 뒤 두 해 더 교육을 받은 젊은이들을 대상으로 현행 최저임금의 80%(3,790프랑 77상팀)만을 지급하고 6개월 내지 1년 동안 노동 계약을 할 수 있게 한 일종의 단기 노동계약 제도다. 올 7월 1일부터 시행할 예정이었던 이 제도는 젊은이들의 신규 고용을 일반적으로 회피하는 프랑스 기업들을 격려해 20대의 높은 실업률을 낮추기 위한 불가피한 조처라는 정부의 주장과, 파리 바렌가(街)의 총리 관저(오텔 마티뇽) 부근에서 있었던 격렬한 학생 시위에 이은 정부의 두 단계 양보조처에도 불구하고, 전국의 학생과 노조원들을 끊임없이 거리로 내몰았다. 프랑스 노동부 장관 미셸 지로는 학생 시위가 전국으로 번질 조짐을 보이기 시작한 지난달 3일 노사 대표들과의 회동에서 CIP 원안의 "최저임금의 80%" 항목을 "대상자 가운데 직업자격증(CAP) 소지자에 한해서는 협정 임금의 80%"로 바꾸겠다고 발표해 자격증 취득 여부에 따른 학생들의 분열을 노린 데 이어, 15일에는 다시 "대상자 가운데 CAP 소지자에 한해서는 노동 시간의 80%에 한해 협정 임금의 80%를 지급하고 나머지 20%의 시간은 기업주와 노동부가 감독하는 직업훈련 교육에 할애한다"는 '레토릭만의 양보'를 추가했었다.

그러나 정부의 이런 수정 제안 뒤에 학생들의 분노는 더욱 거세졌다. 22일 파리기술대학 학생들의 동맹 휴업 결의에 이어 비슷한 성격의 사보타지가 지방으로 연이어 확산됐고, 경찰의 강경진압과 무차별 체포로 시위 양상은 더욱 격렬해졌다. 시위가 가장 격렬했던 리옹과 낭트에서는 학생들과 폭동진압 경찰 사이의 상호 폭력으로 수백명의 부상자가 나왔고, 마침내 학생들은 정부에 대해 공공연하게 '제2의 5월'을 경고하기 시작했다. 취임 이후 자신이 취한 몇 차례의 자유주의적 조처가 모조리 학생 시위에 의해 좌절되는 것을 경험한 발라뒤르는 이번만은 '외부 압력'에 굴복하지 않겠다고 되풀이 강경 입장을 표명했지만, 27일에 있었던 프랑스 캉통(우리나라 행정 구역상의 면에 해당) 의회 선거 2차 투표에서 '뜻밖에도' 좌파가 강세를 회복한 뒤 CIP안을 전면 철회하기에 이르렀다.

저널리즘 전쟁

학생과 정부 사이의 '5주간의 전쟁' 기간은 곧바로 프랑스 저널리즘의 이데올로기 전쟁기였다. CIP안을 내놓은 정부와 이를 지지했던 일간지 『르 피가로』, 주간지 『르 푸앵』 등 우익 저널리즘의 철학은 프랑스의 사회보장제도 과잉과 높은 임금이 기업들을 어려운 처지로 몰아 실업률을 높이고 경제의 활기를 빼앗아간다는 주장으로 요약된다. 경제협력개발기구(OECD)의 지지를 받고 있는 이 철학이 이 기간 동안 앵무새처럼 되풀이한 주장은 요컨대 "적게 지불할수록 많이 고용할 수 있다", 그리고 "낮은 임금의 취업이 실업보다는 낫다"는 것이었다. 사회경제구조와 사회적 삶의 다른 요소들을 고려하지 않을 때, 이 주장은 도저히 반박할 수 없을 만큼 지당한 것이기도 하다. 사실 1987년 이래 24살 이하 프랑스 노동력의 실업률은 줄곧 20%를 넘나들어왔고 올들어서는 25%에 육박하고 있다. 이것은 프랑스 평균 실업률 12%의 두 배가 넘는 수치이고, 같은 연배의 독일 젊은이들의 실업률 5%의 다섯 배에 가까운 수치다. 프랑스 고용 상황의 이 열악함이 "프랑스가 잘 되기 위해서는 지금 가난한 자는 앞으로 더욱더 가난해져야 하고 지금 부유한 자는 앞으로 더욱더 부유해져야 한다"는 우파의 이 거친 논리에 힘을 주고 있었던 것이다.

그러나 주간지 『르 누벨 옵세르바퇴르』나 일간지 『리베라시옹』 등

좌파 성향의 매체를 비롯한 대부분의 언론은 이 기간 동안 CIP를 '스미크 죈'(애송이 최저임금)이라는 표현으로 야유하며 학생들의 입장을 지지하거나 적어도 우호적 중립을 견지했다. 이들의 우려는 CIP가 젊은 미숙련 노동자들에 대한 임금 삭감을 넘어서서 최저임금 자체의 하향 조정으로 굳어지면서 사회보장제도의 전반적 약화로 이어질지 모른다는 데로 모아졌다. CIP의 반대자들이 정부와 우익 저널리즘의 논리를 반박하며 거론한 것은 이웃나라들의 예들이다. 예컨대 평균임금이 프랑스에 견주어 24%나 높은 독일의 실업률은 프랑스의 반밖에 안 되는데, 마거릿 대처 정부 이래 사회보장제도를 계속 와해시켜온 영국의 실업률은 프랑스와 거의 비슷하다는 사실이 지적됐다.

실제로 독일 말고 다른 나라들과 비교해보더라도 임금의 수준과 실업률이 어떤 일관적인 '양의 상관관계'를 보여주지는 않는다. 사실은 유럽의 주요 국가들만을 놓고 보면 사정이 그 정반대다. 예컨대 1992년의 경우 시간당 임금으로 드는 기업비용이 프랑스를 100으로 보았을 때 각각 121, 102였던 네덜란드와 벨기에는 그 실업률이 프랑스의 10.2%보다 훨씬 낮은 6.8%, 7.8%였던 데 견주어, 프랑스 대비 시간당 임금비용율이 고작 66%밖에 안 됐던 영국의 실업률은 프랑스보다 별로 낮지 않은 9.9%였고, 시간당 임금이 프랑스의 65%에 불과했던 스페인의 실업률은 무려 18.1%에 이르렀다. 최저임금제가 실업률을 높이는 요인이 되고 있다는 OECD의 주장도 최저임금제가 없는 영국과 최저임금제가 있는 프랑스(1992년에 두 나라 다 10%내외), 그리고 최저임금제가 없는 미국과 최저임금제가 있는 벨기에의 실업률(1992년에 두 나라 다 7.5% 내외)이 각각 서로 비슷하다는 점에서 크게 설득력이 있다고 할 수 없었다. 요컨대 임금의 수준이나 최저임금제의 존재가 실업률과 맺는 관계는 전혀 없거나, 있다고 하더라도 아주 미약하다는 것이 CIP 반대자들의 주장이었다. 이들의 논리도 '경제 활성화를 위한 부익부 빈익빈'을 주장한 우파의 논리 못지 않게 근거가 있었다. 그러니까 좌파건 우파건 그들은 둘다 '이론적으로는' 옳았다.

요컨대 학생들의 시위가 계속되던 그 5주간 프랑스의 매체들 사이에 벌어진 논쟁은 과학적 논쟁이라기보다는 이데올로기의 싸움이었고, 세계관의 싸움이었다. CIP를 찬성하느냐 반대하느냐, 다시 말하자면 최저임금제를 실질적으로 와해시킬 것이냐 그대로 존치시켜야 할 것이냐는 문제는 프랑스가 앞으로 오직 격렬한 경쟁과 일반화된 이기주의와 관례화된 불평등의 사회를 지향할 것이냐, 그렇지 않으면 좀더 많은 관용과 연대의식을 양식으로 삼는 완화된 자본주의 사회를 지향할 것이냐의 문제였다.

에두아르 발라뒤르는 전자를 원했고, 프랑스 사회는 일단 그것을 거부했다. "프랑스인들은 역사를 통해 줄곧 불의보다는 차라리 무질서나 혼란을 원해왔다"는 『르 몽드 디플로마티크』 대표 이냐시오 라모네의 자부에 찬 말에 다시 한번 근거를 만들어주며. 그리고 발라뒤르에 맞서는 싸움의 맨 앞에 학생들이 있었다. 그도 그럴 것이 그들이야말로 발라뒤르가 희생양으로 설정한 목표였고, 앞으로의 그들 생계에 CIP가 가할 위협은 치명적이었기 때문이다. 임금의 감소도 감소지만 CIP의 성격 자체가 6개월 고용에 한번 더 경신할 수 있을 뿐인 단기 노동계약의 성격을 띠고 있었으므로, 일단 고용이 됐다고 하더라도 곧 해고의 운명에 맞닥뜨릴 반실업자와 다름이 없는 것이다. 학생들의 시위가 격렬할 수밖에 없었던 것도 당연하고, 몇몇 언론이 94년 3월에서 68년 5월의 냄새를 맡은 것도 당연하다.

사실 그 외양만을 보면, 발라뒤르에게 또 한번의 치욕을 안긴 94년 3월과 드골 하야의 먼 도화선이 된 68년 5월은 너무나도 닮은 꼴이었다. 파리 한복판에서의 학생 시위 시작, 늘어나는 군중, 지방으로의 시위 확산, 노동 조합들의 가세…… 그때의 배우들도 그대로였다. 에두아르 발라뒤르[1], 자크 시라크, 미셸 로카르, 프랑수아 미테랑……. 그래서 몇몇 언론은 스스로에게 이렇게 묻기도 했다. "우리들은 새로운 5월의 전야에 있는가"라고. 그러나 그 대답은 "결코 그렇지 않다"이다. 1994년 3월에, 그리고 물론 지금까지도, 프랑스인들은 1968년 5월보다도 훨씬 더 나쁜 그 무엇인가의 전야에 있다. 그것이 학생들의 승리가, 그러므로 프랑스인들의 승리가, 한없이 우울한 승리인 이유다.

68년 5월세대와 94년 3월세대의 차이

1968년 5월세대가 소리 높여 외친 것은 낡은 사회에 대한 거부였다. 그들은 웅장하면서도 평화로운 반항을 통해 그 뒤 20년의 프로그

---

[1] 이번 3월의 학생 시위가 표적으로 삼았던 총리 발라뒤르는, 말하자면, 68년 5월세대다. 물론 그는 그때에도 시위학생이었던 것이 아니라 정부측에 있었다. 그는 당시 총리 조르주 퐁피두의 사회담당 보좌관이었다. 그러나 그는 뒷날 그 5월사태에 대해 쓴 자신의 저서 『5월의 나무』에서 학생들의 입장을 진지하게 경청하고 때로는 수긍하며, 프랑스의 기존사회와 젊은이들 사이의 단절 가능성을 크게 우려하고 있다. 그런 사실에 더해, 그가 항상 자신을 젊은 세대의 편이라고 규정하고 자신의 가장 가까운 조언자들인 30대의 니콜라 바지르와 니콜라 사르코지를 각각 자신의 비서실장과 정부대변인 겸 예산장관으로 앉혀놓은 것은, 이번 3월사태가 빚어놓은 한 얄궂은 풍경이다. 학생들과의 직접대화를 도맡았던 사르코지는 학생들로부터 줄곧 수모를 겪었고, 18세에서 25세 사이의 젊은이들로부터 가장 높은 지지를 받았던 발라뒤르의 인기는 3월 들어 그 연령층에서 최하로 떨어졌다.

램을 짤 수 있었다. 그러나 그들이 마음속 깊이 원한 것은 모든 것을 뒤집어엎고 말살하는 '진짜 혁명'이라기보다는, 심성과 풍속과 사회적 관계들의 지속적 변화를 가능케 할 의식의 혁명이었다. 요컨대 그들은 희망의 세대였고, 그들이 수행한 것은 희망의 반항, 희망의 혁명이었다. 그러나 94년 3월세대는 절망의 세대이고, 그들이 보여준 것은 절망의 몸부림이었다. 그들이 3월 내내 소리 높이 외친 것은 낡은 사회로의 편입이었다.

68년 봄과 94년 봄의 차이는 그밖에도 수두룩하다. 68년에는 정치에 대한 믿음이 있었다. 94년에 그것은 조롱의 대상일 뿐이다. 68년에는 사람들이 집단적 기획의 효용이라는것을 믿기도 했다. 26년이 지난 지금, 그것은 에이즈만큼이나 경계와 공포의 대상이 되고 있다. 정치나 집단적 기획에 대한 믿음의 상실은 94년 3월투쟁을 68년 5월투쟁보다 한결 힘들게, 요컨대 절망적으로 만든 이유이기도 했다. 게다가 68년에는 프랑스에 고작 30만 명의 실업자가 있었다. 지금 프랑스의 실업자 수는 그 열 배가 넘는다. 68년에는 마약이라는 것이, 굳이 말하자면, 일종의 시적 유혹이었고 낭만이었다. 94년에, 마약은 프랑스 사회의 재앙이다. 다시 한번, 68년 세대가 두려워한 것은 기존 사회로의 통합이었다. 그들은 어른을 닮을까봐, 혐오스러운 어른에 동화될까봐 걱정했었다. 94년 세대가 두려워하고 있는 것은 기존 사회로부터의 배제다. 그들은 사회가 자신들을 받아들여주지 않을까봐, 혐오스러운 어른처럼 되지 않을까봐 걱정하고 있다. 요컨대 그들은 68년 봄에 바로 그 거리에 서 있던 선배들보다 훨씬 더 비참하고 초라한 것이다.

68년 5월에도 폭력은 있었다. 그러나 그 폭력은 통제된 폭력이었다. 한 달 이상 계속되며 드골을 거의 몰아낼 뻔했던 운동 기간 중에 단지 세 명이 희생됐을 뿐이다. 파리 시위가 최고조에 달했던 26년 전 5월 24일 시위대의 일부가 무기고를 습격하려고 했을 때, 이 날 시위의 돌격대에 해당했던 트로츠키스트파 학생조직 '혁명적 공산주의 청년단' 단원들은 오히려 그들을 강압적으로 만류하며 해산시켰었다. 시위의 조직자들은 파리의 보도블록 위에서 계급 전쟁의 '진짜 수단'을 시도하고 싶지는 않았던 것이다. 이를테면 1871년의 파리 코뮌을 재현하고 싶지는 않았던 것이다. 인명 피해는 없어야 한다는 것, 적어도 이 점에 있어선 시위학생들의 지도자 콩-방디와 파리시 경찰국장 그리모가 완전히 의견을 같이 했다. 68년엔 폭력은 뭔가 두려운 것이었고, 프랑스인들은 그것을 꺼려할 만큼은 민주적이었다.

94년 3월에, 비록 사망자는 없었지만, 폭력은 도처에 있었다. 학생 쪽에서도 그랬고, 경찰 쪽에서도 그랬다. 94년 3월세대에게 폭력이란 뭔가 끔찍한 행위가 아니라 하나의 멋진 모험이고, 게임 규칙이 없는 게임일 뿐이다. 그 세대는 그 폭력을 영화관에서, 텔레비전 브라운관에서, 특히 그 텔레비전이 너무도 자상히 보여준 로스앤젤레스의 '동료들'로부터 배웠다. 극소수이긴 하지만 시위대 가운덴 총기를 소지한 학생들도 있었다. 사실상 길거리에 내쳐진 부랑아들에게 범죄란 일종의 삶의 양식이고, 미래이고, 커리어이기까지 한 것이다. 그리고 그것을 무턱대고 나무랄 수만도 없다. 법을 준수하다가는 자신의 삶을 성공으로 이끌 가능성이 너무나 엷어 보일 때, 길고 지루한 학교 생활과 관례적인 실업자 생활을 견뎌낸 뒤 운이 좋아 겨우 얻을 수 있는 직장이란 게 급료는 형편없고 하는 일은 너무 재미없는 것뿐일 때, 기력도 용기도 없고 이지적이지도 않을 때, 그럴 때 범죄의 유혹을 피하기란 정말로 어려운 것이다. '갤리선의 세대', 즉 갤리선의 노를 젓는 노예의 고통에 처해 있는 세대라는 것이 이들 스스로가 자신들에게 붙이고 있는 이름이다.

우파 정권의 '착각'

지금 직장을 가지고 있는 프랑스인들 가운데도 언제 해고될지 모르는 사람이 수백만 명이다. 한 여론조사는 15세에서 25세 사이의 프랑스인 100명 가운데 오직 7명만이 앞으로 자신이 비교적 만족스러운 직장을 얻을 수 있을 것으로 예상하고 있다고 밝히고 있다. 나머지 93명은 미래에 대한 두려움과 불안에 떨고 있는 것이다. 그러니 이제 중산층 청소년들도 더이상 자신들을 최하층 청소년들과 분리시킬 수가 없게 되었다. 모두 다 함께 갤리선을 타고 있는 것이다. 미래에 대한 불안이 그들을 반항으로 몰았고, 바로 그 불안이 94년 3월의 반항을 그리도 격렬하게 만든 것이다. 24일 대규모의 파리 시위의 와중에 지하철 바렌 역 앞에서 만난 장-피에르 에이로(파리 제1대학생, 역사전공)는 이렇게 말했다. "나이 스무 살에 미래가 없을 때, 그 사회가 폭발하지 않을 수 있을까?" 3월 3일의 '총리 관저 포위 시위'에도 참가했다는 그에게 "그러면 이 폭발 뒤에는 당신들에게 미래가 있을까?"라고 묻자, 그는 "아무것도 자신있게 말할 수 없다"고 답했다.

미래가 없는 세대, 이 갤리선의 세대는 요컨대 프랑수아 미테랑의 세대다. 70년대 후반에 태어난 이들은 어섯눈뜰 무렵부터 오직 한 사람의 대통령, 사회당 대통령밖에 모르고 자랐다. 경제를 현대화하고, 프랑화를 방어하고, 통치의 효율성을 높이는 데 골몰하느라고 자신이 들어갈 구덩이를 크게만 만든 좌파 정권, 갖가지 재정 스캔들로 만신창이가 된 좌파 정권이 그들의 성장기가 경험한 유일한 정권이었다. 물론 이 좌파 정권이 이들 새로운 세대를 위한 노력을 아낀 것은 아니다. '우선적 교육지역'을 설정하고, TUC(집단적 공익 사업. 실업자들에게 국가가 비교적 박한 임금을 지급하고 벌인 사업)를 도입하고, 갖가지 직업훈련 프로그램을 만들기는 했으나, 그것이 모두 별다른 쓸모가 없었던 것이다.

좌파의 이 실패에 고무된 우파는 자신들이 정부를 장악하자마자 일련의 자유주의 정책을 잇따라 내놓으며 기세를 올렸다. 그러나 우파는 그 점에서 프랑스인들의 마음을 잘못 읽었다. 유권자들이 사회당으로부터 등을 돌렸을 때, 그것은 사회당 정치인들이 사회주의자들이어서가 아니라, 사회당 정치인들이 자신이 사회주의자들이라는 것을 잊고 있었기 때문이었다. 요컨대 프랑스인들은 사회당 정권이 너무 사회주의적이어서가 아니라, 너무 덜 사회주의적이어서 그들의 지지를 철회했던 것이다. 사실, 사회당 정권의 문화부 장관이었던 자크 랑그가 '빛과 어둠을 가르는 경계'라는 수사로 자화자찬했던 1981년 5월에 거리로 뛰쳐나와 미테랑의 당선을 환호했던 프랑스인들이 그리던 사회주의와, 미테랑 정권이 바깥으로부터의 압력과 안으로부터의 부패에 기우뚱거리며 프랑스에 심어놓은 '사회주의적 정치문화'는 너무나도 달랐다.

그러나 우파 정치인들의 생각은 또 달랐다. 지난해 3월의 총선에서 압승하자, 우파는 프랑스 사회가 전반적으로 자유주의-보수주의로 회귀하고 있다고 자신있게 판단했다. 그리고 우파 정치인들의 이 자신감이 프랑스인들이 실제로 느끼는 삶의 실감과는 아주 동떨어진 것이었다는 것이 증명되는 데는 그리 오랜 세월이 필요하지 않았다. 발라뒤르가 잇따라 취한 네 차례의 우파적 정책, 그러니까 에르 프랑스 직원들의 대량 해고, 학생들의 주거수당 폐지, 팔루법의 개정(가톨릭계열 사립학교들에 대한 정부의 재정 확대) 그리고 CIP를 프랑스 사회는 모조리 거부했다.[2] 외국인들의 프랑스 국적 취득과 체류증 발급을 까다롭게 만든 내무부장관 샤를 파스콰의 국적법 개정안도, 비록 발라뒤르 정부가 그것들을 법제화하는 데 성공하기는 했지만, 학생과 시민들의 적의와 비웃음을 샀다. 시사주간지 『렉스프레스』의 여론조사 결과에 따르면 프랑스 젊은이의 83%가 언제라도 인종주의에 맞서는 싸움에 가담할 채비가 되어 있다. 그들 가운데 단지 3%만이 외국인의 이민을 아주 우려스러운 문제라고 보고 있다. 프랑스 사회는 사회당을 거부했지만, 그렇다고 해서 결코 우파를 지지하지도 않았던 것이다.

이번 3월의 학생 시위도 마찬가지 맥락에서 이해할 수 있다. 학생들과 도시 변두리의 젊은이들은, 이번의 절망적인 시위를 통해서, 비록 그들이 사회당을 지지하는 것은 아니지만, 그렇다고 우파의 친구는 아니라는 사실을 명백히 증명해 보였다. 지금의 우파 정부가 틈만 나면 시도하곤 하는 사회보장제도의 이완이라는 것이 그들에게는 끔찍한 생각이었다. 우파가 지배하는 프랑스에서 이들 '미래 없는 세대'의 저항이 요구하고 있는 것은 무엇보다도 평등이고, 지나친 시장경제에 대한 제동이다. 시사주간지 『르 누벨 옵세르바퇴르』가 시위학생들을 대상으로 '발라뒤르 치하에서 스무 살이 되는 것의 의미'를

---

2) 발라뒤르가 몇번의 실패에도 좌절하지 않고 언뜻 무모하게 보이는 시도를 이렇게 되풀이한 것은, 정치적 풍향을 탐지하기 위한 기구 띄워보기로 해석될 수도 있다.

물었을 때, 그 대답은 한결같이 이들의 '미래의 부재'를 보여주었다. 몽트뢰유 원예학교 1년생인 브누아는 그것의 의미가 "노예 상태"라고 말했고, 가르주-레-고네스의 시몬-드-보부아르 고등학교 2년생 나딘은 그 의미를 "일과 월급을 위해 갤리선을 타는 것, 그리고 이 지겨운 변두리를 벗어나기 위해 무슨 일이든 하는 것"이라고 정의했다.

'미래가 없는 미래'의 공포

그러나 이들에게 보여줄 미래는 지금의 우파 정권에도, 그리고 별 승산 없는 싸움을 위해 내년 봄의 대통령 선거로 돌진하고 있는 사회당 정치인들에게도 간직돼 있지 않은 것 같다. 특히 그 미래가, 94년 3월세대가 거리에서 외쳤던 '평등'이라는 가치나 시장경제의 완화와 관련되는 것이라면 더욱더 그렇다. 94년 3월세대를 '미래가 없는 세대'라고만 말할 때, 그것이 사회 전체의 '죄'를 한 세대에게 뒤집어 씌우는 무책임한 희생의 의식이 될 수 있는 이유가 바로 여기에 있다. 실상 미래가 없는 것은 94년 3월세대가 아니라 프랑스 사회 전체이고, 나아가 포스트-사회주의 세계 그 자체인지도 모르기 때문이다. 요컨대 문제가 되는 것은 '미래 없는 세대'가 아니라 '미래 없는 시대'인 것이다.

이번 3월사태에서 프랑스 노조들이 드러낸 우유부단은 그 '미래 없는 시대'에 대한 하나의 징후로 해석될 수 있다. 운동의 초창기에 학생들에 대한 굳은 연대를 되풀이 확인하던 프랑스 노조들은 발라뒤르가 CIP의 제3차 안을 배수진으로 최고의 강경 자세를 보이던 21일 이후부터는, 가톨릭계 노련인 프랑스기독교노동자연맹(CFTC)이나 간부 노련인 간부총연맹(CGC)은 물론이고 68년 투쟁 때 맹활약을 했던 프랑스민주노동연맹(CFDT)이나 공무원 사회에 굳은 뿌리를 내리고 있는 노동자의 힘(FO)까지도 CIP 도입의 불가피성을 인정하기 시작했다. 이미 낡았으나 결코 지칠 줄 모르는 기관차인 공산당 계열의 노동총연맹(CGT)만이 끝끝내 학생 편에 섰을 뿐이다. 어떤 사회운동이 무슨 일을 계기로든 촉발됐을 때, 즉시 운동의 열차에 뛰어올라 기관사의 자리를 차지한 뒤 그 운동 열차의 여정과 목적지를 제시하곤 했던 프랑스 노조들이 지난 3월에는 최소한의 서비스마저 하지 못했던 것이다. 노동조합운동이라는 관점에서 볼 때 프랑스는 지난 3월에 19세기 중반으로 역사를 거슬러 올라가버린 것처럼 보인다.

그런데 사실, 상황은 그때보다 더 나쁘다. 150년 전 프랑스나 유럽의 노동자, 젊은이들에게는, 68년 5월에 거리로 나왔던 학생들에게처럼, 미래에 대한 믿음이 있었다. 그들은, 68년 5월세대처럼, 현재와는 아주 다른 미래를 상상할 수 있었다. 그리고 그것은 아주 정당한 일이었다. 19세기 노동자들에게는, 그들이 48년의 2월혁명 세대든 71년의 파리 코뮌 세대든, 사회주의라는 미래가 있었다. 68년 5월세대에게는 '또다른 사회주의'라는 미래가 있었다. 한 세대에게는 아직 사회주의가 도래하지 않았었고, 또 한 세대에게는 아직 사회주의가, 비록 양에 차지는 않을망정 어쨌든 사회주의가, 아직 몰락하지 않았었다. 그러나 94년 3월세대에게, 그리고 그 세대를 감싸고 있는 이 세기말의 사회에 남아 있는 것은 사회주의적 기획의, 그 체제와 이념의 을씨년스러운 잔해뿐이다. 현실사회주의의 붕괴, 거기에 따른 사회주의의 이념적 붕괴는 모든 것을 바꾸어놓았다. 그것은 오늘날 프랑스의 노동자, 젊은이들로부터, 그리고 프랑스 사회 자체로부터 미래에 대한 꿈을 빼앗아가 버렸다.

프랑스 사회는(아마도 프랑스 사회만은 아닐 것이다) 마치 꿈을 빼앗긴 충격으로 현실감각마저 잃고 의기소침 상태에 빠져버린 불면증 환자 같다. 이런 상황의 가장 큰 피해자는 역설적으로 오히려 우파인 것처럼 보인다. 좌파가 좌파이기를 포기한 프랑스, 비록 유토피아적 열정까지는 아니더라도 사람들을 한 대열로 묶을 수 있는 집단적 표상으로서의 신화가 죄다 사라져버린 프랑스는 그 무기력과 돌발성때문에 우파로서도 다스리기가 껄끄러운 나라인 것이다. 프랑스는 어디로, 라는 질문은 부분적으로는 세계는 어디로, 라는 질문의 한 가닥일 수 있다. 누구도 그 질문에 대해 자신있게 대답할 수는 없다. 확실한 것은 자크 데리다가 최근 저서 『마르크스의 유령들』에서 자본주의 세계체제의 10가지 재앙을 열거하며 첫번째로 꼽은 실업이라는 재앙이, 그리고 그것보다 더 근본적으로는 미래에 대한 꿈과 희망의 박탈이, 세계의 이 구석 저 모퉁이에서처럼, 1994년 봄의 프랑스를 짓누르고 있다는 사실이다.

(1994년 6월)

제3부

부스러기들

부스러기들

주후(主後) 2000년

시드니를, 도쿄를, 싱가포르를, 서울을, 모스크바를, 베이루트를, 예루살렘을, 파리를, 몬로비아를, 요하네스버그를, 뉴욕을, 부에노스아이레스를 호린 2000이라는 숫자. 불교도를, 힌두교도를, 이슬람교도를, 무신론자를, 범신론자를, 불가지론자를 지분거린 2000이라는 숫자. 자유주의자와 사회주의자와 아나키스트와 파시스트를 들뜨게 한 2000이라는 숫자. 여성과 남성, 청년과 노인을 사로잡은 2000이라는 숫자. 2000이 전방위적으로 발휘한 이 주술적 힘은 유럽적인 것이 이제 유사-보편적인 것이 됐다는 강력한 증거다. 예수는 로마의 식민지 청년이었다. 그것은 예수와 로마 어느 쪽에 더 유리했을까? 로마의 식민지에 태어남으로써 예수는 자신의 생후 2천 년이 전세계의 시간적 매듭으로 경축되는 복을 누릴 수 있었다, 비록 결과론일 뿐이지만. 자신의 식민지에서 예수라는 인물을 배출함으로써 로마는, 그러니까 유럽은, 세계의 정신적 복판이 될 수 있었다. 역시 결과론일 뿐이지만.

예수는 서른세 살에 죽었다. 청년 마르크스라는 말은 변별적이지만, 청년 예수라는 말은 공허하다. 예수는 늘 청년이었고, 앞으로도 그럴 테니까. 예수의 죽음은 찬란하다. 젊은 죽음이 늘 찬란한 것은 아니지만, 늙은 죽음은 결코 찬란할 수 없다. 프랑코의 죽음, 스탈린의 죽음은 늙음의 연속선 위에 있어서 별다른 뭉클함을 자아내지 못한다. 아, 예가 적절하지 않았다. 프랑코나 스탈린의 이미지는 너무 부정적으로 강렬하다. 그러나 긍정적 인물이라고 해서 사정이 달라지는 것은 아니다. 공자의 죽음이나 석가의 죽음도 늙음의 연속선 위에 있어서 별다른 애수를 자아내지 못한다. 예수의 젊은 죽음은, 그에게나 그의 팬들에게나, 다행이었던 것 같다. 그 죽음은 젊은 만큼 애닳다. 그의 젊은 죽음은 축복이다. 그러나 이 말은 2000년이라는 세월의 두께 때문에 할 수 있는 흰소리다. 그 거리가 좁혀지면 그런 말은 칼날이 되기 쉽다. 예컨대, 김현의 젊은 죽음은, 그에게나 그의 팬들에게나, 다행이었던 것 같다고 말할 수 있을까?

김현 이후 10년

내가 10년 전에 쓴 그의 부고 기사 끝 부분: "10년 전 사르트르가 죽었을 때 그는 '사르트르가 갔다. 아, 이제는 프랑스 문화계도 약간은 쓸쓸하겠다'라고 썼다. 그런데 이제 김현이 갔다. 한국 비평계에 적지 않은 쓸쓸함을 남기고." 그로부터 10년 뒤, 내 개인적 소감: "틀렸어! 비평계만이 아니라 한국의 문화판 전체가 쓸쓸했어."

김현이 살아 있다면 올해로 쉰여덟이다. 그는 서정주보다 스물일곱 살이 젊고, 황현산보다 겨우 세 살이 위다.

글이고 사람 됨됨이고 당차기 짝이 없는 어느 글쟁이가 그답지 않게 눈물짓는 걸 나는 두 번 보았는데, 두 번 다 김현을 얘기하면서였다. 사람은 유전자 속에서 살아남는 것이 아니라, 기억 속에서 살아남는 모양이다. 이렇게 쓰고 보니 김현이 죽기 얼마 전 한 말이 생각난다: "사람은 두 번 죽는다. 한 번은 육체적으로. 또 한 번은 타인의 기억 속에서 사라짐으로써."

사르트르 이후 20년

사르트르가 지난 세기 64년에 『르 몽드』와의 인터뷰에서 한 발언: "죽어가는 어린아이 앞에서 『구토』는 아무런 힘도 없다." 매일매일 어린아이들이 굶주려 죽어가는 세계에서 문학이 도대체 무엇을 할 수 있단 말인가?『구토』마저 그렇다면 신소설 나부랭이야 더더구나.

장 리카르두의 반박: "문학은 인간을 다른 것과 구별짓는 드문 행위들 가운데 하나다. 인간이 다양한 고등 포유류와 구별되는 것은 문학을 통해서다. 인간에게 어떤 특별한 얼굴이 그려지는 것도 문학에 의해서다. 그러면 『구토』는 무엇을 할 수 있는가? 이 책(과 다른 위대한 작품들)은, 단순히 그것이 존재한다는 사실만으로, 한 어린아이의 아사(餓死)가 추문이 되는 공간을 규정한다. 이 책은 그 죽음에 어떤 의미를 부여한다. 세상 어딘가에 문학이 존재하지 않는다면, 한 어린아이의 죽음이 도살장에서의 어떤 동물의 죽음보다 더 중요할 이유

가 없을 것이다."

사르트르도 옳고 리카르두도 옳다. 죽어가는 어린아이 앞에서 『구토』는 아무런 힘도 없다. 그러나 우리가 『구토』를, 또는 그와 비슷한 다른 책을 읽지 않는다면, 그런 깨달음을 얻지도 못할 것이다. 문학이 있어서, 주린 아이의 죽음은 추문이 된다. 그것이 문학이 남아 있어야 할 이유다.

문언유착

문학(잡지)과 (특정 신문) 언론의 '권력 유착' 관계를 둘러싼 논쟁은 특히 김대중 정권이 들어서고 2000년이 가까워오면서 더욱 사소-가열화하고 있다, 라고 김정환이 계간지 『문학과사회』 1999년 겨울호 '오늘의 한국 문학' 란에서 말했을 때, 그는 사실 관계를 착오한 것 같다. 내 기억에, 문학과 언론의 유착 관계는 김대중 정권이 들어서기 전에 공적 담론의 장에서 발설된 바가 없었다. 문단의 누구나 그 '유착'을 알고 있었고, 적지 않은 사람들이 그 유착으로 가는 지름길을 발견해 기꺼이 그 길로 들어섰고, 일부는 내심 그 유착을 부당하게 생각했지만, 누구도 그 문제를 공적으로 거론하지는 못했다. 물론 두루뭉수리하게 대중매체 일반의 문화 선정주의나 저급한 심미안을 거론하며 거기에 에둘러 항의한 경우를 제외하면 말이다. 그러니, 더욱 사소-가열화하고 있다는 김정환의 표현은 사실과 어긋나는 것이다. 그 '유착'은 극히 최근에야 거론되기 시작한 문제다. 지난해에 한 여성 시인이 거친 어기(語氣)로 문학과 언론의 유착을 거론했을 때, 그 문제가 부적절한 방식으로 부적절한 맥락에서 제기됐다는 것이

군색스러워 보이기는 했지만, 문학과 언론의 유착에 대한 문제의식 자체는 결코 트리비얼리즘이 아니다. 한국에서만은 아니겠지만 특히 한국에서, 그것은 문학사회학의 가장 중요한—차라리 가장 흥미로운—주제 가운데 하나일 것이다.

문학과 언론의 '권력 유착'을 비난하는 논리들 대부분의 언어가 다름아닌 언론의, 그것도 탄생과 함께 일제 및 군사독재 정권에 길들여져 왜곡될 대로 왜곡된 한국 언론의 언어를 닮아가고 있다는 점, 그 점이 정말, 나로 하여금, 우리 문학의 장래를 비관적으로 보게 한다, 라고 김정환이 이어서 말할 때, 그는 흘끗 문학 물신주의자—가 아니라면 문학의 구도자나 그저 문학주의자라고 해도 좋다—의 모습을 보인다. 그리고 물신주의자들은, 그 대상이 무엇이든, 세상만사를 그 물신에 종속시키고 싶어한다. 김정환의 말대로, 그 '유착'의 비판자들은 언론의 언어로 문학·예술의 언론 '유착' 현상을 공박하고 있다. 그러나 그들도 그것을 의식하고 있다. 그들이 문학과 언론의 유착 현상을 공박하면서 자신들이 문학 행위를 하고 있다고 생각하는 것은 아니다. 나도 이들이 언론의 언어로 문학과 언론의 유착 관계를 공박하고 있다는 김정환의 말에 동의한다.

그러나 김정환이 이어서, 이것은 80년대에 폭력을 증오하는 언어가 폭력을 닮아갔던 과정의 역전이고, 그보다 사소하지만, 그보다 치명적이다, 라고 말할 때, 그의 발언은 내 오성의 그물을 빠져 나가버린다. 우선 그것이 왜 역전인지 나는 모르겠다. 그리고 그것이 왜 그렇게 치명적인지도 나는 모르겠다. 김정환의 말마따나, 정보의 언어는 문학의 언어와 질적으로 다르다. 그런데, 다시 말하지만, 문학과 언론의 유착 관계를 공박하는 사람들은 자신들이 문학의 언어가 아니라 정보의 언어를 사용하고 있다는 것을 명료하게 의식하고 있다. 그들이 수행하고 있는 것은 문학 행위가 아니라 언론 행위다. 그리고 그들의 언어 선택은 합리적인 것이다. 문학 언어로 문학과 언론의 유착 관계를 공박한다…… 그것이 가능하기는 할 것이다. 그리고 그것이 문학의 위엄에 걸맞는 일이기는 할 것이다. 그러나 그것을 해낼 수 있는 사람은 많지 않을 것이고, 더더구나 그 효율에 대해서는…… 잘 모르겠다.

조선일보

『조선일보』를 순수한 극우 신문이라고는 할 수 없다. 『조선일보』는 이념지가 아니라 본질적으로 상업지다. 자본주의 사회의 여느 기업들이 그렇듯, 『조선일보』가 추구하는 것은 극우 이념이 아니라 돈이다. 그리고 언론의 정치화가 도드라진 한국에서 몇몇 거대 언론들이 그렇듯, 돈과 함께 『조선일보』가 추구하는 것은 권력이다. 그러나 『조선일보』는 극우 이념을 마구잡이로 발산하는 것이 한국 사회에서 권력과 돈의 추구에 매우 효율적인 전략이라는 것에 착안해, 그 전략을 과감하게, 후안무치하게 구사해온 희귀한 신문이다. 오늘날 한국 사회에서 『조선일보』가, 다른 몇몇 언론과 함께, 권력이라는 것을 부인할 사람은 없다. 정치학 개론서가 꼭 인용하는 어느 영국인의 경구대로, 모든 권력은 부패한다. 그리고 절대적인 권력은 절대적으로 부패한다. 적어도 『조선일보』의 지난 20년 발자취는 그 경구가 괜한 소리가 아니라는 것을 일깨워주었다.

강준만을 비롯한 몇몇 미디어 비평가들의 우직스러운 작업, 그리고『딴지일보』라는 인터넷 신문의 치밀하고 발랄한 텍스트 분석은 『조선일보』가 자신의 정치적 · 경제적 욕망을 위해서 얼마나 스스럼 없이 사실을 비트는지, 심지어는 자신이 한 말을 얼마나 쉽게 뒤집는 지를 보여주고 있다. 『조선일보』가 사실을 비튼다, 고 내가 말할 때, 내가 순진하게 사실이라는 것이 늘 규명될 수 있는 것이고 맥락과 관 점을 초월하는 한 겹의 의미만을 지니고 있다고 생각하는 것은 아니 다. 『조선일보』의 사실 왜곡은 그런 철학적 층위에서 이루어지는 것 이 아니다. 『조선일보』는 자신이 받아들인 사실을 비튼다. 즉 사실의 왜곡에 대한 명료한 자의식이 있다, 고 나는 생각한다. 그래서, 다시 말하지만, 『조선일보』를 순수한 극우 신문이라고는 할 수 없다. 이 신 문은 김대중 정권이 들어선 이후에도 그 힘을 크게 잃지 않은 한국 사회의 기득권 세력을 대변하고 있을 뿐이다. 그 기득권 세력의 상징 적 원주지는 대구를 중심으로 한 영남이다. 『조선일보』는 영남 신문 이다, 라고 말하는 것은 옳지 않다. 그러나 그 신문이 반(反)-전라도 신문이다, 라고 말하는 것은 부분적으로 옳다. 이 신문은 반-정부 독 립 신문의 목소리로 음충맞게 반-전라도 메시지를 전파하고 있다. 이 신문만 그런 것은 아니지만 특히 이 신문은, 1998년 이후의 영남을 소외의 땅으로 그리고 있다. 『조선일보』의 이런 탈-현실주의적 글쓰 기는 일종의 코미디지만, 어쩌랴, 그것이 먹히는 것을. 영남을 중심 으로 한 실질적 지배 블록의 구매력이 압도적이므로, 그것은 『조선일 보』로서는 상업적으로 매우 합리적인 선택이기도 하다.

　나는 『조선일보』가 유달리 비윤리적이라고 말하는 것은 아니다. 그 러나 그 신문의 심미안 결핍이 내 비위를 거스른다는 말은 해야겠다. 기득권의 옹호와 한없는 자기 확장이라는 전략적 목표 아래 『조선일보』는 시세에 따라 극우의 칼날을 휘두르기도 하고, 건전한 보수주의자의 상식으로 치장하기도 하고, 심지어는 좌파의 미소를 띠기도 한다. 동일한 시점에서도 조선일보사라는 매체 기업은 『조선일보』의 정치·사회면과 문화면과 『월간조선』이 서로 다른 맛과 질감을 보여주는 삼겹살 조직이다. 그것이 이 신문과의 싸움을 힘겹게 만들고, 이 신문과의 싸움을 피하고 싶은 사람들에게 아늑한 피난처를 제공한다. 그러나 전체적으로 이 신문이 한국 사회의 주류 언론 가운데 가장 극우 친화적 언론이라는 것은 확실하다. 북한의 기괴한 정권은 끊임없이 『조선일보』에 일용할 양식을 공급해주면서 그 신문과 적대적으로 공존해왔다. 실상 북의 정권은, 자신의 의지와는 상관없이, 그 존재만으로도 『조선일보』의 존립을 떠받쳐주고 있는, 이 신문의 가장 든든한 버팀목이다. 『조선일보』의 공간을 넓혀주는 조선민주주의인민공화국…… 그러나 어느 날 북조선 정권이 사라진다고 해서 『조선일보』가 따라 사라질 것 같지는 않다. 그때도 전라도는 여전히 있을 테니까.

트리비얼리즘

지난 한 해 동안 한국 신문들은 신물나게 '옷 로비 사건'이라는 것을 중계했다. 그래서 그 한 해 동안 기록돼야 할 한국 사회의 다른 많은 표정들이 묻혀버렸다. 이것이야말로 트리비얼리즘이라는 말에 값하는 것이다. 물론 이 트리비얼리즘이야말로 상업적으로 그리고 정치적으로 정교하게 계산된 트리비얼리즘이었지만.

손호철과 김대중

김대중이 사라졌을 때, 정치적으로만이 아니라 육체적으로 사라졌을 때, 그때도 손호철은 계속 '정치 평론'이라는 것을 쓸 수 있을까? 쓴다면 그는 무얼 쓸까? 나는 그게 몹시 궁금하다. 또 한 사람의 김대중—『조선일보』의 주필 말이다—이야 그때쯤이면 글쓸 나이가 지났을 테니 걱정이 없겠지만, 손호철은 그때도 한창 나이일 텐데 어쩐다…….

원시인

퍼스널 컴퓨터를 처음 본 것이 1983~84년경 한국일보사 전산실에서였던 것 같다. 이미 그때부터 내겐 이 낯선 기계에 대한 공포감이 있었다. 자판을 처음 눌러본 것은 1988년 올림픽 때 서울 삼성동에 있던 프레스 센터에서였다. 자판을 눌러가며 화면을 이리저리 바꿔 경기 결과를 비롯한 자료들을 뽑아내는 것이 내 일 가운데 하나였는데, 내가 그 작업에 아주 서툴렀다는 것이 올바른 기억일 것이다. 그 즈음에 워드 프로세서가 크게 유행하기는 했지만, 한글 자판 자체에 익숙지 않았던 터라 사용할 엄두를 내지 못했다. 하긴 한글 타자기를 사용해본 경험이 있다고 하더라도, 비싼 돈을 들여 워드 프로세서를 장만했을 것 같지는 않지만.

퍼스널 컴퓨터로 글을 처음 써본 것은 1992년 가을에 프랑스로 연수를 가서다. 연수 첫날 푸른 눈의 할머니가 한 시간 정도 사용법을 설명해주었지만, 듣고 나서 곧 잊었다. 연수 기간 동안 서툰 언어로 기사를 쓰는 것도 힘들었지만, 기계에 적응이 안 돼 더 힘들었다. 컴퓨터에 익숙한 다른 동료들한테 자주 신세를 져야 했다. 그 이듬해 여름에 귀국해서 신문사에 출근해 보니, 책상 위에 원고지가 보이지 않았다. 서울에 오면 내 적성대로 원고지에 기사를 쓸 수 있을 거라고 생각했는데, 서울의 사무실도 이미 컴퓨터가 점령해버린 것이다. 원고지가 사라져버린 사무실에서 나는 황당했다. 그러나 별수없이 컴퓨터라는 괴물과 친해져야만 했다. 한글 자판을 익히는 것부터 내겐 쉽지 않았다. 한메 타자라는 프로그램을 이용하면 자판을 익히는 데 하루면 충분하다고 동료들은 얘기했지만, 적어도 내게는 그게 거짓말이었다. 아마 그들도 젠체하느라, 아니면 나를 격려하느라, 심한 과장을 했을 것이다. 한 달쯤이 지나서야 나는 느릿느릿 한글 문장을 쓸 수 있었다.

늘 남보다 열 걸음쯤 뒤처져서 이 정보화 사회에 겨우겨우 적응해 왔다. 남들이 펜티엄 쓸 때 286 쓰고, 남들이 윈도 95 쓸 때 도스 쓰고, 남들이 전자 우편 사용할 때 여전히 팩시밀리 쓰고. 남들이 인터넷 할 때도 뒤에서 구경만 하다가 요즈음에야 겨우 들어가 보고 있다. 돌이켜보면 팩시밀리만 하더라도 80년대에 직장 생활할 때엔 회사 전체에 몇 대 없었던 것 같다. 그런데 1994년부터 나도 집에 팩스를 놓고 살고 있다. 그러나 나는 여전히 원시인에 가깝다. 지금도 나는 이메일 보내는 것이 서툴고, 인터넷에 글을 올릴 줄도 모르고, 휴대폰도 없다. 프랑스에서 잘 놀다 1998년 초에 귀국했을 때, 서울 거리에 넘쳐나는 휴대폰에 놀랐다. 그렇게 느릿느릿 적응하고 있는데도, 언제부터인지 원고지에다 글을 쓰는 게 불가능하게 돼버렸다. 익히는 속도는 느리고 잊는 속도는 빠르다. 지난 10년 간의 변화도 빨

랐지만, 그것이 앞으로 10년 간의 변화의 빠르기에 비할 바는 아닐 것이다. 내가, 21세기의 남은 생애 동안, 지금 정도의 지체(遲滯)라도 유지하며 새로운 문명에 적응할 수 있을까?

나는 자유주의자다

그러나/그래서, 예컨대 에드워드 윌슨의 다음과 같은 말을 들을 때, 내 마음은 슬픔으로 허물어지고 분노로―윌슨에 대한 분노가 아니라 섭리에 대한 분노다―뒤끓는다: "유전자의 차이는 심지어 가장 자유롭고 가장 평등한 미래 사회에서도 실질적 노동 분화를 일으키기에 충분할 정도로 크다. 똑같은 교육을 받고, 모든 직업에 대해 평등한 접근 기회가 주어진다고 하더라도, 사람들이 정치적 삶이나 사업, 지적 활동 따위에서 불균등한 역할을 계속해서 수행할 가능성이 있다."

중년

새로운 천년대를 시작하는 내 마음은, 내 몸이 그렇듯, 느른하다. 아, 중년이구나. 그 혐오스러운, 빌어먹을 중년.

(2000년 봄)

일상 나누기[1)]

아홉수

또 한 해를 넘긴다. 스무 살을 넘긴 삶을 생각해보지 않은 시절도 있었다. 세상 속으로 진입할 자신이 좀처럼 생기지 않았던 십대 때였다. 그때, 스물 몇 살의 나란 상상만 해도 끔찍했다. 그런데 막상 스무 살을 넘기자, 나는 여전히 세상과 겉돌고 있었는데도, 어느 때부터인지, 일찍 죽을까봐 두려워졌다. 그 사이에 내가 가진 자가 된 것도 아니었는데. 그러니까, 죽음으로 내가 잃을 것이 십대 때에 견

---

1) 이 제목은 변정수 씨와 그의 몇몇 지인(知人)들이 운영하는 사이트(live.shimin.net)의 방 이름에서 훔쳐온 것이다. 나는 애초에 이 글의 제목을 '부스러기들(II)'라고 붙이려고 했다. 지난해 이맘때쯤 이 글과 같은 형식의 단장(斷章) 모음을 「부스러기들」이라는 제목으로 『문학과 사회』에 발표한 적이 있기 때문이다. 그러나 발표 지면이 다른 글들을 굳이 같은 제목 안에 가둘 필요는 없겠다 싶어서 결국 이 글의 제목을 「일상 나누기」로 바꾸었다. 내가 쓰는 글들이 대개 사적이기는 하지만, 이번 글은 특히 그래서, 「일상 나누기」라는 제목이 그럴 듯해 보인다. 바꾸기를 잘했다. 변정수 씨와 그의 친구들에게 양해를 구한다.

주어 불어난 것도 아니었는데. 아니, 꼭 그렇다고 말할 수는 없겠다. 20대 전반이라면 몰라도 후반에는 말이다. 20대 후반에, 내게는 내가 먹여 살려야 할 가족이 생겼다. 아내와 두 아이가. 그러나 바로 그들이 삶에 대한 내 집착을 만들어낸 것 같지는 않다, 비록 얼마쯤의 영향은 끼쳤겠지만. 나는, 지금 그렇듯이 그때도, 가족에게 그리 헌신적인 가장이 아니었기 때문이다. 그러니, 내가 왜 스물을 넘기고 나서 바짝 삶의 편에 붙게 됐는지는 모를 일이다. 내가 의식하지 못한 상태에서 세상의 어떤 단맛이 나를 매혹했을 수도 있다. 그러나 그것이 뭘까?

스물아홉 살 때, 나는 아홉수를 넘기지 못할까봐 내내 두려웠다. 감기만 걸려도 이게 혹시 죽음의 전조(前兆)가 아닌가 싶어 전전긍긍했다. 그 해 봄에(내 기억이 옳다면 4월 13일 월요일이었다) 전두환의 호헌 선언이 있었고, 여름에 전국적인 항쟁이 있었다. 그 사이에 나는 동료 기자들의 위촉으로 화사하고 비장하지만 좀 유치해 보이는 호헌 반대 선언문을 썼다. 그 시절 나는 어느 영어 신문의 경제부에서 밥벌이를 하며 한국은행에 출입하고 있었다. 6월 10일의 첫 시위를 나는 플라자 호텔 커피숍의 '안전지대'에서 유리창 너머로 지켜보았다. 6월 26일의 대행진까지, 나는 안국동의 회사와 한국은행 사이를 오가며, 주로는 시위대를 관찰하고 몇 번은 시위대에 몸을 섞기도 했다. 계엄령이 떨어질 거라는 소문이 매우 현실감 있게 떠돌았을 때, 나는 80년 봄의 공포를 다시 느꼈고, 이 나라를 떠나고 싶었다. 아주 먼 데로 달아나고 싶었다.

박정희가 죽은 다음날이었을 것이다. 전두환이 '시해 사건' 합동수사본부장인가 하는 직책으로 자신의 육성을 방송에 처음으로 드러낸 것이. 그때부터, 그의 목소리는 늘 내게 소화불량과 복통을 유발했다. 이것은 비유가 아니다. 그의 목소리는 어김없이, 물리적으로, 내게 복통을 유발했다. 버스를 타고 가다가도 라디오에서 그의 목소리가 흘러나오면, 나는 복통을 참을 수 없어서 내려야 했다. 79년 말부터 88년 초까지, 그는 헤아릴 수 없을 만큼 많은 횟수의 복통을 내게 안겼다.

제6공화국은 축복이었다. 나는 제6공화국의 출범과 함께 서른이 되었고, 직장을 옮겼다. 김영삼은 '문민정부'라는 이름으로, 김대중은 '국민의 정부'라는 이름으로 제6공화국을 지워버리려고 했지만, 그리고 어느 정도는 성공했지만, 법적으로 우리는 지금 엄연히 제6공화국에 살고 있다. 법적으로만이 아니라 사실적으로도 그렇다. 물론 정치군인 출신의 노태우는 12·12 반란 사건의 주역 가운데 하나였고, 노태우 정부 5년은 고질적 부패는 둘째치고라도 숱한 공안 사건과 거기에 따른 고문 스캔들로 얼룩졌지만, 게다가 그 인적(人的) 구성이 전두환 정부와의 짙은 연속성을 지니기는 했지만, 그럼에도 불구하고 그것이 전두환의 이른바 5공과 어느 정도 제도적 단절을 실현한 것도 사실이다. 노태우 정부는 전두환 정부보다는 김영삼 정부와, 심지어는 김대중 정부와 더 동질적이다.

그 정부는 적어도 전두환 정부 같은 꼬마 파시스트 정부는 아니었다. 나는 제6공화국(이라는 이름)의 복권을 주장한다. 우리가 제6공화국에 살고 있다는 것은 조금도 부끄러운 일이 아니다. 제6공화국은 찬란한 6월항쟁의 열매다. 노태우나 그 주변의 부패하고 무능했던 정치 패거리로부터 그 위대한 이름을 압수해 6월의 거리를 누볐던 시민들에게 돌려줘야 한다. 비록 느리기는 하지만 방향을 잃지 않고 진행돼 가고 있는 우리의 민주화는 제6공화국의 출범과 함께 시작된 것이다.

서른아홉이 되었을 때, 나는 파리에 살고 있었다. 아내와 두 아이와. 나는 그곳에서 그럭저럭 행복했다. 더러 서울의 친구들이 그립기도 했고, 외국인으로서 받아내야 했던 야릇한 시선이나 법적 제약들이 불편하기는 했지만, 그 아름다운 도시를 덮고 있는 자유의 공기는 그런 불편들을 사소하게 보이도록 만들었다. 더구나 그 도시는 고향에서 멀리 떨어진 곳에서 살고 싶다는 내 낭만적 허영심을 채워주었다. 나는 그 도시의 거리들을 끊임없이 걸었다. 파리는 걸을 만한 도시였다. 내 취미는 내 주머니 사정과 꼭 어울리는 것이기도 했다. 멀리 여행을 할 만큼 살림이 풍족하지도 않았으니 말이다. 나보다 파리에 훨씬 오래 산 사람들도 나만큼 파리 시내의 구석구석을, 뒷골목의 허름한 주점이나 자그마한 놀이터까지를 잘 알지는 못할 것이다. 그들은 그곳에서 일로든 공부로든 바쁜 삶을 살았겠지만, 나는 그곳에서 한가롭기 짝이 없는 삶을 살았고, 그래서 걷는 것 외에는 별로 할 일이 없었기 때문이다.

걷다가 지치면 아무 카페에나 들러 신문을 읽거나 멍하니 바깥 풍경을 바라보았다. 시간은 정지돼 있는 것 같았고, 그 정지된 시간 속에서 나는 행복했다. '아무 카페'라고는 했지만, 그래도 특별히 정(情)이 가는 카페들이 없었던 것은 아니다. 예컨대 몽파르나스의 라 로통드나 라쿠폴이 그랬다. 지하철 4호선 바뱅 역(驛) 바로 앞의 라 로통드는 내가 가장 즐겨 들르던 카페였다. 그 카페는 19세기에는 상징주의자들의 소굴이었고, 20세기 초에는 야수파와 큐비스트들의 안식처였다. 길 건너편의 또 다른 카페 라쿠폴은 1920년대에 브르통이나 아라공 같은 초현실주의자들의 발길이 머물던 곳이었다. 라로통드나 라쿠폴의 외진 자리에 앉아 유리문 너머로 몽파르나스 대로(大路)를 바라보노라면, 그 카페들의 옛 고객들이 다시 살아나 문을 열고 들어올 것 같은 환각이 일기도 했다. 그 환각에서 깨어나 남(南)으로 2분쯤 걸어가면, 실제로 그들의 음택(陰宅)이 자리잡은 몽파르나스 묘지가 있었다. 그 묘지의 한켠에 세들어 있는 생트뵈브라는 사나이의 삶 위에, 나는 더러 내 자신의 삶을 포개보곤 했다. 내가 태어나서 자란 도시보다 나는 파리를 더 잘 안다. 물론 오직 물리적으로 말이다. 서울의 어떤 구역들은 지금도 내게 낯설다. 서울이 너무 큰 도시이고, 걸을 흥이 나지 않는, 너무 황량한 도시여서 그럴 것이다.

서른아홉 살 때, 나는 여전히 오래 살기를 희망했지만, 스물아홉 살 때만큼 아홉수가 두렵지는 않았다. 그 해 겨울에 한국에서 외환위기가 터졌고, 대통령 선거에서 김대중이 이겼다. 김대중 정부의 출범과 함께 나는 마흔이 되었고, 외환위기의 낙진을 맞고 가족과 함께 서울로 돌아왔다. 이른바 'IMF 귀환'을 한 셈이다. 서울을 떠날 때 초등학생이었던 아이들은 어느덧 중학생과 고등학생이 되어 있었고, 새 천년이 눈앞에 있었다. 이제 나는, 서기(西紀)를 당연시하는 인류 대부분과 함께, 새 천년의 두번째 해를 맞고 있다. 그 해는 21세기의 첫해이기도 하다. 나는 21세기를 보고 싶었지만, 꼭 그럴 수 있을 거라는 자신은 없었다. 그런데 이제 그 21세기를 보게 될 모양이다.

분열

나는 김대중의 세번째 낙선 소식과 클린턴의 초선 소식을 파리에서 들었고, 클린턴의 첫번째 취임식을 스트라스부르 유럽의회의 기자실에서 텔레비전을 통해 지켜보았다. 텔레비전 화면 속에서 바그다드 시민들이 환호하던 것이 생각난다. 그들도 이내 클린턴이 자기들의 친구가 아니라는 걸 깨달았겠지만. 꼬집어 말할 수 없는 이유로, 클린턴의 취임식을 보며 나는 조금 들떠 있었다.

지난 11월 7일, 미국 대선의 결과를 앞두고 내가 왜 그리 마음을 졸였는지 모르겠다. 나는 이번에도 그리 명료하지 않은 이유로 민주당을, 고어를 지지했다. 그리고 그 날 저녁(그 다음날 저녁이었던가?) 부시의 당선이 섣불리 공표되었을 때 몹시 기분이 상했다. 손검표를 두고 엎치락뒤치락 소동을 벌인 끝에 부시의 당선이 굳어진 지금, 그날 저녁만큼 기분이 언짢지는 않다. 어차피 한 번 겪어야 할 실망을 그때 이미 청승스럽게 겪어서 그럴 것이다.

고어에 대한 나의 지지는 민주당에 대한 지지일 것이다. 서로 다른 레테르만 붙였을 뿐 똑같은 내용물의 병(瓶)이라는 소리를 듣는, 그러니까 이름만 다를 뿐 똑같은 보수 정당이라는 평가를 듣는 두 정당을 놓고 왜 나는 굳이 민주당을 지지했을까? 나는 왜 랠프 네이더의 녹색당이 야속하기까지 했을까? 나는 고어에 대해서도, 고어의 정책에 대해서도 잘 모르는데 말이다. 사실 고어라는 이름에서 내가 떠올리는 것은 인터넷과 환경에 관심이 있는 친구라는 것 정도다. 더구나 그는 내게 생리적으로 거부감을 일으킬 법한 하버드 출신의 미끈한 귀족인데.

생각해보면 어섯눈뜰 무렵부터 난 늘 민주당을 지지해왔던 것 같다. 참 오지랖도 넓지. 큰바다 건너 나라 일에까지 마음을 두고 있었으니 말이다. 정치가 뭔지 거의 모를 중학생으로서, 나는 72년 선거에서 왠지 리처드 닉슨이라는 이름보다는 조지 맥거번이라는 이름에 마음이 더 갔다. 맥거번이라는 이름이 닉슨이라는 이름보다 내 귀에 더 멋지게 들렸던 것일까?

그 뒤로 민주당에 대한 내 지지는 일편단심이었다. 비록 내게 투표권은 없었지만. 나는 76년과 80년 선거에서 지미 카터를 지지했고, 84년 선거에서 월터 먼데일을 지지했고, 88년 선거에서 마이클 듀카키스를 지지했고, 92년과 96년 선거에서 빌 클린턴을 지지했고, 이번 선거에서는 앨 고어를 지지했다. 그 지지는 오로지 심정적인 것이었다. 그것이 심정적이라는 것은 내게 투표권이 없었다는 것만을 의미하는 것이 아니라, 내가 민주당을 지지하는 것을 논리적으로 충분히 설명할 수 없었다는 것까지를 의미한다. 68년 선거 때에 나는 초등학생이었던 터라 선거가 있는 줄도 모르고 지나갔겠지만, 그때 내가 신문만 읽을 줄 알았더라면 아마 휴버트 험프리라는 이름을 심정적으로 지지했을 것이다.

내가 이번 선거에서 고어의 당선을 바란 데에는 미국의 한반도 정책에 대한 고려, 구체적으로는 남북관계에 미칠 미국의 영향에 대한 고려가 작용했는지도 모르겠다. 그러니까 부분적으로는 나의 민주당 지지를 논리적으로 설명할 수 있을지도 모르겠다. 그렇지만, 그렇다고 하더라도 그 이전에는, 특히 정치에 대해 별 관심이 없었던 10대 때는 왜 민주당 후보에게 마음이 쏠렸던 것일까? 혹시 내 몸 속에 민주당 인자라도 박혀 있는 것일까? 그렇지는 않을 것이다. 내가 내전 시기의 19세기 미국에 살았다면, 나는 아마 공화당을 지지했을 것이다. 비록 산업 자본가들의 차가운 이해타산의 결과라고 하더라도, 노예 해방을 지지하던 북부의 공화당이 노예제의 존속을 주장하던 남부의 민주당보다는 내 마음을 끌었을 것이다.

　그렇다면, 멋모르던 10대 때는 몰라도 20대 이후의 내가 민주당을 지지해왔던 것이 순수하게 '심정적'인 것은 아닐지도 모른다. 그것은 어느 정도는 이데올로기적이고, 논리적인지도 모른다. 나는 지금의 민주당이 공화당에 견주어 더 '리버럴'하다고 생각하고 있는 것이다. 그리고 그것은 통념에 부합한다.

　프랑스의 언어학자 미추 로나가 노엄 촘스키를 인터뷰해서 만든 『언어와 책임』이라는 책을 오랜만에 다시 들춘다.

　미추 로나: 프랑스에서는 흔히 민주주의의 '승리'로 비치는 워터게이트 사건을 선생님은 어떻게 해석하세요?

　노엄 촘스키: 제 생각에 워터게이트 사건을 민주주의의 승리로 생각하는 것은 잘못입니다. 그 사건이 제기한 진짜 질문은 '닉슨이 자신의 정적들에게 사악한 수단들을 사용했느냐'가 아니라 '어떤 사람들이 희생자였느냐'는 것이었습니다. 대답은 명확합니다. 닉슨이 유죄 판결을 받은 것은 그가 자신의 정치 투쟁에서 비난받을 만한 수단들을 사용해서가 아니라, 그가 이 수단들을 가지고 겨눌 적대자들을 고르면서 실수를 범했기 때문입니다. 그는 힘있는 사람들을 공격했던 거지요. 전화 도청이요? 그런 관행은 오래 전부터 있어왔던 것입니다. 그가 '적대자 리스트'를 가지고 있었다고요? 그렇지만 그 리스트에 올라 있던 사람들에게 아무 일도 일어나지 않았습니다. 저도 그 리스트에 올라 있었습니다. 그러나 제게 아무 일도 일어나지 않았어요. 그러니까 결국, 그는 단지 적을 고르면서 실수를 범한 것뿐입니다. 예컨대 그 리스트에는 IBM 회장이 올라 있었고, 정부의 고위 자문위원들

이 올라 있었고, 언론계의 우두머리들이 올라 있었고, 높은 지위에 있는 민주당 지지자들이 올라 있었죠. 그는 또 메이저 자본주의 기업인 『워싱턴 포스트』를 공격했어요. 그리고 이 힘있는 사람들이, 예상했던 대로, 동시에 자신들을 방어한 거지요. 워터게이트요? 그건 권력자들과 권력자들의 싸움이었을 뿐이에요. (원칙대로라면) 닉슨에게 처럼 다른 사람들에게도 비슷한 범죄들의, 그리고 그보다 훨씬 더 무거운 범죄들의 책임을 물을 수도 있었겠지요. 그러나 그 범죄들은 늘 소수파를 대상으로 또는 사회운동을 대상으로 저질러졌기 때문에 거의 아무런 항의도 받지 않았어요.[2]

워터게이트 사건이 단지 지배계급 사이의 권력 다툼의 양상이었을 뿐 민주주의와는 관련이 없다는 촘스키의 관찰에는 깊은 통찰이 있다. 특히 대통령직을 승계한 포드가 국가원수로서 내린 첫번째 결정이 닉슨의 사면이었다는 것을 생각하면, 촘스키의 말을 그저 흘려들을 수는 없다. 분명히, 워터게이트 사건은 미국 내의 계급 관계에 손톱만큼의 충격도 주지 못하고, 고작 지배계급 구성원들 사이의 '수평적' 자리이동으로 결말이 났다. 그러나 나는 민주주의에 대한 촘스키의 이런 급진적 관점에 편한 마음으로 동의할 수 없다. 그것이 지배계급 안의 권력 다툼의 결과일 뿐이라고 하더라도, 그것을 지렛대로 삼아 비폭력적 방식으로 현직 대통령을 갈아치울 수 있었다는 것은 바로 그만큼의 민주주의라고도 할 수 있지 않을까 하는 생각을 지울 수 없기 때문이다.

---

2) 『*Language and Responsibility*』, Noam Chomsky based on conversations with Mitsou Ronat (New York:Pantheon Books, 1979), pp. 20~21.

누군가의 말대로 모든 권력은 부패한다. 그리고 절대적인 권력은 절대적으로 부패한다. 이 누군가의 말에 대한 또다른 누군가의 코멘트대로, 권력이 부패한다는 명제는 부패할 소지가 큰 사람들이 그렇지 않은 사람들보다 권력에 접근할 기회가 더 많다는 것을 의미하기도 한다. 그렇다면 권력의 교체는, 비록 그것이 지배계급 안의 교체라고 할지라도, 부패의 소지를 어느 정도는 줄일 수 있을 것이다. 적어도 그들 사이에서는 감시와 경쟁이 있을 테니까 말이다. 한 사회의 계급 구성이 거의 요지부동처럼 보일지라도, 권력의 분점과 경쟁의 존재는 언제나 독점보다 낫다. 나는 총자본의 이해관계라는 말을 늘 믿지는 않는다. 마찬가지로 지배계급 전체의 이해관계라는 말도 늘 믿지는 않는다. 애증의 감정은 근본적으로 개인적 차원의 것이고, 그래서 그것은 흔히 집단적 이해관계를 교란하고 초월하는 행동으로 이어진다.

프랑스에 살던 95년에, 그곳의 대통령 선거에서 나는 사회당의 리오넬 조스팽을 심정적으로 지지했다. 그리고 많은 사람들의 예상대로 공화국연합의 자크 시라크가 이기자 실망했다. 그런데 지난번 미국 대선에서의 실망은 그때보다 훨씬 더 컸다. 그때 나는 프랑스에 살고 있었고, 지금은 미국에서 수만 리 떨어진 곳에 살고 있는데, 이번의 실망이 그때의 실망보다 더 컸다. 미국이 세계에 끼치는 영향, 더 구체적으로는 한반도에 끼치는 영향이 프랑스와는 비교할 수 없을 만큼 크다고 내가 전제(前提)했기 때문에 그랬을 것이다. 한국의 대통령이 끔찍하게 싫으면, 한국에서 안 살면 그만이다. 프랑스의 대통령이 끔찍하게 싫어도, 프랑스에서 안 살면 그 뿐이다. 그러나 미국의 대통령이 끔찍하게 싫으면, 어디 달아날 데가 없다. 그는 지구의 대통령이니까.

　미국의 민주당이 비록 보수 정당이라고 하더라도, 공화당에 견주면 상대적으로 왼쪽에 있다고 말할 수 있을 것이다. 프랑스의 사회당이 비록 우경화하고 있다고 하더라도, 이 정당을 우파 정당이라고 부를 수는 없을 것이다. 그러면 민주당을, 사회당을 심정적으로 지지하는 나는 좌파인가? 그렇지는 않은 것 같다. 나는 인간에 대한 우익적 관점, 예컨대 생물학주의나 자유의 고귀함 같은 것을 '존재'로서 신봉한다. 그러나 나는 인간에 대한 좌익적 관점, 예컨대 사회학주의나 평등의 고귀함 같은 것을 '당위'나 '가치'로서 옹호하고 표출한다. 균형을 잡기 위해서다. 진실에 대한 충성이 세계를 추하고 무섭게 만들 것이기 때문이다. 나는 분열 상태에 있다. 그러나 이 분열은 나만의 것이 아니다. 그것은, 김화영의 어느 글에 의하면, 수십 년 전에 프랑스의 소설가 미셸 투르니에가 피력한 생각이다.

　인간에 대한 우익적 관점의 근대적 시원(始原)은 찰스 다윈이다. 그는 '적자생존'이나 '자연선택'의 개념을 통해서 그 이후의 모든 우익 이데올로기들에 그 '과학적' 기반을 제공했다. 그러나『종의 기원』의 저자에게서 좌익적 전망을 발견할 수도 있다고 주장하는 이도 있다. 그 가운데 한 사람이 프랑스의 과학사학자 파트릭 토르다. 토르는 지난 83년에 쓴『위계적 사상과 진화』라는 책에서,『종의 기원』에 비해 사람들에게 덜 알려진 다윈의 또다른 저서『인간의 계보』에 주목한다.

　토르에 따르면, 다윈은 이 책에서 문명화가 진척된 상황에서는 자연선택의 원리가 작동하지 않는다는 점을 강조하고 있다. 다윈은 자연선택 이론의 창시자이지만, 그 선택의 법칙이, 특히 그 도태의 측면에서, 문명 상태에서는 작동하지 않는다고 주장한 사람이기도 하다는 것이다. 그러니까 토르에 의하면, 다윈의 인류학은 실상 사회적 다위니즘이라는 유사 다위니즘이나 그것의 20세기적 변종인 사회생물학과는 정반대의 논리를 내세우고 있다는 것이다.

토르가 읽은 『인간의 계보』에 따르면, 사회적 선택의 공간 안에서는 자연선택이 이루어지지 않는다. 문명을 향한 인간의 발걸음은 그 반대로 진화의 과정에서 도태를 도태하는 경향을 보여왔다. 진화의 지도원리인 자연선택은 문명을 선택했는데, 그 문명이 자연선택에 반대했다는 것이다. 다윈이 발견한 이런 역설적 효과를 토르는 '진화의 역전효과'라고 명명했다. 진화의 역전효과는 자연선택의 논리 그 자체에 의해 쉽게 설명된다. 왜냐하면 자연선택의 논리는 유리한 유기체적 변이만을 선택하는 것이 아니라 유리한 본능들도 선택하기 때문이다.

이런 유리한 본능들 가운데는 '사회적 본능'이 포함된다. 문명화의 진전에 따라 점점 더 큰 몫을 차지하게 된 사회적 본능은 이타주의적 사고나 행동을 일반화하고 제도화한다. 그리고 이 이타주의적 양식이 야만적인 선택의 게임을 억제한다. 자연선택은 이렇게 사회적 본능을 이용하여 자신과는 역행하는 선택—이성적이고 보편적인 원리나 법률, 너그럽고 평등 지향적인 도덕 따위—을 행한다.

여기서 토르는, 도저히 부정할 수 없는 권위를 지닌 다윈이라는 이름을 무모하게 거스르는 대신에 그를 새롭게 해석하고 있는 셈이다. 현대의 마르크스주의자들이 사회주의 체제의 잿더미 위에서 마르크스를 벽장에 처넣는 대신에 '전화(轉化)'라는 이름으로 그를 새롭게 해석하듯이. 『인간의 계보』가 『종의 기원』보다 십여 년 뒤에 나왔으므로, 토르가 읽은 다윈이 다윈의 가장 원숙한 모습일지도 모른다. 그리고 토르가 읽은 다윈이, 그 다윈이 발견한 원리가, 세상의 참모습에 더 가까울지도 모른다. 그러나 그렇다고 해서 우리가 일상생활 속에서 좌익적 실천을 행하는 것이 쉬운 것은 아니다.

평등주의자가 되는 것은 참으로 어렵다. 마음속 깊이 평등주의자가 되는 것은 더 어렵다. 누군가가 평등주의를 내세운다고 하더라도, 그것은 너그러운 강자가 가련한 약자에게 내보이는 자선(慈善)이나 연민의 표면형(表面形)에 지나지 않은 경우가 흔하다. 어떤 개인들이나 집단들 사이에 첨예한 이해관계가 없을 때는, 다소의 양식만 있으면 평등주의를 실천할 수 있다. 그러나 산다는 것은 갈등의 연속, 이해관계의 엇갈림의 연속이다.

인종이나 성(性) 사이에 차별이 있어서는 안 된다고 생각하고 자신의 그런 믿음을 기꺼이 실천하는 '쿨(cool)한' 백인 사나이도, 어떤 구체적 맥락 속에서 구체적인 흑인 여성과 이해관계가 결정적으로 엇갈렸을 때, 상대방의 인종적·성적(性的) 배경에 대한 편견이 어쩔 수 없이 솟아오르는 것을 느낄 것이다. 그가 마음속 깊은 곳에서까지 평등주의자는 아니기 때문이다. 다시 말해, 그가 마음속 깊이 흑인 여성을 자신과 대등하게 생각하지는 않았기 때문이다. 그의 평등주의는 자선이었거나 연민이었거나 거추장스러운 정의감의 소산이었을 것이다. 학벌 피라미드가 공정치 못한 것이라고 생각하는 양식 있는 서울대학교 졸업생도 '일반 대학' 출신의 동료와 구체적 맥락 속에서 이해관계가 크게 엇갈렸을 때, "머리도 떨어지는 것이"라는 생각이 불현듯 드는 것을 경험하기도 할 것이다. 이번에도 역시, 그가 마음속 깊은 곳에서까지 평등주의자는 아니기 때문이다. 다시 말해, 그가 마음속 깊이 '일반 대학' 출신의 동료를 자신과 대등하게 생각하지는 않았기 때문이다. 그의 평등주의 역시 그가 충분히 육화하지 못한 정의감의 소산이었을 것이다. 이런 상황은 장애인과 비장애인 사이에서도 생길 수 있을 것이다.

요컨대 "착한 흑인 여성, 오케이(마이너스 알파)! 내게 고분고분한 '일반 대학' 출신, 오케이(마이너스 알파)! 국으로 있는 장애인, 오케이(마이너스 알파)! 그러나 심보 고약한 검둥이 기집애, 리젝트 플러스 알파(플러스 베타)! 나랑 맞먹으려 드는 돌머리, 리젝트 플러스 알파(플러스 베타)! 잘난 체하는 절름발이, 리젝트 플러스 알파(플러스 베타)!"가 (평등주의자를 포함한) 주류가 비주류에게 건네는 관습적 시선이다. 여기서 알파와 베타가 완전히 사라진 사회가 이상적인 평등사회이겠지만, 그런 사회의 도래는 제도만이 아니라 인간의 심성이 근본적으로 변화한 이후에야 가능할 것이다.

위계적 질서는 자연적 질서다. 평등적 질서는 부자연스러운 질서다. 그러나 자연계에서 오직 인간만이 평등적 질서를 열망하고, 그 열망을 실현하기 위해 싸운다. 평등에 대한 열망은, 그 부자연스러움에도 불구하고, 인간을 다른 동물들과 구별하는 유력한 표지 가운데 하나다. 평등에 대한 열망은 문명의 소산이다. 문명이라는 것 자체가 거대한 폭력이기는 하지만, 그 폭력이 없다면 세상은 훨씬 더 큰 폭력이 난무하는 아수라장이 되고 말 것이다. 내가 무정부주의자가 되지 못하는 것, 리버태리언이 되지 못하는 것은 그래서다. 나는 문명의 옹호자다. 그것은 내가 인본주의자라는 뜻이고, 바로 그만큼은 평등의 옹호자라는 뜻이기도 하다.

텍스트와 사람

스타일이 곧 사람이라는 말은 근원적으로 옳을지 모르나, 스타일에서 사람을 발견하는 것이 늘 쉬운 일은 아니다. 그 둘이 맺는 관계가 매우 심층적인, 또는 추상적인 차원에 자리잡고 있기 때문이다. 매우 약은 사람이라면 스타일로 자신의 본모습을 가릴 수 있다. 약은데다가 자기동일성에 대한 집착이 옅은 사람이라면 더 능란하게 그럴 수 있을 것이다. 약지도 못하고 게다가 자기동일성에 대한 집착이 강한 사람—신경질적인 사람이라고 하자—이 쓴 텍스트의 경우에라야, 쉽사리 스타일에서 사람을 읽을 수 있다. 그러나 글쓰기의 주체가 모두 미욱하고 신경질적인 것은 아니다. 그래서 스타일에서 사람을 읽으려는 노력은 때로 위험하다.

이와는 다른 차원에서, 이것과 다소 어긋날 수도 있는 얘기 한마디. 진중권은 자주 텍스트 읽기와 인격 읽기의 분리의 중요성을 강조하며, 그것이 분리되지 않으니 토론이나 논쟁이 감정싸움으로 비화한다고 개탄한다. 그것은 옳은 얘기다. 그러나 그 둘을 분리하는 것이 누구에게나 쉬운 일은 아니다. 영화 〈넘버 쓰리〉의 한 등장인물이 "죄가 무슨 죄냐 사람이 죄지"(아니면 "왜 죄를 미워해? 사람을 미워해야지"였던가?)라고 얘기했듯이, 흔히 희로애락애오욕의 대상이 되는 것도 어떤 텍스트가 아니라 그 텍스트를 만든 사람의 인격이다. "최고의 비타민은 비타민 P(praise)"라는 우스개가 나온 것은 그래서일 것이다. 자신을 칭찬하는 사람에게 정(情)이 가고 자신을 비판하는 사람에게 매정해지는 것은 자연스럽다. 자신에게 너그러운 글을 쓴 사람에게 너그러워지고 자신과 관련해 날 선 글을 쓴 사람에게 날을 세우게 되는 것은 자연스럽다. 그러나 자연스러운 것이 옳은 것은 아니다. 진중권이 옳다.

유능함

'안티조선운동'과 관련해서 이름이 거론되는 사람들 가운데 내가 특별히 강준만과 진중권을 지지하는 것은 그들이 특별히 윤리적이어서가 아니라, 그들이 특별히 유능하기 때문이다. 강준만은 거시적으로, 정치적으로 유능하고(거시적-정치적 반성 능력이 뛰어나고), 진중권은 미시적으로, 문화적으로 유능하다(미시적-문화적 반성 능력이 뛰어나다). 그들은 물론, 내가 보기에는, 대단히 윤리적이다. 그러나 그들의 윤리성은 그들의 유능함의 일부분이다.

싸움

싸움이 좋은 것은 아니지만, 대등한 집단끼리의 싸움은 적어도 만인(다수) 대 일인(소수)의 싸움 곧 따돌림보다는 낫다. 대등한 집단끼리의 싸움은, 그 싸움이 격렬해질수록, 집단 안의 성원들을 소외에서 구원하기 때문이다. 조선과 안티조선 사이의 싸움은 두 캠프의 현실적 힘과 윤리적 기반의 낙차가 (교차적으로) 워낙 커서 이런 싸움의 예로 적절하지는 않지만, 그것이 만인 대 일인의 싸움이 아니라는 점에서 이런 싸움과 본질적으로 다른 것은 아니다. 이런 싸움이 격렬해질수록, 두 캠프 안에 있는 사람들은 강한 동질감을 느끼고 소외에서 해방될 가능성이 크다.

그러나 동시에, 이런 싸움이 격렬해질수록, 같은 캠프 안의 개인들 사이에 있을 수 있는 입장의 차이는 사라지거나 덮이고, 오직 집단의 논리만 단색으로 펄럭이게 될 가능성도 크다. 캠프 안의 상호 비판이나 자기 비판은 좀처럼 나오지 않는 형국 말이다. 그것을 가장 좋게 해석하면, "적에게 유리한 증거가 되기는 싫다"[3]는 충정으로 이해할 수도 있다.('조선일보 문제'에 관한 한, 나는 내 나름대로 해석한 변영주의 말을 실천해왔다.) 그러나 그 충정이 절제를 모르고 경화(硬化)해 내부 의견의 섬세한 무늬들을 폭력적으로 지워버릴 때, 두 캠프의 논리는 이미 설득이나 토론을 포기하고 선언만을 겨냥한다. 모든 선언이 그렇듯, 거기에는 자의식이 없다.

자경(自警)

복거일의 『현실과 지향』(1990, 문학과지성사)의 머리글에는 내가 지난 10년 동안 세상을 바라보며 자경(自警)의 회초리로 삼았던 구절이 담겨 있다.

더구나 자유주의를 기본 원리로 삼은 사회에서는 자유주의자들에게 "나쁜 자들을 더 나쁜 자들로부터 지켜야" 한다는 반갑지 않은 일까지 맡겨진다. 그 일은 나쁜 현실과 비교되는 그럴듯한 이상이 실제로는 더 나쁜 현실의 청사진임을 보이는 과정을 포함한다. 그것은 어렵

---

3) 변정수의 어느 글에 따르면 이 말의 저작권은 영화감독 변영주에게 있다. 그런데 다시 변정수의 또 다른 글에 따르면, 변영주가 이 말을 한 것은 지금 내가 이 말을 쓰고 있는 맥락에서가 아닌 듯하다. 그의 설명이 너무 복잡하고 섬세해서 나는 변영주가 정확히 어떤 맥락에서 이 말을 사용했는지를 이해할 수가 없었다. 아무렇거나, 나는 내 나름의 방식으로 그 말을 써먹기로 한다.

지만 지적 보답은 작은 일이다. 도덕적 권위를 잃은 집단들이 되풀이해서 낡고 때묻은 진술들에도 옳은 구석이 있다고 지적하는 일에서 마음에 활기를 주는 지적 보답을 기대하기는 어렵다.

물론 나는 이 구절을 복거일이 상정한 맥락 바깥에서 소비했다. "나쁜 현실과 비교되는 그럴듯한 이상이 실제로는 더 나쁜 현실의 청사진"이라고 복거일이 말했을 때, 그것은 마르크시즘의 매혹이 허황되다는 것을 알리기 위한 계문이었겠지만, 애초에 마르크시스트가 될 수 없었던 나는 그것을 무정부주의나 리버태리어니즘 같은 극단적 개인주의의 매혹을 차단하는 계문으로 소비했다. 그러니까 '실제로는 더 나쁜 현실의 청사진인 그럴듯한 이상'은 내게 무정부주의적 개인주의나 자유지상주의였다. 나는 간혹, 아무런 제약 없는 개인적 자유라는 무지개에 마음을 빼앗기기도 했지만, 복거일의 위 문장을 마음에 새기며 스스로를 경계했다. 로버트 달의 통찰대로, 국가가 없는 '자연 상태'나 국가의 힘이 매우 약한 '유사 자연 상태'에서는 범죄자들에 의해서든 범죄자들을 제재하려는 사람들에 의해서든 바람직하지 못한 형태의 강압이 여전히 지속될 것이기 때문이다. 또 그런 무국가 사회나 유사 무국가 사회에서 어떤 사람들은 매우 억압적인 국가를 창건하기에 충분한 자원을 획득할 것이기 때문이다. 무정부주의나 리버태리어니즘이 일반적 원리로 자리잡은 사회는 극소수 구성원의 무한한 자유를 위해서 대다수 구성원의 최소한의 자유마저 억압되는 약육강식의 사회에 가까울 것이다. 요컨대 국가가 없(거나 거의 없)는 사회에서 살려고 하기보다는, 만족스러운 국가를 만들어내려고 애쓰는 것이 더 낫다.

복거일이 '도덕적 권위를 잃은 집단'이라는 표현으로 가리켰던 것은 부패하고 무능한 정치적·경제적 권력자들이었겠지만, 나는 더러 그것을 말과 삶이 천연덕스럽게 따로 놀아 내 심미안을 크게 거스르던 안락한 '좌파' 인사들로 대치했다. 아닌게아니라 내가 맥락을 바꾸어버린 복거일의 통찰대로, 그 안락하고 무책임한 '좌파' 인사들에게 내가 도덕적 권위를 인정할 수는 없었지만, 그들이 낡은 유성기처럼 되풀이해서 이제는 너무 낡고 때묻어 보이는 진술들에도 간혹 옳은 구석이 있기는 했다. "나쁜 자들을 더 나쁜 자들로부터 지켜야 한다"는 책임감은 나를 질기게 『조선일보』 비판자로 남게 할 것이다. 그것은 어렵지만, 정말이지 지적 보답은 작은 일이다.

패거리주의

강준만이 패거리주의라고 부르는 것의 흉악망측함에는 많은 사람들이 공감할 것이다. 그러나 그 패거리주의에서 완전히 자유롭다고 자부할 수 있는 사람이 많지도 않을 것이다. 그 패거리주의를 좁게 규정해도 말이다. 게다가 그가 패거리주의라고 부르는 것을, 자기 주변 사람에 대한 자연스럽고 온당한 배려와 구분하는 것이 늘 용이한 일도 아니다. 게마인샤프트의 영역 바깥으로 눈을 돌려보아도 그렇다. 물질적 이익의 추구를 위해 손을 잡은 사람들이 패거리고, 어떤 이념이나 가치를 추구하기 위해 손을 잡은 사람들이 동지라고 손쉽게 말할 수도 있겠지만, 물질적 이익의 추구와 이념-가치의 추구는 흔히 서로 스며들어 있다.

돌이켜보면, 패거리를 지을 만한 미끈한 집단에 속해 본 적이 없는 내가 지금까지 굶지 않고 그럭저럭 살아올 수 있었던 것도 내 주변 사람들이 내게 베푼 호의 덕분이다. 그들의 자그마한 호의가 아니었다면, 내 삶은 지금보다 훨씬 더 고됐을 것이다. 나는 그들에게 고마움을 느낀다. 문제가 되는 것은 언제나 '정도 문제'다. 그러나 다시 문제가 되는 것은 '적정한 정도'에 대한 사람들의 판단이 천차만별이라는 것이다.

"재밌고 웃기다"

김영하의 『굴비 낚시』(2000, 마음산책)의 한 구절. "사실, 이 영화는 무지무지하게 재밌고 웃기다."(137쪽)

'재밌다(재미있다)'는 형용사이므로 당연히 그 기본형과 현재형이 같다. 그런데 그 뒤에 이어지는 '웃기다'는 동사인데도 김영하는 그 기본형을 현재형으로 쓰고 있다. 이것은 표준어 문법에는 어긋난다. 표준어 문법을 따르자면, 동사 '웃기다'의 현재형은 현재 시제 선어말 어미 '-ㄴ-'을 어간과 어미 사이에 삽입해 '웃긴다'로 써야 한다. 그래도 이 문장이 오문(誤文)이라거나 '웃기다'의 '기'가 '긴'의 오식(誤植)이라고 생각할 사람은 거의 없을 것이다. 완고한 언어 순결주의자가 아니라면 말이다. 한국어 '웃기다'는, 특히 구어체에서, 지금 이전(移轉) 중이다. 그것은 동사에서 형용사로 전성(轉成)하고 있다. 다시 말해 '웃기다'는 '웃게 하다'에서 '우습다'로 옮아가고 있다. 그것은 '웃게 하다'와 '우습다' 사이의 점이지대(漸移地帶)에 있다고도 할 수 있다. '웃기는 놈' 대신 '웃긴 놈'이라는 말이 흔히 쓰이기도 한다. 그때의 '웃긴'은 동사 '웃기다'의 과거 관형형이 아니라 형용사 '웃기다'의 현재 관형형이다.

사실, 김영하가 "사실, 이 영화는 무지무지하게 재밌고 웃긴다"라고 썼더라면, 오히려 문장이 더 헝클어진 느낌을 주었을 것이다. 하나의 주어에 연결되는 같은 위치의 두 서술어가 하나는 형용사고 다른 하나는 동사이니 말이다. 그러니, "사실, 이 영화는 무지무지하게 재밌고 웃기다."

기이함

명성을 얻은 학자들 가운데 글을 명료하게 쓰는 사람은 드물다. 그들 가운데서도, 내가 받은 인상으로는, 글이 가장 어설픈 사람들이 법학자들과 국어학자들인 것 같다. 한쪽은 한국 사회의 가장 뛰어난 재능들을 가르치는 사람들이라는 점에서, 다른 쪽은 다른 것도 아닌 한국어를 가르치는 사람들이라는 점에서, 기이한 일이다.

정운영

정운영의 90년대 글쓰기의 가장 큰 공로는 젊은이들에게 경제학 교양을 심어준 데 있는 것이 아니라, 한국어 산문 문장의 화사함을 한 단계 높인 데 있다. 정녕 그는 화사한 문장이라는 게 무엇인지를 보여주었다. 더불어, 실천과 분리된 화사함이 얼마나 허망한지도 보여주었다. 프롤레타리아 당파성으로 화사하게 치장한 정운영의 글은 가장 부르주아적으로 소비된다. 그의 글은, 내 생각에, 복거일의 글보다 더 효율적으로 부르주아지의 헤게모니 강화에 기여했을 것이다. 정운영이 그려보인 아름다운 세계가 현실 속에서 이뤄질 수 없다는 것을 그의 독자들이 이내 눈치챘을 테니 말이다. 그의 글을 읽고 열광하던 학생들은 이제 신참 부르주아로서 주식시세에 신경을 곤두세우고 있을 것이다. 그가 그리워하는 마오 시절의 중국이나 그에게서 감동적인 조사(弔辭)를 선사받은 알튀세르는 이 신참 부르주아들의 삐까번쩍한 지적 장식품 구실을 하고 있을 것이다. 자신의 발언을 자신의 발 밑에 조회해보는 일은 누구에게나 힘든 일일까?[4]

면죄부

공동체주의는 좌파와 강한 친화력이 있다(물론 극우파와도 강한 친화력이 있지만). 그런데 실제의 좌파 인사들은(주로 강단에 있는 사람들 말이다) 왜 대체로 지극히 개인주의적이거나 고작 패거리주의적인 것일까? 서로 다른 방향으로 치닫는 언어와 삶을 한 인격체 안에 통합시킬 수 있는 그들의 조정 능력이 놀랍다.[5] 많은 자칭 좌파 인사들에게 그 '좌파'라는 레테르는 그저 빛나는 훈장이고(부르디외적 의미의 구별짓기를 위한), 타인에 대한 도덕적 심판을 위한 완장이며, 도둑처럼 찾아올지도 모르는 천년 왕국에 대비한 면죄부인 것 같다.

순응주의

남의 말 하기는 쉽지만, 막상 그게 자기 일로 닥치면 몸과 마음이 꼭 그렇게 움직여주질 않는다. 나는 아이들의 학교 공부에 신경을 전혀 쓰지 않았다. 그저 아이들이 별다른 상처 없이 밝게만 자라주면 그만이라고 생각했다. 그것은 내가 우리 사회의 학교 교육을 끔찍하게 생각했다는 뜻이기도 하고, 또 그만큼 아이들에게 관심이 없었다는 뜻이기도 하다. 그래, 나는 적어도 아이들의 학교 공부에 관심이 없었다. 더구나 내 아이들이 모짜르트가 아니니, 이 아이들이 살해된 모짜르트가 될 염려도 없었다. 내가 아이들의 공부에 관심이 있었다고 하더라도, 그 아이들에게 무슨 과외를 시킬 경제적 능력이 내게 있는 것도 아니니, 내 관심이 아이들에게 큰 도움이 되지도 않았을 것이다.

그런데 고3인 큰아이가 수능을 망쳤다. 나는 내 반응에 놀랐다. 정작 당사자인 아이는 사나흘 정도 풀이 팍 죽어 있다가 어느 정도 평심을 회복한 듯한데, 나는 그게 아니었다. 나는 그 이튿날 엉망으로 취했고, 취해서 술자리에서 실수까지 했고, 그 뒤 얼마 동안은 아예 신문을 보지 않았다. 수능 관련 기사만 눈에 띄면 마음이 아려서였다. 이 글을 쓰는 지금도 큰아이의 대학 입시에 대해서는 생각하기도 싫다. 결국 나는 교육 자본이 우리 사회에서 얼마나 중요한지를 몸으로 깨닫고 있는, 그것이 사회관계 자본과 직결된다는 것을 바로 내 몸뚱어리로 실감해온, 그래서 이 빌어먹을 교육제도 속에서 다른 아이는 어찌 되든 그저 내 아이만은 그럴 듯한 대학에 가주기를 내심 열망해온, 지독한 가족이기주의자였던 것이다.

수능을 망친 터라 특차로 대학 갈 생각을 포기한 아이는 얼마 전부

---

4) 내가 나쁘다. 정운영만한 인텔리도 우리 사회에서는 얼마나 귀한데. 사실 그는 쓰레기통 속에서 피어난 장미꽃이다. 말해놓고 보니 장미도 화사한 꽃이네.

5) 그것은 국가주의를 소리 높이 부르짖으면서도 제 자식이 군대 갈 나이가 되면 병역 기피를 궁리하는 한국의 기득권 극우파가, 그럼에도 불구하고 분열증에 걸리는 일 없이 맨 정신으로 잘 살아나가고 있는 것과 닮은 구석이 있다. 비록 많이 닮지는 않았지만.

터 다시 마음을 추슬러서 논술시험 준비를 하고 있다. 나는, 그래도 아비로서, 그 아이의 논술시험 준비에 도움이 될까 해 책을 세 권 사다가 아이에게 건넸다. 나이절 워버튼의 『철학의 근본문제에 관한 10가지 성찰』, 복거일의 『진단과 처방』, 진중권의 『시칠리아의 암소』였다. 나는 복거일의 책 가운데는 『현실과 지향』을 제일 좋아하지만, 글마다 뒤에 붙은 기다란 주(註)들을 아이가 읽기 버거워할 것 같아 『진단과 처방』을 골랐다. 또 아이는 예전에 『네 무덤에 침을 뱉으마!』를 재미있게 읽은 터라 진중권의 새 책을 사다주는 것은 자연스러워 보였다. 무엇보다도, 세계를 바라보는 각도가 대조적인 두 사람의 책을 함께 읽다보면, 아이가 세상을 입체적으로 살피는 법을 조금이나마 익히게 될 것 같았다. 좌안(左眼)과 우안(右眼)이 있어야 사물의 거리를 감지할 수 있으니.

그런데, 거기서 내 순응주의가 발동했다. 이 책들이 아이에게 어떤 식으로라도 흔적을 남길 텐데, 이 책의 저자들은 내가 보기에도 표준적 인물들이 아닌 것이다. 우선, 논술고사의 시험관(試驗官)들이 복거일의 생각을 그다지 좋아할 것 같지 않았다. 그래서 나는 아이에게 이렇게 말했다. "이 아저씨의 생각은 좀 과격하단다. 거리를 두고 읽을 필요가 있어." 다음, 시험관들이 아무래도 진중권의 스타일을 좋아할 것 같지 않았다. 그래서 나는 아이에게 이렇게 말했다. "이 아저씨의 스타일은 모범으로 삼긴 좀 뭣하단다. 시험장에선 신문 사설식으로, 알지?"

이렇게, 나는 내가 고른 두 저자들에 대해 비판적 코멘트를 단 다음에야 비로소 안심하고 그 책을 아이에게 줄 수 있었다. 나는 비교적 비순응적으로 살아왔고, 또 여기저기서 비순응주의를 옹호하고 있는데, 아이가 내 비순응주의를 물려받는 건 불안하다. 부끄럽다.

표절

이명원 사태를 접하며 든 생각. 지금까지 내가 써온 글들 가운데 얼마만큼이 내 생각의 흔적이었을까? 물론 나는 학자도 예술가도 못되고 그저 소박한 얼치기 저널리스트일 뿐이다. 그러나 그렇다고 해서 나의 무수한 표절이 사면될 수 있는 것은 아니다. 내가 프랑스에서 써보낸 기사들은 그 태반이 표절이었다고 해도 과언이 아니다. 나는 『르몽드』를 베끼고, 『리베라시옹』을 베끼고, 『르 누벨 옵세르바퇴르』를 베끼고, 『렉스프레스』를 베끼고, AFP와 AP를 베끼고, CNN과 LCI를 베꼈다. 물론 처음엔 더러 그 소스를 밝히기도 했지만, 나는 이내 그 번거로운 정직성을 포기했다. 일단 소스를 밝히기로 하면, 기사 하나를 쓰면서도 '르몽드에 따르면' '이 신문에 의하면' '…라고 이 신문은 보도했다' '…라고 이 신문은 주장했다' 를 하염없이 반복해야 하니, 스타일 상으로도 영 본때가 없었다. 그래서 언젠가부터는, 그쪽 신문이나 잡지의 기사를 통째로 훔쳐 베끼거나 요약하면서도 그 소스를 기사 앞부분에서 한번 살짝 언급하고 지나가 버리거나, 더 나아가 아예 소스도 밝히지 않은 채 마치 내가 직접 본 것에 대한 내 생각인 양 부끄러운 줄 모르고 끄적거리게 되었다. 아주 이따금씩, 소스를 밝힌 멋진 인용문이 들어가는 것이 기사를 그럴 듯하게 만들어줄 수 있으리라고 판단될 때만, 나는 소스를 밝혔다. 게다가 그렇게 표절한 기사 쪼가리들을 드문드문 끼워 내 이름을 내걸고 책을 낸 적도 있다.

내 표절의 역사에서 정녕 놀라운 것은, 내가 남의 글들을 여기저기서 훔쳐 내 이름으로 발표한 글을 꽤 세월이 지난 후에 읽노라면, 그것들을 표절한 기억은 가물가물 사라지고 그 글이 온전히 내 독창적인 생각인 듯한 착각이 든다는 것이다. 그래서 "야, 내가 그때 이미 이런 대단한 생각을 했구나" 하며 후안무치한 자족감에 빠진다는 것이다.

애인

전자우편 쓰기를 배운 것이 지난여름이다. 그 전에도 전자우편을 사용하지 않은 것은 아니다. 그러나 내게는 메일 주소도 없었고, 더구나 나는 메일을 보내고 받는 법도 몰랐으므로, 아이들의 도움을 받아서야 겨우 메일을 보내거나 받을 수 있었다. 물론 아이들의 메일 주소를 빌려서 말이다. 그런데 신문사 생활을 다시 시작한 지 얼마 뒤에, 내게도 전자우편 주소가 생겼다. 그러나 그 주소는 내가 쓴 기사 끝에 그야말로 장식품으로 붙어 있었을 뿐이다. 나는 내게 메일 주소가 생긴 뒤로도 5개월 가까이 우편함을 아예 열어보질 않았으니까. 사실은 (열어볼 의사가 있었어도 어떻게 여는 줄을 몰라) 열어볼 수가 없었으니까. 물론 그러면서도 조금 불안하기는 했다. 혹시라도 선의의 독자들이 내 기사 끝에 붙은 주소로 내게 전자우편을 보냈으면 어떡하나 해서 말이다.

지난여름 어느 날 점심을 먹고 들어오니, 옆자리의 동료가 어느 독자의 항의 전화를 받았다고 일러주었다. 그 전화의 내용인즉, 메일을 아무리 보내도 답신이 없으며, 답신이 없는 데에 대한 항의 메일을 보내도 역시 답신이 없다는 것이었다. 요컨대 그 사람이 회사에 나오기는 하느냐는 거였다. 나는 이제 더이상 이 잔을 피할 수 없다고 생각했다. 층계참으로 나가 담배를 피우며 어쩌나, 하고 이리저리 궁리를 하고 있는데, 노조위원장이 눈에 띄었다. 내 사무실은 노조 사무실과 같은 층에 있고, 그 당시의 노조위원장은 가깝게 지내는 후배였다. 나는 그에게 전자메일 쓰는 법을 가르쳐줄 수 있느냐고 물었고, 그는 다소 어이없어 하면서 30초면 배울 수 있다고 대답했다. 그는 틀렸다. 1분은 걸렸으니까. 그는 내게 회사 인트라넷 주소를 가르쳐 주었고(나는 그때까지 인트라넷이라는 게 있는지도 몰랐고, 거기 들어가는 방법도 몰랐다), 나는 처음으로 내 우편함을 열어볼 수 있었다.

그때의 황당함이라니. 편지가 90통 가까이 쌓여 있었는데, 그것들 가운데 상당수는 답신이 없는 것에 대한 항의 메일이었다. 어떤 메일은 점잖게 꾸짖는 것이었고, 어떤 메일은 욕설에 가까운 말을 늘어놓기도 했다. 또 그 가운데는 내가 오래 전에 『한국일보』가 아닌 다른 매체에 쓴 글을 심하게 질책하는 것도 있었다. 나는 이틀에 걸쳐서, 너무 심하다 싶은 항의 편지를 빼고는, 그 편지들에 짤막하게 답신을 했다. 주로 내가 답신을 할 수 없었던 이유에 대한 설명이었다. 그리고 그때부터 나도 전자우편을 사용하게 되었다.

그 즈음에 나는 한 여성과 연애를 시작했다. 내가 걸었고, 그가 받아주었다. 연애라니까 대단한 것 같지만, 실은 펜팔(컴팔이나 넷팔이라고 해야 하나?)이다. 그저 전자우편을 주고받는. 그러니까 육체가 없는 언어만의 연애다. 그리고 앞으로도 그럴 것이다. 그러나 푼수 소리를 듣더라도 여기서 이 분 자랑을 좀 해야겠다. 내 '애인' 말이다.

나는 우리 사회에 만연한 지성주의(여기서 '지성주의'라는 말은 '학벌주의'의 유피미즘이다)가 짜증스러워 언젠가 여성의 미모를 찬양하는 소설을 쓰기도 했지만, 내 애인의 지적 세련은 늘 나를 주눅들게 한다.(물론 나는 내 애인이 어느 학교에서 무슨 공부를 했고 지금은 무슨 일을 하고 있는지 모른다. 이름 석 자를 알게 된 것도 고작 지난주다.) 논리벽에서 내 애인은 진중권에게 조금도 뒤지지 않고, 통찰력에서 내 애인은 강준만에게 조금도 뒤지지 않는다. 박식함과 정신적 발랄함에서는 강준만과 진중권을 합해도 내 애인에게 못 따라올 것이다.(이건 조금 과장인가?)

강준만이나 진중권처럼, 내 애인도 자신이 지적으로 뛰어나다는 것을 잘 알고 있다. 그리고 그들처럼, 내 애인도 그 점을 내비치는 데 조금도 망설임이 없다. 그는 아주 이따금 인터넷에 등장하기도 하는데, 논적에게 무자비하고 시니컬하다. 그것도 강준만이나 진중권과 닮았다. 그리고 강준만이나 진중권이 논적의 됨됨이를 가늠해가면서 무자비함과 시니컬함의 정도를 조절하듯, 내 애인도 논적의 됨됨이를 가늠해가면서 무자비함과 시니컬함의 정도를 조절한다. 나는 내 됨됨이에 별로 자신이 없으므로, 내 애인과 논쟁하지 않는다. 아니, 좀더 멋있게 말하자. 나는 내 애인을 사랑하므로, 그와 논쟁하지 않는다. 그게 사랑이다.

회색인

끝으로, 정말 욕먹을 소리 몇 마디. 『말』지를 읽다보면 덜컥 겁이 날 때가 있다. 특히 북한 관련 기사, 통일 관련 기사들을 읽을 때 그렇다. 몇 년 전엔가, 평양을 방문한 『말』지 기자가 그쪽 사람들과 이야기를 나누면서, 남한의 황당무계한 극우 소설―남북한이 협력해서 일본의 어느 섬에 핵무기를 날린다는 내용을 담고 있는―을 매우 긍정적인 맥락에서 거론하는 것을 읽고 놀란 적이 있다. 더구나 그 기자는, 나와 개인적 친분은 없지만, 그 재능과 양식과 성실성과 진지함에 내가 늘 감탄하는 이다.(그 기사와 관련된 내 기억이 틀렸기를 바란다.) 지난 12월호에서도 「주체사상 이해해야 통일의 길 열린다」라는 제목으로 실린, 박순경 민주노동당 고문의 인터뷰 기사를 읽으며 마음이 착잡했다. 박순경 선생의 순정한 마음은 그 자체로 아름답다고 할 수도 있겠지만, 내게는 그 분이 그 인터뷰에서 피력한 생각이 조금 위험스러워 보인다. 나는 아무리 노력해도, 주체사상이나 유일체제에 대해 그 분처럼 이해심을 가질 수 있을 것 같지 않다. 또 카드 섹션을 비롯한 평양의 군중 행사들을 내가 그 분처럼 직접 목격했다면, 나는 거기서 '민족혼의 표현'을 볼 여유를 갖지 못한 채, 그저 숨이 막히는 듯 끔찍한 기분만 들었을 것 같다.

『말』지의 어떤 기사들은 강한 낭만주의, 주정주의(主情主義)에 이끌리는 것 같다. 특히 민족 문제를 다룰 때 그렇다. 그 기사들을 읽을 때, 나는 이탈리아의 통일을 이끌었던 마치니나 가리발디 같은 이름들을 떠올리게 되고, 우리 민족을 '성배(聖杯)의 민족'이라고 주장하는 김지하를 떠올리게 된다. 마치니나 가리발디의 삶이, 그리고 젊은 시절의 김지하의 삶이 그 예외적인 헌신성으로 역사의 '진보'의 편에 섰다는 것을 부정할 수는 없을 것이다. 그런데 마치니나 가리발디와는 반대로 역사의 반동을 주도했던 무솔리니라는 이름이 내게는 앞의 두 이름과 그리 멀어 보이지 않는다. 그러나 그것은 먼 나라의 이야기고, 먼 과거의 이야기이며, 그들 사이의 동질성도 또렷하지 않다.

나를 혼란스럽게 하는 것은 출옥 이후의 김지하, 특히 90년대 이후의 김지하다. 나는 90년대 이후의 김지하와 90년대 이후의 조갑제를 구별할 수가 없다. 그들은 '우리 민족의 위대한 고대사'라는 신화를 끊임없이 되풀이하는 신비주의자들이며, 그 신화를 임박한 민족 중흥의 연료로 삼는 야릇한 관념론자들이다. 김지하의 마음 속에는 휴전선이 없고 조갑제의 마음 속에는 휴전선이 있다는 차이는 이들의 공통점에 비기면 사소한 것이다. 김지하의 실천과 조갑제의 실천은, 게르만주의의 실천적 규모를 놓고 프로이센과 오스트리아가 대립했듯, 어떤 맥락에서는 갈등을 빚을 수도 있지만, 그들의 멘탈리티는 내가 보기에 거의 완전히 동일하다. 조갑제의 국가주의는 거울 속에 비친 김지하의 민족주의다. 그들은 둘 다 국수(國粹)의 신봉자다. 나는 더러 『말』지의 논조에서 그 국수에 대한 송가(頌歌)를 듣는다. 그리고 그럴 때가 내가 덜컥 겁이 날 때다.

며칠 전 술자리에서 나와 깔깔대던 김진석이 내게 '어정쩡한 우파' '희미한 우파'라는 딱지를 붙여주었다. 나는 그것을 고맙게 받아들였다. 내가 생각해도 나는 어정쩡하고 희미한 것 같다. 그리고 내가 우(右)는 우(右)인 것 같다. 그러나 내가 파(派)일까? 아무래도 그런 것 같지는 않다. 나는 아무 파에도 속해 있지 않고, 아무 파도 대표하지 않는다. 나는 오직 나에게만 속해 있고, 나만을 대표한다. 지금까지 그래왔듯, 앞으로도 그럴 것이다.

돌아간 김현이 지금 내 나이에 이르렀을 때 했던 말을 내 목소리에 담는다. 나도 최인훈의 회색인에 가깝다. 나는 내 자신이 불행이고 결핍이다.

(2001년 1월)

정체 자백

변명

『문예중앙』 편집자가 보낸 원고 청탁서에 따르면 이번호 테마에세이의 주제는 '정체성에 대하여'이고, 글의 성격은 '단순한 신변 잡기식의 미셀러니가 아닌' '에세이'다. 이 글 부스러기들은 그 조건들을 둘 다 충족시키지 못할 것 같다. 우선 이 글은 정체성에 대한 일반적 서술을 노리고 있지 않다. 철학이나 심리학이나 사회학의 수준에서 정체성이라는 개념을 탐색하는 일반적인 글을 써보는 것이 보답 없는 일은 아닐 것이다. 그러나 제한된 원고 분량 안에서 그런 시도를 하는 것이 무모해 보일 뿐만 아니라, 무엇보다도 그런 종류의 글을 쓰는 것은 내 능력을 크게 벗어나는 일이다. 발버둥쳐보아야, 나는 고작 라캉이나 리쾨르의 몇 문장을 옮겨놓는 것 이상은 할 수 없을 것이다. 또 그 이상이 내게 가능한 일이라고 하더라도, 굳이 내가 그 일을 떠맡지는 않아도 될 것 같다. 원고 청탁서에 따르면 이 난은 내 글 한 꼭지로 채워지는 것이 아니라, 다른 필자들의 글과 내 글이 어우러져 꾸며질 터이기 때문이다. 그러니까 정체성에 대한 일반적 탐구는, 그것이 제한된 분량 안에서 가능하더라도, 나 말고 다른 필자들이 잘 해낼 수 있을 것이다. 내가 그 주제로 내 힘에 부치는 글을 쓰는 것은 비슷한 논지의 덜 익은 글 하나를 덧붙이는 것에 지나지 않을 것이다. 그래서 나는 이 글을 내 정체성에 대한 내성—이라는 말이 거창하다면 보고—에 할애하려고 한다. 도대체 나라는 인간의 정체는 뭔가 하는 것에 대한 내성 내지 그 내성의 결과로서의 보고문 말이다. 내 정체가 뭔가 하는 생각을 지금까지 전혀 안 해본 것은 아니지만, 머리 속의 생각이란 글로 정리되기 전엔 대체로 헝클어져 있고, 그래서 이내 바스러져 버리거나 날아가 버리기 십상이다. 내 정체성 자체가 워낙 모순돼서 거기에 대한 내 생각이 헝클어져 있는지도 모른다. 아무튼 이 글을 쓰는 과정은 내가 내 정체를 성글게나마 (다시) 움켜쥐는 과정이 될 것이다. 다시 말해 그것은 내 다양한 모습들 뒤에 감춰진, 어떤 변하지 않은 핵으로서 내 삶을 응집시키는 그 무엇인가를 내가 응시하는 과정이 될 것이다. 그래서 이 짧은 글이 마무리됐을 때, 내가 나 자신에 대해 그럭저럭 정돈된 생각을 지니게 되기를 나는 바란다. 결국, 이 글은 어쩔 수 없이 '단순한 신변잡기식의 미셀러니'가 될 것이다.

전라도

내 정체성의 가장 밑자리에는 내가 전라도 사람이라는 의식이 자리잡고 있을 것이다. 있을 것이다? 있다! 전라도 사람으로서의 내 정체성은 나로 하여금 자주 스스로를 사회적 문화적 소수파에게 투사하게 만든다. 그리고 그런 사회적 문화적 소수파를 나 자신에게 투입하게 만든다. 그런 투사와 투입의 순환을 거쳐, 나는 항상적 소수파가 된다. 예컨대 빈민층, 장애인, 외국인 노동자, 여성, 동성애자, 범죄인, 무학력자, 요즘 같으면 실업자나 노숙자 같은 사람들에게 나는 자신을 투사하고 그들을 나에게 투입한다. 나는 지금 내가 좌파적 감수성을 지니고 있다고 말하는 것은 아니다. 나는 나 자신을 그들에게 투사하고 그들을 내게 투입하지만, 그들에게 짙은 연대의식을 느낀다거나, 그 연대의식을 헌걸찬 실천으로 옮긴다거나 하지는 않는다. 못한다. 그러니, 내가 그런 소수파들을 사랑한다고 말하는 것은 지나친 일일 것이다. 그러나 나는 내가 그들 중의 하나라고, 적어도 그들 곁에 있다고는 느낀다.

내 물리적 위치가 그런 전형적 소수파들과 꼭 겹치는 것은 아니다. 나는 경제적으로 넉넉하지는 않지만 빈민층이랄 수는 없다. 나는 신체적 정신적으로 완전히 표준적인 인간은 아니겠지만 장애인이랄 수는 없다. 외국인으로 살아보기는 했지만 불법 체류자로 살지는 않았다. 나는 물론 여성이 아니고, 동성애자도 아니다. 내 양심에 거리낄 일을 수없이 저지르고 살아왔지만, 범죄자라는 낙인은 아직 찍혀본 적이 없다. 일류 학교에서 교육을 받지는 못했지만 학교 변두리에서 나이 먹도록까지 어슬렁거렸다. 그래도 나는, 과부가 홀아비 심정 아는 격으로, 그런 전형적 소수파들의 처지를 이해하려고 애써왔고, 또 굳이 애쓰지 않아도 쉽사리 공감이 되었다. 내가 전라도 사람이기 때문이다. 그러나 전라도 사람으로서의 내 정체성은 다소 관념적인 것이다. 나는 판소리 가락이 귀에 설고, 전라도 사투리가 귀에 거슬린다. 전주나 광주에 가보아도 내가 이방인 같다.

전라도 사람으로서의 자의식이란 어쩌면 일종의 피해의식일지도 모른다. 그렇더라도 그 피해의식이 내 눈길을 소수파에게 돌려놓았다면, 그것은 좋은 일이다. 그러나 나는 그 소수파의 중심부에 있지 않다. 그것은 내가 충분히 전라도 사람이 아니어서 그런지도 모른다. 내가 전라도 언저리에 있듯이, 나는 빈민층의 언저리에 있고, 외국인 노동자의 언저리에 있고, 범죄자의 언저리에 있을 뿐이다. 그러니, 소수파에 대한 나의 동일시는 거짓 동일시일지도 모른다. 적어도 그 것은 함량 미달의 동일시일 것이다. 나는 소수파의 소수파다. 그것은 내가 모든 집단의 주변부에 있다는 뜻이다. 나는 언저리의 언저리에 있다. 그 언저리의 언저리가 반드시 (중심에서 보아) 외곽의 외곽이라는 뜻은 아니다. 언저리의 언저리와 중심 사이의 거리는 언저리와 중심 사이의 거리보다 더 짧을 수 있기 때문이다. 그런 나의 주변성은 내가 유사 전라도 사람이라는 데서도 왔겠지만, 내가 보편적 이성의 신봉자라는 데서도 왔을 것이다. 보편과 주변, 특수(당파)와 중심이 서로 짝을 이루는 것은, 어색하지만 현실이다.

여성

나는 물론 여성이 아니고, 그 흔한 남성 페미니스트도 못 된다. 그러나 나는 내가 남성이라는 데에 자부심을 느껴본 적은 한 번도 없다. 물론 그것을 다행스럽게 느껴본 적은 많다. 인류 진화의 지금 단계에서는 이 행성 어디에서라도 그렇겠지만, 특히 한국에서, 남성으로 태어난 것을 다행스럽게 생각하지 않는 남성은 흔치 않을 것이다. 그러나 나는 내 몸 깊숙이 어떤 여성성이 숨겨져 있는 것이 아닌가 하는 생각을 할 때가 있다. 어려서부터 나는 남자 친구들과 있는 것보다 여자 친구들과 있는 것이 더 즐거웠다. 물론 십대나 이십대 때는 성욕이 넘쳐흘렀으므로, 적어도 심리적으로나마, 성적 대상이 될 수 있는 성과 함께 있는 것이 더 즐거웠다고도 해석할 수 있다. 그런데 30대 후반 이래 성욕을 거의 잃어버린 뒤로도, 나는 여전히 남자 친구들과 있는 것보다는 여자 친구들과 있는 것이 더 편하고 즐겁다. 원래의 출처는 모르겠으나, 누군가의 책 제목을 빌리면 나 역시 '남자의 몸에 갇힌 레즈비언'인지도 모른다. 나는 가장 진지한 얘기를 여성과 함께 하고, 가장 진한 우정을 여성에게 느낀다. 딸이 있었으면, 하고 그렇게 바랐는데, 그 바람을 이루지 못한 것이 유감이다.

동성애

몸과 머리는 따로 놀기 십상이어서, 내 머리는 동성애자들을 무심하게 대하고 그들의 완전히 평등한 인권을 지지하지만, 고백컨대 내 몸은 그러지 못한다. 예컨대 밀폐된 공간에서 남성 동성애자와 단둘이 있어야 한다면, 조금 불편할 것 같다. 여성 동성애자와라면, 괜찮을 것 같다. 이것도 성차별인가?

한국인

나도 놀라워서 긴가민가하고 있는데, 한국인으로서의 내 정체성은 전라도 사람으로서의 정체성보다 덜 원초적인 게 아닌가 싶다. 한국이 OECD에 가입한 뒤의 한국인이라면 더 그렇다. 그렇다는 것은 국가로서의 한국이 지방으로서의 전라도보다는 더 윤기가 있다는 뜻인지도 모른다. 한국은, 전라도보다는, 소수파적 성격을 덜 지니고 있다고 내가 판단했다는 뜻이다. 나는 결국 한국 여권을 지닌 채 죽겠지만, 애국자가 될 수 있을 것 같지는 않다. 물론 내게 전라도에 대한 별다른 애향심이 있다는 뜻은 아니다. 다만, 그 둘을 꼭 비교해야 한다면, 내가 한국인이라는 느낌은 내가 전라도 사람이라는 느낌 위에 얹혀 있는 것 같다는 뜻이다. 어쨌거나 내가 전라도에서 나 자신을 이방인으로 느끼듯, 나는 서울에서도, 한국에서도 나 자신을 이방인으로 느낀다. 그렇다면 외국에서는? 물론 거기선 외국인이라는 느낌이 훨씬 더 크다. 에밀 시오랑의 말이 생각난다: "나는 이방인이다. 경찰에게도, 하느님에게도 그리고 나 자신에게도." 그러나 나와 한국적인 것 사이의 정서적 끈이 끊어지는 일은 결코 없을 것이다. 그것은 내가 자유롭게 구사할 수 있는 유일한 자연 언어가 한국어이기 때문이다. 나는 한국이라는 국가에는 짐짓 무심한 체할 수 있지만, 한국어에는 무심한 체할 수 없다. 그러니까 한국인으로서의 내 정체성에 견주면, 한국어 사용자로서의 내 정체성은 밀도가 대단히 높다.

아시아

정말 모순적으로 들리겠지만, 한국인으로서의 정체성보다는 전라도 사람으로서의 정체성에 더 세게 붙들려 있는 내가, 한편 한국인으로서의 정체성보다는 아시아인으로서의 정체성에 더 단단히 묶여 있

는 것 같다. 나는 유럽에 살 때, 내가 한국인이라기보다는 아시아인
이라고 생각했다. 어쩌면, 그들이—유럽인들이—나를 한국인으로
보다는 아시아인으로 대했기 때문에 그랬을지도 모르겠다. 유럽인들
은 아시아를 일본과 그 나머지로 나누는 것 같다. 물론 나는 거기서
기꺼이 그 나머지가 되었다. 그러나 내가 자신을 아시아인으로 느낀
다고 할 때, 그 아시아인에서 일본인이 제외되는 것은 아니다. 나는
일본 사람들에게 거의 중국 사람들에게만큼 친화감을 느낀다. 또 내
가 아시아인이라고 할 때, 그 아시아가 꼭 한자문명권 곧 동아시아에
한정되는 것은 아니다. 나는 인도 사람에게도—어쩌면 그들은 인종
적으로 동아시아인보다는 유럽인과 더 가까울지도 모르지만—, 필
리핀 사람에게도, 타이 사람에게도 친화감을 느낀다.

기자

학교 주위를 기웃거려 보았고 문단 주위를 얼씬거려 보았지만, 결
국 나는 학자도 예술가도 못 되었다. 결국 내 글쓰기는 기자로서의
글쓰기다. 그것이 크게 불만스럽지는 않다. 사실은 그것이 내 체질에
가장 맞는 글쓰기인 것 같기도 하다. 언제까지 몸을 담을지는 모르겠
지만, 지금의 내 직장도 신문사다. 그것도 불만스럽지 않다.
한 사람의 시민으로서만이 아니라 한 사람의 기자로서, 나는 안티
조선운동을 지지한다. 『조선일보』가 한국 유사 파시즘의 선전선동 기
지라는 판단 때문만이 아니라, 신문 지면에서 일반적으로 나타나기
쉬운 글쓰기의 권력화를 그 신문이 가장 비도덕적으로, 현저히 정치
적으로 드러내왔다는 판단 때문이다. 그러면 동아나 중앙은 얼마나

다른가, 하는 질문에는 그러나 깔끔한 대답이 얼른 떠오르지 않는다. 그래도 조금은 다르지 하는 감은 있지만, 경계선이 바로 여기다라고 짚어낼 자신은 없다. 그래서, 『조선일보』에 글을 쓰지 않겠다고 마음먹은 내가, 『중앙일보』와 무관하달 수 없는 이 잡지에 글을 쓰는 것이 논리적으로 깔끔하게 정당화될 수 있는지도 잘 모르겠다.(이런저런 '합리적' 이유를 들어 그것을 정당화할 수는 있겠지만, 그 논리에는 뭔가 개운치 않은 구석이 남을 것이다.) 사실, 중앙이나 동아만이 아니라, 우리 사회의 신문들이 『조선일보』와 '근본적으로' 다른지에 대해서도 자신이 없다. 그러나 사람이 논리만으로 살 수 있는 것은 아니다. 아니, 정확히 말해서 이것 아니면 저것의 논리, 전부 아니면 전무의 논리, 더 유연하게는 옳고 그름의 논리만으로 살 수 있는 것은 아니다. 호구의 논리가 삶의 순간순간마다 개입하기 때문이다. 먹고사는 것만큼 엄숙한 일은 달리 없다. 내가 만일 '오십보 백보'의 논리를 철저히 밀고 나가며 그것의 세목을 꼼꼼히 실천한다면, 나는 이내 글을 쓸 지면을 거의 잃을 것이고, 글판에서 완전히 고립될 것이고, 그래서 나와 내 가족은 배를 곯게 될 것이다. 그래서 나는, 『조선일보』와 『한국논단』을 제외하고는, 청탁이 오면 청탁을 불문하고 글을 쓸 생각이다. 호구를 위해서. 그래, 나는 호구를 위해서 순결을—논리적 깔끔함과 개운함을—훼손할 각오쯤은 돼 있다.

내가 밥줄을 대고 있는 『한국일보』에 대해서 말하자면, 내가 그 신문을 택했다기보다는 그 신문이 나를 택한 것이지만, 나는 이 신문의 편집 방향이 대체로 만족스럽다. 회사의 살림이 어려워 정부 눈치를 보지 않을 수 없어서 그런지도 모르지만, 이 신문은 지난 세 해 동안 조선이 앞장서고 동아 중앙이 추임새를 넣으며 한국의 대중매체를 선정주의의 온상으로 만든 정부 때리기 게임에 일정한 거리를 두어왔다. 나는 『한국일보』가 비교적 공정한 대중적 보수지라고 생각한다. 이 신문의 논조 안에서 나는 크게 불편하지 않다. 나는 김대중 정부가 욕먹어 마땅한 정부라고 생각하지만, 『조선일보』가 섬뜩하고 야비한 말투로 퍼부어대고 있는 욕을 다 먹어야 할 만큼 형편없는 정부라고는 생각하지 않는다. 그리고 욕을 먹기로 하자면, 이 정부가 먹은 욕보다 훨씬 심한 욕을 수십 배 더 먹어야 할 데가 『조선일보』라고 생각한다. 그러나 나는 안티조선의 변두리에 있을 뿐이다. 안티조선이 한국 사회의 변두리에 있다면, 이번에도 나는 변두리의 변두리에 있다. 변두리의 변두리라는 말로써 내가 징징거리고 있는 것은 아니다. 스무 살 넘은 성인이 징징거리는 것만큼 보기 흉한 일은 없다. 나는 내가 변두리의 변두리에 있다고 말함으로써, 내가 오히려 중심에 더 가까이 있는 것처럼 보일 수도 있다는 점을 인정하고 싶었던 것이다. 중심에서 보아, 변두리의 변두리는 변두리보다 더 멀 수도 있고, 더 가까울 수도 있다. 나는 내가 어느 쪽인지는 잘 모르겠다. 어느 쪽이든, 나는 그것을 부끄럽게 생각하지는 않는다.

모랄리스트

내 글쓰기는 결국 모랄리스트의 글쓰기로 귀결될 것 같다. 도덕 군자의 글쓰기라는 말이 아니라, 16세기 이후 프랑스적 맥락에서의 모랄리스트적 글쓰기 말이다. 내 글쓰기가 모랄리스트의 글쓰기로 귀결될 것 같다고 말하면서 내가 젠체하는 것은 아니다. 사실은 오히려 그 반대다. 모랄리스트는 내적으로는 보편적 인간성의 탐구와 연결돼 있지만, 외적으로는 예술적 학문적 무능력과 연결돼 있다. 프랑스의 위대한 모랄리스트들 가운데는 예술가로서나 학자로서는 변변치 않았던 사람들이 많다. 그들의 정신에는 흔히 에클레르나 에스프리라는 말로 표현되는 섬광은 있었으되, 강인함과 조직력과 인내심이 없었다. 그들은 날쌘 정신이기는 했으되, 위대한 정신은 아니었다. 그들이 흔히 에세이나 단장 격언 아포리즘 같은 비체계적 글쓰기 쪽으로 빨려들어간 것은 그들의 나약함, 그들 그릇의 작음을 드러낸다. 나는 그런 의미에서 내 글쓰기가 결국 모랄리스트의 글쓰기로 귀결될 것 같다고 말한 것이다. 자기들 글이 제일인 줄 알았을 그들 모랄리스트들에게는 좀 미안한 말이지만.

신(神)

십대 때, 신을 믿기에는 너무 이성적이고, 신을 안 믿기에는 너무 유약하다며 자신을 한탄하곤 했다. 나이가 들어서도 나는 여전히 유약하지만, 신에게서는 점점 멀어진다.

혐인(嫌人)

내게 평균적인 사람들보다 더 짙은 혐인증이 있는 것은 사실이다. 나 자신을 포함해서 나는 사람들을 그다지 좋아하지 않는다. 그러나 사람은 내가 동물계에서 가장 덜 싫어하는 족속이다. 나는 인본주의자다.

(2001년 봄)

제4부

책읽기, 책일기

그 책이 거기서 나올 수밖에 없는 이유

『조선일보를 아십니까?』, 김정란 외 지음
『쎄느강은 좌우를 나누고…』, 홍세화 지음

열 사람의 필자가 쓴 글을 모은 『조선일보를 아십니까?』(개마
고원)와 홍세화의 두번째 에세이집 『쎄느강은 좌우를 나누고 한강은
남북을 가른다』(이하 『쎄느강은』:한겨레신문사)를 읽었다. 여느 책이
라면 그 책을 낸 출판사를 심상히 보아넘겼을 것이다. 그러나 이 책
들의 경우는 출판사 이름들이 예사롭게 보이지 않았다. 이 책들의 표
지 오른쪽 아래에 박힌 '개마고원'과 '한겨레신문사'라는 글자 연쇄
가 단순한 발행처 이상의 의미를 지니고 있다는 생각이 들어서다. 그
의미는, 죽은 시인의 말을 훔치자면, '사상의 거처'라는 의미다. '사
상의 거처'라는 말이 너무 거창하다면 '입장의 요람'이라고 말을 바
꾸어도 좋다. 내가 '입장의 요람'이라는 말로 뜻하는 것은 이렇다:
『조선일보를 아십니까?』는 개마고원에서 나올 수밖에 없었고, 『쎄느
강은』은 한겨레신문사에서 나올 수밖에 없었다.

　『쎄느강은』이 한겨레신문사에서 나올 수밖에 없었다는 것은, 이 책

의 텍스트 일부가 『한겨레』에 연재된 것이어서 관행에 따라 그 신문사 출판부가 그 책을 내게 됐다는 뜻이 아니다. 이 책의 저자가 서문에서 "(이 책의) 모체는 (『한겨레』에 연재된) 「내가 본 프랑스, 프랑스인」이었고 또 그런 사정 때문에 한겨레신문사 출판부에서 책이 나오게 되었"다고 말한 것은 그런 관례를 말한 것일 텐데, 그의 이 발언은 그가 살고 있는 파리와 그의 메시지 수신자들이 살고 있는 서울의 지리적·정치적·문화적 거리를 확인시켜줄 뿐이다. 그의 몸이 서울에 있었다면 그는 이렇게 썼을 것이다: "한겨레신문사 출판부는 물론 좋은 출판사다. 그러나 내가 이 책의 발행처로 한겨레신문사를 택한 것은 그 신문사의 출판부가 명망이 있어서만은 아니다. 이 책의 한두 군데에서 나는 어떤 신문사와 그 신문사의 주필을 비판했는데, 그런 글이 실린 책을 내줄 출판사를 나는 한국에서 찾기 힘들었다. 한겨레신문사 출판부는 그런 글이 포함된 책을 기꺼이 내줄 거의 유일한 출판사였다. 내 책이 한겨레신문사 출판부에서 나오게 된 큰 이유 가운데 하나는 그것이다."

그렇다. 『조선일보』와 그 주필을 비판하는 텍스트를 포함한 책을 서울에서 출판하는 일은 그리 호락호락한 일이 아니다. 물론 『쎄느강은』에서 『조선일보』와 그 신문의 주필은 서너 차례 언급될 뿐이다. 그리고 저자가 한국에 아주 잘 알려진 재외교포인데다가 그의 첫 책이 서울의 종이값을 올렸던 터라, 그의 새 책에 대해서 욕심낼 출판사는 많았을 것이다. 그러나 그 출판사들은 저자에게 『조선일보』와 관련된 부분을 삭제하자고 제안했을 것이 거의 틀림없다. 그리고 저자가 그 제안에 동의하지 않는다면, 출판사들은 십상팔구 욕심을 버리고 그 책의 출판을 포기했을 것이다. 속된 말로, 장사 한 번 하고 말 것은 아닐 테니까. 다시 말해, 베스트셀러 한 번 내보자고 『조선일보』와 척지는 것이 현명한 일이 아니라는 걸 출판사들이 잘 알 테니까 말이다. 『쎄느강은』이 한겨레신문사에서 나올 수밖에 없었다고 내가 말한 것은 그런 뜻에서다.

물론 한겨레신문사가 『조선일보』에 반대하는 입장의 유일한 요람은 아니다. 『쎄느강은』의 저자가 신문사 출판부보다는 독립적인 출판사에서 자기 책을 내고 싶다면, 그가 접촉할 만한 출판사가 있기는 하다. 그러나 그는 진보 · 민중 · 민족 · 민주주의 같은 '고귀한' 말들의 사용권을 전유(專有)하며 반파쇼 · 반외세의 깃발을 흔들어온 명망 있는 출판사들 가운데서 자신과 출판 계약을 할 발행인을 만나기는 어려울 것이다. 지금의 '국민의 정부'만이 아니라 자본주의 체제를 근본적으로 들어엎자고 선동하는 용기 있는 저자들, 미국의 흉측한 제국주의적 · 식민주의적 면모를 여지없이 폭로하는 총명한 저자들, 심지어 김정일제(製)든 황장엽제(製)든 소위 주체사상이라는 것에 경배하는 무모한 저자들도 자기 책을 내줄 커다란 출판사를 서울에서 찾아내기는 어렵지 않다, 자신이 명망 있는 저술가라면. 그러나 명망이 있든 없든, 『조선일보』를 비판하는 원고를 들고 그것을 책으로 만들어줄 출판사를 찾아헤매는 저자의 행로는 길고 고달플 것이다.

그런 저자들이 쓸데없이 다리품을 파는 일 없이 곧장 찾아갈 수 있는 출판사가 있다. 개마고원이라는 조그만 출판사다. 개마고원은 한겨레신문사라는 거대조직 바깥에서 『조선일보』에 반대하는 입장들을 보듬어온 거의 유일한 요람이다. 『조선일보를 아십니까?』가 개마고원에서 나올 수밖에 없었다고 내가 말한 것은 그런 뜻에서다.

『조선일보』를 비판하는 김정란을 지지한다

『조선일보를 아십니까?』가 출간된 뒤로, 나는 사석에서 문단의 친구들로부터 김정란의 글(「조선일보를 위한 문학」)에 대해서 어떻게 생각하느냐는 질문을 자주 받았다. 사실 그 책에서 내게 가장 깊은 인상을 준 글은 유시민의 글(「조선일보에 '제 몫'을 찾아주는 방법」)이었는데, 문단 사람들의 관심은 문단에 대한 글에 쏠리는 법인지, 그 친구들은 그 책의 다른 글들에 대해서는 이야기를 하지 않았다. 다른 글들은 아예 읽지도 않은 것이 아닌가 하는 생각이 들 정도였다. 하긴 대중매체에서도 유독 김정란의 글이 언급되곤 했다.

내게 「조선일보를 위한 문학」에 대한 견해를 묻는 친구들은 또 대체로 내가 사석에서나마 그 글에 대해서 비판을 해주기 바라는 눈치였다. 나는 그런 질문을 받을 때마다 참 난감했다. 내가 그 글의 여러 부분에 동의하지 않는 것은 사실이지만, 그것을 이유로 김정란이 어렵게 쓴 글(그 글의 앞부분에는 필자가 그 글을 쓰기로 결심하기까지의 망설임이 잘 드러나 있다)에 대해 쉽게 얘기하기가(사석에서의 얘기란 대체로 말하기 쉬운 얘기들이다) 싫었기 때문이다. 게다가 그런 질문을 하는 친구들은 '조선일보 문제'에 대해서 둔감하거나, 그 문제를 언론 일반의 문제로 생각하는 사람들이었다. 그런 질문에 대해서 내가 늘상 했던 대답은 이런 것이었다: "그 글에 대해서 깊이 생각해보진 않았다. 그렇지만 나는 『조선일보』를 비판하는 김정란을 지지한다."

그 대답은 부정직한 것은 아니었지만, 그렇다고 완전히 솔직한 것도 아니었다. 그때나 지금이나 나는 『조선일보』를 비판하는 김정란을 지지하지만, 그의 「조선일보를 위한 문학」에 대해서, 깊이까지는 몰라도, 생각을 안 해본 것은 아니기 때문이다. 이 자리에서 그 생각을 조금 늘어놓자.

우선 나는 김정란의 문학관에 공감하지 않는다. 김정란이 문학을 이야기하면서 즐겨 사용하는 위의(威儀), 신비(神秘), 영성(靈性), 영혼, 신화, 아우라, 신성함 같은 말들은 그가 문학을 신성화, 까지는 아니더라도 특별한 그 무엇으로 생각하고 있다는 걸 드러낸다. 김정란 자신도 어느 자리에서 얘기했듯이, 그에게 '문학을 한다는 것'은 어떤 문화상품의 생산자가 된다는 뜻이 결코 아니다. 그에게 문학은 '영혼의 길'이고 '신성한 언어'다. 김정란이 「조선일보를 위한 문학」에서 자신이 비판의 표적으로 삼은 작가들에 대해 "연예인과 문인이 어떻게 달라야 하는지도 구별하지 못하는 작가들"이라고 말한 것도 문학이라는 예술에 그가 부여하는 특별하고 우월적인 지위, 그리고 문인으로서의 자신의 자부심을 드러낸다고 할 만하다.

그런데, 사실은 나도 (내가 작가라면 하는 말이지만) "연예인과 문인이 어떻게 달라야 하는지" 잘 구별하지 못하겠다. 만일 문인에게 자신이 지켜야 할 최소한의 자존심이나 이념이나 상식이나 절제가 있다면, 연예인에게도 자신이 지켜야 할 최소한의 자존심이나 이념이나 상식이나 절제가 있을 수 있다. 자존심이나 이념이나 상식이나 절제는 문인의 독점물이 아니라 이성과 감정을 지닌 인간 모두에게 관련된 것이기 때문이다. 물론 연예인들은 연행예술가이고 문인은 문필예술가라는 것 정도는 나도 구별할 수 있지만, 김정란이 요구하는 구별은 그 이상인 듯하다.

나는 문학이나 문인에 대한 내 생각이 옳고 김정란의 생각이 그르다고 말하는 것은 아니다. 나는 단지 그것을 취향의 문제라고 생각하는데, 성글게 얘기하면 내가 문학에 대해서 (기능적인 그래서 천박한) 프티부르주아적 견해를 지니고 있는 데 비해, 김정란은 (신화적인 그래서 고상한) 귀족적 견해를 지니고 있는 듯하다.[1] 내가 생각하는 문학은 글쓰기의 여러 형식 가운데 역사적으로 특수하게 양식화된 것일 뿐이고, 형상화의 여러 형식 가운데 글을 사용하는 방식일 뿐이다. 그것은 글쓰기의 다른 형식보다 우월하지도 열등하지도 않고, 예술의 다른 양식보다 우월하지도 열등하지도 않다. 문학이 우월한 글쓰기이고 우월한 예술이라고 생각한다는 의미에서 김정란을 '문학주의자' 또는 '문학신비주의자'라고도 부를 만한데, 그의 이 '문학주의'가, 『조선일보』와 거래하고 있다고 그가 판단한 작가들에 대한 그의 경멸을 더 키우고 있는 것 같다.

물론 『조선일보』는 비판받아 마땅하다. 그리고 자신이 글로 표현하는 세계관을 배신하면서 『조선일보』와 거래하는 작가들도 비판받아 마땅하다. 그러나 김정란의 그 글에서 나는 때때로 비판의 논점이 흐릿해지고 비판의 기준이 흔들리고 있는 걸 목격했다.

말할 나위 없이 「조선일보를 위한 문학」에서 김정란이 제출하고 있는 총론적 견해들은 많은 부분이 옳다. 예컨대 "90년대 『조선일보』의 문학적 선택은 철저하게 문화/정치의 분리주의에 의해 이루어진다. 『조선일보』라는 토끼는 문화라는 간을 다른 데다 떼어놓는다. 그렇게 함으로써 정치적 극우성을 문학적 첨단성(엄밀한 문학적 기준으로는 과연 그런지도 의심스럽지만)으로 희석시키려는 의도가 다분히 읽힌

---

[1] 나는 '신화적인' '고상한' '귀족적'이라는 말을 가치중립적으로 사용하고 있다. 그러니까 거기에는 조금의 비아냥거림이나 비방의 뉘앙스도 없다.

다"라거나, "최근에 『조선일보』는 그들의 주고객층인 극우 세력이 더 이상 문화구매력을 가지고 있지 않다고 판단했는지 발빠르게 386세대에게 아부하는 기획기사를 줄줄이 내보내고 있다. 그들을 잡아가두고 으깨고 죽이는 데 앞장섰던 언론이 한 마디 사죄도 없이 그들에게 추파를 던지고 있는 이러한 현상을 나는 어떻게 이해해야 할지 모르겠다"거나, "(『조선일보』는) 한쪽에서는 계속 군사문화를 옹호하는 박정희 예찬을 늘어놓으면서, 다른 한쪽 면에서는 박노해와 백무산을 집중 조명하는 기사를 아무렇지도 않게 싣고 있는 것이다. 『창작과 비평』은 또 그들대로 이러한 상황이 가지고 있는 모순을 모르지 않으면서도 『조선일보』가 가지고 있는 막강한 전파력을 무시하지 못하고 유야무야하면서 모순의 확대재생산을 도와왔다"라거나, "『조선일보』에 매개를 부탁함으로써 결과적으로 『조선일보』의 장사를 도와주고 있다면, 창비의 행태는 비정치적인 행위로 합리화될 수 없다. 그것은 극우적 정치성을 띨 수밖에 없다"라거나, "『조선일보』는 한 끝에는 팔리는 '힘'으로 훌륭한 작가 대접을 받는 상업주의 스타들을 포진시키고, 또 다른 끝에는 문학권력적인 '힘'에 대한 배려로 80년대부터 명성을 쌓아왔던 진보진영의 작가들을 배치시킨다"라는 견해는 대체로 공감할 만하다.

그리고 "『월간조선』의 지면에서 '촌스럽다' '재능이 없다' '성형수술을 해볼 생각이 없느냐' '사회의 기생인간' 같은 소리를 들었던 작가들"이 "아무렇지도 않게 (『조선일보』에) 또다시 방실방실 웃으며 얼굴을 내밀고 있는 것"에 분개해서 김정란이 그 작가들에게 "최소한의 자존심도 없는 사람들"이라고 말했을 때, 그 작가들이 정말 그랬다면 김정란을 탓할 수는 없다.

'조선일보를 위한 문학' 과 '대중을 위한 문학'

그러나 나는 김정란이 『조선일보』의 문화적 전략을 설명하기 위해서 신경숙이나 은희경을 예로 든 것이 적절했는지는 잘 모르겠다. 만약에 김정란이 대중문화 사회에서 (자신이 생각하기에 바람직한) 문학이 처한 불우한 운명을 그리기 위해서 그 대립항으로서 신경숙이나 은희경의 예를 거론했다면 그것은 이해할 만한 일이다. 그러나 '조선일보를 위한 문학' 의 예로서 그 두 작가를 든 것은, 내게는, 매우 부자연스러워 보인다.

신경숙이나 은희경의 문학은, 그 둘을 한 데 묶기도 어렵지만, '조선일보를 위한 문학' 이 아니라 '대중을 위한 문학' 이고, 그 두 작가에게 너그러웠던 것이 『조선일보』만은 아니다. 내 아침 식탁에는 『한겨레』와 『동아일보』가 오르는데, 나는 이 두 신문에서도 신경숙이나 은희경의 얼굴과 드물지 않게 마주친다. 그러니까 내 얘기는 이렇다. 김정란은 신경숙이나 은희경을 거론하면서 대중매체 일반의 문제를 『조선일보』의 문제로 환원함으로써, 아쉽게도 자신의 글의 설득력을 크게 깎아내렸다. 그 부분에서 그의 글화살이 무디어져 버린 것이다. 위에서도 비쳤듯, 심미안을 갖추지 못한 대중매체가 너무 큰 힘을 발휘하는 이 대중문화 사회에서 그가 옹호하는 "본격문학" 이 처한 입장을 조명하면서 그 두 작가를 거론했다면, 김정란의 글은 훨씬 더 큰 설득력을 얻을 수 있었을 것이다.

일반적으로 어떤 신문사가 특별한 이념적 성향의 작가를 전략적으로 지원하는 일은 드물다. 물론 김정란이 「조선일보를 위한 문학」에서 거론한 『조선일보』와 이인화의 관계, 또 『조선일보』와 이문열의 관계 같은 것은 예외적으로 그런 특별한 관계라고 할 수 있다. 그러나 나는 『조선일보』가 전략적으로 신경숙이나 은희경을 지원했다고는 생각하지 않는다. 실상 어떤 작가가 어떤 신문에 크게 소개되는 데에는 신문사의 차가운 이념적 계산 바깥의 많은 우연적인 (그래서 대체로 비합리적인) 요소가 작용한다. 그 작가들이 이미 유명해져 있다거나, 그 작가들이 기자에게 인간적 호감을 주었다거나, 그 작가들이 자기 신문사의 신춘문예 출신이라거나, 작품을 낸 출판사 편집자에게 기자가 호감을 갖고 있다거나, 명망 있는 평론가가 공사석을 불문하고 그 작가를 옹호했다거나, 그렇지 않으면 이런저런 그물로 얽혀 있어서 못 본 체 지나칠 수 없는 사람이라거나, 아무리 생각해도 쓸 기사가 없던 차에 마침 그 작가가 새 소설을 출판했다거나 하는 이유들 말이다.

신경숙이나 은희경이 (다른 신문에 그랬던 것처럼) 『조선일보』에 많이 등장했다면, 그것은 『조선일보』의 냉철한 계산이나 무슨 음모와 관련된 것이라기보다는 이런저런 타성적이고 불합리한 이유들과 관련된 것이라고 판단하는 것이 옳을 것이다. 그 두 작가들의 경우, 만약에 『조선일보』에 어떤 계산이 있었다면 그 계산은 고작 대중에게 잘 알려진 작가를 자주 등장시켜서 독자의 눈길을 끈다는 것 정도일 텐데, 만약에 그런 계산속이 잘못이라면 그 잘못은 『조선일보』만이 아니라 거의 모든 대중매체가 함께 나누어야 할 잘못이다.[2]

---

2) 물론 그것은 잘못이다. 나는 교과서적 견해에 따라 민주주의—내가 말하는 민주주의는 흔히 경멸의 울림을 담아 사용되는 '자유민주주의'다. 그러나 나를 이끄는 자유민주주의는 로버트 노직 류의 리버태리어니즘보다는 존 롤즈류의 자유평등주의에 더 가깝다. 그 자유민주주의는 정의의 문제에 예민하다. 그 자유민주주의는 자유의 근간을 위협하지 않는 한도 안에서는 평등의 문제를 천착하고, 그만큼은 사회보장제도에 친화적이다—가 자유와 평등의 절묘한 균형이라고 이해하는데, 대중매체는 흔히 그 선정성을 통해서 평등의 근거를 허물어뜨리기 때문이다.

나는 위에서 신경숙과 은희경이 함께 묶이기 힘든 작가라고 말했
다. 물론 그들이 대중적으로 영향력 있는 작가라는 공통점을 나누고
있기는 하다. 그러나 내가 그 두 사람의 깊이 있는 이해자가 아니라
는 전제 위에서 내 인상을 말해본다면, 신경숙은 김정란과 비슷한 문
학관을 지니고 있는 듯하고, 은희경은 나와 비슷한 문학관을 지니고
있는 듯하다. 문학에다가 다른 예술과는 구별되는 특별한 아우라를
부여하고 그런 아우라 한가운데 서 있는 자신에 대한 깊은 애정—나
르시시즘—을 지니고 있다는 점에서 신경숙은 김정란을 닮았다.[3] 신

내 얘기는 이렇다. 나는 재능과 노력이 보상받는 사회를 원한다. 즉 재능 있고 노력하는 사람이 재능
없고 노력하지 않는 사람보다 더 많은 보상을 받아야 한다고 생각한다. 만약에 재능과 노력이 아무
런 덤의 보상을 받지 않는다면 사람들은 재능을 닦을 생각도, 노력을 기울일 생각도 하지 않을 것이
다. 그런 사회가 퇴락할 것은 정연한 이치다. 그보다 더 중요한 것은, 재능과 노력의 차이를 보상의
차이로 공인하지 않는 사회를 유지하기 위해서는 어떤 체제도 전체주의를 지향하지 않을 수 없다는
점이다.
그러나 나는 그 보상의 차이가 재능이나 노력의 차이보다는 적어야 한다고 생각한다. 그것은 사회정
의의 중요한 요소인 평등과 관련된다. 평등에 대한 그런 고려는 정의의 차원에서만이 아니라 기능의
차원에서도 필요하다. 극도의 불평등은 사회의 정상적인 통합을 불가능하게 한다. 그러니까, 더 많은
재능과 더 많은 노력에는 더 많은 보상이 주어져야 하지만, 그 덤의 보상에는 절제가 수반돼야 한다.
예컨대 어떤 사람의 재능과 노력의 합이 1일 때 그 사람에게 10의 보상이 주어진다면, 다른 사람의
재능과 노력의 합이 2일 때 그 사람에게 주어지는 보상은 10보다는 커야겠지만 20 미만이어야 한다
는 뜻이다. 그것이 우리들의 평등감각, 정의감각에 합치한다. 그러나 대중사회의 선정성과 왜곡된
시장구조는 그것을 허락하지 않는다. 그래서 평균인 사람보다 재능과 노력을 두 배쯤 갖춘 사람은
대중매체의 선정성과 왜곡된 시장구조에 편승해서 흔히는 평균인의 몇십 배의 보상을 받는다.
이런 예를 들어보자. 나는 소설 쓰기의 재능—내 세속적 문학관에 따르면 독자들을 흡입하는 재능—
이나 노력에서 은희경이 나보다 훨씬 더 앞서 있다고 생각한다. 그러나 나는 그의 재능과 노력이 나
보다 1백 배쯤 앞서 있다고 생각하지는 않는다. 은희경의 재능과 노력이 나보다 한 열 배쯤 앞서 있
다고 하자. 은희경도 그 이상을 요구하지는 않을 것이다. 그럴 경우, 나는 은희경의 인세 수입이 나
보다 많다는 것을 당연시하지만, 그의 인세수입이 나보다 1백 배쯤 많다는 것은—물론 이것은 가정
이다—당연시할 수 없다. 은희경의 수입은 내 수입의 열 배보다는 적어야 할 것이다. 그러나 현실적
으로 은희경—여기서 '은희경'은 재능 있고 노력하는 작가의 별명이다—의 수입은 내—여기서 '나'
는 재능 없고 게으른 작가의 별명이다—수입의 열 배보다는 1백 배에 가까울 것이다.
은희경과 나의 수입의 차이를 그와 나의 재능과 노력의 차이보다 훨씬 더 크게 만드는 것이 왜곡된
시장 공간이고, 그 시장 공간을 왜곡하는 데 커다란 역할을 하는 것이 대중매체의 선정성이다. 대중
매체의 시장 왜곡은 문화시장에서만 이뤄지는 것은 아니다. 그러나 이런 '몰아주기 구조' '싹쓸이
구조'에 대한 대중매체의 기여는 특히 문화시장에서 도드라진다.
3) 되풀이하지만 나는 이런 문학관이 그르다고 얘기하는 것은 아니다. 그리고 '나르시시즘'이라는 말에
무슨 도덕적 판단을 담은 것도 아니다

경숙의 작품이 김정란의 기대에 못 미친다는 것이 그 두 사람의 문학관을 다르게 만드는 것은 아니다. 그래서 나는 김정란이 『조선일보』와 신경숙의 "밀월관계"를 이야기하면서 굳이 『깊은 슬픔』을 거론한 것이 마음에 걸린다.

"90년대판 『머무르고 싶었던 순간들』이라고 할 수 있는 신경숙의 『깊은 슬픔』이 문학적으로 대단한 작품인 것처럼 포장되는 데 『조선일보』는 결정적 역할을 했다"는 김정란의 진단이 옳은지 그른지 나는 판단할 수 없다. 그 소설이 출간됐을 때 나는 외국에 있었고, 한국 신문들을 전혀 보지 못했기 때문이다. 그러나 『깊은 슬픔』을 "대단한 작품인 것처럼 포장"한 것은 『조선일보』라기보다는 『조선일보』를 포함한 대중매체 전반이었다고 말하는 것이 더 안전할 것이다. 내 기억으로 그 소설은 『중앙일보』에 연재됐었다.

물론 『조선일보』는 가장 힘있는 대중매체 가운데 하나이므로 그 힘에 비례하는 영향은 발휘했겠지만, 그 영향이 "결정적"이었으리라고는 생각되지 않는다. 그 전에 나왔던 소설집 『풍금이 있던 자리』가 호평을 받았고 상업적으로도 성공했던 터라, 기자들이 타성적으로 그녀의 첫 장편을 크게 다루었던 것은 아닐까? 나는 대중매체 종사자들의 이런 태도가 옳다고 생각하는 것은 아니지만, 적어도 그것은 『조선일보』만의 잘못은 아니다.

'귀족적 문학관'을 자신과 공유하고 있는 신경숙을 비판하면서 김정란이 『깊은 슬픔』을 거론한 것이 왜 적절치 않았는지를 나는 아직 얘기하지 않았다. 김정란은 "그녀(신경숙 씨)는 90년대 상황에서 가장 뻥튀기된 작가 중의 한 사람이다. 더군다나 『깊은 슬픔』은 신경숙 자신에게도 문학적으로 부담이 될 정도로 부실한 작품이다"라고 쓰고 있다.

사실 내게 이 말 자체를 반박할 근거가 있는 것은 아니다. 김정란의 "가장 뻥튀기된"이라는 도발적 표현을 "가장 대중적인"이라고 고쳐 읽으면, 앞 문장은 받아들일 만하다. 신경숙이 자신의 문학을 김정란이 얘기하는 "대중문학"이라고 생각하든 아니면 "본격문학"이라고 생각하든, 신경숙이 오늘날의 한국 문단에서 가장 대중적인 작가가운데 한 사람이라는 것은 분명하기 때문이다. 『깊은 슬픔』이 신경숙 자신에게도 문학적으로 부담이 되었으리라는 김정란의 판단에도나는 공감한다.

내가 잘 납득할 수 없는 것은 김정란이 그 맥락에서 그 말을 하는이유다. 그 작품이 나온 뒤 꽤 오래도록 나는 서울을 비우고 있었던터라 내가 접하지 못한 신경숙의 발언이 있을 수도 있지만, 나는 신경숙이 그 작품을 자랑스럽게 생각한다는 인상은 받지 못했다. 내가신경숙의 속마음까지야 알 수 없지만, 그도 그 작품을 "부담"스럽게생각하리라고 나는 믿는다.

요약하자. "『깊은 슬픔』(을) 문학적으로 대단한 작품인 것처럼 포장"한 것은 『조선일보』만이 아니라 그 소설을 연재한 신문을 비롯한대중매체 일반이다. 『외딴방』의 작가로서, 『깊은 슬픔』이 "부실한"작품이라는 생각은 신경숙도 하고 있을 것이다. 말하자면 신경숙은그 단계에서 (김정란이나 신경숙 자신의 문학관에 따르면) 문학적으로는 불운했고, 세속적으로는 운이 좋았던 셈이다. 확실한 것은, 신경숙이 『깊은 슬픔』 이전에 이미 대중에게 잘 알려진 작가였고, 또 그의작품 가운데 『깊은 슬픔』만이 상업적 성공을 거둔 것은 아니라는 사실이다. 그렇다면 『조선일보』와 신경숙의 "밀월관계"를 증명하기 위해서, 작가 자신도 자랑스러워하지 않을 작품을 굳이 거론한 것이 적절했을까?

은희경의 반페미니즘과 『조선일보』의 "총애"

문학에 대한 은희경의 태도는, 나처럼, 세속적인 듯하다. 그는 등단 이후의 자신의 빠른 대중적 성공 때문에, 문학이 별게 아니라는 걸 재확인했을지도 모른다. 그에게 수여된 문학상들을 통해서 그는 문학제도의 허술함을 즐겁게 실감했을 것이고, '일상 너머의 문학'이라는 환상을―만일 그에게 그런 환상이 있었다면―깨끗이 지웠을 것이다. 어느 날 아침에 깨어보니 신데렐라가 되어 있을 경우에, 은희경은 거울 속의 자기 얼굴에 황홀해 하며 거만하고 백치스러운 표정으로 자신의 행운에 천분(天分)의 너울을 씌울 여자가 아니라, 세상사의 유전을 흥미롭게 관찰하며 왕자의 심미안을 비웃을 여자다.(은희경 씨, 그렇죠?) 그는 소설을 그냥 '타인에게 말 거는 방식' 가운데 하나로, 특별한 방식이 아니라 평범한 방식으로 생각하고 있을 것이다. 물론 이건 내 억측이다. 그러나 나는 그가 그러기를 바란다. 사람들이 문학 위에 씌워놓는 아우라 때문에 나는 숨이 막힐 것 같다.

김정란이 은희경의 문학을 "대중문학"이라고 했다고 해서 은희경이 불쾌해 할 것 같지는 않다. 자신의 문학이 "대중문학"이라는 데에 은희경도 동의할 테니까. 은희경의 문학은 철저히 대중문학이다. 그러나 그렇다고 해서 그 문학에서 『조선일보』의 본질이라고 할 극우 이데올로기가 자동적으로 묻어나는 것은 아니다. 은희경의 문학은 내가 지향하는 문학이기도 하다. 내게 은희경만큼 재능과 바지런함이 없어서 은희경이 이루어놓은 것을 내가 이루지 못했을 뿐이다.[4]

김정란은 은희경에 대해서 "이 작가의 행태를 잘 분석해보면 그녀가 어째서 『조선일보』의 총애를 받고 있는가를 이해할 수 있다"고 말한다. 김정란의 말을 더 따라가 보자. "이 여성작가는 줄곧 여성에 대한 소설을 써서 그것으로 이름을 얻었으면서도 자기는 페미니스트가 아니라고 강한 어조로 완강히 부정한다. 스스로의 위치를 '페미니스트'로 규정하는 순간, 남성 권력자들의 관심을 잃으리라는 것을 너무나 잘 알고 있기 때문이다."

나는 김정란의 이 진단이 옳은지 그른지 정확히 판단할 수 없다. 그러나 내 직감이 가리키는 것은 이 진단이 정곡을 찌른 것은 아니라는 것이다. 어떤 신문이, 그것이 비록 『조선일보』 같은 기이한 신문일지라도, 이념적 차원에서 세밀한 사고와 행동의 준칙을 세워두고 엄격히 그 준칙에 따라 문학면에 오를 작가를 선정한다고는 상상할 수 없다. 그 점에서 김정란은 『조선일보』를 과대평가하고 있는 것은 아닐까? 그것이 정치면에 관한 애기라면 김정란의 통찰이 크게 빛을 발할 수 있을지도 모른다. 그러나 나는 『조선일보』의 문화면이, 상업적 이유에서라도, 이데올로기의 부챗살을 활짝 펴고 있다고 생각한다. 그것은 김정란도 「조선일보를 위한 문학」에서 지적하고 있는 바이다("『조선일보』의 문학적 선택은 철저하게 문화/정치의 분리주의에

---

4) 물론 한 작가의 문학관과 그의 문학적 실천이 늘 깔끔한 정합을 보여주는 것은 아니다. 김정란 못지않게 문학에 대해 경건한 신경숙의 어떤 작품들이 김정란이 말하는 "대중문학"에 속하는 것처럼, 은희경보다 훨씬 세속적인 문학관을 지니고 있는 듯한 복거일의 『비명을 찾아서』 같은 작품은 김정란이 말하는 "본격문학"에 속할 뿐만 아니라 지식인문학의 범주에까지 한 발을 걸쳐놓고 있다. 그러나 문학관과 문학적 실천이 일정한 상관관계를 지니고 있는 것은 분명하다. 내가 읽어본 은희경의 소설들은 그가 문학 앞에서 옷깃을 여미는 부류의 작가는 아니라고 말하고 있는 듯하다.

의해 이루어진다", "자신들이 지지하는 세계관이 어떤 것이든 이들은 아무 관심도 없다").

물론『조선일보』가 어떤 작가를 특별히 존중하고, 예컨대『한겨레』가 다른 작가를 특별히 존중할 수는 있다. 거기에 정치적·이데올로기적 고려가 작동하는 일도 드물지 않을 것이다. 그러나 어떤 작가가 신문에 크게 부상됐을 때, 그 이유는 앞에서 얘기했듯 흔히 기자나 신문편집자의 우스꽝스러운 변덕인 경우가 많다. 나는 은희경이 오직 기자의 그런 변덕에 의해서『조선일보』의 "총애"를 받고 있다고 말하는 것은 아니다. 그러나 김정란이 읽어내는 은희경의 반페미니즘이 이 작가에 대한『조선일보』의 "총애"와 관련돼 있다고는 생각하지 않는다.

물론『조선일보』와 반페미니즘은 분명히 관계가 있다. 마치스모는 파시즘이나 주자학적 신분질서의 본질적 구성부분이고,『조선일보』의 지면에서 파시즘이나 복고주의의 기미가 읽히는 것은 드물지 않은 일이기 때문이다. 그리고『조선일보』가 이문열의 어떤 작품을 옹호할 때, 거기서는 이 신문과 마치스모의 관계가 노골적으로 드러난다. 그러나『조선일보』의 문화면과 반페미니즘의 관계는 좀더 근원적 수준에서 맺어져 있을 것이다. 말하자면 은희경이 자신을 반페미니스트라고 했다고 해서(나는 그가 정말 그런 말을 했는지, 또는 어떤 자리에서 그런 취지의 말을 했다고 해서 그가 정말 반페미니스트인지도 모르겠다) 오직 그 이유로『조선일보』가 그를 "집중적으로 띄워주"지는 않았을 것이다.

또 위에서도 말했듯 나는『동아일보』나『한겨레』에서도 그의 소식이나 글을 드물지 않게 듣고 읽는데, 그것이 두 신문과 반페미니즘의 친화를 드러내는 것은 아닐 것이다. 그리고 만약에 그것이 그 두 신문과 반페미니즘의 친화를 드러내는 것이라면, 페미니즘에 적대적인 것은『조선일보』만이 아니라 한국의 모든 대중매체일 것이다. 은희경이『조선일보』를 포함한 대중매체 일반에 자주 등장하는 것은 김혜자나 김영애가 브라운관에 자주 등장하는 이유와 같은 것 아닐까? 두 연기자의 연기처럼, 은희경의 소설도 대중에게 친근감과 편안함을 주는 것이다. 김혜자나 김영애의 연기가 '근원적으로는' 반페미니즘과 관련이 있을지도 모르지만, 그런 이유로 그들이 브라운관의 총아가 되지는 않았을 것이다.

심지어 나는 김정란이 "이 작가(은희경)가 어떻게『조선일보』의 타락한 남근적 권력주의를 만족시켜주고 있는지 웅변으로 보여주고 있다"며 인용한 은희경의『조선일보』칼럼에 대해서도 이해하는 쪽이다.

내가 써온 소설 속의 인간은 유리와 무척 다르다. 나는 인간을 미화하기보다 그 이면을 들춰내려고 했기 때문이다. 코마로프스키의 말처럼 나는 "고상한 척하지 마. 너나 나나 진흙으로 빚어진 존재일 뿐이야"라고 주장하는 축인지도 모른다. 내가『닥터 지바고』를 다시 쓴다면 나는 유리에게 "치사한 도움 좀 받으면 어떤가. 눈 딱 감고 썰매를 타기만 하면 사랑하는 사람과 함께 안전한 생활을 누릴 수 있는데"라고 유혹했을 것이다. 그처럼 인간의 나약함과 모순을 인정해주는 것이 내 나름의 휴머니즘이다.

이 글은『조선일보』의「아침 생각」이라는 난에 실렸던 모양이다.

내가 세속적이고 나약하고 모순투성이여서 그런지, 나는 은희경의 이 발언에서 김정란이 느꼈던 거부감을 느낄 수 없다. 인간이 나약하고 모순투성이라는 것을 인정하는 데서 휴머니즘이 출발한다는 은희경의 견해에 나는 공감한다. 내가 흔쾌히 받아들일 수 없는 것은 단지 이 글이 은희경의 이름으로 『조선일보』에 실렸다는 것뿐이다. 은희경의 이 글과 "타락한 남근적 권력주의"를 잇기 위해서는 아주 많은 징검돌이 필요할 것이다.

개인적인 얘기를 좀 하자. 나는 은희경을 딱 두 번 스치듯 만났다. 한 번은 출판사 문학동네에서였고, 또 한 번은 우리가 둘 다 아는 친구의 어머니 빈소에서였다. 그러니 그와 나는 서로 '아는 사이'라고 할 만한 관계도 아니다. 그러나 그에게 호감을 지닌 사람으로서 내가 그에게 이런 말은 할 수 있을 것 같다.

"은희경 씨, 『조선일보』에 글 쓰지 마세요. 그 신문은 강하고 모순 없는 사람들의 신문이에요. 그 신문은 고상한 귀족 신문이고 근엄한 파시스트 신문이에요. 우리 같은 세속인의 신문, 프티부르주아의 신문이 아니에요. 은희경 씨가 그 신문에 글을 쓸 때마다 나약하고 모순투성이인 사람들, 진흙으로 빚어진 사람들, 은희경 씨와 닮은 사람들이 마구 죽어나요. 신문은 얼마든지 있어요. 은희경 씨에게 문인 신분증을 준 『동아일보』도 있구, 『한겨레』도 있구, 『한국일보』도 있구, 『문화일보』도 있어요. 『시사저널』이라는 주간지도 있구, 『말』이라는 월간지도 있어요. 그런 데다가 글 쓰세요. 설마 그 신문·잡지들 모두 합한 것보다도 『조선일보』가 더 힘이 세다고 생각하시는 건 아니겠지요? 꼭 고상해져야만 『조선일보』에 글을 안 쓸 수 있는 건 아녜요. 실은 고상한 문화귀족들이야말로 『조선일보』 지면에 딱 어울리는 사람들이에요. 은희경 씨나 저 같은 나약한 속물들은 그 신문과 안 어울려요. 『조선일보』를 비판하기 위해서 꼭 좌파가 되거나 혁명가가 돼야 하는 건 아녜요. 저 같은 우익 몽상가도 『조선일보』 욕 막 하잖아요. 은희경 씨나 저 같은 우익들이 제대로 살아 남으려면, 우선 그 신문을 비실비실하게 만들어야 돼요. 『조선일보』에 글 쓰는 것 딱 그만두고, 김정란 씨한테 떳떳해지세요.”

은희경과 달리 신경숙은 나와 가깝다면 꽤 가까운 친구다. 그는 나를 어떻게 생각하고 있는지 모르겠지만, 나는 그를 가까운 친구로 생각한다. 그러니, 이런 말 정도는 할 수 있겠다.

“경숙아, 김정란 씨 글을 보니 저번 『월간조선』 기사 건 뒤에도 『조선일보』에 네 얼굴이 비친 모양이지? 만일 그랬다면, 물론 피하기 힘든 사정이 있었겠지. 그렇지만 그건 적절한 일이 아니었어. ‘최소한의 자존심도 없는 사람들’ 이라는 김정란 씨의 평가가, 네겐 불쾌했겠지만, 그른 말이라고 할 수 있겠니? 어쩌다 그런 모욕적인 소리를 듣게 됐니? 나는 김정란 씨의 글에서 그 부분을 읽으면서 마치 내가 그런 말을 들은 듯 가슴이 아팠어. 퍼뜩 네 얼굴이 떠올랐기 때문이야. 그건 정말 바보 같은 짓이었어. 나는 널 자존심 덩어리라고 생각해왔는데, 간혹 사람들을 당혹스럽게 하는 네 성깔까지도 그런 자존심의 일부라고 이해해왔는데, 왜 그런 바보 같은 짓을 했니? 그 사람들이 너에 대한 기사를 쓰는 거야 네가 어쩔 수 없겠지만, 그 신문에 기고하거나 인터뷰에 응하거나 하는 일은 이제 하지 마라. 인간관계라는 게 있으니 그게 쉽지는 않겠지. 그렇지만 너 정도라면 그 사람들에게 네 입장을 이해시킬 수 있지 않을까? 네가 거부하는 건 『조선일보』라는 구조지 특정한 개인이 아니라는 걸 말이야.”

개인과 구조를 구분하는 것은 중요하다

내 친한 친구 가운데 하나는 언젠가 내게 "네 글에는 정신만 있을 뿐 영혼이 없다"고 말한 적이 있다. 내 글에서는 이성과 합리성만 느껴질 뿐, 그것을 넘어서는 어떤 초월적 힘 같은 것이 안 느껴진다는 것이었다. 나는 그 말을 받아들였다. 그것은 내 문학관이 세속적이라는 것과도 관련이 있을 것이다. 내가 문학이라는 것에서 어떤 아우라를 발견하지 못하듯이, 내 글에도 어떤 아우라를 담고 싶지는 않다. 아니 내가 그걸 원한다고 해도 그것은 내 능력 바깥의 일일 것이다. 그 친구가 내게 '영혼이 없는' 글쟁이라고 했을 때, 그것은 약간의 비판이 함축된 말이었지만, 나는 그것을 조금도 부끄럽게 생각하지 않는다. 그런 의미에서 나는 실용주의적 글쟁이라고 할 수 있을지 모르겠다.

그런데 그 친구가 『조선일보』에 글을 쓴다는 소문을 최근에 들었다. 이해할 수 없는 일은 아니다. 『조선일보』에 있는 그의 친구들 가운데 누군가가 그에게 청탁을 했을 것이고, 그는 친구의 청탁을 거절하기가 힘들었을 것이다. 그러나 영혼에는 못 미치는 내 정신은—내 이성은—그가 『조선일보』에 글을 쓰는 것이 적절하지 않다고 가르친다. 『조선일보』의 극우적 세계관, 지역주의적 정치공작, 권력 숭배, 반지성주의 같은 것들과 그 친구는 별 인연이 없기 때문이다.

재작년 대선 때의 일이 기억난다. 나는 그때 파리에 있었는데, 그 친구한테서 팩스가 날아들었다. 편지가 짧고 인상적이었던 터라 지금도 그 내용을 기억해낼 수 있다: "투표를 하고 나오는데, 눈물이 핑 돌았다. 이번에도 안 될 것 같은 예감이 든다."

물론 '이번에는' 되었고, 내가 얼마 뒤 서울로 돌아왔을 때, 그는 자신이 영원한 비주류 체질인 모양이라며 새 정권을 비판했다. 내 말은 이렇다. 지난 선거에서 김대중을 지지했든 권영길을 지지했든, 또는 이회창이나 이인제를 지지했든, 이성적인 글쟁이라면『조선일보』의 지면에서 불편함을 느끼지 않을 수는 없을 것이다. 그런데도『조선일보』에는 아직 멀쩡한 필자들이 등장하는 모양이다. 나는 내 가까운 친구들이라도 그 필자 명단에 끼지 말았으면 좋겠다.

거대 언론의 지면이 주는 매력 이외에도 이리저리 얽힌 인간관계 때문에 신문사의 원고 청탁을 거절하는 것이 쉬운 일은 아닐 것이다. 그리고 또 넓은 눈으로 보면『조선일보』와 다른 신문이 무슨 차이냐는 반론도 있을 수 있다. 그러나『조선일보』의 모든 지면이 극우적 관점으로 채워져 있지는 않더라도, 우리 나라의 일간신문 가운데 그 신문이 가장 짙은 극우 성향을 드러낸다는 것은 부인할 수 없다. 개인과 구조를 구분하는 것은 아주 중요하다.『동아일보』나『한겨레』의 어떤 기자보다 더 도덕적이고 재능 있는『조선일보』기자를 발견하는 것이 어려운 일은 아닐 것이다.『한겨레』나『동아일보』의 어떤 기사보다 더 공정하고 깔끔한『조선일보』의 기사를 발견하는 것도 어려운 일은 아닐 것이다. 그러나 전체로서의『조선일보』가 전체로서의『한겨레』나『동아일보』와 질적으로 구분되는 정치적 지향을 지니고 있다는 것을 발견하는 것도 어려운 일은 아니다. 그렇다면『조선일보』에 글을 쓰는 사람들은, 자신이 우리 사회에서 지적 영향력이 있다고 생각할수록, 원고 청탁을 수락하기 전에 한 번 더 생각해 보아야 하지 않을까?

나는 위에서 김정란이「조선일보를 위한 문학」에서 펼친 몇몇 견해들을 비판적으로 검토했다. 그러나 그 글의 커다란 줄기를 내가 지지하고 있음은 말할 나위도 없다. 나는 『조선일보』를 비판하는 김정란을 옹호하고, 『조선일보』에 너그러운 은희경이나 신경숙을 비판한다.

『조선일보』의 79돌, 잘라내지 못한 '거대한 뿌리'

김동민의 「역사가 말하는 조선일보의 진실」은 그 서술을 80년대 이후로 제한했다면 이 책의 취지에 더 부합했을 것이다. 『조선일보』가 다른 신문들과 질적으로 다르게 되기 시작한 것이 80년대 이후이기 때문이다. 이 글의 전반부는 일제시대의 『조선일보』 지면을 분석하고 있는데, 나는 그것이 '조선일보 문제'를 부각시키는 데 적절하지 않았다고 생각한다. 지금의 『조선일보』는 예컨대 『동아일보』와 질적으로 구별되는 신문이지만, 일제하의 『조선일보』가 『동아일보』와 질적으로 구별되는가? 선뜻 그렇다는 대답이 나오지 않는다.

게다가 『조선일보』가 친일지였느냐 민족지였느냐는 질문은 잘못 설정된 질문이다. 『조선일보』는 친일지이자 민족지였기 때문이다. 일제하 『조선일보』의 역사는 조선일보사 관계자들이 선전하듯 저항 민족주의의 역사였던 것도 아니고, 일부 언론학자들이 주장하듯 친일의 역사였던 것도 아니다. 지금보다 신문·잡지의 지면이 훨씬 적었고 대학 제도도 자리잡지 않아서 한 일간신문이 지식 사회에 끼치는 영향력이 지금보다 훨씬 더 컸던 그 시절에는, 민족주의자든 사회주의자든 친일분자든 『조선일보』(나 다른 두세 일간지)를 통하지 않고는 자신의 생각을 널리 펼칠 수 없었을 것이다. 그러니까 『조선일보』는 민족주의 신문이기도 했고, 사회주의 신문이기도 했고, 친일 신문이기도 했던 것이다. 요컨대 일제하 『조선일보』의 역사는 얼추 조선 민족의 역사였다. 그 역사는 민족운동의 역사이자 친일 · 반역의 역사이기도 하다.

나는 『조선일보』의 친일을 이해한다. 동아시아가 전쟁에 휩쓸린 30년대 이후 『조선일보』가 민족주의적 내지는 사회주의적 입장을 드러냈다면, 『조선일보』의 폐간은 훨씬 더 앞당겨졌을 것이다. 일제 식민 통치가 영원히 계속될 것처럼 보이던 엄혹한 시절에, 세속의 매체자본가에게 신문의 폐간을 무릅쓰고 총독부에 저항할 것을 기대하는 것은 지나친 일일 것이다. 그리고 일제가 '문화정치'를 표방했던 20년대일지라도 지하신문이 아니고서야 민족해방운동에 가담할 수는 없었을 것이다. 우리가 『조선일보』에 대해서 민족해방운동을 요구하는 것은 『조선일보』에게 지하신문이 되기를 요구하는 것과 같다. 우리가 일제하 합법신문으로서의 『조선일보』의 지위를 인정한다면, 그 다음에 우리가 이 신문에게 기대할 수 있는 최대치는 그저 낮은 수준의 민족운동 정도일 것이다.

그러나 『조선일보』가 자신의 과거를 분식 · 미화하고 그 제호를 항일운동과 연관시키는 것은 또 다른 문제다. 그러니까 우리가 『조선일보』의 과거에 대해서 비판할 수 있는 것은 이런 것이다. 즉 30년대 이후 노골적인 친일지가 되고서도 결국 폐간의 운명을 피할 수 없었던 이 신문이, 해방된 조국에서 아무런 거리낌 없이 동일한 제호로 복간됐다는 것 말이다. 역사와 전통을 늘리고 싶어서였는지는 모르지만, 이것이야말로 후안무치한 일이다.

일제하의 역사와 해방 뒤의 역사를 『조선일보』라는 제호로 연결함으로써, 이 신문은 얼마 전 창간 79돌을 넘겼다. 이것은 『조선일보』

와는 그 격조나 세계 인식의 수준을 비교할 수 없는 프랑스의 『르 몽드』가 올해에 고작 창간 55돌을 맞은 것과 비교된다.[5] 신문의 역사를 처음 만들어낸 나라의 가장 권위 있는 신문이 고작 창간 55돌을 맞은 것이 신기하지 않은가?

사정은 이렇다. 『르 몽드』의 전신은 『르 탕』이라는 신문이다. 1861년에 창간된 이 신문은 지금의 『르 몽드』가 그렇듯 석간신문이었고, 제4공화국 이래 『르 몽드』가 그랬듯 제3공화국의 정치와 문화에 커다란 영향을 끼친 고급 신문이었다. 1939년에 제2차 세계대전이 터진 직후 파리는 독일군의 점령지역에 속하게 되었고, 이 신문은 어쩔 수 없이―일제하의 『조선일보』가 그랬듯 살아남기 위해서―점령군에 우호적인 논조를 펴지 않을 수 없었다. 노골적인 친일 논조를 폈던 『조선일보』를 일제가 결국은 폐간시켰듯, 온건한 친독 논조를 폈던 『르 탕』도 1942년에 폐간되고 말았다.

그리고 2년 뒤인 1944년에 파리가 해방됐다. 널리 알려져 있듯, 점령기하 독일 당국에 부역했던 프랑스 언론인들이 대량 숙청됐다. 『르 탕』에서 지조를 지킨 기자들 가운데 한 사람인 위베르 뵈브 메리는 옛 신문사 동료들 가운데 '깨끗한 사람들'을 규합해서 『르 탕』의 재건에 착수했다. 그러나 그 이전 80여 년의 역사를 통해서 프랑스인들에게 고급 신문의 상징처럼 자리잡은 『르 탕』이라는 제호를 가져올 용기가, 또는 뻔뻔함이 그에게는 없었다. 독일 점령하에서의 이 신문의 친독 논조 때문이었다. 그래서 그는 80여 년의 역사를 무화시키고 『르 몽드』라는 이름으로 새로운 신문을 출범시켰다. 신문의 인적 구

---

5) 『조선일보』와 『르 몽드』의 차이는 그 질에만 있는 것이 아니라 양에도 있다. 『조선일보』측의 주장대로 그 신문의 발행부수가 3백만 부라면, 『르 몽드』의 발행부수는 그 6분의 1에 지나지 않는다.

성은 물론이고 그 체제에서까지 『르 탕』과 『르 몽드』는 연속성이 있지만, 가장 중요한 제호를 바꾸어 버린 것이다. 그것이 『조선일보』의 79돌과 『르 몽드』 55돌의 차이다. 위베르 뵈브 메리가 짧은 기간 동안에 소극적으로 이뤄진 『르 탕』의 친독 논조에 대한 프랑스인들의 망각을 기대하고 그 제호를 계속 사용했다면, 오늘날 프랑스 최고의 신문은 140년 가까운 역사를 자랑하게 됐을 것이다.

그 점에선 어쩌면 『조선일보』가 『르 몽드』보다 더 '용기 있는' 신문이라고 말할 수 있을지 모른다. 『조선일보』는 일제하 20여 년의 역사가 아까워 그 기간 동안에 이뤄진 민족반역의 역사까지를 감싸안은 데 비해, 『르 몽드』는 짧은 기간 동안의 오점이 무서워 80여 년의 역사를 팽개쳐 버렸으니 말이다. 더구나 '조선'은 『조선일보』와 방향만 반대인 채 이념적 켤레를 이루고 있는 북한의 국호다. 97년 대선 직전의 '명함 파동'이라는 것을 비롯해 『조선일보』의 지면이 '조선'이라는 말에 (물론 정략적으로) 얼마나 적대적인 태도를 취하고 있는지를 생각하면 그 제호를 견지하고 있는 이 신문의 용기가 새삼 놀랍다. "남들이 '조선'이라는 말을 사용하면 그건 이념적 불온의 증거다. 나만 예외다."

물론 이 신문이 '조선'이라는 제호에 대해서 부정적 자의식이 전혀 없는 것은 아니다. 예컨대 이 신문사는 '조선일보 광고대상'을 줄여 말할 때 '조선 광고'라고 말하지 않고 굳이 '조일 광고'라고 말한다. 한자로 표기하면 일본의 『아사히신문』이 주관하는 행사가 아닌가 하는 착각을 불러일으킬 수 있음에도 불구하고 말이다. 『조선일보』에게도 때로는 '조선'이라는 제호가 찜찜한 것이다. 물론 이 경우에 '조선'이라는 이름에 대해 이 신문사가 느꼈을 찜찜함은 '조선'이라는 제호로 이 신문이 과거에 펼쳤던 친일 논조에 대한 찜찜함이 아니라, 이북의 국호 '조선'과 관련해서 자신들이 펼쳤던 선동의 효과가 부메랑이 되어 돌아온 찜찜함이다.

요점은 이렇다. 『조선일보』의 일제하 친일은 이해할 만한 일이다. 그러나 해방된 조국에서는 그 친일의 때가 묻은 제호든 사람이든 모두 청산됐어야 옳다. 그것이 해방의 의미다. 그러나 『조선일보』는 "전통은 아무리 더러운 전통이라도 좋다", "역사는 아무리 더러운 역사라도 좋다"며 자신의 '거대한 뿌리'를 잘라내기를 거부했다.

『조선일보』의 그런 용기를 생각할 때마다 나는 이 신문이 찬양하는 한 군인의 용기가 생각난다. 나는 박정희의 친일을 이해한다. 조선반도가 일본의 영토였던 시절, 비록 '내지인'과 같은 정도의 정치적 권리가 주어지지는 않았을망정 조선 사람도 일본인이었던 시절, 한 야심 많은 젊은이가 만주군관학교엘 들어가고, 일본 육사를 졸업하고, 제국 군대의 장교로 복무했던 것은 이해할 만한 일이다. 그에게 조선의 독립은 불령선인들의 잠꼬대처럼 들렸을 테니까.

내가 이해할 수 없는 것은 그가 해방된 조국에서 다시 군인이 되고, 공산주의자가 되고, 동료를 배신하고, 마침내는 쿠데타를 일으켜 대통령이 됐다는 것이다. 해방된 조국의 대통령이 된 일본 제국군대의 장교. 이건 좀 심한 코미디가 아닌가? 그리고 그런 코미디를 18년 동안 용납한 우리들, 그가 죽은 지 20년이 되어가는 지금 한 신문의 캠페인에 휘둘리며 제국군인 출신의 독재자를 그리워하는 우리들, 이건 좀 너무한 것 아닐까? 우리들이 이렇게 너그러운 한, 박정희식의 뻔뻔함은 계속될 것이고, 『조선일보』의 용기도 수그러들지 않을 것이다.

유시민의 '신문시장 개혁안'

유시민의 「조선일보에 '제 몫'을 찾아주는 방법」은 '조선일보 문제'에 접근하는 방법에서 이 책에 실린 다른 글들과 구별된다. 다른 글들이 대체로 『조선일보』의 지면에 대한 비판이라면, 유시민의 글은 신문시장의 개혁에 관한 글이다. 그의 생각으로는, '조선일보 문제'는 정치적 환경 변화와 시장점유율 사이의 관계를 비탄력적으로 만드는 지금의 왜곡된 신문시장 구조를 해체하지 않고서는 고칠 수 없는 '난치병'이다. 유시민은 소비자 주권을 유린하는 신문시장의 구조를 개혁하는 정부의 방안으로 세 가지를 제시하고 있다. 첫째는 법령에 의해 신문배달 시장을 '자연독점' 분야로 지정하는 것, 둘째는 정부의 금융감독권을 활용하여 재무구조가 나쁜 신문사를 퇴출시키거나 구조조정을 요구하는 것, 셋째는 공정거래법을 강화하거나 엄격하게 적용하여 모든 형태의 부당 내부거래와 불공정 거래행위를 철저하게 봉쇄하는 것이다.

유시민이 깔끔하게 정리한 이 방안들은 『조선일보』만이 아니라 대부분 신문들의 큰 반발을 불러일으킬 것이고, 그래서 정부가 그 방향이 옳다고 생각하더라도 시행에 옮기기가 쉽지 않을 것이다. 결국 시장을 개혁하는 것은 정부의 몫이지만, 정부에 시장 개혁의 의지를 불어넣어 주는 것은 국민의 몫이다. 비록 그 시행 과정에서 약간의 굴절을 겪는다고 하더라도, 이런 시장의 개혁은 특별한 매체를 겨냥하고 있다는 비판을 피하면서 『조선일보』를 비롯한 여러 신문들의 '제 몫'을 찾아주는 방법이 될 수 있을 것이다. 유시민이 지적했듯 『조선일보』 지면의 비판이나 기고 거절 운동이 효과를 거두기 위해서는 소비자의 선호가 판매부수에 직접적으로 반영되도록 하는 시장 개혁이 병행돼야 한다.

무엇보다도, 이런 신문시장의 개혁은 '국민의 정부'의 구호인 '민주주의와 시장경제의 병행'과도 꼭 들어맞는다. 그리고 만일 이 정부가 신문시장의 개혁을 통해서 『조선일보』를 포함한 각 매체에 제 몫을 찾아주는 정지작업이라도 한다면, 그것은 남북관계의 획기적 진전 못지않게 정권의 커다란 '업적'으로 기록될 것이다.

똘레랑스를 앵똘레랑스에까지 적용할 순 없다

홍세화의 『쎄느강은』은 대체로 자신이 지금 살고 있는 프랑스 사회와 과거에 살았던 한국 사회를 비교하면서, 한국 사회가 개선해야 할 점을 지적하고 있다. 사회정의에 대한 열망 한편에 개인주의의 미덕을 강조하고 있는 걸 보면, 그의 이념적 좌표는 미국식의 '리버럴' 정도가 아닌가 싶다. 물론 이것은 내 자의적인 재단이다. 유럽에서 오래 산 그는 리베랄(libéral)이라는 말에서 프랑스 우익의 기미를 느낄 것이고, 또 이 책의 한 글에서 자신은 지금도 "스스로 사회주의자라고 느끼고 있다"고 말하고 있으니 말이다. 아무튼 이 책의 저자는 자신을 좌파라고 생각하고 있는 듯한데, '모태 우파'인 나도 이 책에서 그가 개진하는 견해들에는 대체로 공감할 수 있었다. 물론 어떤 견해들에는 완전히 공감했고, 다른 견해들에는 상당한 유보를 둔 채 공감했지만.

내가 이 책에서 특히 인상 깊게 읽은 글은 「똘레랑스에 붙이는 두 개의 사족」과 「수학과 글쓰기 2」이다. 첫번째 저서를 통해서 '똘레랑스(관용 · 너그러움)'라는 말을 우리 사회에 넓게 유포시킨 저자는 이 책에서 그 '똘레랑스'의 외연을 획정하려고 한다. 저자가 똘레랑스에 붙인 첫번째 사족은 "똘레랑스의 대상은 남이지 자기 자신이 아니라는 것"이고, 두번째 사족은 "한국의 극우 세력에게는 똘레랑스를 보일 수 없다"는 것이다. 첫번째 사족을 통해서 저자는 남에 대한 너그러움은 자신에 대한 엄격함과 나란히 가야 한다는 것을 강조하고 있고, 두번째 사족을 통해서는 극우는 극단주의의 하나이기 때문에 항상 앵똘레랑스(불관용)를 불러온다고 강조한다.

첫번째 사족은 한국 사회의 지도층을 겨냥해 붙여진 것이다. 대필(代筆) · 대역(代譯) 풍조를 자연스럽게 받아들이는 지식인 사회, 학위 논문을 심사받자면 수백만 원이 들어간다는 대학사회 같은 것이 그가 거론하는 예다. 나는 거기에 사족을 붙여 그가 다른 글에서 지나가듯 얘기한 고쉬 카비아르(캐비어 좌파)도 끼워넣겠다. 명예와 안락 속에서 혁명의 쇠퇴를 서러워하고 정권을 모욕하고 밀림 속의 게릴라를 찬양하는 것은 당사자에게는 신나는 일일 것이다. 그러나 그것은 보는 사람의 미감을 거스른다.

『쎄느강은』의 저자가 똘레랑스에 붙인 두번째 사족은 특히 한국의 정치에서 중요한 함의를 지닌다. 저자는 『조선일보』가 결국 최장집 교수에게 승리를 거둔 것은 한국의 극우 세력이 그만큼 강하다는 것을 증명한다고 지적한다. 이어서 그는 유럽과는 달리 한국의 극우 세력은 분단 이래 50여 년 동안 집권 세력이었고, 김대중 정부의 출범으로 권력의 주도권을 처음으로 잃은 뒤에도 이 정부에 극우 세력을 밀어넣기 위해 노력하고 있다고 말한다. 독일과는 달리 한국에서는 극우 세력의 언로가 차단돼 있는 게 아니라 진보 세력의 언로가 차단돼 있다고 지적한 뒤, 저자는 노동자들의 파업권이 제한돼 있고 진보 정당조차 없는 한국에서는 극우 세력에 대하여 똘레랑스 운운할 처지가 아니라고 강조한다. 그의 주장을 요약하면 이렇다. 똘레랑스는 앵똘레랑스에 똘레랑스를 보일 수 없다. 그런데 극우는 앵똘레랑스다. 따라서 똘레랑스는 극우 세력에게는 적용되지 않는다.

저자는 극우와 광신은 하나의 뿌리에서 자란다고 강조하고 나서, 볼테르의 말을 인용하며 이 글을 맺고 있다. "광신주의자들의 열성이 수치스러운 것이라면 지혜를 가진 사람이 열성을 보이지 않는 것 또한 수치스러운 일이다. 신중해야 하지만 소극적이어서는 안 된다."

나는 저자의 의견에 전폭적으로 공감한다. 단, 여기에도 사족을 하나만 붙인다면 광신은 극우의 뿌리만이 아니라 모든 극단적인 이념의 뿌리이고, 똘레랑스는 극우만이 아니라 모든 극단적인 이념(그것이 종교의 옷을 입었든, 정치 사상의 옷을 입었든, 민족운동의 옷을 입었든, 과학의 옷을 입었든)에 대하여 절제돼야 한다는 것이다. 『쎄느강은』의 저자의 생각은 주류 자유주의자들의 생각과도 크게 다르지 않다. 사상의 자유시장은 옹호돼야 하지만, 사상의 자유를 부정하는 사상까지 옹호할 수는 없다는 생각 말이다.

「수학과 글쓰기 2」는 『조선일보』 주필 김대중의 한 칼럼을 소재로 삼아 칼럼 필자가 중등수학의 '동류항 묶기'를 제대로 배우지 않은 것이 아닌가 하는 의혹을 제기한다. 홍세화가 예로 든 「대통령과 아들들」이라는 칼럼은 나도 프랑스에서 읽으며 혀를 찬 기억이 있다. 칼럼의 요점은 조순의 아들들, 김현철, 김홍일, 이회창의 아들들이 모두 아버지의 대권욕의 희생자라는 것이다. 홍세화의 글을 따라가 보자. "(김 주필의 칼럼에 따르면) 대통령인 아버지의 권력을 등에 업고 마구 분탕질친 아들이 희생자도 될 수 있다. 그러므로 이 세상에 희생자가 되지 않을 사람은 한 사람도 없다. 모든 범법자, 가해자가 희생자가 될 수 있다. 또 이유가 어쨌건 군대를 가지 않은 게 희생자가 될 수 있는 근거를 제공해주니, 그 논리를 발전시키면 군대 가는 놈들은 모두 가해자가 될 수도 있겠다."

이러한 무리한 동류항 묶기를 통해서 칼럼 필자(김대중 주필)가 노리는 것은 일종의 '물타기'라고 『쎄느강은』의 저자는 판단한다. 저자는 그 칼럼이 게재된 시점이 김현철이 한보사건에 연루돼 감옥에 갇혀 있고, 당선이 거의 확실시되던 이회창 후보가 아들들의 병역 문제라는 암초에 걸려 인기가 내리막길을 걷고 있을 때라는 점을 지적한다. 그러면서 저자는 칼럼 필자의 억지 동류항 묶기가 수학능력의 부족에만 원인이 있는 것이 아니라 '윤리공부'의 부족에도 원인이 있을 것이라고 말한다. 특히 억지 동류항 묶기에 동원하기 위해서 조순 아들들의 프라이버시를 만천하에 드러낸 데에 대해서는 "언론인으로서의 기본적인 윤리나 양식도 찾을 수 없"다고 비판한다.

나는 한국의 극우 선동가들이 대체로 부도덕하다기보다는 몰취미하다고 생각한다. 『조선일보』에 글을 쓰는 사람들에 대한 생각도 그렇다. 그들에게 부족한 것은 윤리감각이 아니라 심미안이라고 나는 생각한다. 그러나 김대중 주필이나 그 신문사의 다른 한두 필자의 글을 읽을 때면, 나는 내 판단이 잘못된 것이 아닌가 하는 생각도 하게 된다. 혹시 그들의 글을 따져보는 데에는 심미적 기준만이 아니라 윤리적 기준이 개입할 여지가 있는 것이 아닌가 하는 생각이 든다는 뜻이다. 내가 지금까지 이 신문을 보고 있다면 확실한 판단이 섰을 텐데, 그들의 글을 읽은 지가 하도 오래 돼서 자신이 없다.

이해찬과 홍세화의 사회주의

「사회주의에 대하여」라는 글에 한마디하고 싶다. 『쎄느강은』의 저자는 이 글에서 "사회주의가 한국의 현실에 맞지 않는다는 것을 일찍부터 알았기 때문에 젊었을 때부터 사회주의에 이끌리지 않았다"는 이해찬 전 교육부 장관의 인터뷰 발언을 인용한 뒤, 자신은 지금도 사회주의자라고 느끼고 있다고 말한다.

나는 여기서 저자가 사회주의자인 것에 대해 시비를 할 의도는 전혀 없다. 그리고 저자가 그 글에서 드러내고 있는 인도주의적 열정에 깊이 감동받았음을 미리 고백해야 하겠다. 내가 지적하고 싶은 것은 그가 용어 사용의 섬세함에 인색했다는 것이다. 구체적으로, 이해찬이 자신이 젊어서부터 사회주의에 이끌리지 않았다고 말할 때의 그 '사회주의'와, 저자가 지금도 스스로 사회주의자라고 느낀다고 할 때의 그 '사회주의'가 같은 의미인가 하는 것이다.

우리말에서든 외국어에서든 사회주의라는 말의 의미는 여러 겹이다. 그것은 좌파 이념 전체를 지칭할 수도 있고, 서유럽의 사회민주주의 정당이 내세우는 정책들의 내용을 의미할 수도 있고, 과학적 사회주의 즉 정통 마르크시즘을 의미할 수도 있다. 우리 사회에서 사회주의는 흔히 과학적 사회주의라는 의미로 통용된다. '사회주의 혁명'이니 '현실사회주의'니 할 때의 그 '사회주의' 말이다. 즉, 한때 '노동해방 사상'이라는 말이 그랬듯, '사회주의'는 '공산주의'의 완곡어로 사용되는 일이 잦다.

이해찬이 자신이 사회주의에 이끌리지 않았다고 말했을 때, 그 사회주의는 이런 공산주의라는 의미의 사회주의였기가 쉽다. 그의 인

생행로나 장관으로서 내세운 정책을 보면 그가 사회민주주의적 (또는 민주사회주의적) 가치들에 대해서 마냥 적대적이라고 보기는 어렵기 때문이다.

반면에 유럽에서 '사회주의'라는 말은 관습적으로 (특히 저널리즘에서) 공산주의와 구별돼 사용되는 일이 흔하다. 즉, 그것은 사회민주주의 정당들이 내세우는 정책들의 내용을 지칭하기 십상이다. 유럽어에서 '사회주의자'라는 말이 흔히 '사회당원'을 의미한다는 것도 이런 사정을 거들고 있다. 『쎄느강은』의 저자가 유럽에서 살고 있기 때문에 그런 것은 물론 아니겠지만, 홍세화가 "나는 지금도 스스로 사회주의자라고 느끼고 있다"라고 말할 때, 그 '사회주의자'가 볼셰비키를 의미하는 것이 아닌 것은 틀림없다. 그것은 저자가 그 글에서 사회주의자의 전범으로 내세우고 있는 장 조레스나 레옹 블룸의 예를 보아도 짐작할 만하다.

물론 조레스나 블룸은 좌익 이념이 쇠잔해가고 있는 지금의 기준으로 보면 대단한 좌파였음에 틀림없다. 게다가 그들이 활동했던 제3공화국 시절은 프랑스에서 좌파의 힘이 지금보다 훨씬 더 컸을 뿐만 아니라 전세계적으로도 혁명운동이 고조되던 시기였다. 그들은 20세기 초 프랑스 좌파를 결집한 프랑스 사회당(노동자 인터내셔널 프랑스 지부)의 핵심 지도자였다. 한 사람은 그 기관지 『뤼마니테』의 창간 발행인이었고, 또 한 사람은 그 협력자였다.

조레스나 블룸이 활동한 시기의 프랑스 사회당은 그 다수가 정통 마르크시스트였고 그 다수파는 러시아혁명 이후인 1920년에 분가해서 프랑스 공산당(공산주의 인터내셔널 프랑스 지부)을 차리게 되지만, 블룸은 거기에 합류하지 않았다. 1차 세계대전 전야에 민족주의자에 의해 암살된 조레스가 그때까지 살아 있었다면 어떤 선택을 했을지는 알 수 없지만, 아마도 그는 블룸과 함께 사회당에 남았을 것이다. 그는 분명히 유물론자였고 계급투쟁론을 큰 틀에서는 받아들였지만, 그의 사회주의는 열린 사회주의였기 때문이다. 그의 사회주의는 리버럴한 사회주의였고, 민주주의적인 사회주의였다. 그는 '프롤레타리아 독재'라는 걸 지지하지 않았고, 폭력혁명보다는 '혁명적 진화'를 믿었다. 블룸은 다수파가 기관지 『뤼마니테』를 챙겨서 프랑스 공산당으로 분가해간 뒤, 새 기관지 『르 포퓔레르』를 창간하고 프랑스 사회당을 이끌었다. 그는 러시아혁명과 볼셰비즘에 적대적이었고, 제2인터내셔널의 의회주의 전통에 충실했다. 상황에 따라 공산주의자들과 협력하지 않은 것은 아니지만, 그는 일생 동안 한 번도 공산주의자였던 적은 없다.

그렇다면 조레스나 블룸의 '사회주의'는 '소비에트 사회주의 공화국 연방'할 때의 그 '사회주의'가 아니다. 곧 조레스나 블룸을 '사회주의자'라고 할 때 그 사회주의자는 사회민주주의자 또는 민주사회주의자다. 비록 사회민주주의 진영 안에서는 비교적 좌파에 속하겠지만. 그러니까 『쎄느강은』의 저자가 자신이 사회주의자라는 걸 느끼고 있다고 말할 때 그 '사회주의자'도 사회민주주의자를 말하는 것이리라. 그렇다면 홍세화의 그 사회주의에 이해찬이 젊어서부터 이끌리지 않았으리라고는 생각되지 않는다. 그러니까 내가 여기서 지적하고 싶은 것은 『쎄느강은』의 저자가 전혀 다른 두 개의 시니피에를 하나의 시니피앙에 담아 사용하고 있다는 것이다. 그 글의 앞부분에서 저자가 암시하고 있는 것과는 달리, 홍세화와 이해찬은 이념적으로 크게 다르지 않다는 것이 내 판단이다.

홍세화의 '사회주의'는 자유주의와 넓은 기반을 공유하고 있다. 그는 「5,900만의 개성이 빚은 나라」라는 글에서 말한다. "나는 한국의 자유주의자들이 개인주의를 주장하는 데에는 동의하고 있다. 개인주의는 어쨌든 지역이기주의를 깨부수는 역할을 할 것이기 때문이다." 실상 저자가 이 책의 제1부와 제2부에서 그리고 있는 프랑스 사회의 긍정적인 면은 대체로 프랑스인들의 개인주의와 관련이 있다. 그러나 저자는 이어서 말한다. "그러나 그들(한국의 자유주의자들)이 지구촌이니 세계시민이니 하는 소리를 하며 이른바 세계화 주장을 부추기고 있는 데에는 동의할 수 없다. 세계시민은 '세계사회'를 상정하지 않고는 허상에 지나지 않는다. 세계사회도 사회인만큼 힘의 논리, 지배·피지배의 논리가 작용한다."

"고픈 배는 나중에 채울 수 없다"

우선, '세계사회'는 물론 아직 현실이 아니다. 그러나 그 '세계사회'가 개인주의가 지향하는 궁극의 목표인 것은 확실하다. 개인주의는 세계시민주의와 동의어이기 때문이다. 그리고 '세계사회'가 아직 현실이 아니라는 것은 우리가 그것을 지향해야 한다는 것과 아무런 모순을 일으키지 않는다. 물론 저자는 이어서 말한다, 세계사회도 사회인만큼 힘의 논리, 지배·피지배의 논리가 작용한다고. 그러나 그것 역시 우리가 '세계사회'를 지향해야 한다는 것과 아무런 모순을 일으키지 않는다. '세계사회'는 만병통치약이 아니다. 힘의 논리, 지배·피지배 논리가 완전히 배제된 사회는 존재하지 않을 것이다. 우리가 할 수 있는 것은 그 힘의 논리, 지배·피지배의 논리를 합리성의 규율 안에 가두는 것이다. 그 합리성을 차단하고 왜곡하는 여러 수준의 집단정서—민족주의, 지역주의, 학연·혈연 등의 각종 연고주의—에서 개인들을 풀어내, 사회의 구성논리를 좀더 합리적으로 만들자는 것이 개인주의이고, 그것이 궁극적으로 지향하는 것이 세계사회이고 세계정부인 것이다. 세계사회나 세계정부가 아득하다고 해서 그것을 지향할 필요가 없는 것은 아니며, 주체가 집단에서 개인으로 옮아간 그 사회에서는 힘의 논리, 지배·피지배의 논리에 합리적 규율을 부여할 여지가 더 많아질 것이다.

이 책에 대해 방금 이런저런 트집을 잡기는 했지만, 내가 전반적으로 저자의 의견에 크게 공감했고 많은 깨달음을 얻었다는 사실을 털어놓아야 하겠다. 특히 누구나 알고 있으면서도 자주 잊고 있는 사실, "고픈 배는 나중에 채울 수 없다"는 사실을 나는 『쎄느강은』의 저자 덕분에 소스라치게 놀라며 기억해냈다. 그의 말대로 "북한 어린이들의 주린 배도 기다려주는 것이 아니어서 나중에 채워넣을 수 있는 것이 아니다. 다른 모든 것은 기다려줄 수 있다."

(1999년 7월)

개인을 위한 변명, 소수를 위한 변호

『당신들의 대한민국』, 박노자 지음

내가 처음 외국인과 한국어로 말을 나눠본 것은 1988년 서울 올림픽 때였다. 그 외국인은 소련 사람이었다. 나는 그 즈음 한겨레신문사의 올림픽 취재팀에 속해서 서울 삼성동에 있던 프레스센터로 출근하고 있었다. 그 곳에서 하루 종일 여러 경기장을 오가다가 퇴근도 거기서 했다.

9월의 어느 밤, 신문사 동료 두 사람과 나는 올림픽 취재를 위해 서울에 온 타스통신 기자와 프레스 센터 부근의 포장마차에서 소주를 마시며 꽤 긴 얘기를 나누었다. 내가 퇴근 전에 타스통신 부스로 찾아가 만남을 청했던 것 같다. 지금은 이름을 기억할 수 없는 그 기자는 한국어가 매우 유창했다. 사실 그의 한국어는 평양말 억양이 짙은 조선어였지만. 억양만이 아니라 '습니다' 체를 사용하고 두음법칙을 인정하지 않는 진짜배기 문화어였다. 그는 타스통신의 평양 특파원으로 오래 일했다고 했다. 그와 무슨 얘기를 나누었는지는 지금 거의 기억나지 않는다. 다만, 그 때 소련은 북한과 '형제 나라'였던 데 비해 우리와는 외교 관계가 없던 터라, 그가 북한에 대해 대단히 조심스럽게 얘기했던 것은 기억에 남아 있다. 아, 그가 한 말 가운데 지금도 또렷하게 기억할 정도로 인상적인 게 있었다. 부하린은 몰라도 트로츠키는 용서할 수 없는 사람이라는 말. 나중에 알고 보니 부하린이 바로 그 해에 공식적으로 복권됐더구먼. 그 소련 기자는 아마 당원이었던 듯 싶다. 그의 유창한 조선어는 모스크바와 평양의 짙은 우애를 상징하는 것 같았다.

그와 얘기를 나누며 나는 기분이 야릇했다. 외국인과도 한국어로 얘기할 수 있다는 것이 야릇했고, 한국어를 하는 그 외국인이 서울의 길거리에서 흔히 마주칠 수 있는 미국인이 아니라 '적성국가'인 소련에서 온 사람이라는 것이 야릇했고, 더구나 그 소련인이 내가 만나본 첫 소련인이라는 것이 야릇했다. 그로부터 10여 년이 지나서 박노자 교수의 『당신들의 대한민국』을 읽는다. 이 책은 외국인이 한국어로 쓴 책으로는 내가 처음 읽어보는 것이다. 박 교수는 얼마 전 한국으로 귀화를 했다고 한다. 그러니 엄밀히 말하면 『당신들의 대한민국』의 저자가 외국인인 것은 아니다. 그러나 이 책에 묶인 텍스트들의 일부는 그가 러시아인이었을 때 쓰여진 듯하다. 그러니 이 책을 외국인이 한국어로 쓴 책이라고 말하는 것이 그르다고는 할 수 없겠다.

『당신들의 대한민국』에서 놀라운 것은 이 텍스트를 조직하고 있는 한국어의 유창함이다. 10여 년 전 타스통신 기자의 유창한 조선어에서 내가 야릇함을 느꼈듯, 지금 나는 또 다른 러시아인(이라고 말하고 보니 그 타스통신 기자가 러시아인이었는지는 모르겠다)의 유창한 한국어에서 야릇함을 느낀다. 『한겨레21』에서 더러 박노자의 글을 읽고 이미 느꼈던 바지만, 이렇게 통째로 읽어보니 그의 한국어가 정말 나무랄 데 없다는 것을 알겠다. 말하자면 그의 한국어 문장은 외국인이 또는 귀화 한국인이 쓴 한국어라는 점을 고려해 한 팔 접어주고 읽어야 할 글이 아니라, 아무런 핸디캡도 고려하지 않고 맞바둑을 두듯 읽을 수 있는 글이다. 박노자와 만나본 적이 없어서 모르겠지만, 아마 그가 말로 하는 한국어에는 러시아어 억양이 남아 있을 것이다. 그러나 그가 글로 쓰는 한국어에서 나는 글쓴이의 이방 언어 배경을 거의 알아차릴 수 없었다. 그가 대학에 들어가서야 한국어를 배우기 시작했다는 것, 그러니까 그가 한국어를 배우기 시작한 것이 고작 10년 남짓 됐다는 것을 생각하면 이것은 정녕 놀라운 일이다. 젊은 시절에 영어 신문 기자로 다섯 해 일하면서 외국어로 글을 쓴다는 것의 어려움을 실감한 나로서는(더구나 나는 그 외국어를 중학교 때부터 익혔는데) 그의 유창한 한국어가 거의 비현실적으로까지 느껴진다.

그런데 박노자는 한국어만 유창한 것이 아니라 한국 문화를 포함한 한국적인 것 일반에 박학하다. 물론 그는 한국 고대사로 학위를 받았고 지금도 한국학을 가르치고 있으니 그것이 크게 놀랄 만한 일은 아닌지도 모른다. 거기에 놀라는 나는 여전히, 은근히, 그가 귀화인이라는 점을 의식하고 있는지도 모른다. 말하자면 나는 외국인이 하는 한국학에 별 믿음을 갖고 있지 않은지도 모른다(아마 그 외국인에서 몇몇 일본인은 제외해야겠지만). 람스테트라는 핀란드 언어학자는 몽고어를 중심으로 한 비교언어학계에서 이의를 달 수 없는 천재로 추앙됐지만, 한국어에 대한 그의 저술들에는 토종 한국인이라면 도저히 저지를 수 없는 오류들이 많았다. 그나마 람스테트는 한국학의 영역에서 내게 깊은 인상을 남긴 외국인이다. 내 좁은 독서 범위의 탓일 수도 있으나, 람스테트 말고 다른 유럽인이나 미국인이 하는 한국학에서 (그것이 한국사학이든, 한국어학이든, 한국문학이든) 내가 깊은 인상을 받아본 적은 없다. 박노자가 앞으로 내 그런 선입견을 말끔히 씻어줄 수 있을지 어쩔지는 잘 모르겠다.

아무튼 나는 『당신들의 대한민국』을 읽으며 내가 한국사의 어떤 ('해석'이 아니라) '사실들'에 대해서까지 이 벽안의 젊은 학자보다 잘 모르고 있다는 것을 깨닫고 부끄러웠다. 예컨대 박노자는 이 책에서 19세기 말 영국군의 거문도 점령 사건을 거론하며 당시 탐관오리의 학정에 시달리던 거문도 주민들이 영국인들을 반갑게 맞았다는 사실을 지적하고 있다. 학교에서 그런 사실을 배운 바 없는 데다가 사회에 나와서도 국학 분야의 독서에 게을렀던 나는 그런 일이 있었다는 걸 알 수가 없다. 그러나 그의 말을 듣고 보면, 그랬을 개연성은 충분히 상상할 수 있다. 사실 거문도 점령 때만 그랬겠는가? 욕먹을 소리겠지만, 한일합방에 찬성한 한국인들이 꼭 힘있는 친일 관료들만은 아니었을 것이다. 봉건왕조의 지긋지긋한 신분사다리의 맨 아래에서 국가의 구름 낀 볕뉘조차 못 쬔 하층 조선인들 모두에게 망국이라는 것이 꼭 천붕지괴(天崩地壞)의 비극으로만 다가오지는 않았을 것이다. 거문도 스토리만이 아니다. 박노자가 인용하는 한국 텍스트 가운데도 내가 처음 대하는 것이 있어서 낯을 붉히지 않을 수 없었다. 예컨대 19세기 초 이형하(李瀅夏)라는 이가 지적했다는 과거(科擧)의 여덟 가지 폐단 같은 것이 그렇고, 현상윤(玄相允)의 「종족개량론」이라는 글이 그렇다. 내가 한국사를 전공하는 학자는 아닐지라도 한국 문화에 노출되기 시작한 것이 박노자보다 훨씬 일렀던 토종 한국인이라는 점을 생각하면, 그것은 부끄러운 일이라 할 만했다.

그러나 내가 보기에 『당신들의 대한민국』에서 가장 중요한 측면은 유창한 한국어도, 한국사에 대한 박람강기도 아니다. 정녕 중요한 것은 이 책에 담긴 정신의 방향이다. 그 정신의 방향을 한 마디에 구겨 담자면 '개인의 해방' 정도가 될 것이다. 그 해방은 무엇으로부터의 해방인가? 집단주의적-기회주의적 인연의 논리로부터의 해방이고, 가족주의적 '웃어른 숭배'로부터의 해방이고, 피부 빛깔로 결정되는 인종적 거푸집으로부터의 해방이고, 재력과 쓰임새로 모든 것이 결정되는 사물화로부터의 해방이다. 집단의 대척점에 있는 그 개인은 사회적 소수파, 사회적 약자라는 말로 바꿀 수도 있다. 이 책 속에서 그 개인-소수파는 고려인, 조선족, 시간강사, 동남아시아 노동자, 양심적 병역 거부자 같은 이름을 지니고 있다.

그러면 『당신들의 대한민국』에서 '당신'은 누구인가? 그것은 아마 한나라당의 이회창 총재가 대표하고 싶어하는 듯한 이른바 '주류'일 것이다. 그렇다면 이 책은 한국 사회의 비주류를 위한 변론문이자 격려편지라고 할 만하다. 공산주의 사회에서 자라며 집단주의에 넌더리를 낸 저자는 그러나 이 책에서 공산주의의 한 고귀한 이상이었던 우애를 선양하고 있다. 그 우애는 연줄이라는 전근대적 망을 통해 배타적으로 흐르는 것이 아니라 인간의 존엄성에 대한 보편적 인지를 통해 합리주의의 회로를 타고 전방향으로 흐른다.

이 책의 부제를 이루는 '전근대와 국가주의를 넘어서'라는 말이 드러내듯, 국가주의에 대한 저자의 비판은 단호하다. 저자는 특히 그 국가주의가 가장 추악하게 일그러진 양태, 곧 국가주의가 인종주의와 결합하는 현상에 관심을 쏟는다. 이 책의 마지막 글로 실린 「일그러진 증오와 멸시의 논리」를 따라 19세기 말 20세기 초 한국 개화파 지식인들의 징그러운 인종주의 담론을 살피며 나는 온몸이 스멀스멀했다. 저자가 지적하고 있는 한국 속의 전근대 가운데 압권은 제2부 「대학, 한국 사회의 축소판」이다. 이 부분에 모인 글들은 한국 사회의 언로를 장악하고 있는 대학 교수들이 의식적-무의식적 자기중심주의에 휘둘려 거의 제기하고 있지 않은 대학 사회의 전근대성에 메스를 대고 있다. 한국 생활 초기에 한국 대학교들을 중세 유럽의 자치도시와 비슷하게 생각했다가 이내 그것이 '영주 지배하의 중세 농촌'에 더 가깝다는 것을 깨달았다는 저자의 고백은 대학 바깥의 사람으로서도 공감할 만하다. 저자의 지적대로 한국에서는 '가르치는 자'와 '다스리는 자' 사이가 너무 가깝다. 그 '가르치는 자'가 영주로 있는 중세의 장원은 그 목가적 외양 속에 온갖 악취를 가두고 있다.

박노자 교수는 유대계 소련인으로 태어나 러시아인이 되었다가 한국인이 되었다. 그리고 지금은 노르웨이에 살고 있다. 그러나 이 책이 보여주는 저자의 모습은 유대인도, 러시아인도, 한국인도, 노르웨이인도 아니다. 아니 그는 유대인이자, 러시아인이자, 한국인이자, 노르웨이인이다. 그는 어느 곳의 시민권도 없는 사람, 세계시민이다. 그는 어느 집단에도 충성하지 않는 사람, 오로지 관용을 고갱이로 삼은 보편적 이성의 나무에 충성하는 사람이다. 그러나 어쨌든 그는 지금 한국 국적을 지녔고, 한국 독자들을 대상으로 한국어로 책을 썼다. 박노자로 하여, 다시 말해 이 책을 읽으며, 우리는 이제 세계시민이 되고 있다.

(2002년 봄)

부정한 미녀들의 반역

『번역사 산책』, 쓰지 유미, 이희재 옮김
『흔적』, 흔적 편집위원회
『번역과 일본의 근대』, 마루야마 마사오 · 가토 슈이치, 임성모 옮김

"번역자는 반역자(Traduttore, traditore)"라는 이탈리아 속언(俗言)은 번역자가 늘 놓이게 되는 곤혹스러운 처지를 유창하게 요약한다. 그 곤혹스러움은, 17세기 이래 프랑스에 널리 퍼진 비유를 훔치면, 부정(不貞)한 미녀(belles infidèles)와 정숙한 추녀(laiderons fidèles) 사이의 곤혹스러움이다. 모든 번역자의 꿈은 자신의 번역이 정숙한 미녀가 되는 것이겠지만, 그 꿈이 온전히 이루어지는 경우는 거의 없다. 자연 언어들은 제 나름의 방식으로 세계를 절단해 분류하고, 자연 언어 안에서 시니피앙과 시니피에 사이의 대응은 거의 완전히 자의적이며, 각 자연 언어의 어휘소 하나하나는 그 언어공동체의 역사와 생활 세계가 빚어낸 독특한 정서적 환기력을 지니고 있기 때문이다. 번역자로서의 벤야민이 관찰했듯, 원본에서 내용과 언어가 과일의 열매와 껍질처럼 통일성을 이루고 있다면, 번역의 언어는 (가장 잘된 번역에서조차도) 그 내용을 넉넉하고 풍성하게 주름진 곤룡

포처럼 덮어버린다.

Traduttore, traditore라는 재치 있는 속언은 이탈리아어에서 번역하다(tradurre)라는 동사와 반역하다(tradire)라는 동사가 (그리고 그 동사들에 대응하는 행동주 명사가) 우연히 시니피앙의 일부분을 공유하고 있다는 데 착안해서 만들어졌다. 그리고 이 속언은 그 유창함을 다소 잃은 채 영어로(translators, traitors), 프랑스어로(traducteurs, traîtres) 번역되었다. 이 속언이 그 유창함을 그대로 유지한 채, 그러니까 정숙한 미녀의 자태로 번역된 것은 오히려 동아시아어에서일 것이다. 이 이탈리아 속언을 '번역자(飜譯者)는 반역자(反逆者)'라고 번역한 것은 아마도 일본 사람들일 터인데, 그 번역의 기교는 서늘할 만큼 기발하다. 그 출발 언어인 이탈리아어에서처럼 청각 이미지가 서로 닮은 '번역'과 '반역' (일본어로는 홍야쿠飜訳와 항갸쿠反逆)을 짝지은 것도 기발하지만, 특히 한자 飜＝翻에 한자 反(물론 叛으로 쓸 수도 있으나)을 대응시킨 것은, 그것이 혹 우연이었을지라도, 이 번역을 정숙한 미녀로 만드는 데 결정적으로 기여했다. 한자 反은 '반대하다'라는 뜻 외에 '뒤치다, 뒤집다'라는 뜻이 있어서 飜＝翻과 뜻이 통하기 때문이다. 논을 여러 번 갈아 뒤집는다는 뜻의 反耕(번경)이나 밭을 논으로 만든다는 뜻의 反畓(번답) 그리고 그와 반대로 논을 밭으로 만든다는 뜻의 反田(번전) 같은 말에, '뒤집다, 뒤치다'의 의미로 쓰인 反이 보인다. 이 경우엔 反의 발음마저 飜＝翻과 같다. 일본어에는 항야쿠(反訳)라는 말이 있는데, 이 말은 단순히 번역이라는 뜻으로 쓰이기도 하고, 번역된 것이나 속기된 것을 다시 본래의 말로 돌린다는 뜻으로 쓰이기도 한다. 어느 쪽이든 그때 反은 '뒤집다, 뒤치다'의 의미로 飜＝翻과 뜻이 통한다.

번역은 한 자연 언어의 형식 안에 담긴 내용을 다른 자연 언어의 형식 안에 옮겨 담는 것이다. 번역이라는 한자어를 사용하기 싫어하는 국어 순수주의자들은 이 말을 '옮김' 이라고 번역하거니와, 유럽어에서도 번역이라는 말의 본뜻은 옮김과 잇닿아 있다. 알랭 레(Alain Rey)가 책임 편집한 『프랑스어 역사 사전(*Dictionnaire historique de la langue française*)』에 따르면, 프랑스어 traduire는 이탈리아어 tradurre의 차용이고, 이탈리아어 tradurre는 라틴어 traducere의 차용이다. 프랑스어 traduire가 이탈리아어 tradurre를 거치지 않고 라틴어 traducere에서 직접 차용됐을 가능성도 있다. 라틴어 traducere는 본디 '너머로 데려가다, 가로지르다' 의 뜻을 지녔고, 거기서 지금 우리가 이해하는바 '한 언어에서 다른 언어로 옮기다' 의 뜻으로 번졌다. 이 말은 '데려가다, 이끌다, 옮기다' 의 뜻을 지닌 동사 ducere에 '너머로, 가로질러, 한 쪽에서 다른 쪽으로' 의 의미를 지닌 접두사 trans-가 붙은 것이다.[1]

한편 어니언스(C.T.Onions)가 책임 편집한 『옥스퍼드 영어 어원 사전(*The Oxford Dictionary of English Etymology*)』에 따르면, 영어 translate는 '옮기다, 번역하다' 의 의미를 지녔던 고대 프랑스어 translater의 차용이고, 이 고대 프랑스어 translater는 라틴어 translatare의 차용이다. 그러니까 프랑스어는 '번역하다' 의 의미로 사용하던 translater를 translate의 형태로 영어에 물려주고, 정작 자

---

1) '번역하다' 라는 의미의 이탈리아어 tradire나 프랑스어 trahir의 밑자리에는 고전 라틴어 tradere가 있다. 이 tradere는 본디, 현대 이탈리아어 tradire나 현대 프랑스어 trahir도 그 뜻을 간직하고 있는바 '(말을) 전달하다' 는 의미였다. 이 말은 '주다' 라는 뜻의 동사 dare에 접두사 trans-가 붙은 것이다. 즉 traduttore, traditore라는 속언에서, 두 단어가 공유하고 있는 tra-는 동일한 형태소다. 이 속언의 동아시아어 번역자가 (뒤집는다는 뜻의) 飜=翻과 (역시 뒤집는다는 뜻을 부차적으로 지닌) 反을 짝지음으로써 정숙한 미녀 만들기에 기여했다고 내가 위에서 말한 것은 이런 맥락에서다.

신은 그 자리를 이탈리아어 tradurre(또는 라틴어 traducere)에서 차용한 traduire로 채운 것이다. 영어 translate나 고대 프랑스어 translater의 기원인 라틴어 translatare는 본디 '다른 장소로 옮기다' 라는 의미를 지녔던 (그리고 비유적으로 '번역하다' 를 의미하기도 했던) 동사 transferre의 동사상 명사(動詞狀名詞, supinum) translatum에서 파생된 동사다. 그러니까 영어 동사 translate나 고대 프랑스어 동사 translater의 기원에는 라틴어 동사 transferre가 있다. 이 동사는 '운반하다' 의 의미를 지닌 동사 ferre에 접두사 trans-가 붙은 것이다. 우리가 익히 알다시피 이 라틴어 동사 transferre는 현대 영어와 프랑스어에 각각 transfer, transférer의 형태로 남아 있다. 물론 현대 영어와 프랑스어는 거기에서 라틴어가 지녔던 2차적 의미 곧 '번역하다' 라는 뜻은 버리고, 그 1차적 의미 '옮기다' 만을 취하고 있다. 그러니 프랑스어의 어휘장에서는, '옮기다' 와 '번역하다' 의 의미를 함께 지녔던 translater가 transférer, traduire와 경쟁하다가, 앞의 의미는 transférer에 빼앗기고 뒤의 의미는 traduire에 빼앗긴 채 자신은 고사(枯死)하고 만 셈이다. 아무튼, 유럽어에서 '번역' 이 지닌 원초적 의미는 '옮김' 이고 '너머로 데려가기' 다.

바벨탑이 무너진 뒤 인류 문명의 교섭사는 곧 번역의 역사였다. 흘끗 돌이켜보아도, 문화가 가장 융성했던 시기는 흔히 번역이 가장 활발했던 시기와 일치한다. 격의 불교라는 이름의 중국풍 불교를 낳은 고대 중국의 활발한 불교 경전 번역, 『70인 역 성서』라고 불리는 기원전 3세기의 그리스어 구약 성서 번역, 불가타라고 불리는 4~5세기 성 히에로니무스의 라틴어 성서 번역, 8~9세기에 이뤄진 고대 그리스어 문헌들의 아랍어 번역, 12세기에 이뤄진 아랍 문헌들의 라틴어 번역, 막부 시기 네덜란드어 문헌들의 일본어 번역과 메이지 시기 온갖 유럽어 문헌들의 일본어 번역 같은 것은 문화사의 가장 빛나는 순간들을 전경화(前景化)하고 있다. 게다가 번역은 흔히 한 언어를 문자 언어로 정박시키는 닻이 되기도 했다. 샤를마뉴(카를 대제)의 손자들인 샤를과 루드비히가 842년에 맺은 스트라스부르 서약은 로망스어와 게르만어로 씌어졌고, 이 서약은 흔히 문자 언어로서의 프랑스어와 독일어의 시작으로 간주되는데, 이 문서는 라틴어 원본의 번역일 가능성이 크다.

그 점에서 한국어도 예외가 아니다. 문자 언어로서의 한국어, 곧 한글 문헌의 시초는 『훈민정음 언해』라는 번역문이었다. 단순한 문자 언어에서 세련된 문학 언어로 도약하는 데도 번역은 주춧돌이 되었다. 프랑스어 문학의 밑자리에는 플레야드파의 고전 번역이나 의고주의가 있고, 문학 언어로서의 근대 독일어의 모판을 고른 것은 마르틴 루터의 독일어 번역 성서다. 한국어가 문학 언어로 정착하는 데도 유윤겸 등의 『두시언해』(1482)에서 김억의 『오뇌의 무도』(1921)에 이르는 적잖은 양의 번역 문헌들이 기여했다. 훈민정음이 창제된 15세기 중엽부터 한글 문학이 보편화하기 시작한 20세기 초에 이르는 시기에, 비록 성에 차지는 않으나마 그 정도의 번역 작업마저 없었다면, 한국어 문장의 역사는 정녕 초라했을 것이다.

번역가의 역사

쓰지 유미의 『번역사 산책』은 한 번역가가 떠난 뿌리 찾기 여행의 기록이다. 이 책의 몸통은 프랑스에서의 번역사지만, 저자는 그 전사

(前史)로서 고대의 번역과 중세 아랍 세계의 번역을 서술하고 있다. 독자들은 이 책을 통해서 현대 세계에서 흔히 몽매의 이미지로 덧칠된 이슬람권이 실은 고대와 중세를 연결하고 동과 서를 이어주는 찬란한 문화의 공간이었다는 것을 깨달을 것이다. 이슬람 세계가 바그다드의 '지혜의 집'에서 이뤄진 번역을 통해서 고대의 자산을 온축해놓지 않았더라면, 그리고 그 무진장한 지적 자산을 코르도바의 도서관에 갈무리해놓지 않았더라면, 근대를 향한 유럽의 발걸음은 훨씬 더뎠을 것이다. 루이 14세 시대의 번역 논쟁, 곧 번역이 부정한 미녀가 되어야 할 것이냐 정숙한 추녀가 되어야 할 것이냐의 논쟁을 그 시기의 신구 논쟁과 포개면서 서술하고 있는 부분도 인상적이다.

이 책에서 서술하는 번역의 역사는 무엇보다도 번역가들의 역사다. 저자는 동업자로서의 애정을 가지고 그들의 삶을 곡진하게 추적한다. 독자들은 여기서 귀에 선 이름들과 함께, 귀에 익은 그러나 번역자로 생각하지는 않았던 이름들—알렉상드르 뒤마, 보들레르, 네르발, 프루스트, 지드, 유르스나르—을 함께 듣는다. 저자의 눈길은 저명한 작가 번역가들을 바라볼 때보다 '유명한 무명 번역가들'을 바라볼 때 오히려 더 짙은 애정으로 버무려진다. 이 '유명한 무명 번역가들'은 당대인이나 번역사가들에게는 유명한 이름들이지만, 후대의 일반인들에게는 잊혀진 이름들이다. 그러나 이들은 저자의 이름 뒤에 자신의 이름을 초라하게 숨기면서 한 시대와 사회에 또렷한 흔적을 남긴 문화 중개자들이다. 저자는 이들 가운데 뉴턴의 『자연철학의 수학적 원리』를 라틴어에서 프랑스어로 옮긴 에밀리 뒤 샤틀레, 다윈의 『종의 기원』을 발간 즉시 프랑스어로 옮긴 클레망스 루아이에, 영미 문학 번역에 주력하며 오늘날의 출판 에이전시의 선구자 역할을 한 드니즈 클레루앵을 특기하고 있다. 이들은 모두 여성이다, 이 책의 저자처럼.

나는 이 책을 읽으며 김현의 『프랑스 비평사』를 읽던 때를 떠올렸다. 김현이 그 책에서 비평가들에게 표한 애정은 쓰지 유미가 『번역가 산책』에서 번역가들에게 보내는 애정과 닮은 데가 있었다. 그것은 일차적으로 동류에 대한 애정이고, 그 애정이 이 책들을 쓰게 한 원동력이었을 것이다. 나는 이 책을 읽으며 또 김화영이나 이윤기 같은 분들을 떠올렸다. 이들은 말할 나위 없이 뛰어난 불문학자고 소설가지만, 서평자를 포함한 한국의 많은 독자들에게 이들이 어떤 흔적을 남긴 것은 불문학자나 소설가로서 그런 것 못지않게 번역가로서 그랬던 것이 아니었을까. 사실 우리는 장 그르니에나 마르셀 레몽을 읽은 것이 아니라 김화영을 읽은 것이고, 니코스 카잔차키스나 움베르토 에코를 읽은 것이 아니라 이윤기를 읽은 것이다.

일본 번역의 역사

마루야마 마사오와 가토 슈이치의 대담집(정확히는 가토가 묻고 마루야마가 대답하는 형식)인 『번역과 일본의 근대』는 그 제목이 암시하는 것만큼 정보나 통찰이 풍부한 책은 아니다. 이와나미 쇼텐(岩波書店)의 '일본근대사상대계' 가운데 한 권인 『번역의 사상』(가토 슈이치·마루야마 마사오 편)에 붙일 해설이 마루야마의 건강이 나빠져 대담 형태로 열매 맺게 된 것이 이 책이라고 한다. 전후 일본 최고의 사상가라는 마루야마도 아픈 몸은 어쩔 수 없었는지 말들이 풀어져 있고 단편적이다. 말하자면 책의 곳곳에 잡담의 느낌을 주는 대목들이 보인다. 그러나 독자들은 이 책을 통해 일본 번역의 역사에 대한 어떤 아이디어나 에피소드를 주울 수 있다.

마루야마가 거론한 오규 소라이의 『역문전제(譯文筌蹄)』 머리글 가운데 한 대목이 인상적이다. "이쪽 학자들은 방언(일본어)을 가지고 쓰고 읽으면서 이를 가리켜 화훈(和訓)이라고 한다. 이것을 훈고(訓姑)라고 이해하지만 실은 번역이다. 그런데도 사람들은 그것이 번역임을 모른다." 말하자면 오규 소라이는 중국어를 네덜란드어와 마찬가지의 외국어로 인식했고, 일본어를 수많은 언어 가운데 하나로 인식했으며, 일본인들이 훈고라고 부르는 것이 실은 번역이라는 것을 이해했다는 것이다. 그것을 대담자들은 의식혁명이라고 평가한다. 번역이라는 행위가 일본인들의 지적 작업 속에서 의식화된 것이 언제부터이든, 일본어에서 수행된 번역은 한국어에서의 경우보다 훨씬 오래고 광범위하다고 할 수 있다. 한국인들은 『논어』를 소리내어 읽을 때 중국어의 방언(한국 한자음)으로 읽을 수밖에 없었지만, 일본인들은 한문을 눈앞에 놓고도 일본어로 '번역해' 읽었던 것이다.

메이지 시대 이래의 번역은 워낙 급하고 광범위하게 이뤄져 그 과정의 세목을 일일이 따져보는 것은 쉬운 일이 아니다. 예컨대 어떤 역어가 있을 때, 그것을 중국 고전에서 그 뜻 그대로 가져온 것인지, 그 뜻을 살짝 바꾸어 빌려온 것인지, 아니면 완전히 새롭게 만들어낸 것인지를 따져보는 것도 큰 일이다. 어떤 역어를 맨 처음 누가 만들어내고 채택했는지는 더더구나 따져보기 힘들다. 그러나 그것이 널리 알려진 경우도 있다. 이 책의 대담에 따르면 예컨대 지금도 우리가 사용하는 演說(speech), 贊成(second), 討論(debate), 板權(copyright) 따위의 역어는 후쿠자와 유기치가 처음 만들었다. 이 대담에서는 역어의 변천사도 단편적으로 거론된다. 예컨대 physics는 처음에 물리학이 아니라 격물학(格物學)으로 번역되었고, philosophy도 처음에는 철학이 아니라 궁리학(窮理學) · 이학(理學)으로 번역되었으며, politics도 처음에는 정치학이 아니라 정리학(政理學)이었다. personal property(estate)나 real property(estate) 같은 민법 용어도 처음에는 동산(動産) · 부동산(不動産)이 아니라, 당시 중국에서 사용하던 역어를 그대로 받아서 각각 식물(植物) · 동물(動物)이라고 일컬었다.

마루야마는 이 대담에서 공산주의나 사회주의 서적의 번역본이 이미 1870년대부터 나오기 시작했음을 지적하고, 이것을 "후진국의 조숙성"이라는 말로 표현한다. 하기는 그런 정치사상 쪽만은 아니다. 예컨대 프랑스어 사용자들을 제외하고 소쉬르의 『일반언어학 강의』를 처음 읽을 수 있게 된 사람들은 일본어 사용자들이었다.

번역 기계

『흔적』이라는 반년간지가 창간됐다. 여러 언어권의 편집자들이 함께 편집해 비슷한 시기에 여러 나라에서 출간하는 다언어(多言語) 잡지다. 편집 동인의 한 사람인 나오키 사카이가 쓴 창간호 서문에 따르면, 『흔적』의 목표는 비교론적인 문화이론의 생산이다. 비교론적 문화이론이 뜻하는 것은 지정학적으로 특수한 장소들에서 생산되는 지식 내부의 초국적 연계성과 지구적 흔적들에 주목하고, 이론들이 다른 지점들에서 실행될 때 어떻게 그 실질적 효과들이 바뀌는지를 탐구하는 이론이다. 그런데 비교에 선행하고 비교를 가능하게 하는 행위는 번역이다. 그래서『흔적』의 기획은 불가피하게 번역을 중심에 둘 것이라고 서문은 말한다. 창간호의 주제가 '서구의 유령들과 번역의 정치'가 된 것은 그래서 자연스럽다. 그러나 제2호와 제3호의 주제가 각각 '인종 공포와 이주의 기억' '근대성의 충격'으로 잡혀져 있는 것을 보면,『흔적』이 탐색할 번역은 좁은 의미의 번역이라기보다는 문화권들 사이의 만남과 교배라는 넓은 의미를 지닌 듯하다. 이 잡지는 특히 포스트식민주의 비평과 비판적 인류학이 활성화시킨 초국적 문화연구의 영역에서, 메리 루이즈 프랫이 "종속적 · 주변적 집단이 지배적 또는 메트로폴리스적 문화로부터 전수한 재료들을 선별해 그로부터 뭔가 창안해내는 접촉 지역의 현상"이라고 정의한 문화 횡단(transculturation) 작업을 심화하는 데 관심이 있는 듯하다.

창간호에서 내 흥미를 끈 글은 왕샤오밍의 「번역의 정치학: 1980년대 중국 대륙의 번역 운동」이었다. 그 글이 흥미로웠던 것은 그것이 이 서평의 주제인 좁은 의미의 번역을 다루고 있기 때문이기도 했고, 거기 보고된 그 시기의 중국 상황이 같은 시기 한국에서의 번역 열풍과 상큼한 비교항을 이루고 있기 때문이기도 했다. 이 글의 필자에 따르면 1978년부터 1987년까지 중국에서는 기존의 '번역계'에 속하지 않은 젊은 아마추어 번역가들이 속도 제일주의로 5,000종 이상의 인문사회과학 서적을 번역 출간했는데, 이것은 그 이전 30년 동안의 10배에 해당한다. 게다가 그 대부분이 미국과 서유럽에서 나온 책들이었고 그 가운데서도 마르크스주의 저작은 매우 드물었다.

졸속 번역과 집단 번역을 당연시하던 그 시기의 중국 풍경은 거기 견줄 만한 조급함으로 마르크스-레닌주의 서적을 번역해대던 80년대 한국의 풍경과 겹친다. 사실 그 시절의 번역은, 그때만이 아니라 한국에서 번역이 줄곧 처해 있는 운명이기도 하지만, 부정한 미녀냐 정숙한 추녀냐 이전의 문제였다. 능력과 정성을 결여한 번역자들이 아무런 자의식 없이 쏟아놓는 번역서들은 흔히 부정한 추녀에 가까웠다. 한국만의 사정은 아니었겠지만 특히 한국에서, 번역이라는 노동의 가치가 턱없이 낮게 매겨진 것과도 깊은 관련이 있을 것이다. 싼 번역료는 부실한 번역을 낳고, 부실한 번역은 싼 번역료를 정당화한다. 이 악순환의 고리를 끊는 것은, 한국에서만은 아니지만 특히 한국에서, 매우 긴급한 일인 듯하다.

번역 기계의 등장과 함께 가능하게 된 자동 번역은 번역가라는 직업을 소멸시킬까? 먼 미래에서라면 몰라도, 그렇지 않을 것이다. 짧은 시평에서 보면 번역 기계가 할 수 있는 일은 비교적 단순한 '운반과 대치'일 뿐이다. 부정한 미녀와 정숙한 추녀로 상징되는 번역사의 논쟁거리들을—성실한 번역가들의 몸과 마음을 갉아먹었던 그 고민거리들을—기계는 결코 해결할 수 없을 것이다. 구체적 맥락 속에서 그 문제를 해결하는 것은 번역 과정에서 가장 창조적인 부분일 터인데, 그것의 해결이라는 숙제는 지금까지 그래왔듯 앞으로도 오래도록 피와 살을 지닌 번역가들에게 번역의 순간마다 부과될 것이다.

(2001년 여름)

Paul Ricoeur, Folle Liqueur

『악의 상징』, 폴 리쾨르, 양명수 옮김
『해석의 갈등』, 폴 리쾨르, 양명수 옮김
『시간과 이야기』 I, II, 폴 리쾨르, 김한식 · 이경래 옮김

악의 상징 읽기

리쾨르의 텍스트들은 물쩍지근하다. 저자는 더디고 세심하고 더듬거린다. 그는 염치없게도 『시간과 이야기』 제2부의 들머리에서 "나는 독자들에게 기나긴 인내를 요구한다"고까지 말한다. 그러나 나는 인내심 없는 독자다. 나는 지루함을 덜기 위해 광주(狂酒)를 꺼내 테이블 위에 놓는다. 나는 책을 펼친다. 지루할 때마다 나는 술잔을 든다. 나는 리쾨르에 취한 눈으로 리쾨르를 읽는다. 리쾨르가 리쾨르에 섞인다. 리쾨르 아래로 리쾨르가 침전한다.

리쾨르는 아우구스티누스의 원죄론을 까탈스럽게 읽는다. 원죄론은 거짓앎이다. 그 거짓앎을 부수어야 한다. 그런데 그 거짓앎은 상징이다. 개념이 아니라 상징을 보아야 교회의 의도를 캐낼 수 있다. 지식은 벽장에 처박히고 상징이 앞으로 떠밀린다. 원죄의 상징은 아

담 신화라는 타락 이야기의 상징이며, 그것은 유배라는 이스라엘 민족의 비극을 인류 전체로 보편화하면서 악의 신비를 드러낸다. 악은 '이미 있다.' 악은 우리에게서 시작되고 우리를 통해 세상으로 들어오지만, 우리는 이미 있는 악을 바탕으로 악을 저지른다. 나면서부터 악하다잖아? 악의 처음은 먼 윗대에 있다. 이미 일어난 일이다. 내게서 악이 시작되는 것은 아니다. 나는 그저 그것을 이어갈 뿐이다. 내 몸뚱어리에 악이 묻어 있다. 악에는 과거가 있으며 악은 과거다. 죄의 현실은 의식보다 앞서 있고, 그 죄의 연대성은 개인의 책임을 물을 수 없게 만든다. 그러나 한편으로 악의 주범은 의지다. 죄는 자연이 아니라 의지다. 그런데 원죄는 구원과 짝을 이루고 있다. 이쪽이 '더할수록' 저쪽도 '더하다'. 「로마서」가 기록하고 있듯, 죄가 많은 곳에 은혜가 더욱 넘친다.

리쾨르는 원죄론의 해석을 악의 상징 읽기로 확대한다. 그것은 위태위태하지만 흥미롭다. 먼저 악의 일차 상징들: 우선, 깨어진 금기나 부정탐을 가리키는 흠(souillure)의 상징으로서 때나 얼룩. 때가 흠이 되려면 꾸짖는 남의 이목이 있어야 한다. 부정함과 정함을 가르는 말과 함께 때가 흠이 된다. 흠과 함께 우리는 두려움 속으로 들어간다. 두려움의 원인은 흠에 대한 응보다. 흠과 보복 그 둘은 뗄 수 없다. 보복이라는 벌은 흔히 정화나 씻음으로 이해된다. 흠의 차원에서, 잘못의 목록은 인격 주체의 의도보다는 우연한 세상사와 더 관련된다. 거기에서는 악과 불행이 아직 나뉘지 않는다. 악의 실행이라는 윤리의 영역과 불행해진다는 우주적 생물학적 영역이 포개져 있다. 부정타는 것에 대한 두려움의 핵심에 있는 벌받으리라는 예감에도 악과 불행이 엉켜 있다. 불행은 벌이다. 모든 고통 곧 병이나 죽음 또는 실패는 흠으로 이해된다. 물리가 윤리다. 흠의 상징에서, 악은 '밖에서' 들어온다. 거기서 '타락의 신비'가 생긴다. 악은 내가, 내 마음대로 저지르는 것이지만, 그러나 한편으로는 악의 유혹이 있다. 즉악은 '이미' 있다.

다음, 파기된 계약이나 훼손된 관계로서의 죄(péché)를 상징하는 빗나감 · 벗어남 · 헤맴 · 굽음. 이제, 접촉 대신에 (과녁이나 똑바로 뻗은 길이나 넘지 말아야 할 한계 같은 것에서의) 벗어남이 등장한다. 종교 체험에 '하느님 앞'이라는 새로운 범주가 생겼기 때문이다. 죄의 관념이 생기는 범주는 하느님 '앞'이라는 범주다. 옛 계명이 유한요청이었다면 새 계명은 무한 요청이다. 완전함을 향한 이 무한 요청은 무한한 두려움을 낳는다. 두려움의 성격도 변한다. 두려움의 대상은 이제 금기가 아니라 분노하시는 하느님이다. 죄는 실존의 '안'에 있다. 그것은 '밖'에서 오염시키는 흠과 다르다. 흠에서 죄로의 이행은 주술에서 윤리로의 이행이며, 실체에서 관계로의 이행이다. 관계단절이 악이다. 하느님의 분노라는 상징은 관계 단절을 되돌리려는분노다. 악에 대한 새로운 체험이 그 상징들을 바꾼다. 접촉 관계에바탕을 둔 흠의 상징들과는 달리, 죄의 상징들은 방향 관계에 바탕을둔다. 악은 더 이상 실체가 아니라 무(無)다. 그런데 '하느님 앞'이라는 이 새 범주와 함께 한편으로는 악에 대한 적극적 사고방식이 생긴다. 악은 밖에 있는 '실체'는 아니지만, 실제로 힘을 행사하는 권세다. 포로 상징에서 그것이 읽힌다. 포로됨이라고 하는 암호의 근원은역사 신학이다. 그것은 죄 때문에 갇힌 한 백성 공동체의 처지를 가리킨다. 역사 사건(이집트와 바빌로니아에서 유대인들이 겪은 노예 생활)을 실존 상황으로 바꾼 포로 상징은 악이 단순히 단절된 관계로서의 무가 아니라 권세로서 바깥에 이미 있다는 것을 암시한다. 흠처럼 죄 역시 '뭔가 있는 것'이며, 하나의 현실이다. 이렇게 악을 권세로 보면서 죄는 흠과 부분적으로 중첩된다. 죄와 흠은 단절돼 있으면서 연속돼 있다. 이 같은 단절과 연속의 운동은 죄 상징들에서 허물 상징으로 가는 과정에도 똑같이 일어난다. 단절과 연속 운동 속에서, 나중의 상징들은 그 앞의 상징들에서 의미를 취하고, 앞의 상징들은 뒤의 상징들에 그 상징력을 전달하며 상징들의 순환 관계를 만든다.

마지막으로, 내면화한 죄로서의 허물(culpabilité)을 상징하는 무게나 짐. 죄가 잘못의 존재론적 계기라면, 허물은 잘못의 주관적 계기다. 허물의 계기는 눌려 있고 감추어져 있다. 죄는 주체가 알든 모르든 있을 수 있으나, 허물은 주체가 알고 의식하는 한도 안에서 존재한다. 오직 내가 잘못을 저지른 장본인이다. 벗어남 빗나감 헤맴의 상징이 가고, 무게와 짐의 상징이 왔다. '하느님 앞' 대신에 '내 앞'이 의식 깊은 곳에 자리잡는다. 이제 사람은 자기가 느끼는 만큼만 잘못이 있다. 이 새로운 혁명은 책임 문제를 또렷하게 만든다. 죄에서 허물로의 이행은 집단 책임에서 개인 책임으로의 이행이다. 허물이라는 새로운 척도와 함께 악은 개인적인 잘못이 되었다. 그 개인화로 말미암아 허물은 죄를 고백하는 '우리'와 단절된다. 죄가 공동체적이라면 허물은 개인적이다. 그래서 이제 잘못한 자와 잘못하지 않은 자를 가릴 수 있게 되었다. 허물이라는 새로운 척도와 함께 또 악의 경중을 가리게 되었다. 허물에는 등급이 있다. 죄는 있거나 없지만, 허물은 많거나 적다. 허물과 함께 법정이 탄생했고 율법이 번쇄해졌다. 세밀한 양심과 함께 합리적으로 잘잘못을 판단하는 세상이 등장했다. 그러나 여기에서도 오래된 흠 상징이 사라지지는 않는다.

어두운 고통이 밖에서 안으로 자리를 옮겼을 뿐 사라지지는 않았기 때문이다. 양심은 율법에 치이고 율법 앞에서 포로 신세가 된다. 이 지점에서 옛 상징인 흠의 상징이 다시 모습을 바꿔 등장한다. 얽매인 자유를 가리키는 노예 의지라는 상징이다.

악의 일차적 상징들을 집약하는 개념은 노예 의지다. 그 노예 의지라는 개념은 가장 오래된 개념 곧 흠의 개념 속에서 이미 싹트고 있었다. 흠의 상징 속에는 노예 의지의 세 축을 이루는 세 의미가 담겨 있다. 그 첫번째 축은 '뭔가 있는 것'이다. 악은 무(無)가 아니다. 그 것은 단순히 질서의 결여나 존재의 결핍이 아니라, 삐죽 튀어나온 그 무엇이고 어둠의 권세다. 노예 의지의 두번째 축은 외부성이다. 이 '바깥' 구조는 시험의 구조이고 유혹의 구조다. 흠은 부정한 것과의 접촉에서 생긴다. 흠의 이런 외부성은, 악이란 유혹에 의한 것이라는 점을 상징한다. 노예 의지의 세번째 축은 '오염'이다. 오염은 파괴가 아니다. 그것은 퇴색시키는 것이지, 완전히 없애는 것이 아니다. 그 래서, 악이 아무리 적극적이고 강한 시험이라고 해도 사람을 사람 이 외의 다른 것으로 만들지는 못한다. 악은 선의 대칭물이 아니다. 악 함은 선함의 대체물이 아니다. 그것은 다만 사람 안에 있는 순결과 빛과 윤기와 아름다움이 바래고 흐릿해지고 더러워지고 지저분해진 것이다. 악이 아무리 뿌리깊다고 해도 선만큼 근원적이지는 않다.

악을 주술의 수준에서 이해하는 흠의 차원에서 악은 바깥의 문제 다. 세밀한 양심이 개입하는 허물의 차원에서 악은 완전히 안의 문제 다. 그런데 악의 이차 상징인 신화에서도 이런 양극 현상이 되풀이된 다. 한쪽에는 창조 드라마나 비극 신화나 기원 신화처럼 악의 기원을 사람 이전의 어떤 재앙이나 갈등에 두는 신화들이 있다. 다른 쪽에는

아담의 타락을 그리는 성서 이야기처럼 악의 기원을 사람에게서 찾는 신화들이 있다.[1]

상징과 해석

『악의 상징』은 『해석의 갈등』제4장의 씨앗이 되면서 리쾨르 해석학의 돛을 올린다. 리쾨르가 노리는 것은 현상학 방법에 해석학의 문제를 접목시키는 것이다. 그는 해석학을 현상학 위에 세우는 두 가지 방법, 곧 하이데거식의 이해 존재론이라는 가까운 길과 언어학 의미론을 거쳐가는 좀더 멀고 힘든 길 가운데 자신은 두번째 길을 택하겠다고 말한다. '해석의 갈등'이라는 표제 자체가 20세기 들어 담론의 분해와 해체를 야기한 다양한 분과 학문들 사이의 긴장과 갈등을 암시한다. 기호논리학이나 주석학이나 인류학이나 정신분석학 같은 잡다한 그리고 서로 쉽게 화합하지 않는 분과 학문들의 진보는 오늘날 언어적인 것의 단위를 확정하기 어렵게 만들고 있다.

『해석의 갈등』에 묶인 에세이들은 이 시대의 담론의 공간 한가운데서 발견되는 그런 갈등들을 탐색한다. 예컨대 구조언어학과 의미론, 해석학과 정신분석학, 이런 경쟁적 해석들의 갈등을 어떻게 중재할 것인가? 리쾨르는 언어 문제를 붙잡고 늘어짐으로써 다른 논쟁적 철학 문제들과 만날 수 있다고 생각한다. 해석학이 자신과 현상학의 만남을 주선하는 의미론을 중심에 놓을 때, 그것은 인간이라는 의미의

---

1) souillure의 역어 '흠'에는 그 원어가 지닌 '더러움' '부정함'의 이미지가 또렷하지 않다. 또 culpabilité의 역어 '허물'에도 리쾨르가 의도했던 바 '내면성'이나 '주관성'의 느낌이 또렷하지 않다. 그러면 더 알맞은 역어가 뭔데, 라는 질문에는 그러나 말문이 막힌다. 결국, 양명수가 최선을 고른 것 같다).

다원적 기능을 해명할 거대한 언어철학의 탄생에 기여하리라는 것이 그의 믿음이다. 체험의 조건은 언어적이고, 모든 해석은 다의적이며, 이해되는 것은 '텍스트 앞에서' 이해되는 것이다.

리쾨르는 의미론의 중심을 이루는 겹뜻(다의적 표현들)을 '상징'이라고 부르자고 제안한다. 그런데 해석이란, 문자적 의미에서 출발해 거기 숨겨진 모든 수준의 의미를 탐색하는 작업이다. 그러니 상징 표현의 영역과 해석 활동의 영역은 서로 꼭 겹친다. 이제 상징과 해석은 짝개념이 되었다. 여러 가지 뜻이 있는 곳에 해석이 있고, 여러 가지 뜻이 드러나는 것은 해석을 통해서다. 해석은 복수(複數)의 의미가 있는 곳에 개입해서 그 복수성을 명료하게 드러낸다. 『해석의 갈등』에서 해석학이 순차적으로 구조주의, 정신분석학, 현상학, 악의 상징 해석 그리고 마지막으로 종교와 믿음을 만나는 것은 이런 전제에 따른 것이다. 그러나 의미론의 도움만으로는 해석학이 철학이 될 수 없다. 의미 형성을 자기 안의 닫힌 체계로 보는 언어학적 분석은 언어를 절대자로 만들고, 자기가 겨냥하는 것 앞에서 사라짐으로써 어떤 존재에 이르기를 바라는 언어 기호의 원래 의도를 무시하게 되기 때문이다. 상징 표현을 이해하는 것이 곧 '자기'를 이해하는 계기임을 밝히지 않은 채, 오직 의미론 차원에서만 접근하는 것은 헛된 짓이다. 그래서 의미론 단계 다음에는, 기호들의 이해와 자기의 이해를 연결하면서도 그 자기를 데카르트적 코기토의 우위와 동일시하지 않는 반성 단계가 와야 한다. 리쾨르의 반성 철학은, 직접 의식이 또한 허위 의식이기도 하다는 정신분석학의 가르침을 염두에 두고 있는 만큼, 결코 의식의 철학이 아니다. 의식 비판을 거쳐서 심리학은 이해의 존재론을 향한다. 여러 가지 해석학들은 매우 다르면서도 모두 이해의 존재론이라는 뿌리를 향한다. 정신분석학(주체의 고고학)은 욕망을 통해서, 정신현상학(주체의 목적론)은 정신을 통해서 그리고 종교현상학(종말론)은 거룩한 상징을 통해서.

인간의 시간, 이야기의 시간

『시간과 이야기』에서 리쾨르가 수행하는 것은 현상학적 시간과 우주적 시간을 매개하는 이야기의 시간에 대한 탐구다. 그 탐구 또는 반성의 시초에도 아우구스티누스가 있다: 도대체 시간이란 무엇인가? 아무도 나에게 그 질문을 하지 않을 때에는 나는 알고 있다. 그러나 누군가 나에게 그것을 묻고 내가 그것을 설명하려 한다면 나는 더이상 알 수 없다.

서술성과 시간성 사이의 변증법을 구축하는 리쾨르의 반성의 여정은 미리 형성된(préfiguré) 시간에서 함께 형성된(configuré) 시간의 매개를 통해 다시 형성된(refiguré) 시간으로 나아간다. 리쾨르의 반성이 시간성의 아포리아를 푼 것은 아니지만, 거기에는 시간의 신비에 대한 고백이 개인들과 공동체들의 서술적 동일성에 대한 탐구와 어우러져 있다. 이 책에서 리쾨르가 내놓은 중심적 명제는 '인간의 시간은 이야기되는 시간'이라는 것이다: 시간은 이야기 양태를 통해 분절되는 한에서 인간의 시간이 되고, 이야기는 그것이 시간적 실존의 조건이 될 때 그 충만한 의미에 이른다. 그렇군, 문학적으로 형상화된 시간만이 인간의 시간이군.

『시간과 이야기』는, 저자도 지적하듯, 『살아 있는 은유』와 함께 구상되었고 차례로 출판되었다는 점에서 후자와 한 쌍을 이루는 저작이라고 할 만하다. 리쾨르는 『살아 있는 은유』에서 언어의 시적 기능이 기술적 언어에서 압도적인 지시적 기능을 희생시키지 않는다는 주장을 편 바 있다. 시적 담론에 고유한 은유는 직접적 기술이 다다를 수 없는 어떤 현실을 다시 기술하는 힘을 지녔다. 그런데 이야기의 미메시스 기능도 은유와 마찬가지다. 은유적 재묘사와 서술적 미메시스는, 각각의 피수식어를 맞바꾸어 시적 담론의 재현적 가치와 서술적 허구의 재묘사 역량이라고도 말할 수 있을 정도로, 서로 밀접하게 맞물려 있다. 리쾨르에 따르면 이야기는 세 차원의 모방적 관계를 포함한다. 첫번째는 전형성(前形成, préfiguration)의 차원(미메시스 I)이다. 그것은 우리가 행동의 세계에 대해 지닌 친숙한 전이해(pré-compréhension) 안에 줄거리가 뿌리내리는 것이다. 두번째 차원은 고유한 의미의 픽션이 세상 속으로 들어오는 것이다(미메시스 II). 미메시스 II와 함께 '마치 ~하듯(comme si)'의 왕국이 열린다. 그러면 시간은 거기서 공형성(共形成, configuration)된다. 세번째 차원은 이야기에 의한 행동의 재형성(再形成, refiguration) 차원(미메시스 III)이다. 이 단계는 가다머가 자신의 철학적 해석학에서 '적용'이라고 부른 것에 대응한다. 미메시스 III은 텍스트의 세계와 청중이나 독자의 세계가 교차하는 과정이다. 독서 행위는 미메시스 III을 미메시스 II에 결합시키는 조작자다. 이야기된 시간 안에서 이야기의 역사적 양식과 허구적 양식이 뒤섞인다. 이야기는 시간의 일상적 체험을 밝히고 변형한다.

시간과 이야기에 대한 이런 반성은 자아와 정체성의 문제로 길을 튼다. 나는 누구인가? 우리들은 누구인가? 이것은 대답하기 어려운 질문이다. 이 쉽지 않은 질문에 대답하는 손쉬운 방법은 인격의 변하지 않는 핵, 즉 변화들 뒤에서 영속하는 기층으로서의 불변의 동일성을 가정하는 것이지만, 그 해결책이 늘 깔끔한 것은 아니다. 결국 나는 내 상태들의 다양성과 상이함 아래서 나 자신과 동일한 주체를 전제하거나, 아니면 이 동일성을 순수한 환상으로 생각해야 한다. 그런데 리쾨르는 서술적 동일성(identité narrative)이라는 개념을 통해 이 이율배반에서 벗어난다. 여기서 리쾨르는 『남 같은 자기 자신』의 핵심 주체가 될 자기됨(l'ipséité)의 바탕을 만든다. 서술적 동일성이라는 거푸집 속의 자기됨은, 이야기하기(narration)를 통해서 재형성(refigurée)되므로, 주체의 문제가 해결되지 않은 상태에서의 양자 택일에 얽매이지 않는다. 그것은 일인칭으로 표현되는 구성적 주체의 전능을 허물면서 코기토와 안티코기토 사이의 양자 택일을 모면하는 자기의 해석학의 토대를 이룬다. 누구인가라는 질문에 대답하는 것은 한 삶의 역사를 이야기하는 것이다. 코기토의 직접적 단순성과 구별되는 자기됨은 이야기하기의 도움으로, 남과의 만남을 통해, 도달된다. 그것은 추상적 동일성과는 달리, 디폴트 밸류(default value)로 주어진 삶의 응집력 속에서 변화와 변화 가능성을 껴안을 수 있다.

그래? 그러나 도대체 나는 누구인가? 리쾨르에 취해 리쾨르를 읽으며 리쾨르를 이야기하는 나는 내가 누구인지 말할 수 있는가? 술이 허망하듯, 독서도 이야기도 허망하다. 리쾨르의 명정 속에서 회의하는 내게 리쾨르가 말한다: 이해하고 알려면 믿어야 한다. 해석자는 자기가 묻고 있는 의미의 세계 속에 이미 살고 있지 않으면 이해할 수도 알 수도 없다. 믿음 없는 진리를 떠나, 믿어라! 이해하기 위해서!—해석학의 순환이군요. 거기서 어떻게 벗어나죠?—간단하지, 순환을 확신으로 바꾸면 돼!

담배 연기를 빼기 위해 창문을 열어놓은 탓에 몸이 <u>으스스</u> 떨린다. 잘못하면 다시 감기의 방문을 맞겠다. 이제 그만 윈도를 닫자.

(2001년 봄)

처변불경(處變不驚)의 이성

『정치와 삶의 세계』, 김우창 지음

지적 압도!

이 글을 쓰기 위해 『정치와 삶의 세계』를 다시 읽으며, 나는 20여 년 전 『궁핍한 시대의 시인』을 읽던 때를 떠올렸다. 이종 누이가 내 스물한번째 생일날 나를 종로서적으로 데려가 사준 그 책을 나는 꽤 오래도록 지적 치장품(治粧品)으로 삼으며 손때를 묻혔었다. 내게는 지금 그 책이 없다. 스물여덟 살 겨울에 맞은 화재로 그때 살던 집이 전소했는데, 불길이 그 책에 대해 특별 대우를 베풀지 않았던 것이다. 그 뒤로 나는 그 책을 다시 사지 않았다. 그래서 그 책의 내용도 가물가물하다. 저자가 (아마) 서문에서 강조한 '구체적 보편성'이라는 말만 강한 인상으로 뇌리에 남아 있다. 그러나 그 책을 처음 읽을 때의 느낌은 지금도 또렷하다. 그것은 한마디로 지적 압도라고 할 만한 경험이었다.

이미 학계와 평단의 중진이었던 저자의 글들에 평범한 대학생이 지적으로 압도당했다는 말은 그 당연성 때문에 다소 희극적으로 들릴지도 모른다. 그러나 나는 지적 압도라는 경험을 사람들이 흔히 겪는 것은 아니라고 생각한다. 물론 젊어서만이 아니라 나이 들어서도, 사람들은 흔히 자기보다 지적으로 우월하다고 판단되는 사람이 쓴 책을 읽는다. 그러나 그런 책을 읽을 때마다 지적으로 압도되는 경험을 하는 것은 아니다. 지적 압도의 느낌은 독자와 저자 사이의 지적 낙차가 크다고 해서 반드시 발생하는 것은 아니다. 가장 뛰어난 저자의 책도 가장 범상한 독자에게 아무런 인상을 주지 못할 수도 있다. 나는 지적 압도도 저자와 독자 사이의, 뭐랄까, 궁합의 산물이라고 생각한다. 내가 궁합이라는 말로 뜻하고자 하는 것은 어떤 기질이나 코드의 친화력 같은 것이다. 저자와 독자가 코드가 맞지 않을 때는, 아무리 위대한 책일지라도 독자에게 충격을 주지 못한다. 그러니까 지금 나는 스물한 살 때의 내가 30대 후반~40대 초의 김우창과 코드가 맞았다고 말하고 싶은 것인가? 부분적으로는 그렇다. 그러나 코드가 맞는다는 것은 지적 성숙의 수평과는 아무런 상관이 없다. 그때나 지금이나 나는 김우창의 글에 압도당하지만, 그때 그랬듯이 지금도 나는 그의 글들을 완전히 이해하지도 비판적으로 해석하지도 못한다.

『궁핍한 시대의 시인』 이전에 나를 지적으로 압도한 유일한 책은 노먼 루이스의 『워드 파워 메이드 이지』였다. 나는 이 영어 단어 학습서를 지금도 대단한 책으로 생각한다. 그것은 영어 단어의 박물지(博物誌) 같은 책이었다. 10대의 나에게 그것은 한없이 넓어 보였다. 그런데 『궁핍한 시대의 시인』은 넓고도 깊었다. 그것은 차원을 새로 획득한 지적 압도였다. 『궁핍한 시대의 시인』 이후에도 나를 지적으로 압도한 책은 여럿 있다. 그러나 『궁핍한 시대의 시인』만큼의 강도로 나를 압도한 책은, 어디 보자, 없는 듯하다. 그것은 『궁핍한 시대의 시인』이 지금까지 내가 읽은 책 가운데 지적으로 가장 뛰어난 책이라고 판단한다는 뜻은 아니다. 그것은 그 책에 압도되었을 때의 충격으로 그 뒤 내게 일종의 면역이 생겼다는 뜻일 따름이다. 나는 『궁핍한 시대의 시인』을 다시 사지는 않았지만, 김우창이 그 뒤에 낸 책들을 그냥저냥 따라 읽어왔다. 그 책들도 늘 나를 지적으로 압도했지만, 이미 내게 생긴 면역 때문에, 『궁핍한 시대의 시인』만큼 내게 충격을 주지는 않았다. 그 책들은 대체로 『궁핍한 시대의 시인』의 변주 같았다.

나는 이 글을 내가 10년쯤 전에 『한겨레신문』에 쓴 기사 두 꼭지를 인용하면서 시작하려고 한다. 그것은 내가 그 기사들이 아직도 김우창에 대해서 유효하다고 판단했다는 뜻이고, 그것은 또 내가 『정치와 삶의 세계』에서 '아주 새로운' 김우창을 발견하지는 못했다는 뜻이기도 하다. 그것은 잘못된 일일까? 또 그것이 잘못된 일이라면, 그것은 저자의 잘못일까, 아니면 내 잘못일까? 내가 이 글에서 그것을 따져볼 수 있을까? 모르겠다. 첫번째 인용문은 '우리 시대의 비평가들'이라는 주제로 연재된 주간 기획물의 다섯번째 기사 앞부분이고, 두번째 인용문은 1992년에 솔출판사에서 나온 김우창 선집 『심미적 이성의 탐구』에 대한 서평 기사의 뒷부분이다.

에세이가 '철학과 문학 사이의 매개 형태'라는 레에나르트의 정의는 특히 그 에세이의 하위 갈래라고 할 수 있는 비평에 대해 내려질 때

정곡을 찌른다. 비평은 그것이 상상력과 심미안의 글쓰기라는 점에서 문학의 울타리 안에 있지만, 한편으로 개념과 논리를 통해서 가치의 사다리를 구축하려 한다는 점에서 철학을 지향한다. 51년 전에 나온 한 평론집의 제목 『문학의 논리』(임화)는 그 책의 저자가 서문에서 내비치고 있듯이, 곧 비평의 정의라고 할 수도 있다. 모든 비평 속에 문학과 철학이 서로 버성김 없이 녹아들어 있는 것은 아니다. 또 그 둘 사이의 균형이나 결합도는 어쩌면 비평의 수준이라기보다 비평가의 개성을 반영하는 것일지도 모른다.

김우창 씨의 비평이 독자들에게 보여주는 것은 문학과 철학, 미학과 논리, 실존과 가치의 완미한 결합이다. 그 결합이 완미한 것은 그것이 내용의 수준에서만이 아니라 그 내용의 침전물인 형식의 수준에서도 이음매 없이 이루어지고 있기 때문이다. 철학적 사변과 문학적 감수성 사이의 팽팽한 장력을 보여주는 그의 고요하고 단아한 문체는 선부른 속독을 허용하지도 않지만 글읽기의 수고에 대한 보상을 생략하지도 않는다. 김우창 비평이 한국의 비평 언어에 보탠 성취는 그 내용의 고전적 품격에서만이 아니라 그것 못지않은 문체의 품격에서도 비롯된다.

『궁핍한 시대의 시인』, 『지상의 척도』 등의 기념비적 저서를 분만한 60년대 후반 이래의 비평 활동을 통해 그는 의심할 나위 없는 이성주의자의 모습을 보여주었지만, 그 이성은 항상 반성적 이성, 자기 비판적 이성이었다. 그는 잘 닦여진 이성의 유리창을 통해 문학과 세계를 바라보고 해석함으로써 가치의 무질서나 신념의 애너키를 극복하지만, 또한 그 이성을 자기 비판의 제약 안에 가둠으로써 극단적인 이성 중심주의가 초래할 전체주의적 질서를 경계한다. 그의 반성적 이성이 최근 힘주어 말하고 있는 것은 '현실의 우위'이다. '심미적 이성─오늘을 생각하기 위한 노트'(『사회평론』1991년 9월호)는 게슈탈트 심리학과 현상학에 기대어 인간의 지각 현상과 행동의 계기를 따져본 뒤, 비판적 이론들이 최근에 처한 위기의 원인을 '언어의 변증법에 의한 사실의 대치'에서 발견한다. (『한겨레신문』1991년 11월 17일자)

이미 첫 평론집 『궁핍한 시대의 시인』(1977)에서 확립된 바 있는 저자의 독특한 스타일은, 포착하기 힘든 미세한 변주들을 제쳐둔다면, 이번 선집에 묶인 최근의 글들에 이르기까지 그대로 유지되고 있다. 그의 글이 주는 메시지의 형식적 등가물일, 웅숭깊되 섬세하고 넉넉하되 정교한 그의 문체는 우리 신문학(新文學)사상 희귀한 균형과 조화의 문체이다. 또한 그 문체는 그것에 감염되고 싶어도 감염되기 힘든, 약한 전파력의 문체이다. 그와 비슷한 연배의 몇몇 뛰어난 비평가들이 그들의 뒷세대에서 숱한 판박이 문체를 재생산해 낸 것과 달리, 김우창 씨의 문체적 에피고네는 우리 비평계에 매우 드물다. 그의 문체는 지적 긴장을 두려워하지 않는 독자들이 필자의 사색을 따라 천천히 읽어가며 즐길 수 있는 문체이지, 누구나 얼마쯤의 노력으로 쉽사리 실행에 옮길 수 있는 문체가 아니다. 그 문체는 또한 강철 같은 사유인의 문체이자 감수성 넘치는 예술가의 문체이다. 정(情)과 이(理) 사이의 긴장이, 또는 조화와 균형이 그의 호흡 긴 문체 위에 얹혀 있다. 그 긴장은 현실과 초월 사이의 긴장에 다름 아니다. 그 긴장과 균형에 힘입어, 그의 문체는 단언하고 촉구하고 선동하는 문체가 아니라, 성찰하고 포용하고 적시하고 나지막이 청유하는 문체가 된다. 말하자면 그의 문체는 근대 이전의 사람들이 이상적으로 생각했던 어떤 전인(全人)의 문체이다. 형식이 내용의 침전물이라면, 그리고 스타일이 곧 사람이라면, 그의 문체는 곧 그의 글의 내용이기도 하고, 그러므로 그의 마음이기도 할 것이다. 그렇다는 것은 이 책에 묶인 글들에서도 다시 한 번 확인된다. 문학 평론가라는 것이 그의 이름 뒤에 가장 흔하게 따라붙는 직업 이름이지만, 이 책의 글들이 좁은 의미의 문학 평론에 갇혀 있는 것은 아니다. (…) 그의 글들이 대체로 문학과 예술을 매개물로 삼기는 하지만, 그가 발언하고자 하는 것은 문학과 예술을 그 안에 포함하는 더 큰 무엇에 대하여이다. 부르주아 계급이 역사의 전면에 등장하기 이전, 뛰어난 문학 이론가들이 대체로 사상가이고 철학자였다는 사실을 그의 글들은 즐겁게 환기시킨다. 그가 자신의 앞선 평론집들에 붙인 '현대 문학과 사회에 관한 에세이'라는 부제는 이번의『심미적 이성의 탐구』에도 여전히 유효하다. 그의 글들은 인간의 삶과 문학에 대한 깊은 성찰을 담은 진지하고 관통력 높은 에세이들, 몽테뉴가 겸손하게도 자기 주저의 제목을 '시도'라는 뜻의『에세이들Essais』이라고 붙이고 짐짓 "내가 무엇을 아는가"라고 물었을 때의 그 에세이들인 것이다. (…) 그가 이성주의자로서 또는 '반성적 이성주의자'로서 세계를 바라보며 누누이 강조하고 그 자신이 지향하는 것은 '구체적 보편성'이다. 이성은 전체성 또는 보편성의 이념으로서 부분적인 것, 특수한 것을 초월하지만, 다른 한편으로 참다운 전체성이나 보편성은 추상적으로 전체를 포괄하는 것이 아니라 구체적인 것들의 변증법적 전개 과정을 일부로 포함하기 때문이다.『심미적 이성의 탐구』는 곧 그 구체적 보편성을 탐구하는 항해이기도 하다.(『한겨레신문』1992년 8월 18일자)

이 기사들을 쓴 지 10년 가까운 시간이 흘렀지만, 김우창에 대한 내 판단은 거의 변하지 않았다. 『정치와 삶의 세계』가 다루고 있는 중요한 주제들인 도덕과 생태주의 문제도 이미 『심미적 이성의 탐구』에서 깊이 있게 탐색되고 있다. 내가 김우창을 두고 생이지지(生而知之)라고 말한다면 그것은 존경하는 어른에 대한 예(禮)를 넘어서 과공(過恭)에 의한 비례(非禮)라는 말을 들을 수도 있겠지만, 아무튼 김우창은 글쓰기의 출발점에서 이미 완숙(完熟)의 경지에 이르른 사람이 아닌가 싶다. 위에 인용한 기사들이 김우창에 대한 비교적 사실적인 평가라면, 그리고 그 이후에도 김우창의 글쓰기가 크게 변하지 않았다면, 『정치와 삶의 세계』에 대한 서평의 형식으로 씌어지는 이 글에서 나는 앞서 말한 것에다 무엇을 덧붙일 수 있는가?

김우창을 반박하기 어려운 이유

글을 쓰는 이의 시선은, 기사 작성자의 시선까지를 포함해서, 독재자의 시선이다. 그것은 기사를 포함한 모든 글이 적어도 묵시적으로는 평가라는 뜻이고, 재단이라는 뜻이다. 선의의 필자가 아무리 그 독재자의 위치에서 벗어나려고 해도 그것은 좀처럼 이루어지기 힘든 희망이다. 그는 노력에 의해서, 단지 너그러운 독재자가 될 수 있을 뿐이다. 나는 위에 인용한 기사들을 쓰면서, 김우창 편에 바짝 붙어 있었다. 그 기사들을 읽은 사람이라면 누구나 그것을 느꼈을 것이다. 그러나 나는 내가 그 기사들에서 김우창의 글에 대해 내린 판단들을 전혀 수정하지 않은 채로도, 김우창에게 어떤 불평을 털어놓을 수도 있다. 『정치와 삶의 세계』에 묶인 텍스트들을 제재로 삼은 이 글은 그런 선의의 불평을 한 부분으로 포함할 것이다.

　김우창을 반박하기는 어렵다. 그것은 그의 글들이 반드시 논리적으로 완전무결할 만큼 투명해서만은 아니다. 그 이유는 오히려 그가 더러 논리적 투명성을 해칠 만큼 사물들의 여러 측면을 동시에 바라보는 데에 있다. 그는 늘 잠재적 반론자보다 멀리, 넓게 내다보고 먼저 나아가 방어 진지를 구축한다. 이 이성주의자의 이성은 자기 반성에 너무 투철해 더러 회의주의나 불가지론의 길을 트는 듯도 하고, 때로 양비론의 질료가 되는 듯도 하다. 적어도 외견상으로는 그렇다. 그의 사고는 '복잡성의 사고'라 할 만한 것이다. 사물과 사태의 복잡함에 대한 그의 섬세한 배려는 그로 하여금 무언가를 힘있게 적시하지 못하도록 하는 것 같다. 비유하자면 그의 글은 분명히 극의 방향은 알고 있지만 그것을 정확하게 가리킬 수가 없어서, 또는 정확하게 가리키는 순간에 나타날지도 모를 자침과 극 사이의 새로운 간극을 예측해 끊임없이 떨고 있는 자침 같은 것이다.

　그런데 그 복잡성의 사고는 김우창 자신의 선의와는 무관하게 실천의 현장에서 퇴각하고 싶은 사람들에게 안락한 피난처가 될 수도 있다. 누구에게나 자기 몫의 정의와 불의가 있다면, 옳음도 그름도 골고루 분배돼 있다면, 죄 없는 자만이 저 여인에게 돌을 던질 수 있다면, 인간의 윤리적 계기들은 크게 약화할 것이다. 어떤 윤리적 실천도 사물의 복잡성에 매개되어 비윤리적 효과를 낼 수 있다면, 문제의 해결 과정이 거의 예외 없이 새로운 문제의 발생을 포함하는 것이라면, 인간의 실천 이성은 설자리를 잃고 누구나 자신의 삶의 터로서 광장보다는 밀실을 택하게 될 것이다.

　그를 복잡성의 사고로 이끄는 것은 다음 인용문에서 보듯 생각과 현실의 괴리에 대한 예민한 인식일 것이다. (앞으로 인용문 뒤 괄호 안의 숫자는 그 인용문이 실린 『정치와 삶의 세계』의 쪽수를 나타낸다.)

> 사람의 생각은 현실을 그것보다 간단한 도식으로 대체하려는 노력이다. 그것은 현실을 위계적 구조로 정리하고, 구조의 위계적 핵심에서 현실을 쉽게 파악하거나 움직일 수 있게 하는 지렛대를 찾으려 한다. 위기의 사고는 어느 때보다도 하나의 원인에 의하여 현실을 구조적 전체로 환원하는 경향을 갖는다. 분명한 사고가 필요한 것은 틀림이 없지만 생각의 전체성에 대하여 현실의 다양성을 잊지 않는 것도 중요하다. 현실은 구조와 제도에 붙잡히지 않는 수많은 우연적 실천과 그것의 역사적 누적을 포함하고 있다. 다만 역설적으로 사고에 거두어들여지지 않는 현실도 그러한 것으로 사고 속에 파악되어야 할 필요는 있다. 그리하여 생각의 질서는 반드시 포괄적 현실에 모순되는 것은 아니다. (40-41쪽)

물론 현실의 복잡함을 강조하는 이 대목에서도 저자는 여전히 이성주의자의 면모를 보인다. 생각의 질서가 반드시 포괄적 현실에 모순되는 것은 아니라는 점을 그가 또렷이 하고 있기 때문이다. 그러니까 그를 이끄는 세계관을 단 한마디로 표현해야 한다면 그것은 의연히 이성주의일 것이다. 그러나 저자는 그와 동시에 나치즘과 마르크시즘에서 "이성의 꿈이 만들어내는 미친 괴물"을 보고 더 나아가 "정치의 현장"을 "온갖 작은 이성의 미친 기획들의 난무장"이라고 판단하는(223쪽) 과격한 이성 비판자이기도 하다. 그의 이성주의는 너무 부드러워, "사람들의 합리적 능력은 세계의 복잡성에 대응할 만한 것이 되지 못"해서 "삶의 질서를 (실천의 관점에서는 물론 사유의 관점에서도) 송두리째 포착하는 것은 불가능한 것으로 보"(55쪽)는 불가지론의 면모까지 보인다. 그가 거기서 더 나아가 "불행하게도 건강한 생활의 질서를 확보하는 확실한 방법은 없는 성싶다. 그것은 어떤 하나의 요인에 의하여보다 서로 다른 동인에서 나오는 여러 요인의 거의 우연적인 조합으로 생겨나는 것이라는 인상을 준다"(57쪽)고 말할 때, 그의 불가지론이나 회의주의에는 비관주의의 빛깔이 짙어진다.

그러니 어떻게 생각하면 존재하는 것은 김우창이 아니라 김우창들인 것 같다. 예컨대 그가 개체적 생존과 사회적 전체의 모순된 제약 속에 갇힌 사람의 삶을 얘기하며 '복합적 평형의 체제'라는 말로 중층 결정론을 얘기할 때, 또 하나의 체제가 여러 체제들의 총합으로 성립한다는 것을 지적하며 그 구성 요소인 단자들을 여러 체제들의 교차점에 위치시키면서도 다른 한편으로 개인들의 자발성에 주목할 때(7-8쪽), 그는 개인주의자이면서 공동체주의자이고, 자유론자이면서 결정론자이고, 구조의 철학자이면서 주체의 철학자이다. 사실 그에게 자유와 필연 또는 자유와 법칙은 맞붙어 있다.

"인간성은 인간에게 주어진 자연이다. 인간이 그 욕망에 복종한다는 것은 궁극적으로 자연에 복종한다는 것이다. 이 복종은 자연의 가능성과 함께 그 한계에 동의하는 것이다. 그러나 적절한 조건하에서는 이 동의는 불행이 아니라 행복을 의미한다. 그것은 자연이 인간의 한계를 나타내면서 삶의 향유의 근본이기 때문이다. 바른 조건하에서 인간이 자연에 동의한다는 것은 자기 자신에게 동의한다는 것을 말한다"(101쪽)거나 "역사는 필연과 우연이 놀음하는 장소이다. 그 두 사람(전두환 씨와 노태우 씨―인용자)이 아니었다면 역사의 경로가 전혀 달라졌을 가능성을 배제할 수는 없다. 그러나 다른 한편으로는 그와 비슷한 다른 사람들이 그와 비슷한 일을 하지 아니하였겠느냐 하는 의심이 많은 사람들의 마음속에 없지 아니하다. 전두환 또는 노태우는 전두환적 또는 노태우적 현상의 한 표현에 불과하다는 느낌이 있는 것이다. 즉 그러한 권력자는 그러한 권력자를 가능하게 한 사회 체제의 일부이어서, 그 둘 사이에는 상호 보완적인 작용이 있다고 아니할 수 없다"(216쪽)는 문장들에서 그것이 확연히 드러난다.

그가 타티야나 톨스타야에게 동의하며 "아무리 좋은 것이라고 하더라도 사회의 공동체적 삶의 기조를 이루는 것은 공적인 기구를 넘어가는 선의와 도덕과 문화"(12쪽)라고 얘기할 때 그는 보수주의자 같고, 그러면서도 또 "어떤 경우에 있어서나 지역적 다양성이 없는 세계화는 인류의 삶을 빈곤화하는 것이 될 것이다"(14쪽)라고 말할 때 그는 좌파 자유주의자 같다. 이 진보적 자유주의자는 "큰 사회와 작은 사회 그리고 개인 사이에는 어떤 경계막이 존재하는 것으로 생각할 수 있다. 그것은 세포막과 같아서 내부를 외부로부터 차단하면서 동시에 외부로부터 많은 것의 투과를 허용한다"(10쪽)거나 "진화론자들은 생물의 신체 기관의 진화를 설명함에 있어서 새로운 환경에 적응하는 기관은 지나간 환경에서 발달한 기관이 새로운 기능을 획득하고 또 그에 따라 새로운 변화를 이룩한 결과라고 말한다. (…) 역사의 변화와 도약도 이러한 면을 가지고 있는 것으로 생각된다"(90-91쪽)고 말하는 19세기풍의 사회유기체론자이기도 하다. 저자는 "개인의 심성은 궁극적으로 한 사회의 성격을 결정하는 데서 필수적인 준거"(12쪽)라고 말하는 아이디얼리스트이기도 하고, "마음은 현실의 일부이다. 그것은 현실과 맞물려서 돌아가는 한 원리이다. (…) 필요한 것은 현실과 마음의 대화이다"(378쪽)라고 말하는 아이디오리얼리스트이기도 하고, "사실의 냉혹성은 속임수를 따라잡기 마련"(28쪽)이라고 말하는 리얼리스트이기도 하다.

한 사물이나 사안에 대해서도 저자가 건네는 시각은 복합적이다. 예컨대 그는 예절에 대해서 "예절은 구체적인 인간의 크고 작은 상호 관계에서 매우 중요한 행동의 틀을 제공하는 데 큰 역할을 한다. 물론 필요한 작업의 하나는 이것이 어떻게 억압적으로 작용하는가를 살피는 일이다. 그러나 다른 한편으로 나는 혁명이라는 격동의 시점에서 레닌이 죽음에 임하여 정치 지도자로서의 스탈린에 대해 우려를 표하면서 그의 '무례함'을 언급한 것은 매우 흥미로운 일이라고 생각한다. 스탈린의 공포 정치는 이 무례함에 관계되는 일이었을 것이다"(15-16쪽)라고 말함으로써 그 양면성을 두루 살핀다. 더 나아가 그는 엘리아스에 기대어 '문명화 과정'으로서의 예절이 상호 의존성의 인식, 합리성의 성장의 결과라는 점을 인정하면서도, 예절의 근원적인 원인의 하나는 절대군주에 의한 폭력 수단의 독점이라는 점을 특기하며 "예와 예절이 고귀한 것이든 아니든 사회적 평화의 확보를 위하여 필요한 것이라고 한다면 그 나름의 의미를 갖는다고 하겠지만, 절대적 권력의 필요는 지불해야 하는 대가로는 지나치게 높은 것이라는 느낌을 준다"고 어중간한 입장을 취한다(68-79쪽). 그러니 예의는 좋기도 하고 나쁘기도 한 것이다.

예절을 포함하는 더 큰 범주인 도덕에 대해서는 어떤가? 그는 이번에도 그것의 긍정적 측면과 부정적 측면을 아울러 살핀다. 그는 "우리 사회의 경우 도덕적 수사를 통한 현실 이익의 추구가 놀랍게도 많은 사람들의 행동에 지배적인 동기가 되는 것이 사실이지만, 동기의 다양성을 인정할 때 사회 질서 이념의 탈도덕화는 더 절실하다. (…) 다원적 가치의 세계에서 종교적 또는 윤리적 주장은 갈등과 분규의 원인이 되기 쉽다"(45쪽)고 탈도덕의 필요성을 강조하면서도, 한편으로는 벤필드의 『후진 사회의 도덕적 기초』에서 "도덕적 기초가 없는 곳에서는 정당이나 정책, 보수주의도 자유주의도 공산주의도 아무 의미가 없고, 정당은 어떤 주의를 표방하든지간에 오로지 정객들의 개인적인 이익 추구를 위한 보스 체계로 돌아가버리고 만다는"(154쪽) 대목을 끄집어내 지적하거나, "도덕의 강조는 그것의 실상이 어떠한 것이든간에 사사로움의 제거에 도움이 된다. 이 사사로움이 제거된 공공의 공간에서 다음 단계의 진정한 정치의 일은 시작될 수 있다"(250쪽)고 말한다. 요컨대 그는 도덕의 필요 불가결성과 억압성을 동시에 지적한다.

저자가 말하는 것은 실상 모두 옳은 것이다. 그는 아르고스의 눈으로 세상만사를 입체적으로 응시하며 사물들의 상반된 측면, 서로 대립되지만 일리가 있는 견해들을 두루 감싸안는다. 사회를 진단하는 그의 손길은 환자의 몸 어느 한 구석도 소홀히 하지 않고 섬세하게 진단하는 특급 의사의 손길을 닮았다. 그 대립된 견해들을 그의 글 속에서 양립시키는 것은 그가 애용하는 '한편'이라는 부사다. '한편'으로 연결된 견해와 사상의 넓은 스펙트럼 때문에 그의 글은 난공불락의 요새가 된다.

김우창을 반박하기 어려운 것은 그의 목소리 안에 이렇게 여러 대립되는, 그러나 모두 부분적 진실을 지닌 의견들이 때로는 대위(對位)를 때로는 화성(和聲)을 이루며 공존하기 때문이다. 그를 잡는 순간, 그는 저만치 떨어져 있다. 그의 글은 모든 무기들과 모든 분야의 숙련된 병사들을 갖춘 무적 함대다. 그의 글은 그 자체가 하나의 우주이고, 그 우주 안에는 옳음들이 편재(遍在)해 있다. 그러나 그 옳음들 사이의 충돌 안에서 실천적 에너지는 고갈될 수 있다. 이도 옳고 저도 옳을 수 있다면, 아니 이도 그르고 저도 그를 수 있다면, 우리는 무엇을 할 수 있고, 무엇을 해야 하는가? 그러니까 그의 글들은 더 나은 사회를 위해 돌멩이를 든 실천가들의 손에서, 더 나은 미래를 위해 내닫는 실천가들의 다리에서 힘을 빼는 역할을 할 수도 있을 것이다. 그 실천가들이 이상주의자들이든 현실주의자들이든 말이다.

보편주의와 상대주의 사이

나는 지금까지 그의 사려 깊은 글들이 악의적으로도 해석될 수 있다는 것을 보여주었다. 그러나 그의 말투를 빌어, "한편으로는" 이 모든 흔들림과 폭넓음을 감싸안으며 관통하는 것이 그의 이성주의라는 것 또한 명백하다. 이성 또는 합리성에 대한 강조는 그의 앞선 책들에서도 그랬듯 『정치와 삶의 세계』에서도 되풀이된다. 예컨대, 다음과 같은 문장들이 그렇다.

합리주의는 한편으로는, 그것이 어떠한 것이든지간에, 초월적 진리에 대한 확신의 광신적 성향을 누그러뜨리고, 다수와 다수의 견해가 공존하는 관용의 사회를 가능하게 한다. (299쪽)

도덕과 윤리는 다소간에 합리적인 것이 될 수밖에 없다. (…) 사회적 삶의 조정 수단으로서 합리성은 가치를 떠나서 이루어지는 것이면서도 가치 선택을 나타내고 있는 것이다. 그것은 다원적 가치를 추구하는 삶의 양식의 공존과 또 가치 선택을 초월한 삶의 긍정을 전제한다. 이성적 토의 속에서 선택될 수 있는 도덕적 가치도 이러한 긍정을 수락하는 것일 것이다. 그러한 의미에서 사실 단순한 합리성의 사회 질서는 잠재적으로 도덕적 의미를 가진 것이다. (47쪽)

국제 질서의 세계가 힘의 세계라는 것은 틀림이 없다. 그러나 여기에 대한 지나친 강조는, 다른 인간 현실에서나 마찬가지로, 국제 정치의 현장에서도 그것만이 전부가 아니라는 사실을 놓치게 한다. 나라 안에서나 나라 밖에서나 세계는 힘과 이익의 공간이면서 이념과 이성의 실현의 장이기도 하다. 그것은 싸움터이다. 그렇다는 것은 싸움터이되, 힘으로 겨루는 싸움터이면서 이념의 싸움터라는 말이다. 이념은 맹신의 맹목성을 가지기도 하지만, 수사적 정당성을 완전히 떠날 수는 없다. (26-27쪽)

그런데 저자가 말하는 이성은 과학에 작용하는 도구적 이성을 넘어선 사회적 이성이자 도덕적 이성이자 반성하는 이성이고, 그 반성하는 이성이 추구하는 보편성은 '구체적 보편성'이다. 반성하는 이성이나 (구체적) 보편성을 강조하는 발언들은 이 책 도처에 널려 있다. 예컨대, 다음과 같은 문장들이 그렇다.

우리는 데카르트에게도 이성이 단순한 합리성이었다기보다는 새로운 발견의 난관과 열정을 포함하는 체험이었다는 것을 상기할 필요가 있

다. (288쪽)

"이성의 최고 승리는 그 자신의 정당성을 회의하는 일이다"라는 미겔 우나무노의 말은 데카르트적 이성의 개방성을 말해준다.(309쪽)

우리가 여기서 강조하고자 하는 것은 이성에 의한 양심의 중화가 아니라 이성의 양심에의 착근이다. 이성은 내면성 속에 양심과 공존한다. (318쪽)

세계화 속에서 개체가 관계를 갖게 되는, 개체를 초월하는 더 큰 원리가 보편성입니다. (166쪽)

보편성 가운데 사고한다는 것은 인류 전체로 우리 사고의 테두리를 넓히는 것을 의미하는 듯합니다. 그러나 동시에 그것은 사고의 주체가 어느 때보다도 분명하게 개체가 되는 것을 말합니다. (167-168쪽)

삶의 질서로서의 보편성은 이미 비친 대로 간단한 의미에서의 전체성의 원리가 아닙니다. 그것은 배분적 성격을 가졌을 뿐만 아니라 어쩌면 자기 모순을 내장하고 있고, 그러니만큼 분열의 가능성을 가지고 있습니다. 그러면서 이 모순으로 비로소 이루어지게 하는 것도 가지고 있습니다. 위에서 나는 보편성이 여러 사람이 어울려 살고 모두의 자유를 가능하게 하는 원리라는 것을 시사했습니다. 그런데 다시 생각해 보면 이 두 요구에는 모순이 있습니다. 어울린다는 것은 간단히 생각하면 하나가 된다는 것이고, 자유로워진다는 것은 이 하나의 강요와 압력으로부터 자유로워진다는 것입니다. 이러한 의미에서도 그것은 모두의 하나됨을 말하는 전체성의 원리와 다르다고 하겠습니다. 보편적 원리가 자유를 포용할 수 있는 것은 그것이 전체의 원리이면서도 개체의 영역에 대하여 스스로를 제한하기 때문입니다. (169쪽)

보편성은 합리성과 불가분의 관계에 있습니다. 어떤 것이 보편적으로 작용하게 하는 것은 합리성입니다. 그러니까 우리가 개체로서나 사회의 일원으로서나 스스로를 한정한다는 것은 합리성에 따라 행동한다는 것을 말합니다. 이러한 보편성의 합리적 한정으로 얻어지는 가장 큰 소득은 자유입니다. 합리적 구역 짓기는 저절로 개체적 생존을 전체로부터 해방합니다. (169-170쪽)

요컨대 우리는 다시 김우창의 상표인 '구체적 보편'으로 돌아온다. 그것은 저자가 여러 군데서 지적하듯 어떤 심미안과 관련이 있다.

미적 체험이 구체성과 보편성이 같이 얼크러져드는 체험이라는 것은 일반적으로 인정될 수 있는 주장입니다. 아름다움의 호소력은 어떤 이상적인 것을 지시하면서도 우리의 감각에 구체적으로 존재하는 듯한 인상을 주는 데 있습니다. (178쪽)

결국 저자가 가리키는 궁극의 좌표는 구체적 보편성이다. 그러나 특별한 미적 체험 안에서가 아니라면, 우리의 일상 속에서 그 보편성과 구체성(이것을 범박하게 특수성이라고 하자)은 늘 (적어도 잠재적으로라도) 충돌한다. 츠베탕 토도로프가 『우리와 타자(Nous et les autres)』에서 '우리'가 '그들'을 만나는 방식을 따져보며 모색하는 보편주의와 특수주의의 지양은 '범-헤겔주의자' 김우창의 '구체적 보편'에 대한 탐색과 상동 관계에 있다고 할 만하다. 널리 인정되다시피 '우리'가 '그들'을 만나는 방식에는 두 가지 상반된 태도가 있을 수 있다. 첫번째는 우리와 그들 사이의 차이는 없앨 수도 없고 없앨 필요도 없다는 태도다. 이것은 특수주의 또는 문화적 상대주의라고 부를 만한 태도다. 두번째는 우리와 그들 사이의 차이는 무시해도 좋을 만큼 피상적인 것이며, 인간의 본질과는 아무 상관이 없다는 태도가 있을 수 있다. 이른바 보편주의적 태도다.

　그러나 이 두 태도 모두 우리와 그들의 평화적 공존을 위한 적절한 처방이 되지 못한다. 언뜻 생각하기에는 흔히 휴머니즘과 한 묶음으로 거론되는 보편주의가 그 처방이 될 수 있을 듯하다. 그러나 보편주의는 그 실천적 국면에서 김우창이 우려하듯 전체성의 원리가 되어 모든 것을 획일화함으로써 실제로는 자기 중심주의로 귀착하기 쉽다. 특히 유럽인들이 내세웠던 보편주의는 흔히 제국주의와 식민주의의 당의(糖衣)로 작용했다. 유럽의 보편주의자들에게는 자신들의 기준만이 보편적이었고, 그래서 그들은 그 보편적 기준에 따라 '원시적'이거나 '야만적'인 세상을 계몽하고 교화하는 이른바 '백인의 짐'을 지고자 했다. 그들에게는 자신들의 가치가 가치 그 자체였던 것이다. 자신에게 낯선 것을 보편에서 제외시키는 이 자기 중심주의는 휴머니즘의 탈을 쓰고 야만인들을 교화하기 위한 식민주의로 발전한다. 또 보편주의는 과학주의, 곧 과학적 지식이 보편적 도덕을 정초할 수 있다는 이데올로기와 맞붙어 있다. 이 과학주의에 따르면 모든 문화적 차이는 이성의 제단 앞에서 말살되어야 한다. 그러나 과학주의는 부당하게도, 흔히 사실과 가치를 동일시한다. 『정치와 삶의 세계』의 저자도 지적했다시피 20세기의 가장 흉측한 체제였던 나치 체제와 스탈린 체제는 이런 과학주의(또는 이성주의)에 바탕을 두고 구축되었다. 한 쪽에선 우생학이 과학이었고, 다른 쪽에선 역사적 유물론이 과학이었다. 과학주의에서 전체주의까지는 그리 먼 걸음이 아닌 것이다.

그렇다고 해서 특수주의 또는 문화적 상대주의가 우리와 그들을 화해시킬 수 있는 것은 아니다. 문화적 상대주의는 인종적·문화적 집단이나 개인들 사이의 차이를 지나치게 부각시킴으로써, 일종의 신인종주의로 귀결한다. 상대주의자들이 빠지기 쉬운 유혹은 다양한 문화적 차이, 곧 사람들의 다양한 정체성에다가 서열화된 가치를 부여하는 것이다. 이때 '차이의 권리'는 교묘하게도 '권리의 차이'로 전복된다. 이것은 '선의의' 식민주의자들이 지닌 순진한 보편주의보다 더 위험하다. 상대주의자들은 자아로의 퇴각과 소통의 부재와 타인의 배제를 부추긴다. 새뮤얼 헌팅턴이 『문명의 충돌』에서 하고 있는 짓이 그것이다. 그러니까 우리와 그들을 화해시키기 위해서는 상대주의자가 되는 것만으로는 부족하다. 상대주의자들처럼 보편적 가치들을 포기하는 순간, 화해의 기본 원리인 톨레랑스나 상호 존중이 존재 근거를 잃을 것이기 때문이다.

우리가 그들을 대하는 바람직한 지점은 보편주의와 상대주의의 중간 어디엔가 있을 것이다. 그것은 보편적 가치들을 포기하지 않으면서도 구체라는 것의 끈을 놓지 않는 태도이다. 그것이 김우창이 '구체적 보편'이라는 말로 가리키려는 지점일 것이다. 결정론과 추상성과 자기 중심주의에서 해방된 이런 보편주의를 '열린 보편주의'라고 부를 수도 있을 것이다. 이 열린 보편주의는 인간을 문화로도 생물로도 환원하지 않고, 거기서 무한한 가능성과 자유의지를 읽는다. 김우창이 이야기하는 구체적 보편성이라는 것이 이 열린 보편주의의 핵일 것이다.

뜻밖의 '공백'

이 책에서 내가 다소 불만스럽게 읽은 글은 제2부의 「대학 개혁 : 자유와 자유의 책임」이고, 가장 흡족스럽게 읽은 글은 제4부의 「깊은 마음의 생태학」이다.

우선 앞의 글. 이 글은 내가 보기에 기성의 대학 내부자의 시선에 다소 치우쳐 있다. 김우창 에세이들의 특징이라 할 수 있는 지나치다 싶을 정도로 사물의 여러 면을 두루 살핀다는 장점이 거기선 오히려 부족한 게 아닌가 싶었다. 앞질러 말하자면 대학 내부의 관료주의나 비합리성, 더 나아가서 학내 권력 관계의 모순이나 부패라고 할 만한 '구체' 가, 한 비근한 예로는 시간강사들에 대한 '착취 구조' 가, 그의 섬세한 눈길을 받지 못한 것은 뜻밖이었다. 어떤 것을 얘기하지 않았다고 해서 그 점을 비판하는 것은 우스운 일일지도 모른다. 그러나 저자의 전방위적 시각에 익숙해 있던 나로서는 그 공백이 또는 그 괄호가 찜찜했다. 그 글의 몇 군데를 살펴보자.

우선 나는 저자가 프린스턴 고등연구소와 플렉스너의 '쓸모 없는 지식의 쓸모' 를 얘기할 때(104-108쪽), 물론 그도 하나의 이상으로서 그런 예를 든 것이기는 하지만, 그것이 어떤 레퍼런스로서는 부적절해 보였다. '한국에서, 대학 밖의 연구라는 게, 제도적으로, 가까운 장래에 가능하기는 할까? 그리고 그 불가능은 지금의 대학 구성원들의 집단이기주의와는 무관한 것일까?' 하는 것이 그때 내게 든 생각이었다. 그가 작은 독의 계속적인 주사는 큰 코끼리도 폐사시킨다며 행정 잡무는 학문의 압살에 기여한다고 지적할 때(117쪽), 나는 거기에 원칙적으로는 흔쾌히 동의하면서도, 한편으로는 내가 이런 저런 자리에서 우연히 만나본, 연구자로서나 교육자로서나 행정가로서나 너무 자질이 떨어지는 대학 교수들을 떠올리지 않을 수 없었다.

저자가 "밖에 있는 사람들이 생각하기 쉬운 일로서, 교수의 신분 보장은 게으른 교수들이 게으르게 지내는 것을 보장하자는 것이 아니다. 그것은 진리 추구가 추구자의 신분 보장을 요구하기 때문이다. 이것은 유럽과 미국에서 가장 분명하게 확립된 대학의 근본이다. 이러한 보장에 부작용이 없는 것은 아니다. 그러나 부작용이 더욱 중요한 작용을 부정하게 하여서는 아니 된다"(118쪽)라고 썼을 때, 나는 역시 원칙적으로 그 말에 동의하면서도, 밖에 있는 사람으로서 내가 극히 일부분만을 알고 있을 뿐인 대학 사회를 짚어보며 '저자는 왜 대학 현실의 어떤 추악함을 부작용이라는 말 한마디로 추상적으로만 표현할 뿐 거기에 구체의 메스를 대지 않는가, 신분 보장이라는 특혜에 걸맞는 진리 추구자들이 한국 대학 교수들의 몇 퍼센트나 될까' 하는 생각을 지울 수 없었다. 저자가 "오늘날 교육과 대학의 개혁이 참으로 그 본래의 뜻에 맞는 것인가? 나는 그것이 학문을 자유롭게 하고 자유로운 인간 정신의 개화를 부추기는 것과는 먼, 또 반대로 가는 것이라는 인상을 받는다. 오늘날 일어나고 있는 것은 학문의 행정 예속, 경제 예속, 좁게 생각한 공리적 예속이라는 인상을 받는 것이다"(115쪽)라고 말할 때, 나 역시 그런 인상을 공유하면서도 한편으로는 '그러면 개혁 이전의 과거에는? 지금은?' 이라는 되물음을 억누를 수 없었고, '이 혜안의 철학자마저 자신의 신분 안에 갇혀 있는 것은 아닌가, 그는 너무 높은 곳에서 내려다보고 있는 것은 아닌가' 하는 생각을 지울 수 없었다.

저자가 "참다운 수월성은 획일적인 척도로 판단할 수 없다. 이것이 바로 수월성의 정의이기도 하다"(119쪽)라고 말할 때, 역시 거기에 전폭적으로 동의하면서도, 나는 다시 그의 눈길이 가닿지 않는 수월한 시간강사들을 생각했고, 대학원생들을 '착취' 하는 수월하지 않은 교수들을 생각했고, 사적인 친소 관계나 이해 관계로 사람을 뽑는 대학의 비합리적 관행을 생각했고, 대학 안의 무수한 권력 관계들을 생각했다. 저자가 "지금 대학을 뒤흔들고 있는 것이 경영학적 사고이다"(123쪽)라고 개탄하며 "인간 정신의 세계를 움직이는 것은 간단한 시장의 원리가 아니"어서 "시장의 모델은 학문과 정신에 그대로 적용될 수가 없다"(123쪽)고 썼을 때, 나는 역시 근본적으로는, 장기적으로는 저자의 견해가 옳다는 것을 인정하면서도, 한편으로는 '그러나 최소한 시장의 요구에라도 맞추는 것이 지금보다는 나아지는 길이 아닐까? 시장은 자기 존속을 위해서라도 최소한의 합리성을 존중할 테니 말이다. 지금 한국의 대학은 그 합리성 이전에 있고 시장 이전에 있다. 요컨대 시장에도 미달한다. 시장 이후로 나아가려면 우선 시장을 통과해야 한다. 시장은 적어도 자신의 존립 근거인 최소한의 합리성으로 대학을 지금보다는 민주화할 수 있다' 는 생각을 지울 수 없었다.

저자가 "학문의 존재 이유는 위에서 말한 바와 같이 인간 본질의 가장 높은 구현이 자유로운 탐구의 정신에 있고 그 표현의 하나가 대학의 자유 학문이라는 사실에 있다. 문명화된 사회란 이러한 정신과 학문을 소중하게 아는 사회이다. 그러면서 이것이 또한 사회의 생존의 방책이 되는 것이다. 조급한 이데올로그들은 실용과 관계없는 정신의 자유가 궁극적으로 가장 큰 실용이 된다는 미묘한 이치를 모른다"(128쪽)라고 썼을 때, 나는 왠지 이 지당한 발언이 (내가 국외자로서 잘 모르기는 하나) 한국 대학의 복마전과 어울리지 않는다고 생각했다. 이 글을 읽는 동안 내내 구체는 늘 초라하고 누추한데 저자의 눈길은 거기까지는 와닿지 않는 것이 아닌가 하는 생각이 나를 떠나지 않았다.

명상과 성찰의 기록

다음은 「깊은 마음의 생태학」. 이 책 전체가 그렇지만 특히 「깊은 마음의 생태학」은 사물의 본질을 꿰뚫는 잠언적 구절들로 그득하다. 그 잠언들은 내면, 마음, 깊이, 심미안 같은 것들과 관련되어 있다. 그것은 근원에 대한 명상과 성찰의 기록이라고 할 만하다. 예컨대

성심과 성의가 없는 곳에 제도와 법이 기능할 수는 없는 것이다. (355쪽)

궁극적으로 깊이의 생태학의 낭만주의의 정당성은 현실에서 온다. (…) 자연과 환경 그리고 생태계에 대한 낭만적 태도가 가장 현실적인 것이라는 말이다. 다시 말하여 결국 현실의 구조가 그 깊이에 있어서 낭만적이라는 말이 되는 것이다. (362쪽)

심미적인 것의 특징은 의미 이전에 직접적으로 감각에 호소한다는 것인데, 이것은 심미성이 물질과 지각이 맞부딪치는 근원적인 것과 관계된다는 것을 의미한다. 심미성은 얼른 보아 무용한 가치처럼 보인다. 그러나 가장 간단한 경우에도 그것은 우리에게 쾌감이나 쾌적감의 지표가 된다. 이것은 우리의 존재가 즉물적인 차원에서 세계에 열려 있다는 것을 말하고 그것이 쾌감에 관계되어 있는 그 열려 있음이 어떤 균형 속에 있다는 것을 말한다. 달리 말하여 그것은 성공한 자기 초월의 증표이다. (369쪽)

근원적 깊이, 근원적 공간의 체험이 특권적 체험임은 틀림없다. 그것은 특별한 순간의 체험이고 현실적 삶의 모든 순간에 체험되거나 드러나는 것은 아니다. 그것은 대체로 종교적 명상을 통하여 이르게 되는 어떤 경지이다. (…) 그러나 이 경지가 반드시 꿈에나 있는 초세간적인 것만은 아닐 것이다. (374-375쪽)

정신을 움직이는 정열은 자가 발전한 소란스러움이 아니다. 그것은 존재의 깊이에 대한 직관 또는 예감에서 온다. 깊이는 우리에게 두려움을 주기도 하면서 세계의 신비를 절감하게 한다. 이것이 모든 마음의 움직임에서의 진지성을 보장하는 것이다. (380쪽)

오늘과 같은 시대에 있어서도 사람들은 널리 보는 것의 중요성을 인정한다. 또 멀리 보는 것의 중요함도 인정한다. 그러나 바로 보려면 평면만이 아니라 입체적 공간을 보아야 한다. 깊이 보는 것이 필요한

것이다. (380–381쪽)

모든 언어의 근본적 텍스트는 현실에 있다. 깊이는 우리가 세상에 대하여 또는 세상에 대한 어떤 언표에 대하여 갖는 기분을 나타낸다. (…) 깊이는 외부 세계의 현상임에도 불구하고 동시에 보는 사람의 선 자리에 완전히 엉켜 있는 어떤 현상이다. 보는 사람이 없다면 모든 것은 너비일 뿐이다. (363쪽)

깊이는 실존의 느낌이다. (365쪽)

같은 구절들이 그렇다. 이런 발언들을 할 때, 저자는 하이데거나 메를로-퐁티와 한편에 있다. 이성주의자로서의 김우창이 반-기술주의자일 수는 없겠지만, 그가 깊이의 생태학을 얘기하는 자리에서 몇몇 뛰어난 현상학자들의 낭만주의적 경사를 보듬는 것은 자연스럽다. 이 대목에서 김우창은 역시 현상학의 계보 안에서 근대 이후의 과학과 문화가 서로를 등지게 되는 과정을 『야만(La Barbarie)』이라는 책을 통해 살핀 바 있는 미셀 앙리를 연상시킨다.

앙리에 따르면 근대 이전에 인간의 육체와 대지는 서로 대립하는 것이 아니라 서로 삼투하며 조화를 이루었다. 그런데 갈릴레이 이후의 근대 과학이 삶과 세계 사이의 이 아름다운 조화를 깨뜨렸다. 예전에 개인들이 주관적으로 세계와 유지할 수 있었던 느낌의 관계는 사라지고, 그 자리에 근대 과학이 가져온 '객관적'이고 보편적인 앎이 들어섰다. 이 '객관적' 앎은 필연적으로 육체에서 분리된 앎이고, 추상적인 앎이다. 그 앎은 빛, 냄새, 맛과 같은 구체적 세계의 질(質)

에 대한 경험으로서의 관계가 거세되어 버린 앎이다. 새로운 과학 정신은 주관성이나 감성이나 정서 같은 것을 추방해 버렸다. 갈릴레이 이후, 세상만사와 삼라만상은 수량화할 수 있고 측정할 수 있는 추상적 요소들로 환원되었다. 이렇게 과학적 객관성의 이름으로 주관성을 밀어내버린 것, 그것이 근대 과학의 비극이라고 앙리는 말한다.

이 근대 과학 덕분에 사람들은 예전보다 세계를 더 잘 알게 되었을지는 모르지만, 삶을 이해할 수 있는 능력을 잃었다. 그것은 근대적 야만이라고 할 만하다. 왜냐하면 앙리에 따르면 문화란 '삶에 대한 앎'이기 때문이다. 요컨대 그가 '갈릴레이 원칙의 제국주의'라고 부르는 야만의 이데올로기가 인간의 본질을 규정하는 주관적 삶을 억압하면서 기술의 기형적 양태인 테크노사이언스를 낳았고, 이 테크노사이언스의 등장 이후 인간이 세계와 맺는 관계는 그 육체성을 잃었으며, 그 육체성의 소실과 함께 심미적, 도덕적, 문화적 가치들이 소멸하고 야만이 도래했다는 것이 앙리의 견해다.

김우창의 견해는 그처럼 과격한 것은 아니지만, 느낌의 (주관적) 깊이를 강조하며 심미적, 문화적, 도덕적 가치에 유의한다는 점에서 이 두 사람은 서로 닮았다. 생태론자로서의 김우창이 추구하는 것은 결국 '깊은 공간성으로의 회귀'(382쪽)이며 그가 강조하는 것은 '고요와 고독의 존귀함'(382쪽)이다. 나는 저자의 철학을, 삶의 태도를, 커다란 존경을 담아 안심입명(安心立命)이라고 부르고 싶다. 그의 말을 빈다면 처변불경(處變不驚)이다.

오늘의 위기가 참으로 위급한 것이라면, 필요한 것은 무엇보다도 처변불경의 의젓한 마음이다. (25쪽)

그러나 이성주의(그 이성이 아무리 반성하는 이성일지라도)의 명료한 휴머니즘에서 깊은 마음의 생태학(어쩌면 저자는 깊은 마음의 생태론자가 아니라 그것의 동반자compagnon de route일 뿐인지도 모르지만)의 반휴머니즘적 경사까지는 또 얼마나 먼 걸음인가?

내가 지금까지 해온 것은 고작 책잡기 힘든 중후한 책에 대한 책잡기였을 뿐이다. 이 책의 한 구절이 내가 이 글에서 지금까지 해온 짓에 해당된다. "뒨다는 말은 매우 상징적인 말이다. 깊이와 뿌리가 없는 곳에서는 뒨는 것만이 중요한 것이 된다. 그것은 단명하고 천박한 삶의 파노라마를 이룬다." (381쪽)

이 뛰는 글을 혹시 선생님께서 읽으시게 된다면, 너무 나무라지 마시고 웃으시면서 읽으시기 바란다.

(2001년 상반기)

살균된 사회, 위생처리된 언어

『단어만들기 연구』, 사회과학원 언어학연구소 지음
『조선어 어휘론 연구』, 최완호 외 지음
『우리나라에서의 어휘정리』, 박상훈 외 지음

설날 아침의 '욕지기'

지난 설날, 차례를 지내고 텔레비전을 켜보니 평양이 고향인
어느 천문학자의 북한 방문 행정(行程)을 담은 필름을 내보내고 있
었다. 누이는 자기가 얼마 전에 본 프로그램이라며, 그것이 재방송임
을 내게 일러주었다. 늘 그렇듯, 화면 안의 평양 거리는 깨끗하고 아
름다웠다. 그리고 그런 종류의 방송을 볼 때면 늘 그랬듯, 일정을 마
친 천문학자가 공항에서 자기 동생과 헤어지는 장면은 어색하고 무
거웠다. 그러나 그 방송에서 나를 특히 울적하게 했던 것은 다른 장
면이다. 별게 아니다. 천문학자가 평양의 한 동물원엘 들렀을 때, 그
때가 마침 호랑이의 끼니 때였는지 동물원의 직원이 호랑이 우리 안
으로 토끼를 던져주었다. 토끼는 이내 뼈 몇 조각을 남기고 호랑이
입을 붉게 만들며 세상에서 사라졌다. 실상 그것은 조금도 대수로운

장면이 아니다. 어려서 즐겨 본 〈동물의 왕국〉이라는 텔레비전 프로그램은 포식자에게 먹히는 약한 동물들을 자주 보여주었고, 내가 그 장면을 볼 때마다 충격을 받았던 것 같지는 않다. 그러나 나는 설날 아침에, 토끼를 잡아먹는 호랑이를 바라보며 욕지기를 느꼈다. 나이가 들면서 오히려 신경줄이 가늘어지고 비위가 점점 약해지는 것인지.

생각해보면 우스운 일이다. 잡식동물인 내가 그 호랑이만큼 육식을 즐기지야 않겠지만, 내가 살아온 세월이 그 호랑이보다는 훨씬 길테고, 어쩌면 살아갈 날도 그 호랑이보다 길 테니, 나는 일생 동안 그 호랑이보다 더 많은 살코기를 씹어먹을 것이다. 인간에 대한 학대가 세상에 미만(彌滿)해 있듯이 동물 학대도 도처에 있다. 생명과학의 발달이라는 거창한 목표 아래 진행되는 숱한 동물실험은 조직적인 살생이다. 사람들이 착용하는 모피 코트와 구두에는 죽은 동물들의 원혼이 깃들어 있다. 그리고 반드시 그렇게 육체적으로 적나라하지는 않더라도, 약육강식은 자연의 이법일 뿐만 아니라 어느 정도는 인간 사회의 이법이기도 하다. 내가 그런 먹이사슬의 구조를 몰랐단 말인가? 나는 그것을 초등학교 때 배웠고, 그 이후 살아오면서 삶의 갈피마다 피부로 느꼈다. 내 성격이 특별히 예민하다고 하더라도 나는 이제 그런 것을 무덤덤하게 대할 만큼은 나이를 먹었다. 그런데도 나는 설날 아침의 그 풍경이 불쾌했고, 하루 종일 우울했다.

그것은 내가 먹이사슬의 아래쪽에 있다는 자의식 때문은 아니었다. 내세울 것 없는 삶을 살아왔지만, 나는 내 삶이 평균적 한국인의 삶이나 평균적 인류의 삶에 비해서 힘들었다고 생각할 만큼 탐욕스럽지는 않다. 나는 그만그만한 집안에서 태어나, 그만그만한 교육을 받았고, 그만그만한 여자와 결혼했고, 그만그만한 직장을 다녔고, 그만그만한 아이들을 낳아 기르며, 그만그만한 아파트에 살고 있다. 가족들도 그만그만하다. 아내도, 아이들도, 누이들이나 매부들도 특별히 악하지 않고, 특별히 아프지 않다. 나는 때때로 그만그만한 친구들과 술자리도 갖는다. 대부분은 겉도는 얘기로 시간을 보내게 될 뿐이지만, 얘기를 주고받는 것이 황홀할 만큼 마음이 맞는 친구도 두셋쯤 있다. 그 정도면 복받은 삶이다. 더구나 무엇 하나 손으로 생산해 내는 일 없이 허황한 조각글을 써갈겨대는 것으로 굶지 않고 살아올 수 있었으니, 팔자에 대한 염치없는 고마움이나 황송함이 있을지언정 원한 같은 것은 없다. 돈에 대한 아쉬움이 있는 것은 사실이지만, 그것은 그야말로 아쉬움일 뿐이지, 무슨 원한의 정서와는 아무런 관련이 없는 것이다. 60억 인류를 피라미드 구조의 먹이사슬 안에 배치한다면 나는 중간 위쪽에 있기 쉬울 것이다.

말하자면 호랑이에게 먹히는 토끼를 보고 내가 불쾌함을 느낀 것은 그 토끼의 모습에, 그 약한 것의 운명에 나를 투사해서는 아니다. 나는 이 사회에서 또는 인류사회에서 때로는 토끼이고 때로는 호랑이이겠지만, 그래서 의식적·무의식적으로 포식을 행하겠지만, 그것과는 상관없이 그런 적나라한 먹이사슬이 슬펐다. 물론 이런 싸구려 감상은 그야말로 소모적 감정일 뿐 아무런 생산으로도 실천으로도 이어질 수 없는 것이다. 먹이사슬은 창조주가 세상을 부수고 그것을 새로 빚어내기 전에는 없어지지 않을 테니 말이다. 아니 조그만 실천은 할 수 있을 것이다. 나는 독한 마음을 먹고 채식주의자가 될 수는 있을 것이다, 그것이 세상의 아름다움과는 무관하겠지만. 또 풀이든 토끼든 생명 있는 것이기는 마찬가지겠지만. 더 나아가 나는 이 사회

안에서 포식자가 되는 것을 가능한 한 피하고 살가운 협력자가, 너그러운 원조자가 되도록 노력할 수는 있을 것이다. 그것은 이 세상을 아름답게 하는 데 순기능을 할지도 모르겠다. 그래, 그런 노력이라도 한번 해보도록 하자.

토끼와 호랑이에 얽힌 그 짧은 장면은, 아름답고 깨끗하고 웅장하기는 하지만 뭔지 생기가 없어 보이는 평양 거리와 대조를─어쩌면 기묘한 조화를─이루는 것 같았다. 그렇다. 브라운관 안의 평양은 위생처리가 된 도시 같았다. 살균된 공간은 무생물의 공간이다. 숨막힐 듯한 아름다움. 숨이 막혀버린, 삶이 사라진 아름다움. 물론 그런 느낌은 내가 평양에 대해서 가지고 있는 편견에 의해 강화된 것일 터이다. 초등학교 때 신물나게 들었던 말이 난데없이 떠오른다. 우리나라 땅모양이 어찌 보면 호랑이 같고, 어찌 보면 토끼 같다는.

남북 언어의 '이질화'

분단 이후에 남과 북의 언어가 조금씩 다르게 발전했다는 것은 북한의 출판물을 접해본 남한의 독자라면 누구나 감지할 수 있다. 언어는 변화하기 마련이다. 남과 북 두 사회가 완전히 다른 정치·경제 체제를 지난 반세기 이상 유지해왔고, 그 두 사회의 주민집단 사이에 접촉이 거의 없었으니, 두 한국어가 달라진 것은 이상한 일이 아니다. 아무튼 남북 언어의 '이질화'라는 것이 일부 국어학자들의 걱정거리가 되었을 정도로 '서울의 표준어'와 '평양의 문화어'는 사뭇 다른 모습을 보인다. 그 책임이 남과 북 어느 쪽에 더 있느냐 하는 논쟁은 부질없는 짓일 것이다. 해방기에 나온 문헌들과 지금의 남북 문헌들을 비교해보면, 남과 북의 언어가 둘 다 지난 50여 년 동안 큰 변화를 겪었다는 것이 확인된다. 두 사회가 다 그 기간에 커다란 격동을 겪었으니, 언어가 변하지 않았다면 그것이 이상한 일일 것이다. 남과 북의 언어는 음운·형태·어휘·통사·문체 등 언어의 여러 층위에서 차이를 드러낸다. 그러나 가장 커다란 차이는 어휘부에서 생겼다. 그것은 한 언어 체계 안에서 어휘부가 가장 유연한 부분이라는 것과 관련이 있다. 언어 체계의 다른 부분도 변하기 마련이지만, 어휘부는 특히 접촉과 간섭에 쉽게 영향받고 언어 정책에 비교적 탄력적으로 반응한다.

남쪽 한국어와 북쪽 한국어의 어휘부를 지금처럼 사뭇 다르게 만든 원인들 가운데 커다란 것으로 북한에서 과격하게 추진된 어휘정리 사업을 꼽을 수 있을 것이다. 어휘정리는 북한 정권의 수립 전후부터 당의 지도 아래 추진된 사업이다. 정권이 수립되기 전인 1947년 2월에 이미 북한에는 한국어를 전문적으로 연구하는 기관으로서 조선어문연구회가 만들어졌고, 두 해 뒤인 1949년 2월에는 학술용어사정위원회가 발족됐다. 그러나 북한의 어휘정리 사업이 본격화한 것은 1960년대 이후다. 김일성은 1963년 12월 30일에 발표한 「현시기 우리 혁명의 요구에 맞게 사회과학의 역할을 더욱 높일 데 대하여」라는 연설문에서 어휘정리사업을 국어 정책의 핵심으로 삼을 것임을 밝혔고, 뒤이어 1964년 1월 3일 언어학자들과 한 담화 「조선어를 발전시키기 위한 몇 가지 문제」와 1966년 5월14일 언어학자들과 한 담화 「조선어의 민족적 특성을 옳게 살려나갈 데 대하여」에서 전면적인 어휘정리의 필요성을 다시 강조했다. 1964년 김일성의 교시가 있은 직후인 그해 1월 25일에는 조선 로동당 중앙위원회 정치위원회가 어휘정리 사업의 방향에 대해 구체적으로 토의한 뒤 결정서 「조선어를 더한층 발달시키며 인민들의 언어생활에서 문화성을 높일 데 대하여」를 채택했고, 석 달 뒤인 4월 21일에는 정부 쪽에서도 어휘정리 사업에 대한 내각 결정 제29호를 채택했다. 당과 정부의 이런 결정에 따라 그 뒤 북한에서는 어휘정리 사업이 전국적 범위에서 추진됐다. 1964년에는 김일성의 발기로 국어사정위원회가 설립됐다. 국어사정위원회는 어휘정리를 핵심 사업으로 추진하면서 언어 생활을 지도하고 통제하는 기관이다. 말을 다듬고, 다듬은 말을 보급하여 쓰도록 하고, 새로운 말을 만들고, 방언을 문화어로 사정하고, 언어 규범을 통일하는 등 북한의 언어 생활과 관련된 모든 문제를 다루고 비준하는 기관이 국어사정위원회다. 국어사정위원회 안에는 학술용어의 사정을 위해서 전문 부문별로 여러 분과위원회가 설치돼, 거기서 전문 용어를 다듬는 작업을 맡았다.

나는 북한에서 진행된 어휘정리의 이론과 실천을 다룬 책 세 권을 이제 독자들과 함께 읽고 싶다. 이 책들을 읽는 것은 남북 언어 이질화의 동력과 경과를 부분적으로 살피는 일이 될 것이다. 내가 고른 책은 『단어만들기 연구』(사회과학원 언어학연구소 어휘연구실, 1974, 평양, 사회과학 출판사), 『조선어 어휘론 연구』(최완호 · 문영호, 1980, 평양, 과학백과사전 출판사), 『우리나라에서의 어휘정리』(박상훈 · 리근영 · 고신숙, 1986, 평양, 사회과학 출판사)다. 『단어만들기 연구』(이하 『단어』)나 『우리나라에서의 어휘정리』(이하 『어휘정리』)는 이 책들이 어휘정리를 주제로 한 규범적 · 처방적 지침서라는 것이 그 표제에 이미 드러나 있다. 반면에 『조선어 어휘론 연구』(이하 『어휘론』)는 그 표제만으로 보면 한국어 어휘론을 기술적(記述的)으로 다룬 순수

이론서인 듯하지만, 이 책도 꽤 많은 부분을 어휘정리의 실천적 처방에 할애하고 있다. 그것은 북한에서의 언어 연구가 순수한 이론의 골방에서 벗어나 정책이나 실천에 대한 관심에 의해 이끌리고 있다는 예증이 될지도 모르겠다. 어휘정리와 관련해서 북한에서 출판된 책들은 이 세 권 이외에도 많을 것이다. 이 책들이 선택된 것은 이 주제를 다룬 책들 가운데 내가 교보문고에서 구할 수 있었던 것이 이 3종이었기 때문이다. 이 책들은 모두 서울의 탑출판사에서 영인돼 나왔다.

언어에 대한 김일성의 교시

『단어』는 김일성의 1964년 교시 「조선어를 발전시키기 위한 몇 가지 문제」 발표 10돌을 기념해 출간된 책이다. 이 책의 제1장 '혁명의 위대한 수령 김일성 동지께서는 단어 만들기에 대한 강령적인 가르침을 주시였다' 는, 그 제목이 가리키듯, 북한 언어 정책의 핵심이라고 할 어휘정리의 알맹이인 단어 만들기에 대해서 김일성이 내렸다는 교시들을 해설하고 있다. 사회주의권의 지도자들이 흔히 그렇듯, 김일성도 플라톤의 관념 속에 있었던 '철인(哲人) 정치가' 였다. 그는 모든 인민의 수호자였을 뿐만 아니라, 세상사의 모든 것을 다 알고 있는 '현인(賢人)' 이었다. 언어가 상부구조에 속하느냐의 여부를 두고 1940년대 소련 언어학계에서 벌어진 이른바 마르 논쟁이 스탈린의 「마르크스주의와 언어학의 문제들」(1950)로 마무리된 것은 잘 알려진 사실이거니와, 김일성 역시 전지전능한 수호자답게 언어 문제에 대해서도 자주 지침을 내렸다. 언어에 대한 김일성의 교시 가운데 가장 유명한 것은 1964년 1월 3일 언어학자들과 했다는 담화 「조선어를 발전시키기 위한 몇가지 문제」와 1966년 5월 14일 역시 언어학자들과 했다는 담화 「조선어의 민족적 특성을 옳게 살려나갈 데 대하여」다.

그러나 김일성은 이들 두 차례의 담화 이외에도 이런저런 자리에서 언어 문제에 대해서 언급하는 것을 꺼리지 않았다. 물론 그는 토론을 하기보다는 가르쳤다. 그는 민주주의 사회의 정치가가 아니라 전체주의 사회의 지도자, 곧 교사였기 때문이다. 그는 모든 것을 알았고, 모든 것을 인민에게 가르쳤다. 김일성은 체계적 교육을 받은 언어학자가 아니었으므로, 언어에 대한 그의 언급이 우리가 이해하는 논문 형태로 나타나 있지는 않다. 1964년과 66년의 담화도 일종의 연설문이지만, 언어 문제에 대한 그의 다른 언급들도 그의 정치 연설에 삽입된 것들이다. 실상 김일성 전집의 내용이라는 것 자체가 그의 연설문 모음이기도 하다. 레닌의 저작이나 스탈린의 저작이 그 내용의 정당성 여부를 떠나서 지식인의 논문이라고 할 수 있다면, 김일성의 저작은 거의가 정치연설문들을 모은 것이고 따라서 그 실제의 저자는 김일성을 도와 북한의 정책 결정에 간여했던 사람들일 것이다.

『단어』의 제1장은 김일성의 언어 관련 언급들에 대한 주석이라고 할 수 있다. 『어휘론』과 『어휘정리』에서도 김일성의 교시가 자주 인용된다. 학술서적에서조차 지도자의 교시가 자주 인용되고 그 교시에 대한 해설의 형태로 논의가 진행되는 것이 우리에게 낯설기는 하지만, 그것을 북한 체제의 한 특징인 '사상 과잉' '이데올로기 과잉'이 현출(顯出)한 것으로 이해할 수는 있겠다. 이 책들에 인용된 김일성의 발언들 가운데 어떤 것은 너무나 당연해서 굳이 말할 필요가 없는 듯이 보이고, 어떤 것은 으스스한 전체주의 논리를 담고 있지만,

어느 쪽이든 그 내용과 표현의 소박함이 인상적이다. 예컨대 "우리는 자기 나라 말의 부족점(모자라거나 흠이 되는 점, 곧 부족한 점―인용자)들을 없애고 우리 말을 더욱 정확하고 아름다운 것으로 발전시켜야 합니다" "과학과 기술이 발전하고 사회가 전진하는 데 따라 우리 말의 어휘도 더 늘어가야 할 것입니다. 우리는 새 단어도 많이 만들어야 합니다" "참다운 애국자는 공산주의자입니다. 오직 공산주의자들만이 자기 나라 말을 참으로 사랑하고 발전시키기 위하여 힘쓰는 것입니다. 공산주의자들인 우리는 우리말의 민족적 특성을 살리고 그것을 더욱 발전시켜나가야 합니다" "우리말을 정리하는 것은 결코 쉬운 일이 아닙니다" "언어학도 대중의 평가를 받아야 합니다" "사상적으로 동원하고 사회적 운동을 벌려 모든 사람들이 우리말을 옳바르게(올바르게―인용자) 쓰는 기풍을 세워야 하겠습니다" "우리말 어근만 가지고 안 된다면 딴 문제이지만 그렇지 않는 한 우리는 우리말 어근으로 조선어를 발전시켜야 합니다" "힘든 한자어를 쓰지 말고 군중이 알 수 있는 쉬운 말을 써야 한다는 것을 당적으로 널리 선전해야 하겠습니다. 우리 사회주의 사회에서는 자본주의 사회와는 달리 당이 옳은 방향만 내세우면 대중은 인차(곧―인용자) 그것을 따라옵니다" "새로 나오는 말들에 대하여서는 국어사정위원회에서 잘 통제하여여 하겠습니다" 하는 식이다.

정리 대상 어휘와 눌러두고 쓸 어휘

『어휘정리』에 따르면 북한의 국어 정책 당국이 어휘정리 사업을 통해 정리해야 할 대상으로 삼은 어휘는 크게 세 유형으로 나뉜다. 이것은 한글학회를 비롯한 남한의 일부 민간 국어연구 단체, 국어운동 단체들이 국어순화운동을 통해 솎아내야 할 '찌꺼기'로 보고 있는 어휘와 그 범주가 대체로 겹친다. 이런 '퇴출' 대상 어휘의 첫번째 유형은 고유어 어휘 목록에 뜻 같은 말(동의어)이 존재하는 외래 어휘다. 여기서 외래 어휘는 한자어까지를 포함한다. 예컨대 '뽕밭'의 동의어인 '상전(桑田)', '송곳이'(송곳니)의 동의어인 '견치(犬齒)', '돌다리'의 동의어인 '석교(石橋)', '갈퀴'의 동의어인 '레이크(rake)' 같은 말들이 여기에 속한다. 고유어에 같은 뜻의 낱말이 있으니, 거기에 대응하는 외래어는 버리자는 것이다. 이것은 북한에서의 어휘정리가 강한 민족주의 지향을 지니고 있다는 것을 뜻한다. 김일성도 "단어 체계를 고유어와 한자어의 두 체계로 하여 복잡하게 만들 필요가 없습니다. 단어는 우리 고유어에 근거하여 하나의 체계로 만들어야 합니다"라고 교시한 바 있다. 물론 고유어에 동의어가 존재하는 외래어라고 하더라도 뜻빛깔(뉘앙스)이 크게 다르다거나 단어의 결합관계가 서로 일치하지 않는 말들은 정리 대상에서 제외된다. 예컨대 고유어 '값'은 한자말 '가치'나 '가격'보다 뜻폭(의미 영역)이 넓다. 즉 '가치'나 '가격'은 '값'이 지닌 의미의 스펙트럼에서 그 일부만을 취한다. 뜻을 섬세하게 표현할 때는 '값' 대신에 '가치'나 '가격'을 써야 할 경우가 있으므로, 이 말들은 정리의 대상이 되지 않는다.

그러나 이 예외 원칙이 엄격히 적용된다면 정리 대상 어휘는 크게 줄 수밖에 없을 것이다. 동의(同義 ─정확히는 유의類義) 관계에 있다고 하더라도 고유어와 거기에 대응하는 한자어는 대부분의 경우 뉘앙스가 다르고, 그 유의어들이 일 대 다(一 對 多) 대응을 하고 있기 때문이다. 다시 말해 고유어 하나에 그 고유어의 의미 영역을 나누어 맡고 있는 여러 한자어가 대응하는 것이 우리말의 일반적 현상이기 때문이다. 예컨대 고유어 '고치다'에는 '(건물을) 수리하다, (옷을) 수선하다, (병을) 치료하다, (잘못을) 교정하다, (법률을) 개정하다, (제도를) 개혁하다, (낡은 건축물을) 개수하다' 등 그 의미를 좁혀 구체화한 여러 한자어가 대응한다. 고유어 '(옷을) 입다, (신을) 신다, (장갑을) 끼다, (모자나 안경을) 쓰다'가 한자어 '착용하다'로 뭉뚱그려지듯, 고유어와 한자어가 다 대 일(多 對 一)로 대응하는 경우도 없지는 않지만, 한국어에서 일반적인 것은 문맥의존적인(즉 두루뭉수리한) 고유어 하나에 문맥자립적인(즉 의미가 특수하고 구체적인) 한자어가 여럿 대응하는 것이다. 고유어와 그 동의(同義) 한자어가 다른 단어와 결합하는 양상이 똑같지 않은 경우에도 그 한자어는 정리의 대상에서 제외된다. 예컨대 '국가'나 '주택'은 '나라'나 '살림집'과 뜻이 같지만, '독립국가'를 '독립나라'로 바꾸거나 '문화주택'을 '문화살림집'으로 바꿀 수는 없으므로(즉 '독립'은 '나라'와, '문화'는 '살림집'과 결합하지 않으므로), '국가'나 '주택'은 어휘정리의 대상에서 제외된다. 그래서 이런 말들은 문맥상 허락되는 때에만 다듬어 쓸 대상으로 처리했다.

정리해야 할 어휘의 두번째 유형은 어렵고 까다로운 한자말이다. 다시 말해, 똑같은 뜻의 고유어가 없는 한자말일지라도 너무 어렵고 까다로우면 정리의 대상이 된다. 이런 말들은 의사 전달 수단으로서 언어의 사회적 기능을 약화시키기 때문이다. 『어휘정리』는 복아(複芽: 한 잎겨드랑이에서 나오는 둘 이상의 싹), 아접도(芽木妾刀: 아접을 할 때 사용하는 접칼. '아접'은 나뭇가지의 중앙부에 있는 눈을 예리

한 접칼로 도려내어 접본의 절개한 곳에 끼우고 묶는 접목의 한 방법), 기비(基肥: 파종 · 이앙 또는 식수를 하기 전에 주는 거름), 발사(拔絲: 실을 뽑아냄), 조사(粗沙: 거친 모래) 따위의 말들을 그 예로 들고 있다. 어렵고 까다로운 말이 정리의 대상이 된다는 것은 북한에서의 어휘정리가 민중주의 지향을 지니고 있다는 것을 뜻한다.

정리해야 할 어휘의 세번째 유형은 사상의식 생활에 부정적 영향을 끼치는 어휘다. 봉건 사회나 자본주의 사회의 계급관계나 세계관을 드러내는 말, 종교나 미신과 관련된 말들이 여기에 속한다. 이것은 북한에서의 어휘정리가 당연히 반봉건, 반자본주의 지향을 지니고 있다는 것을 뜻한다.

세번째 유형을 포함해서 정리의 대상이 되는 어휘는 거의 전부가 한자어를 포함한 외래어다. 그러나 한자어나 외래어라고 해서 다 정리의 대상이 되는 것은 아니다. 위에 언급된 정리 대상 어휘의 유형에서 자연스럽게 '눌러두고 쓸 어휘'의 유형이 도출된다.

눌러두고 쓸 어휘의 첫번째 유형은 토착화한 한자말이다. 그러니까 생활 속에 침투한 정도가 고유어와 크게 다르지 않은 한자말들은 정리의 대상에서 제외된다. 이 유형에 속하는 말들은 다시 말소리나 뜻에서 본디 한자말과 완전히 달라진 것(예컨대 천상, 십상 등), 분명히 한자말이기는 하지만 일상의 언어 생활에서 그것이 한자말이라는 것을 거의 의식할 수 없게 된 것(예컨대 수염, 비단, 약, 양말, 별안간, 여전하다, 골몰하다 등), 어휘론적으로 한자말의 특성이 명확하고 따라서 언어 생활에서도 그것이 한자말이라는 것이 의식되지만 역시 고유어에 뒤지지 않을 정도로 생활 속에 침투한 한자어(예컨대 회의, 사업, 압력, 공업 등) 등 세 갈래로 나눌 수 있다.

눌러두고 쓸 어휘의 두번째 유형은 '세계공통적인 어휘' 다. 『어휘정리』는 그 예로서 포르테, 필림, 텔레비죤, 아그레망, 프로톤, 로케트, 프로그람 같은 단어들을 들고 있다. 세계공통적 어휘는 분명히 외래어들인데도 그것들을 눌러두고 쓸 부류로 처리해야 하는 이유는 어디에 있는가? 이 책의 저자들은 그 이유를 그것이 "언어에서 민족적인 것과 외래적인 것의 호상관계의 합법칙성에 맞게 언어를 발전시켜나가는 과정이 된다는 데"서 찾고 있다. 그러나 어떤 외래어가 세계공통적 어휘냐 그렇지 않느냐를 명확히 가르는 것이 쉽지는 않을 것이다. 북한에서 추진된 어휘정리 사업의 '과격함' 을 생각하면 이런 '세계공통적인 어휘' 가 그 정리 대상에서 제외된 것은 좀 뜻밖이기도 하다.

『어휘정리』는 눌러두고 쓸 어휘의 세번째 유형을 '어휘정리에서 보류되는 어휘' 라고 명명한다. 어휘정리를 하다 보면, 그 성격으로 보아 당연히 다듬어야 할 대상이기는 하지만 당분간 눌러두고 쓸 부류로 처리하게 되는 외래 어휘가 있다는 것이다. 저자들은 어휘정리에서 보류된 이런 어휘가 생기는 이유를 두 가지로 설명한다. 첫째, 이런 보류는 어휘정리가 단번에 '깜빠니야적으로' (캠페인식으로) 진행되는 사업이 아니라는 것과 관련된다. 어휘정리는 조금씩 조금씩 '섬멸전' 방식으로 진행된다는 것이다. 둘째, 이런 보류는 일부 외래 어휘의 경우에 그 다듬은 대안(代案)이 사람들의 언어의식 속에 잘 받아들여지지 않게 만들어지는 것과 관련된다. 어떤 다듬은 말들은 서툴게 만들어져서 뜻이 얼른 파악되지 않고 또 쓰기에 어색할 수도 있는데, 이런 경우에는 흔히 본래의 외래 어휘를 그대로 눌러두고 쓰는 말로 처리한다는 것이다. 그러나 이것은 그런 외래 어휘가 계속 남아 있게 된다는 것을 뜻하는 것은 아니다. 『어휘정리』는 '아이스크림'이 처음에는 다듬기 어려운 말로 인식돼 어휘정리에서 보류되어 오다가 '얼음보숭이'로 다듬어진 것이나, '가축'을 '집짐승'으로 정리했을 때 사람들이 처음에는 그 말을 어색하게 느꼈지만 결국 그 말이 생활 속에 파고든 것을 그 반증으로 들고 있다.

고유어에 기초한 단어 체계의 일원화

『단어』의 제2장, 『어휘론』의 제3장, 『어휘정리』의 제2편 제2장과 제3편은 단어 만들기 과정에서 제기되는 구체적 문제들을 다룬다. 이 세 책 가운데 가장 앞선 문헌인 『단어』에서는 '어휘정리'의 개념이 명시되지 않았지만, 『어휘론』에서 단어 만들기의 상위 개념으로 어휘정리가 제시되었으므로, 『어휘론』의 설명을 따라가보자.

'어휘정리'란 "어휘 구성 안에 있는 낡고 쓸데없는 유물을 가셔내고 근로인민대중의 자주성을 완전히 실현하는 데 효과적으로 이바지할 수 있도록 언어를 목적의식적으로 바로잡고 발전시켜나가는 능동적인 활동"이다. 『어휘론』에 따르면 정리의 대상을 정하는 것부터 다듬은 대안을 만들어서 고쳐나가는 어휘정리의 이 모든 과정은 무엇보다도 고유어에 기초한 단어 체계의 일원화를 '주공(主攻) 과녁'으로 하여 진행되며, 그것의 목표는 민족어의 주체적 발전을 이룩하도록 하는 데 있다.

어휘정리는 '정리'와 '보급'과 '통제'의 세 단계로 이뤄진다고 『어휘론』은 설명한다. 이때의 정리는 어휘정리의 밑바탕을 이루는 '말다듬기'를 뜻한다. 정리와 보급과 통제는 하나의 통일적 과정으로 진행되며 여기서 핵심적인 것은 정리다. 그러나 언어 생활에서의 낡은 잔재 곧 낡은 언어 관습을 쓸어내고 새것으로 바꾸어, 고친 말이 실제 언어 생활 속에서 실현돼 단어 체계 안에 완전히 고착되도록 하기 위해서는 꾸준한 교양과 적극적 투쟁을 거치지 않으면 안 된다. 『어휘론』은 그래서 정리와 함께 참을성 있는 '보급'과 강한 '통제'가 뒷받침되어야 어휘정리가 성공적으로 이뤄질 수 있다고 강조한다. 어휘정리에서 '보급'이란 어휘정리의 결과로 이룩된 '다듬은 말'을 사회의 언어 생활 속에 실현시키는 과정이다. 보급은 다듬은 말을 언어 생활 속에서 실제로 쓰는 과정을 통해 보장된다. 어휘정리에서 '통제'란 '정리'와 '보급'의 모든 요구를 정확히 지키도록 작용하는 과정이다. 통제는 낡은 것을 버리고 제한하는 측면과 새것을 받아들이는 측면 양쪽에서 진행된다고 『어휘론』은 말한다.

바로 위에서 어휘정리의 밑바탕이자 핵심인 '정리'가 '말다듬기'를 뜻한다고 얘기했지만, 더 세밀히 살펴면 정리 과정은 구체적으로 '버리기'와 '다듬기'를 싸잡는 개념이다. 그러니까 정리 곧 말다듬기는 좁은 의미의 다듬기만이 아니라 버리기까지를 포함한다.

'버리기'는 정리의 대상이 되는 말을 다듬는 과정 없이 그냥 잘라버리는 것이다. '버리기'와 '다듬기'의 차이는 '버리기'가 낡은 외래 어휘를 어휘 구성에서 완전히 잘라버리는 것인 데 비해서, '다듬기'는 외래 어휘를 고유어로 고치는 것이라는 데 있다. 결국은 둘 다 쓸데없는 외래 어휘를 버리는 것이지만, '버리기'는 그냥 잘라버리는 것이고 '다듬기'는 외래 어휘를 먼저 우리말로 고친 다음에 그 본래의 말을 버리는 것이다. 이와 관련해서 김일성은 "우리가 쓰지 않을 한자어는 한어사전에만 올리고 조선말사전에서는 아예 빼버려야 하겠습니다"라고 말한 바 있다.

'버리기'의 대상은 주로 낡은 사회에서 물려받은 봉건문물제도, 낡은 도덕관념, 종교, 미신적 관념, 낡은 사회의 생활풍습들과 관련되는 어휘다. 이런 말들을 그대로 잘라버리는 것은 사회주의 사회에서 이 말들을 더 쓸 필요가 없기 때문이다. 사회주의 사회의 생활에 필요하지 않은 어휘를 버리는 것은 어휘 구성의 민족적 자주성과 현대성의 요구를 관철시켜 그 혁명성·인민성·문화성을 확고히 보장할 수 있게 한다고 『어휘론』은 설명한다. 낡은 관념이나 사상 의식과 관련된 어휘를 버리는 과정은 사상 개조를 동반해야 하므로 쉽지만은 않은 일이다. 위에서 인용한 김일성의 교시에서도 명시됐듯, 버린 어휘는 문화어의 뜻풀이 사전에 표제어로 오르지 않는다.

'다듬기'는 외래 어휘를 고유어로 고치는 것이다. 다듬기는 정리의 핵심이자 어휘정리 전체의 핵심이다. 다듬기에는 외래 어휘를 이미 있는 고유어로 바꿔서 고치는 방식(바꿔고치기), 이미 있는 고유어를 찾아내어 고치는 방식(찾아고치기), 이미 있는 고유어를 살려서 고치는 방식(살려고치기), 고유어로 새말을 만들어서 고치는 방식(만들어고치기) 등이 있다. 앞의 세 가지 방식은 외래 어휘에 대응하는 고유어가 이미 마련되어 있는 경우에 가능하다. 그런데 한자어들 가운데는 거기에 대응하는 동의(同義)의 고유어가 없어서 새로 말을 만들지 않고는 다듬을 수 없는 것들이 수두룩하다. 그런 만큼 다듬기의 여러 방식 가운데 가장 중요하고 품이 많이 드는 것은 새로 말을 만들어서 고치는 '만들어고치기'라고 할 수 있다. 만들어고치기는 수적으로도 가장 많은 어휘를 대상으로 삼고 있다. 이 네 가지 다듬기 방식을 유형별로 잠깐 살펴보자.

첫째, 바꿔고치기는 고유어와 외래 어휘가 똑같은 뜻을 지닌 채 이중체계를 이루면서 병존하는 경우에 그 외래 어휘를 고유어로 바꾸는 것이다. 예컨대 한자어 '하복(夏服)'을 고유어 '여름옷'으로 바꾸는 것이 그렇다. 고유어와 뜻이 똑같은 외래 어휘는 어휘 구성의 고유성에 부정적 영향을 주므로 첫 단계에서 철저히 정리해 어휘 구성에서 완전히 떼어내야 한다고 『어휘론』은 말한다. 한편 앞에서도 지적했듯, 이 부류에 속하는 말들 가운데도 대응하는 고유어와의 뜻폭(의미 영역)관계, 단어들의 결합관계 그리고 구조적 제약 조건 등에 따라 획일적으로 처리할 수 없는 것들이 있다. 김일성도 "한자말과 고유어가 뜻이 같으면서도 뜻의 폭이 꼭같지 않은 것들은 잘 고려하여야 합니다"라고 말한 바 있다. 그러나 의미 영역과 관습 사이의 경계가 늘 또렷한 것은 아니다. 『어휘론』은 예컨대 '화단'과 '꽃밭', '냉수'와 '찬물' 사이의 차이는 뜻폭의 차이가 아니라 쓰임에서의 차이이므로 고유어로 다듬어야 한다고 말하고 있지만, 그것이 과연 뜻폭의 차이와 무관한지는 분명치 않다. 더 나아가, 한 단어의 의미는 곧 그 단어의 쓰임이라는 언어 철학의 강력한 주장까지를 고려하면, 바꿔고치기의 한계는 흐릿할 수밖에 없을 것 같다. 김일성은 "말을 다듬는 데서 단어들의 결합관계를 고려해야 할 것도 있습니다"라고도 말했다. 단어들의 결합관계에서는 우선 사람들의 언어 관습을 고려해야 하고, 다음으로는 두 개의 단어가 결합된 결과로 생긴 개별 단어의 의미 변화를 고려해야 한다고 『어휘론』은 말한다. 언어 관습의 예를 들자면, '일기'를 '날씨'로 다듬는다고 해서 '일기예보'를 '날씨예보'로 다듬는 것은 어색하다. 또 앞에서도 한 차례 예시했듯, '주택'이나 '국가'를 '살림집'이나 '나라'로 다듬는 것은 당연하지만, '문화주택'이나 '독립국가'를 '문화살림집'이나 '독립나라'로 다듬는 것은 어색하다. 다음, 두 개의 단어가 결합되었을 때 뜻의 변화가 생기는 경우를 보자. 두 단어가 자유롭게 결합했을 때, 대개는 결합한 두 부분의 뜻을 산술적으로 합친 것이 그 단어 결합(합성어나 구)의 뜻이 된다. 그러나 그 결합이 매우 굳건해지면, 구성 요소들의 뜻과 단어 결합의 뜻이 달라지는 수도 있다. 이런 경우에는 외래 어휘라고 해서 그것을 기계적으로 고유어로 바꿔놓을 수는 없다. 예컨대 '백색고무신'이나 '백색크로바'는 '흰고무신' '흰토끼풀'로 다듬을 수 있지만, '백색테로'의 '백색'을 '흰'이나 '흰빛깔'로 다듬을 수는 없다. '백색테로'는 '백색'이 지니는 상징적 뜻이 '테로(테러)'와 굳건히 결합해 전체적으로 "혁명세력에 대한 반혁명세력의 정치적 폭력행위"라는 뜻을 지니게 됐기 때문이다. 바꿔고치기를 할 때는 뜻 폭이나 결합관계 말고도, 어떤 단어가 특별히 제약된 표현 형식이나 구조 속에서만 쓰이는 경우를 고려해야 한다. 예컨대 한자어 '전국'은 '온 나라'로 다듬을 수 있지만, "전당·전국·전민이 농촌을 돕자!"처럼 일정하게 제약되어 있는 표현 형식과 구조 속에서는 '전국'을 '온 나라'로 바꿔놓을 수 없다.

둘째, 찾아고치기는 묻혀 있는 말이나 방언에서 좋은 고유어를 찾아내어 외래 어휘를 다듬는 것이다. 예컨대 '거충(겉, 겉면)'이라는 고유어를 찾아내 '외용약(外用藥)'을 '거충약'으로 고친다거나, '따발(따리)'이라는 방언을 이용해 '라선형턴넬'을 '따발굴'로 다듬는 것이 찾아고치기다.

셋째, 살려고치기는 소극화한(잘 쓰이지 않게 된, 활동적이 못 되는) 말마디를 적극적으로 이용하거나 고유어의 뜻을 넓혀 쓰는 방법으로 고유어를 살려서 외래 어휘를 다듬는 것이다. 예컨대 오늘날 소극화한 말마디인 '버금'이라는 고유어를 이용해서 의학용어 '부돌기(副突起)'를 '버금도드리'로 다듬는 것이 살려고치기다. '다음 차례'라는 뜻을 지닌 고유어 '버금'은 오늘날 상당히 소극화된 말마디지만, 이를 되살려 사용한 것이다. 찾아고치기와 살려고치기는 둘 다 이미 있는 고유어를 활용해서 말을 다듬는 것이지만, 묻혀 있는 고유어를 찾아내 이용하는 찾아고치기에 비해 살려고치기는 소극화한 고유어를 되살려 그 기능을 높인다는 점이 다르다.

넷째, 만들어고치기는 말다듬기에서 가장 적극적인 과정, 창조적 과정이고 다듬기의 중심 형식이다. 만들어고치기의 핵심인 '단어만들기'가 북한 언어학의 중요한 관심사가 된 것은 그래서 당연하다.

'이름짓는 실머리' 잡기

『단어』에 따르면, 단어만들기의 과정은 우선 '이름짓는 실머리'를 잡고, 다음에는 그 실머리에 입각해서 '단어를 만들 감(단어만들기감)'과 '수법'을 고르고, 마지막으로 그 준비된 실머리와 단어만들기감과 수법을 어우러서 실제로 단어를 만드는 것으로 이뤄진다. 그러니까 실제로 단어를 만들기 이전에 해야 할 일은 '이름짓는 실머리'를 잡고, '단어만들기감'과 '수법'을 고르는 것이다. '이름짓는 실머리'와 '단어만들기감'과 '수법'은 단어만들기의 세 요소다.

'이름짓는 실머리'(『어휘정리』에서는 '명명의 실머리'라는 표현을 사용한다. 또 줄여서 그저 '실머리'라고 하기도 한다)란 이름지어 부르려는 사물이나 현상의 여러 특성 가운데서 그 이름을 짓는 계기로 삼은 특성을 말한다. 예컨대 '나이프'나 '나프킨'이라는 외래어를 고유어로 다듬기 위해서 '상칼' '상수건'이라는 말이 만들어졌다면, 그것들이 쓰이는 곳에서 이름짓는 실머리를 잡은 것이다. 외래어 '호크'(포크)를 대치하기 위해서 고유어 '살저갈'('저갈, 저가락'은 '젓갈, 젓가락'의 문화어 표기)을 만들었다면, 이때 이름짓는 실머리는 그 모양새에서 잡은 것이다. 그러니까 '이름짓는 실머리'는 어떤 사물이나 추상적 개념의 특성들 가운데서 선택된다. 그리고 이 '이름짓는 실머리'를 잡는 것이 단어만들기의 첫 단계. '상칼' '상수건'의 경우엔 쓰임새라는 실머리를 먼저 잡은 뒤에야 단어만들기감으로서의 '상'이라는 형태소를 고를 수 있었고, '살저갈'의 경우에도 생김새라는 실머리를 먼저 잡은 뒤에야 단어만들기감으로서의 '살'이라는 형태소를 고를 수 있었다. '이름짓는 실머리'를 잡기 전에는 단어만들기감을 고를 수가 없다. 즉 '이름짓는 실머리'는 단어만들기감을 지배한다. '압정'이라는 말을 다듬기 위해서 새말을 만들 때 그 생김새에서 실머리를 잡았다면 '납작못'이라는 말을 만들 수 있을 것이다. 반면에 그 못을 다루는 방식에서 실머리를 잡았다면 '누름못'이라는 말을 만들 수 있을 것이다. 그 못을 다루는 방식에서 실머리를 잡으면 '납작못'이라는 말을 만들 수 없고, 반대로 실머리를 생김새에서 잡으면 '누름못'이라는 말을 만들 수 없다.

이름짓는 실머리는 이미 존재하는 말이든 앞으로 만들어질 말이든 모든 단어 형성의 밑자리에 있다. 쇠통, 구리통, 가죽장갑, 털장갑, 고무장갑, 비닐장갑 같은 말을 만들 때는 그 통이나 장갑의 재료적 특성에서 이름짓는 실머리를 잡았다면, 긴통, 넓은통, 가락장갑, 세가락장갑, 벙어리장갑 같은 말을 만들 때는 그 생김새에서 이름짓는 실머리를 잡았고, 물통, 약통, 풀통, 나름통(무엇을 나르는 데 쓰는 통), 끓임통(무엇을 끓이는 데 쓰는 통), 수술장갑, 약장갑(약을 다룰 때 끼는 장갑), 일장갑(작업할 때 끼는 장갑) 같은 말을 만들 때는 그 용도나 기능에서 실머리를 잡았다. 또 아침이슬, 저녁이슬, 새벽이슬, 봄옷, 여름옷, 가을옷, 겨울옷 같은 말들은 시간적 측면에서 실머리를 잡은 것이고, 산나물, 들나물, 물오리, 집오리, 평양밤, 안변감 같은 말들은 공간적 측면에서 실머리를 잡은 것이다. 손바닥, 손아귀, 손등, 나무줄기, 나무뿌리, 나무잎, 나무가지 같은 말들은 전체로서의 '손'과 '나무'에 대한 부분으로서의 '바닥' '아귀' '등' '줄기' '뿌리' '잎' '가지'가 이름짓는 실머리가 되었다. 단어만들기의 첫 단추로서의 이름짓는 실머리는 사물이나 현상에 대한 사람들의 인식과 파악이 풍성할수록 다양하게 마련될 수 있다. 『어휘론』에서 예로 든 실머리의 유형에는

① 감새(재료)의 특징을 표지로 삼은 것: 사기접시, 쇠사슬, 비닐줄
② 모양의 특징을 표지로 삼은 것: 더미구름, 뾰족칼, 고깔뿌리(원추근 圓錐根)
③ 쓰임, 기능을 표지로 삼은 것: 상칼, 덧동발(이미 받쳐놓은 동발로는 힘이 약하기 때문에 덧댄 동발. 동발은 갱이나 굴의 안전을 위하여 받치는 기둥), 새김칼
④ 시간, 철을 표지로 삼은 것: 봄배추, 밤이슬
⑤ 수량, 정도를 표지로 삼은 것: 여러해살이, 얇은판
⑥ 냄새의 특징을 표지로 삼은 것: 향오동, 향사과
⑦ 맛의 특징을 표지로 삼은 것: 단설기(달게 만든 설기떡), 신젖단물

(칼피스)

⑧ 빛깔의 특징을 표지로 삼은 것: 흰버짐(백선白癬), 노랑나비

⑨ 소리의 특징을 표지로 삼은 것: 딸랭이(흔들면 딸랑딸랑 소리가 나는 장난감)

⑩ 나는 곳을 표지로 삼은 것: 들버섯, 북청(사과이름)

⑪ 기념, 유래적 특징을 표지로 삼은 것: 기념어(물고기 이름. 김일성이 1958년 여름에 압록강에서 잡은 이 물고기를 김일성 대학에 보내 교수 교양 사업에 이용하도록 했다고 한다.)

⑫ 비유, 형상적 측면을 표지로 삼은 것: 구슬땀, 실구름

따위가 있다.

하나의 대상에 대해서도 그 이름짓는 실머리는 여러가지가 있을 수 있다. 그것은 하나의 사물이 여러가지 특성을 지니고 있을 수 있기 때문이다. 단어를 만들 때 보통은 여러가지 실머리 가운데서 그 사물·현상을 나타내는 데 특징적인 어느 한두 측면이 선택돼 이용된다. 예컨대 단어 '쪼각구름(편운片雲)'에서는 구름의 형태만 실머리로 잡혔고, 단어 '비구름'에서는 그 기능이 실머리로 잡혔다. 그러나 단어 '활창대'(냉상 모판을 덮은 비닐 박막이 작물에 직접 닿지 않도록 하기 위해 모판에 가로질러 꽂는 창문살 같은 댓개비. 꺽쇠처럼 굽힌 두 끝을 땅에 꽂는다)는 활같이 구부러져 있다는 것(모양), 창문의 살 같은 역할을 한다는 것(기능), 길쭉한 댓가지 같다는 것(모양) 등을 다 실머리로 잡아 만든 말이다.

『어휘정리』도 그 제2편 제2장 제1절에서 이름짓는 실머리(이 책의 표현에 따르면 '대안에서의 명명의 실머리')의 선택 문제를 살피고 있

다. 다른 책들이 든 예와 비슷한 유형이기는 하지만, 예컨대 '보루지(마분지)'라는 외래어를 다듬기 위해 대안을 마련하려고 할 때 그 형태적 특성을 실머리로 잡으면 '판종이, 널종이, 딱지종이' 따위의 안이 나올 수 있을 것이고, 그 용도적 특성을 실머리로 잡으면 '곽종이, 함종이' 같은 안이 나올 수 있을 것이며, 그 청각적 특성을 실머리로 잡으면 '뻘럭종이' 같은 안이 나올 수 있을 것이다(결국은 '판종이'로 다듬어졌다). 명명의 실머리 없이는 대안을 마련할 수 없다. 『어휘정리』는 명명의 실머리를 물꼬에 비유하고 있다. 산마루에 있는 물이 동쪽으로 물꼬를 터놓으면 동쪽으로 흐를 뿐 서쪽으로는 흐르지 않고, 반대로 서쪽으로 물꼬를 터놓으면 물이 서쪽으로만 흐를 뿐 동쪽으로 흐르지는 않듯이, 명명의 실머리는 그런 첫 단추의 의의를 지닌다.

북한에서 어휘정리를 통해 태어난 새말들을 살피면 크게 대안(새말)의 실머리를 본래말의 실머리와 일치시킨 일반적 경우와 대안의 실머리를 본래말의 실머리와 일치시키지 않은 특별한 경우가 구분된다. 먼저 대안의 실머리를 본래말의 실머리와 일치시키는 경우를 살펴보자.

대안의 실머리는 이미 만들어져 있는 본래말의 실머리와 일치시키는 것이 자연스러울 때가 많다. 많은 경우에, 본래말은 그것이 어렵고 딱딱한 한자어나 외래어이기 때문에 다듬는 것이지, 그 명명의 실머리가 잘못되어서 다듬는 것은 아니다. 그러므로 본래말의 명명의 실머리를 대개는 그대로 가져다 쓸 수 있다. 본래말의 명명의 실머리는 그 말이 처음 만들어질 때 많은 고민 끝에 선택되었을 것이고, 또 그 말이 관습화되어 쓰이는 동안 사람들에게 익숙하게 되었다. 그러므로 본래말과 완전히 다른 각도에서 대안의 명명의 실머리를 잡는 것보다는 본래말이 잡았던 명명의 실머리를 따르는 것이 새말을 사람들에게 이해시키는 데 편리하다. 어휘정리 사업에서는 특히 많은 수의 용어를 목적의식적으로 다듬어 사람들의 언어 생활 속에 침투시켜야 한다. 이때, 옛말과 새말의 명명의 실머리가 일치하면 새 용어를 이해하고 기억하는 데 훨씬 유리하다. 그러므로 어휘정리에서 대안을 쉽게 이해시키기 위해서는 그 명명의 실머리를 될 수 있는 대로 본래말과 일치시키는 것이 바람직하다. 말하자면 이것은 일종의 직역(直譯)이라고 할 수 있다. 현대 언어학에서 '번역 차용(loan translation, calque)'이라고 부르는 것이다.

물론 어휘정리에서의 이 '번역 차용'은 두 개의 언어 사이에서 이뤄지는 것이 아니라, 한국어라는 한 언어 안에서 중국어나 그 밖의 외국어 계통의 어휘와 고유어 어근을 사용해 새로 만들어질 어휘 사이에서 일어난다. 예컨대 한자말 '검어(劍魚)'는 그 주둥이가 칼모양으로 길게 삐져나와 있는 특성을 명명의 실머리로 하여 지은 이름인데, 이 한자말을 다듬으며 명명의 실머리를 일치시켜 '칼고기'로 고쳤다. 또 '석탄이 무더기로 한 군데 몰려서 묻혀 있는 곳'을 뜻하는 '탄포케트'도 명명의 실머리를 일치시켜 '탄주머니'로 다듬었다. 이것들은 그 대안의 명명의 실머리를 본래말의 명명의 실머리와 일치시켜 깔끔하게 다듬은 예들이다. '실적(實積)'을 '실지부피'로, '복아(複芽)'를 '겹눈'으로, '부력(浮力)'을 '뜰힘'으로, '부목(浮木)'을 '뜬나무'로, '부맥(浮麥)'을 '뜬보리'로, '스텝라이트(steplight)'를 '층대등'으로, '스크류킥(screwkick)'을 '돌려차기'로 다듬은 것도 본래말의 명명의 실머리를 그대로 따른 것이다.

다음, 대안의 실머리를 본래말의 실머리와 일치시키지 않는 경우들도 있다.

우선 본래말과 명명의 실머리가 일치하지 않는 동의(同義)의 고유어가 이미 존재하고 있는 경우가 그렇다. 이 경우엔 새 단어를 만들 필요 없이 그 고유어를 그대로 씀으로써 깔끔한 대안을 얻을 수 있다. 예컨대 '기생목(寄生木)'은 '겨우살이'로('덧붙어사는 나무'라고 하지 않고), '활차(滑車)'는 '도르래'로('미끄럼차'라고 하지 않고), '도한(盜汗)'은 '식은땀'으로('훔침땀'이라고 하지 않고), '락화생(落花生)'은 '땅콩'으로('떨어진 꽃에서 생긴 것'이라고 하지 않고) 다듬은 경우가 여기에 해당한다. 명명의 실머리는 이렇게 서로 다르지만 그 뜻이 서로 같기 때문에, 이 고유어들은 본래말을 다듬는 대안으로서 깔끔한 것이다.

본래말에 명명의 실머리가 없거나 또렷하지 않은 경우에도 대안의 실머리를 다르게 잡을 수 있다. 한자말은 대개 두 자 이상의 한자로 이루어져 있기 때문에 그 한자의 의미에 따라 그 단어의 명명의 실머리를 알 수 있지만, 다른 계통의 외래어들은 합성어나 단어결합이 아닌 이상 그 실머리를 알기 어렵다. 예컨대 '옆으로 본 모습'을 왜 '푸로필(profile)'이라고 하는지, '알맞게 맞추는 점'을 왜 '핀트(네덜란드어 punt)'라고 하는지는 어원학자가 아닌 이상 그 명명의 실머리를 캐내어 알기 어렵다. 이런 경우에 대안의 명명의 실머리는 그 사물 현상을 놓고 창조적으로 잡는 것이 낫다. '푸로필'을 '옆모습'으로, '핀트'를 '맞춤점'으로 다듬은 경우가 여기에 해당한다. 이런 유형의 외래어에도 앞의 경우와 마찬가지로 뜻이 같은 고유어가 이미 존재할 수 있다. 이때는 그 고유어의 명명의 실머리와는 관계없이 그 단어를 직접 대안으로 잡음으로써 깔끔한 대안을 얻을 수 있다. 예컨대 '빠이프'를 '물부리'로, '싸이즈'를 '크기'로, '포케트'를 '호주머니'로 다듬은 경우가 여기 해당한다.

그 다음에는 본래말의 명명의 실머리를 가져다 쓰면 우리말로 어색하거나 의미가 불분명하게 되는 경우가 있을 수 있다. 다시 말해서 본래말은 특정한 명명의 실머리로 일단 만들어졌지만, 대안에서는 그런 명명의 실머리로는 깔끔한 단어가 만들어질 수 없는 경우가 있다. 예컨대 외래어 '싼도뻬빠(sandpaper)'는 그것이 만들어진 재료를 명명의 실머리로 해서 '모래'라는 뜻의 '쌘드'와 '종이'라는 뜻의 '페이퍼'로 이뤄진 단어다. 이 외래어는 일본식 발음까지 섞여서 들어온 어렵고 딱딱한 단어이므로 다듬어 써야 하는데, 본래말의 명명의 실머리를 따라 '모래종이'로 다듬으면 한국어로서는 '모래를 겉면에 붙여 만든 종이'라는 표상이 쉽게 떠오르지 않는다. 이 경우엔 무엇을 하는 종이인가 하는 측면에서, 즉 그 기능의 각도에서 명명의 실머리를 잡는 것이 훨씬 낫다. 그래서 북한에서는 '싼도뻬빠'를 '모래종이'라고 다듬지 않고 '갈이종이'라고 다듬었다. '어떤 물건의 겉면을 문질러서 미끄럽게 가는 기능을 지닌 종이'라고 하는 것이 '모래로 만든 종이'라고 하는 것보다 훨씬 이해하기 쉬운 것이다. '암색맥주(暗色麥酒)'를 '진한맥주'로 다듬은 것도 마찬가지 이유에서다. '암색맥주'는 그 빛깔에서 명명의 실머리를 잡은 한자말이다. 그런데 이것을 다듬으며 명명의 실머리를 답습해 '어두운색맥주'라고 하면 청량음료의 이름으로서는 좀 어색하다. 그래서 명명의 실머리를 바꾸어 '진한맥주'로 다듬었다. '수평삽(水平揷)'을 다듬으면서 그 대안을 '평평한 꽂기'가 아니라 '눕혀심기'로 정한 것도 명명의 실머리를 바꾼 예다. 이렇게 이름짓는 실머리를 바꾸는 것은 일종의 의역(意譯)이라고 할 수 있다. 어휘정리란 결국 번역 사업인 것이다.

학술용어에서의 정확한 '실머리' 잡기

이 밖에도 이름짓는 실머리를 새롭게 잡을 수밖에 없는 경우들이 많이 있다. 특히 학술용어의 경우에 그렇다. 『어휘정리』는 학술용어의 정리를 다룬 장(章)에서 이런 경우를 셋으로 나누어 설명한다. 그 첫째는, 본래말의 이름짓는 실머리가 개념을 정확히 나타내는 데 부합하기는 하지만 그 말을 고유어 단어만들기감으로 다듬었을 때 개념이 왜곡되거나 흐릿하게 되는 경우다. 예컨대 한자말 '록지(綠地)'를 '푸른땅'으로 다듬으면 '꽃이나 꽃나무들이 있는 잔디밭'이라는 개념을 나타내기 어렵다. 이 경우에는 이름짓는 실머리를 바꾸어 '꽃잔디밭'이라고 할 수 있다. 둘째, 본래말의 이름짓는 실머리를 그대로 옮기면 다듬은 용어의 간결성을 해치게 되는 경우가 있다. 예컨대 건설 수리 용어인 '통수능력(通水能力)'을 다듬을 때 거기에 주어진 실머리를 그대로 살리면 '물을 통과시키는 능력'처럼 길게 늘어지게 된다. 그럴 때는 그 실머리를 바꾸어 '흐름능력'이라고 간결하게 다듬을 수 있다. 셋째, 다듬어야 할 본래말의 이름짓는 실머리 자체가 처음부터 과학적 개념과 정확히 맞아떨어지지 않는 경우가 있다. 이럴 때는 이름짓는 실머리를 본래용어의 것과 다르게 잡아 다듬는 것이 바람직하다.

『어휘정리』는 더 나아가 학술용어 정리에서 정확한 실머리를 잡기 위한 수법에 대해 기술하고 있다. 이것은 본래말의 이름짓는 실머리와 대안의 이름짓는 실머리 사이의 불일치를 유형화한 것이다. 지나치게 세세해 좀 지루하기는 하겠지만, 잠깐 눈길을 주어보자. 『어휘정리』는 대안의 실머리를 본래 용어의 실머리와 다르게 잡는 경우를 '이름짓는 실머리의 바꾸기' '이름짓는 실머리의 정밀화' '이름짓는 실머리의 한정' '이름짓는 실머리의 분화' 등 네 가지로 유형화하고 있다.

첫째, 이름짓는 실머리의 바꾸기.

'격판(隔板)'을 '사이판'으로, '가밀봉(假密封)'을 '애벌막기'로 다듬은 것은 이름짓는 실머리를 본래 용어의 것과 완전히 다른 각도에서 잡은 경우의 예다. '격판'은 대상을 그 기능의 측면(무엇과 무엇을 서로 막아준다는)에서 파악해 이름을 지은 데 견주어, 다듬은 말 '사이판'은 대상을 그것이 놓인 위치의 측면에서 파악해 이름을 지었다. 또 본래말 '가밀봉'은 무엇을 막는 행동이 진행되는 방식의 측면(대강 막는다는)에서 실머리를 잡아 이름을 지은 데 견주어, 다듬은 말 '애벌막기'는 막는 행동이 진행되는 순서의 측면에서 실머리를 잡아 이름을 지었다.

둘째, 이름짓는 실머리의 정밀화.

'사출조직(射出組織: 나무 줄기의 중심부에서 가장자리 쪽으로 방사선처럼 뻗어나간 세포조직)'을 '해살조직'으로 다듬은 것은 바로 앞에서 본 '이름짓는 실머리의 바꾸기'의 예다. 왜냐하면 '사출'은 일종의 과정이고 '해살(＝햇살)'은 이 과정의 결과로 나타난 일종의 대상이기 때문이다. 따라서 '사출조직'을 '해살조직'으로 다듬으면서는 이름짓는 실머리가 질적 변화를 겪었다. 반면에, '제토날'을 '흙밀이날'로 다듬은 것은 '이름짓는 실머리의 정밀화'의 예다. 왜냐하면

'제토(除土)'와 '흙밀이'는 둘 다 일종의 과정으로서 동일한 유형에 속하고, 이들의 차이는 다만 내용적 규정에서 '제토'가 범박하다면 '흙밀이'는 보다 구체화되고 정밀화되었다는 점에 있기 때문이다. 따라서 '제토날'을 '흙밀이날'로 다듬을 때, 이름짓는 실머리는 질적으로 변화한 것이 아니라 양적으로 변화했다. 이것이 이름짓는 실머리의 정밀화다. '과립(顆粒)변'을 '멍울변'으로 다듬은 것이나 '밀폐(밀폐密閉)고리'를 '틈막이고리'로 다듬은 것도 실머리 정밀화의 또 다른 예들이다. '멍울'이나 '틈막이'는 '과립'이나 '밀폐'에 견주어 그 의미가 더 구체적으로 정밀화되었기 때문이다. 실머리 정밀화는 본래말의 실머리에 다른 표지를 덧붙여서 이뤄질 수도 있다. 예컨대 운수 용어로서의 '발매(發賣)'를 '표팔기'로 다듬은 것이나 생물학 용어로서의 '수분(受粉)' '분기(分岐)'를 '꽃가루받이' '둘갈림'으로 다듬은 것이 그렇다. 본래의 말에는 '표' '꽃' '둘'이라는 의미가 명시화돼 있지 않지만, 다듬은 말에서는 새로운 표지를 덧붙임으로써 의미가 더 정밀화되었다.

셋째, 이름짓는 실머리의 한정.

학술용어를 정리할 때 본래말이 담고 있는 내용의 여러 가지 측면들을 새 용어에 다 담아내기 힘들 경우에 그 개념의 대표적이고 전형적인 징표 하나만을 골라내서 이름짓는 실머리로 잡는 수가 있는데, 이것이 이름짓는 실머리의 한정이다. 실머리 바꾸기가 완전히 다른 계기에서 실마리를 잡고, 실머리 정밀화가 본래말의 실머리에 새로운 요소를 보충하거나 그것을 구체화하는 데 견주어, 실머리 한정은 부차적이라고 생각되는 어느 한 실머리를 떼어버리는 것이다. 예컨대 수학 용어 '사사오취'(사사오입)를 '반올림'으로 다듬은 것은 실머리의 한정의 예다.

넷째, 이름짓는 실머리의 분화.

학술용어를 정리할 때 본래말이 표상하는 학술적 내용의 특성 때문에 불가피하게 새 대안에서는 이름짓는 실머리를 둘 이상으로 가르지 않으면 안 되는 경우가 있다. 이것이 실머리의 분화다. 실머리 분화를 사용하면 하나의 본래 용어에 둘 이상의 새 대안용어가 대응하게 된다. 예컨대 금속 용어 '배소(焙燒 : 물질의 산화 또는 분해를 목적으로 그것을 빨갛게 달구거나 태우는 것)'는 '태우기'와 '굽기'로 다듬었다. 곧, 유황 따위를 없애는 공정에서는 '태우기'가 되고, 구단광(가루쇠돌에 물을 약간 섞어 동그랗게 빚어서 구워낸 단단한 알) 따위를 만드는 공정에서는 '굽기'가 된다. 물론 굽는 것과 태우는 것은 둘 다 열을 가한다는 점에서 같은 종류의 공정이라고 할 수 있다. 그러나 '굽기'는 물질을 없애지 않지만 '태우기'는 물질을 (태워) 없앤다는 점에서 그 둘은 확연히 구분된다. '배소-태우기/굽기'의 경우처럼 서로 비슷한 공정이나 대상을 가리키는 실머리로의 분화를 '병렬적 분화'라고 한다. 반면에 '합사(合絲)'와 '연사(連絲)'를 각각 '실겹치기, 겹실' '실꼬기, 꼰실'로 다듬었을 때, 하나는 실을 처리하는 공정이고 다른 하나는 그 공정의 결과로 이루어진 생산물을 나타낸다. 그러니까 '합사-실겹치기/겹실'이나 '연사-실꼬기/꼰실'에서는 실머리가 서로 다른 층위로 분화한 것이다. 이것을 실머리의 '종속적 분화'라고 한다. 이름짓는 실머리는 셋 이상으로 분화하면서 병렬적 분화와 종속적 분화를 함께 겪기도 한다. 예컨대 건설 부문에서 '쇄석(碎石)'을 '깬돌' '깬자갈' '돌깨기' '돌바수기' 등으로 다듬었을 때, 여기서는 병렬적 분화('쇄석-깬돌/깬자갈')와 종속적 분화('쇄석-깬돌/돌깨기')가 함께 일어났다.

형태소에 대응하는 단어만들기감

이름짓는 실머리에 대해서는 그만 살피고 단어만들기의 두번째 요소인 단어만들기감에 대해 살펴보자. 『단어』에 따르면 단어만들기감에는 '말뿌리'와 '덧붙이'('앞붙이'와 '뒤붙이')가 있다. 남쪽의 용어로 바꾸면 '말뿌리'는 어근이고 '덧붙이'는 접사다. 그리고 '앞붙이'와 '뒤붙이'는 각각 접두사와 접미사다(『어휘정리』에서는 '덧붙이'나 '붙이법' 같은 말 대신에 '접사, 접사법' 같은 한자어를 사용한다). 그러니까 단어만들기감은 형태소에 얼추 대응한다.

단어 '망치'에서 '망치'는 말뿌리다. 단어 '쇠망치'에서 '쇠'와 '망치'는 각각 말뿌리다. 단어 '망치질'에서 '망치'는 말뿌리고 '질'은 덧붙이(여기서는 뒤붙이)다. 단어 '올벼'에서 '벼'는 말뿌리고 '올'은 덧붙이(여기서는 앞붙이)다. 단어 '웃음'에서 '웃'은 말뿌리고, 'ㅁ'은 덧붙이(여기서는 뒤붙이)다. 그리고 '으'는 조음소다(물론 '음' 자체를 덧붙이로 보아 그것을 'ㅁ'의 이형태로 취급할 수도 있다). 뒤붙이 가운데는 '웃음'의 '음'('ㅁ')처럼 품사를 바꾸는 것도 있지만, 앞붙이는 어떤 뜻을 덧붙일 뿐 품사를 바꾸지는 못한다.

여기까지는 중등학교 과정의 문법 교육을 받은 남한의 학생도 알만한 것이다. 문제는 한자어를 포함한 외래어를 다듬으면서 어떤 고유어 단어만들기감을 골라 어떻게 배치하느냐 하는 구체적 실천 과정에서 발생한다. 특히 뉘앙스만 다를 뿐 동의 또는 유의 상태에 있는 고유어(나 고유어화된 한자어) 단어만들기감 가운데 어느 것을 골라내야 본래말의 뜻을 온전히 담아낼 수 있을까 하는 것이 문제다. 그것은 어휘정리 사업의 제일선에 있던 북한의 언어학자들에게 적지 않은 골칫거리였음에 틀림없다. 이것들을 일일이 따져보는 것은 뉘앙스 사전을 들쳐보는 것과 맞먹는 일일 것이다. 여기서는 말다듬기 과정에서 동일한 한자 형태소나 단어가 어떻게 서로 다른 고유어 단어만들기감으로 대치되었는지를 몇 개의 예로써 설핏 살피기로 하자. 다음의 예는 『어휘정리』와 『단어』에서 뽑은 것이다.

— '내(內)(내부, 내측)'는 '안, 아낙, 안쪽, 속'으로 다듬었다.

안: 안바다(내해:內海) 안벽(내벽:內壁) 안뚝(내제방:內堤防) 안배등살(내복배근:內腹背筋)

아낙: 아낙코구멍(내비공:內鼻孔) 아낙실도드리(내방적돌기:內紡績突起) 아낙중심(내심:內心) 아낙각(내각:內角)

안쪽: 안쪽머리(내측두:內側頭) 안쪽다리(내측각:內側脚) 안쪽뿌리(내측근:內側根)

속: 속귀(내이:內耳) 속떨개(내부진동기:內部振動機) 속물결(내부파:內部波) 속원뿔(내부원추:內部圓錐) 속흐름(내부류동:內部流動)

— '모(母)'는 '엄지, 어머니, 어미'로 다듬었다.

엄지: 엄지줄(모선:母線) 엄지손가락쓰기(모지탄법:母指彈法)

어머니: 어머니공장(모체공장:母體工場) 어머니젖(모유:母乳) 애기어머니칸(모자칸:母子칸)

어미: 어미세포(모세포:母細胞) 어미참대(모죽:母竹) 어미유전(모성유전:母性遺傳)

─ '소아(小兒)'는 '어린이, 아이, 애티'로 다듬었다.

어린이: 어린이병(소아질환:小兒疾患) 어린이머리크기(소아두대:小兒頭大)

아이: 아이즐김증(소아기호증:小兒嗜好症)

애티: 애티증(소아증:小兒症)

─ '방한(防寒)'은 '추위, 겨울, 털'로 다듬었다.

추위: 추위막이(방한:防寒)

겨울: 겨울모자(방한모:防寒帽)

털: 털신(방한화:防寒靴)

─ '각(角)'은 '모서리, 모'로 다듬었다.

모: 모자갈(각력:角礫)

모서리: 모서리맞추기(각결합:角結合)

─ '청색(靑色)'은 '푸른, 파란, 퍼런'으로 다듬었다.

푸른: 푸른귤껍질(청귤피:靑橘皮)

파란: 파란칠물(청색유:靑色油)

퍼렁: 퍼렁종이(청지:靑紙)

─ '신(新)'은 '햇, 갓, 새'로 다듬었다.

햇: 햇곡식(신곡:新穀) 햇담배(신초:新草)

갓: 갓난아이(신생아:新生兒)

새: 새작품(신작:新作) 새별(신성:新星) 새해(신년:新年)

─ '강(强)'은 '센, 된'으로 다듬었다.

센: 센간(강염:强鹽)

된: 된꼰실(강연사:强撚絲)

─ '라(裸)'는 '알, 빈, 맨'으로 다듬었다.

알: 알가죽(라피:裸皮)

빈: 빈삯배계약(라용선계약:裸傭船契約)

맨: 맨눈시력(라안시력:裸眼視力)

─ '대(大)'는 '큰, 왕'으로 다듬었다.

큰: 큰강(대천:大川)

왕: 왕새우(대하:大蝦)

─ '공(空)'은 '민, 헛, 빈'으로 다듬었다.

민: 민낚시(공조:空釣)

헛: 헛달림시간(공주행시간:空走行時間)

빈: 빈차(공차:空車)

─ '기(期)'는 '철, 때'로 다듬었다.

철: 가물철(건조기) 알쓸이철(산란기)

때: 꽃핀때(개화기) 여물때(성숙기) 누루익는때(황숙기:黃熟期)

─ '륜(輪)'은 '바퀴, 고리, 돌림' 등으로 다듬었다.

바퀴: 겉바퀴(외륜) 바퀴감개(륜축:輪軸) 바퀴둘레(륜주:輪圓) 따름

바퀴(종륜:從輪)

고리: 조개고리(패륜:貝輪) 귀청고리(고막륜:鼓膜輪) 고리모양(윤
상:輪狀)

돌림: 돌림차례(륜번:輪番) 돌림캐기(륜채법:輪採法) 돌림가마(륜
로:輪爐)

― '장(場)'은 '터, 마당'으로 다듬었다.

터: 알쓸이터(산란장:産卵場) 닻터(투묘장:投錨場) 모래터(사장:沙
場)

마당: 차마당(주차장) 짐마당(화물장:貨物場) 힘마당(력장:力場) 한
데짐마당(야적장:野積場)

― '과(過)'는 '더, 덧'으로 다듬었다.

더: 더덥힘장치(과열장치:過熱裝置)

덧: 덧이(=덧니)(과잉치:過剩齒)

― '기(機, 器)'는 '개, 기계, 틀'로 다듬었다.

개: 거르개(려과기:濾過器) 가리키개(지시기:指示機) 각재개(측각
기:測角器) 깊이재개(測深機)

기계: 먼지털이기계(먼지제거기) 돌바숨기계(쇄석기:碎石機) 돌다듬
기계(치석기:治石機)

틀: 기름틀(착유기:窄油機) 가마니틀(가마니직조기:織造機) 키잡이
틀(조타기:操舵機)

이와는 반대로 여러 한자어 형태소나 단어가 하나의 고유어 단어 만들기감으로 다듬어지기도 한다. 예컨대 '도(圖), 화(畵), 도화(圖畵), 회화(繪畵)'는 모두 '그림'으로 다듬어졌다. '평면도, 부감도, 단면도, 정면도, 측면도'는 각각 '바닥그림, 굽어본그림, 자름면그림, 앞그림, 옆그림'으로 다듬어졌고, '담채화, 인물화, 장식화, 묵화'는 각각 '연한색그림, 사람그림, 치레그림, 먹그림'으로 다듬어졌다. 또 '도화지'는 '그림종이'로 다듬었고, '회화문자'는 '그림글자'로 다듬었다. 이밖에 '복(複), 복합, 중복, 중첩, 이중'은 모두 '겹'에 대응시켰고, '혼성, 혼합, 혼화, 배합, 련합' 같은 한자어는 모두 '섞음'에 대응시켰다. 예컨대 겹눈(복안), 겹꽃차례(복합화서:複合花序), 겹뿌리(중복근), 겹물결(중첩파), 겹창(이중창), 섞음수업(혼성수업), 섞음기계(혼합기), 섞음칸(혼화실:混化室), 섞음비률(배합비), 섞음식캐기(련합식채굴) 같은 말들이 그렇다.

깔끔한 새말을 위한 단어만들기감들간의 관계

단어만들기감들을 어떻게 어우렀느냐 하는 것은 새로 만든 말이 바람직한 것인지를 판단하는 결정적 기준이 된다. 새말이 깔끔하게 되기 위해서는 그것을 구성하는 단어만들기감들 사이의 관계가 몇 가지 특징을 지녀야 한다.

첫째, 이 관계는 한 단어를 이루기 위해 맺어진 밀접한 관계다. 그래서 새로 만든 말이 한 단어를 이루게끔 감들 사이를 짜이게 맞물려야 한다. 말뿌리들 사이의 관계가 버성기게 되면 그 말뿌리들로 이뤄진 말이 단어 구실을 하기 어렵다. 말뿌리들 사이가 버성기게 되는

데는 몇 가지 원인이 있을 수 있다. 우선 단어를 만들면서 주체를 세우지 못하고 남의 것을 본따 직역했을 경우에 그런 일이 생길 수 있다고 『단어』는 말한다. '사사오입'을 '넷버리고다섯넣기'식으로 바꾸는 경우가 그 예다. 주체가 설 경우엔 우리말답게 '반올리기'가 된다. '유입변압기'를 직역하면 '기름넣은변압기'나 '기름넣이변압기'가 되지만, 한국어로는 '기름변압기'라고만 해도 '기름을 넣은 변압기'라는 뜻을 지닐 수 있고 단어로서도 더 짜임새가 있다. 또 단어만들기에서 잘 쓰이지 않는 토(어미나 조사)가 들어가게 되면 단어만들기감들 사이가 벌어지게 된다. 집짐승들을 매어놓지 않고 놓아서 기르는 것을 '놓아서기르기'로 부르는 경우가 그 예다. 우리말로는 '놓아기르기'로 충분하다. 소리마디가 너무 길거나 말뿌리들이 너무 많이 어울려도 그것들 사이가 버성기기 쉽다. 예컨대 식물에 따라 잎이 나는 차례가 서로 다른 만큼 그것들을 각각 지칭하는 단어가 필요한데, 이때 그것들을 '번갈아나는잎차례, 마주나는잎차례, 돌려나는잎차례, 꼬여나는잎차례' 따위로 불러서는 그 말뿌리들 사이가 밀접하게 짜이기가 어렵다. '엇선잎차례, 맞선잎차례, 둘러선잎차례, 꼬인잎차례'가 더 낫다.

둘째, 이 관계는 아무렇게나 이뤄진 관계가 아니라 한국어의 문법에 맞게 맺어진 관계다. 그러므로 단어만들기감들을 어우를 때에는 한국어 문법을 지켜야 한다. 예컨대 어떤 됨됨이를 나타내는 뒤붙이 '새'는 '생김새, 꾸밈새, 짜임새, 모임새, 짙음새'에서처럼 동사나 형용사의 'ㅁ'형 뒤에 오므로 단어만들기에서는 이런 규칙을 지키는 것이 바람직하다. 물론 '모양새' '본새'처럼 예외적인 단어도 있지만, 그렇다고 아무 때나 명사 어근에 '새'가 덧붙을 수 있는 것은 아니다.

그래서 '얼굴의 됨됨이' 나 '모습의 됨됨이' 를 나타내기 위해 '얼굴새' 나 '모습새' 같은 말을 만들 수는 없다. '깊이 쉬는 숨' 을 '깊게숨' 이나 '크게숨' 으로 만들 수 없는 것도 마찬가지 이유에서다. 알다시피 한국어에서는 '깊게' 나 '크게' 같은 용언의 부사형이 일반적으로 명사 앞에 올 수 없으므로 '깊은숨' 이나 '깊은숨쉬기' 라는 단어가 만들어져야 한다. 마찬가지로 '서로닮기' '바로서기' '절로나기' 는 가능하지만, '서로말' '바로얼굴' '절로숲' 은 불가능하다.

셋째, 이 관계는 말소리들도 한 단어로서 어색하지 않게 어울린 관계다. 우선 말소리가 순탄해야 한다. 받침소리, 된소리, 거센소리들이 서로 이어지면 소리가 어색하고 발음하기 어려운 경우가 있다. 예컨대 '지층의 한 부분이 수직운동을 일으켜서 미끄러져 나가 서로 엇먹는 현상' 을 가리키는 단어를 만드는데, 그 단어만들기감으로서 '땅' '엇' '끊기다' 를 준비했다고 하자. 이것을 어울어서 '땅엇끊김' 이라고 하면 말소리가 순탄치 않다. 그래서 최종적으로 만들어진 말이 '땅끊임' 이다. 마찬가지 이유에서 '나이가 다른 여러 층의 나무가 있는 숲' 을 가리키는 말로서는 '딴또래숲' 보다는 '다른나이숲' 이 낫고, '약이나 물 같은 것을 안개처럼 뿜는 기구' 를 가리키는 말로서 '뿜개' 보다는 '뿌무개' 가 낫다. '바위 같은 데 구멍 뚫는 기계' 를 가리키는 말을 '뚫개' 로 하지 않고 '뚜르개' 로 한 것도 마찬가지 이유에서다. 다음, 말소리가 똑똑해야 한다. '폭이 보통 것의 갑절되는 천' 을 가리키기 위해서 '곱폭천' 이라는 말을 만들었을 때, 그 단어만들기감들이 개별적으로는 훌륭하다고 해도 '고폭천' 으로 들리기 쉬워 말소리가 똑똑하지 못하다. 그래서 '넓은천' (또는 '너비천')이라는 단어가 만들어졌다. ㄹ불규칙을 무시하고 '난거리' 대신에 '날은 거리'를, '돈둘레' 대신에 '돌은둘레'를 사용하는 것도 소리를 (그리고 뜻을) 똑똑하게 하기 위해서다. '이긂률' 대신에 '이끌음률'이 채택되고, '뚧막이' 대신에 '떨음막이'가 채택된 것도 마찬가지 이유에서다.

넷째, 이 관계는 뜻에서도 한 단어로서 조화롭게 맞물린 관계다. 예컨대 '알곡으로 만든 먹이'를 '알곡먹이'라고 할 수 있고, '광물을 재료로 한 먹이'를 '광물먹이'라고 할 수 있다고 해서, '동물을 재료로 해서 만든 먹이'를 '동물먹이'라고 부르는 것은 바람직하지 않다. 이것은 '동물이 먹는 먹이'로도 이해될 수 있기 때문이다. 그래서 '동물질먹이'라는 말이 만들어졌고, 거기에 따라 '광물먹이'도 '광물질먹이'로 바뀌었다. 이것은 동의어를 피하기 위한 노력이다. 뜻을 더 명료하게 하기 위한 노력도 있다. 편지나 그밖의 글을 일단 쓴 뒤에 더 써서 붙인 것을 가리키기 위해서 '덧붙임'이라는 말을 쓰자는 의견이 있었지만, 그 뜻의 폭이 너무 넓어서 '덧씀'이라는 단어가 만들어졌다.

새로 단어를 만들 때는 단어만들기감의 어우름에서 다른 단어들과 체계를 맞추는 것도 필요하다. 예컨대 임학자들이 '숲'을 '나무가 모두 같은 해에 나서 자란 숲'과 '나무가 서로 다른 해에 나서 자란 숲'과 '각각 여러 해에 난 나무들이 마구 섞여 있는 숲'으로 나눈다고 하자. 이때 첫번째 숲을 지칭하기 위해서 '같은나이숲'이라는 말이 만들어졌다면, 두번째와 세번째는 '다른나이숲' '섞인나이숲'으로 부르는 것이 바람직하다. 그것들을 '나이다른숲' '나이섞인숲'으로 하면 단어만들기감들이 어우러지는 순서가 '같은나이숲'과 달라서 어색하다. 순서만이 아니라 방식에서도 일관성이 있는 것이 좋다. 예컨

대 '추위에 견디는 특성'을 '추위견딜성'이라고도 할 수 있고 '추위
견딤성'이라고도 할 수 있지만, 일단 이것을 '추위견딜성'이라고 했
다면, '열에 견디는 특성'이나 '물에 견디는 특성'도 별다른 이유가
없는 한 '열견딜성' '물견딜성'으로 하는 것이 좋다. 이것은 유럽 언
어학에서 레블링(levelling)이라고 부르는 현상에 견줄 수 있겠다.

단어만들기의 수법

이제 단어만들기의 세번째 요소인 수법으로 들어가자.

『단어』에 따르면, 단어만들기의 수법에는 형태론적으로 합침법, 붙
이법이 있다. 『단어』는 수사학적 층위의 '비유법'도 단어만들기의 수
법에 포함시키고 있다.

합침법은 남쪽의 용어로는 합성법이고, 붙이법은 파생법이다. 합
침법이란 두 개 또는 그 이상의 말뿌리를 합쳐서 새로운 단어를 만드
는 수법이다. 이 수법은 새 단어를 만드는 데 가장 널리 이용되고 있
는 수법이다. 이것은 '남새밭'이나 '고기배'와 같은 말에서 보듯, 전
통적으로 널리 쓰이던 단어만들기 수법이기도 하다. 항일무장투쟁
시기에 새로 만들어졌다는 말들도 그 많은 수가 합침법을 이용하고
있다. 예컨대 우등불모임('우등불'은 한데서 추위를 막기 위해 나무토
막이나 땔나무를 쌓아놓고 피우는 불. '우등불모임'은 어떤 일을 기념하
거나 대중의 정치적 열의를 높이기 위해 한데에 우등불을 피워놓고 그
둘레에서 가지는 모임), 피바다('흘린 피가 차 넘쳐서 이룬 바다'라는
뜻으로 '제국주의 침략자들과 통치 계급의 살인만행으로 혁명가들과 인
민들이 흘린 피가 온 천지를 붉게 물들인 것'을 비겨 이르는 말), 가루된

장(말려서 가루로 만든 된장), 지팽이창(지팽이 끝에 창날을 단 무기),
구부렁탄(항일무장투쟁의 첫 시기에 만들어 쓰던 수류탄의 하나. 기본
장약을 쓰지 않고 여러 개를 한데 묶은 뒤 심지에 불을 달아 고지에서 내
리굴렸다), 멧마당(밭 가운데 만들어놓은 탈곡장), 뾰족산 같은 말들이
그렇다. 해방 뒤에 새로 만들어진 가지가위(나무가지를 자르는 데 쓰
는 가위. '전정剪定가위' 를 다듬은 말), 거품약(거품을 일게 하는 약제.
'기포제氣泡劑' 를 다듬은 말), 걸그림(걸어놓고 보도록 한 지도나 도
표, 그림. '괘도掛圖' 를 다듬은 말), 겹눈(복아複芽), 그림천(그림을 그
리는 바탕천 곧 캔버스), 나무밥곽(나무도시락), 날개바퀴(날개가 달린
바퀴. 펌프, 터빈, 풀무 등에 쓰임), 내굴찜('내굴' 은 연기. '내굴찜' 은
고기나 물고기를 소금에 약간 절여서 내굴에 그슬려 오래두고 먹을 수
있게 만드는 것 또는 그러한 식료품. 곧 훈제나 훈제식품), 물주머니, 땅
속뿌리, 바람바자(바람의 피해를 막기 위해 둘러친 바자. '바자' 는 싸
리 · 짚 · 수수대 · 널 같은 것으로 엮거나 나란히 세워서 집둘레나 일정
한 곳의 경계를 막는 물건 또는 그렇게 둘러친 것) 같은 말들도 그렇다.

　합침법에는 말뿌리와 말뿌리를 직접 합치는 방법도 있고, 말뿌리
와 말뿌리 사이에 토(북한의 국어학 용어로서 '토' 는 체언 뒤에 붙는 조
사만이 아니라 용언의 어미와 일부 접미사까지를 아우르는 개념이다)가
개입하는 경우도 있다. 『단어』는 겹눈, 겉껍질, 거리나무, 번개무늬,
제무게, 두세곱, 걸그물, 검붉음, 깜박동, 옹근수(정수整數) 같은 말
들이 첫번째 예이고, 가는모래, 앉은키, 볼일, 돋을새김, 신고부리기,
따라읽기 같은 말들이 두번째 예라고 말한다(그런데 '옹근수' 가 과연
말뿌리와 말뿌리가 직접 합쳐진 것인지는 의심스럽다. 물론 '옹근' 을 관
형사로 보면 그것이 하나의 말뿌리이겠지만, 그것이 어원적으로는 형용

사 '옹글다'에서 온 것이므로, '옹근수'와 '가는모래'는 그 구조가 동일하다고도 할 수 있다).

말뿌리와 말뿌리를 직접 합치는 방법에는 '집집, 구석구석, 마디마디'처럼 같은 말뿌리를 거듭하는 합침과, '논밭, 눈코, 안팎, 아래우(아래위), 아침저녁'처럼 나란히 놓이는(병렬) 뜻을 나타내는 합침과, '둥글부채, 들장미, 봄누에'처럼 규정(남한의 문법 용어로는 '수식'이나 '한정')하고 규정받는 뜻을 나타내는 합침이 있다. 또 말뿌리와 말뿌리 사이에 토가 끼어드는 합침법의 예에는 '가는모래, 가는톱, 먹는물' / '앉은키, 곧은밸, 작은바늘(시계의)'처럼 'ㄴ' / '은' 토가 낀 것, '볼일, 쓸모, 땔나무숲, 갤판, 뜰주낙, 끌힘, 끌배, 깔판' / '돋을새김, 앉을자리, 참을성'처럼 'ㄹ' / '을' 토가 낀 것, '신고부리기, 오르며찍기, 밀고나가다'처럼 '고' '며' 토가 낀 것, '따라읽기, 갈아타기, 쏴떨구다, 이어달리기, 굽어찍기, 이어치기, 추려쓰기, 옮겨심기, 돌려깎기, 돌려보기, 쳐박다'처럼 '아, 어, 여' 토가 낀 것이 있다. 이것은 꼭 북한에서의 단어만들기만이 아니라 한국어 형태론이나 단어조성론 일반에 대한 관찰이므로 세세히 살필 필요는 없겠다.

김일성은 "학술용어는 너무 풀어쓰지 말아야 합니다"라는 교시를 내린 바 있는데, 북한의 언어 당국자들은 단어를 만들 때, 특히 학술용어를 만들 때, 말뿌리들을 합치면서 너무 풀지는 않는다는 원칙을 지키고 있다. 간결성을 위해서다. 그래서 '틈사이'는 '틈새'로, '달구어빼기'는 '달궈빼기'로 줄였다. 또 '거꿀돌이(역전, 역회전), 거꿀수(역수), 거꿀흐름(역류), 거꿀셈(역산)'같은 단어에서 쓰인 '거꿀'도 '거꾸로'에서 소리마디를 줄여 만든 것이다.

붙이법(『어휘정리』의 용어로는 접사법)은 말뿌리에 덧붙이를 붙여서 새로운 단어를 만드는 수법이다. '덧버선, 돋보기, 살림살이' 처럼 일상 생활에서 흔히 쓰이는 말들이 붙이법으로 만들어진 단어들이다.

『어휘정리』는 특히 학술용어 정리에서 접사법(『단어』의 용어로는 붙이법)의 적용 덕분에 대안 용어들이 더 적은 음절수를 지닌 짧은 용어로 조성될 수 있었다고 다소 자랑스럽게 기술한다. 우리말의 단어 조성 접사들은 대개 한 음절로 되어 있으니, 접사법을 사용하면 새 용어가 간결하게 되는 것은 당연하다. 특히 두 개 이상의 형태부로 구성된 용어의 규정(남쪽 용어로는 '수식'이나 '한정')부분 또는 피규정부분 전체를 단어 조성 접사 하나가 대신하는 경우에 용어의 음절수는 도드라지게 줄어든다. 접사법의 이용은 또 다듬은 말이 '문장식 용어(자유로운 단어결합으로 된 용어)'로 풀어지는 것을 막으면서 그것을 함축된 파생어로 만든다.

예컨대 농학 용어 '무효아지(無效兒枝)'는 가꾸기를 소홀히 한 탓에 생긴, 이삭이 달리지 않는 농작물(주로 벼 같은 것)의 아지(식물의 어린 가지나 가는 가지)를 이르는 말이다. 이 용어를 정리하면서 '쓸데없는 아지'라는 대안을 만들 수도 있을 것이다. 그러나 형용사 규정형(남쪽 용어로는 관형형) '쓸데없는'을 접두사 '헛'으로 대치하면 '헛아지'라는 간결한 파생어 대안용어가 된다. 또 두 평면이나 직선이 수직으로가 아니라 비스듬하게, 즉 경사각을 지니고 교차하는 현상인 '사교(斜交)'도 '경사지게사귀여지기' 또는 '경사진사귐'처럼 다듬으면 너무 늘어지지만, 접두사 '빗'을 사용하면 '빗사귐'이라고 간결하게 다듬을 수 있다. 앞붙이를 사용해서 대안을 간결하게 만든 예로는,

가발(假髮)을 '덧머리'로(축자역식의 '가짜머리'가 아니라)

농학 용어 도장(徒長)을 '헛자라기'로('쓸데없는 자라기'가 아니라)

대독교정(對讀校正)을 '맞교정'으로('마주앉아 읽는 교정'이 아니라)

무정란(無精卵)을 '홀알'로('수정 못 된 알'이 아니라)

다듬은 경우를 들 수 있겠다.

접사법을 사용하면 또 결합 용어에서 규정받는 부분의 단어를 접미사(『단어』의 용어로는 뒤붙이)로 대치해 앞에 오는 동사 또는 형용사 규정부분을 명사화함으로써 용어가 문장식으로 풀어지지 않도록 할 수 있다. 예컨대 축우업(畜牛業)을 '소기르는 업'이 아니라 '소기르기'로 다듬었다거나, 명도(明度)를 '밝은 정도'가 아니라 '밝기'로 다듬은 것이 접미사를 사용해 대안을 간결화한 예다. 이런 예들은 아주 많다. 그 가운데 몇 개만 들어보면

결정화작업(結晶化作業)을 '소금앉히는 작업'이 아닌 '소금앉히기'로

권지작업(捲紙作業)을 '종이감는 작업'이 아니라 '종이감기'로

운궁법(運弓法)을 '활쏘는 법'이 아니라 '활쓰기'로

화법(話法)을 '말하는 법'이 아니라 '말하기'로

절개술(切開術)을 '잘라내는 기술'이 아니라 '잘라내기'로

궁술(弓術)을 '활쏘는 기술'이 아니라 '활쏘기'로

토련기(土錬機)를 '흙이기는 기구'가 아니라 '흙이기개'로

개구기(開口機)를 '입벌리는 기구'가 아니라 '입벌리개'로

키퍼(keeper)를 '문지키는 사람'이 아니라 '문지기'로

강도(強度)를 '센 정도'가 아니라 '세기'로

광도(光度)를 '빛센정도'가 아니라 '빛세기'로

미립대(米粒大)를 '쌀알만큼 큰 정도'가 아니라 '쌀알크기'로

다듬은 것이 그렇다.

　이처럼 접사법(파생법)의 활용은 다듬은 말의 소리마디를 줄이고 짜임새를 불어넣어 용어의 간결함과 함축성 확보에 기여했다.

　그러나 접사법만이 아니라 합침법(합성법)도 대안을 깔끔하고 간결하게 만드는 수단이다. 예컨대 '편도(扁刀)'를 '넙적한 칼'로 다듬지 않고 합침법을 이용해서 '넙적칼'로 다듬는다거나, '가동원추(稼動圓錐)'를 '움직이는 원뿔'로 다듬지 않고 합침법을 사용해서 '움직원뿔'로 다듬었을 때, 대안용어가 음절수도 줄었고 단어로서의 함축성도 갖추게 됐다. 즉 완전한 문법적 변화 형태를 갖춘 단어들을 결합하는 방식보다는 합침법을 사용하는 것이 용어를 간결하고 깔끔하게 만드는 데 유리하다. 그런 예를 좀더 살펴보자.

　우선, 다듬어지는 용어가 규정 부분에서 규정토(관형사형 어미) '는'을 취할 수 있는 경우에 규정토 '는'을 접미사 'ㅁ, 기, 이'나 토 'ㄹ, 을'로 바꾸어 용어의 간결성을 얻었다. 예컨대

　－ '는'을 'ㅁ'으로

시동대(始動臺)를 '돌리는 대'가 아니라 '돌림대'로

마찰음(摩擦音)을 '스치는 소리'가 아니라 '스침소리'로

송부서(送付書)를 '보내는 표'가 아니라 '보냄표'로

–'는'을 '기'로

　　견인출력(牽引出力)을 '끄는 출력'이 아니라 '끌기출력'으로

　　서사장애(書寫障碍)를 '글쓰는 장애'가 아니라 '글쓰기장애'로

　　삼보반칙(三步反則)을 '걷는 반칙'이 아니라 '걷기반칙'으로

　　–'는'을 '이'로

　　마쇄판(磨碎板)을 '가는판'이 아니라 '갈이판'으로

　　집수관(集水管)을 '물모이는 관'이 아니라 '물모이관'으로

　　–'는'을 'ㄹ'로

　　진입로(進入路)를 '들어오는길'이 아니라 '들어올길'로

　　작업능력(作業能力)을 '밀치는힘'이 아니라 '밀칠힘'으로

다듬은 것이 그렇다.

　다음으로, 명사·동사·형용사·부사 어근들을 직접 합쳐서 용어를 만들면, 토가 들어가는 경우보다 더 간결해진다. 특히 부사어근 또는 어간과 명사어근이 직접 결합하는 현상이 눈에 띄게 나타난다. 예컨대 '상행관(上行管)'을 '올리관'으로 다듬은 것이나, '상행차(上行車)'를 '올리차'로 다듬은 것이 그렇다. 특히 본딴말(의성어·의태어) 부사들이 효과적으로 이용되고 있는 것이 흥미롭다. 예컨대 순막(瞬膜: 가오리·개구리 등 일부 척추동물의 눈꺼풀 안쪽에 있는 반투명의 막. 필요할 때 상하의 눈껍질을 신축하여 눈알을 덮음)을 '깜박막'으로, 순막반사(瞬膜反射)를를 '깜박반사'로, 삼각파(三角波)를 '뾰족물결'로 다듬은 것이 그렇다.

동사어근이나 형용사 어근이 명사어근과 어울리기도 한다. 위에서 언급한 '움직원뿔'(가동원추)이나 '넙적칼'(편도)이 그 예다. 이 밖에도 이 방식으로 접지본(摺紙本)을 '접책'으로, 융모(絨毛)를 '부들털'로, 박피견(薄皮絹)을 '허부렁고치'로, 둔구(鈍鉤)를 '뭉툭갈구리'로, 연화병(軟化病 : 몸이 연화해서 죽는 누에의 병)을 '몰렁병'으로 다듬었다.

물론 합침법을 써서 만들어진 용어들 가운데 가장 흔한 것은 명사어근끼리 어울린 용어들이다. 예컨대 옆그림(측면도), 겉가죽(표피), 속힘(내력), 입술소리(순음)처럼 명사 어근과 명사 어근이 직접 합쳐져 이루어진 용어들이 전체 용어의 압도적 다수를 차지하고 있다. 그것은 하나로 이루어진 본래 용어의 구조적 특성과도 관련되어 있는 현상이다.

다시 접사법으로 잠깐 돌아가면 추상적 개념을 지닌 한자어를 고유어로 다듬는 데 가장 크게 기여한 단어만들기감은 뒤붙이 '-기'와 '-ㅁ(음)'과 '-이'라고 할 수 있다. '재기'(측정) '스밈'(침투) '풀이'(해:解)에서 그 접미사들이 보인다. 이 접미사들로 이뤄진 말들은 다시 다른 어근이나 접사들과 합쳐져서(즉 합침법에 의해, 그리고 이따금은 접사법에 의해) 무수한 개념어들을 만든다. 예컨대 '책매기'(제본) '부피불음'(체팽창) '되살이'(재생) 같은 말들이 그렇다. 일찍이 외솔 최현배도 접미사 'ㅁ'과 '-기'의 생산성을 예로 들어 한국어가 개념을 드러내는 철학 언어로 모자람이 없다고 주장하기도 했다. 이세 접미사의 생산성은 거의 무궁무진하고, 북한의 언어학자들은 이것을 단어만들기에 충분히 이용했다. 『단어』가 들고 있는 예를 일부만 보이면,

-기: 가르기(절개) 가리기(감별) 거르기(려과) 굽기(소성:塑性) 기르기(사육) 낡기(로화) 넣기(투입) 녹이기(해동) 다듬기(퇴고) 닳기(마모) 돌기(회전) 마르기(건조) 막기(봉쇄) 맞서기(대치) 묻기(매몰) 묶기(결박) 바래기(표백) 섞기(혼합) 젓기(교반:攪拌) 키우기(양육) 파기(굴착) 포개기(중첩) 깎기(삭박:削剝) 끌기(견인) 떨기(진동) 쌓기(축조) 여물기(결실) 열기(개방) 가라앉기(침강) 가로막기(차단) 가루뿌리기(살분:撒粉) 가지다듬기(정지:整枝) 갈아넣기(대치) 갑작끓기(돌연비등) 거슬러가기(역행) 건너닮기(격리동화) 겁만들기(주형제작) 고기떼찾기(어군탐색) 굵게바수기(조분쇄:粗粉碎) 굴안캐기(갱내채굴) 나무심기(식수) 모양깎기(형삭:形削) 불붙기(착화) 불일기(발화) 속읽기(묵독) 손고르기(수선) 새는물막기(루수방지) 자리돌기(위치이동) 점그리기(점묘) 지내싣기(과적:過積) 빠른식히기(급랭) 빨개지기(조홍:潮紅) 뺄물길파기(배수로굴착) 앙금앉기(침전) 올리닮기(역행동화) 이웃닮기(린접동화) 입속부르기(묵창:默唱) 검밝기(명암) 높은세기(고강도)

-ㅁ(-음): 가림(식:蝕) 갈림(분기) 낮춤(인하) 녹음(융합) 늘임(확대) 닫힘(폐쇄=폐쇄) 닮음(상사:相似) 맞춤(정합:整合) 머무름(체류) 보냄(송출) 부름(호출) 부풀음(팽윤:澎潤) 불음(팽창) 붙임(접착) 비김(무승부) 사귐(교차) 속임(기만) 식힘(랭각) 켕김(긴장) 퍼짐(확산) 꺾임(굴절) 꾸밈(허구) 끓음(비등) 따름(적응) 빠짐(탈락) 쓸림(마찰) 짜임(조직) 쪼임(조사:照射) 얽매임(속박) 이그러짐(외곡) 이김(정련) 이끌음(유도:誘導) 이음(접속) 겹붙임(배접:褙接) 고리가림(금환식:金環蝕) 고리해가림(금환일식:金環日蝕) 굽이흐름(곡류:曲

流) 그루바꿈(륜작:輪作) 극나뉨(분극:分極) 극쏠림(편극:偏極) 길이
불음(선팽창:線膨脹) 귀아픔(이통:耳痛) 눈아픔(안통) 눈내림(강설)
닻내림(투묘:投錨) 말라죽음(고사:枯死) 머리골물고임(뇌수종:腦水
腫) 무릎맞춤(대질) 물결움직임(파동) 물고임(수종:水腫) 물식힘(수
랭) 바로비춤(정사영:正射影) 부피불음(체팽창) 비내림(강우) 빗사
귐(사교:斜交) 빛묶음(광속:光束) 빛쏠림(편광:偏光) 사귄흐름(교차
류:交叉流) 섞붙임(교잡:交雜) 숨가쁨(호흡곤난) 자줄임(축척:縮尺)
잦아듬(감쇠:減衰) 줄끊어짐(단선:斷線) 줄엉킴(혼선) 층사귐(립체
교차) 퍼져스밈(확산침투) 피고임(혈종:血腫) 피모임(충혈) 피몰림
(울혈:鬱血) 해가림(일식) 해비침(일조) 해빛쪼임(일사) 꿀거둠(수
밀:收蜜) 땅끊임(단층:斷層) 뼈어긋(탈구:脫臼) 뿌리붙임(착근) 씨붙
임(접종) 엇바꿈(교번:交番) 열끊음(단열) 오목새김(음각) 올리끊음
(역단층) 내리끊임(정단층)

-이: 갈이(연마) 가루갈이(분마:粉磨) 가까운풀이(근사해:近似解) 같
은말되풀이(동어반복) 거짓되풀이(허위반복) 공기갈이(환기) 가을갈
이(추경:秋耕) 그루갈이(근경:根耕) 깊은갈이(심경:深耕) 얕은갈이
(천경:淺耕) 애벌갈이(초경:初耕) 다락갈이(계단경작) 그림풀이(도
해) 귀울이(이명) 눈막이(방설) 다리밟이(답교) 되살이(재생) 독풀이
(해독:解毒) 되돌이(복귀) 모살이(활착:活着) 몸풀이(해산) 물모이
(집수:集水) 바늘갈이(마침:摩針) 바람갈이(통풍) 벌레잡이(살충, 살
충제) 빛받이(채광:採光) 소갈이(우경) 소금걷이(채염:採鹽) 소리잡
이(흡음:吸音) 수놓이(자수) 줄닿이(합선) 짐실이(상차:上車) 차례무
이(순렬) 첫몸풀이(초산) 탈놀이(가면극) 태낳이(후산:後産) 헛돌이

(공전:空轉) 알낳이(산란) 알받이(채란:採卵) 얼부풀이(동상:凍傷)
얼음얼이(결빙) 얼음풀이(해빙) 나무높이(수고:樹高) 물깊이(수심)

부분적으로만 성공한 위대한 실험

『어휘정리』는 북한이 어휘정리에서 이룩한 성과를 다섯 가지로 정
리한다.

첫째, 한자말과 외래어를 고유한 우리말로 고치고 우리말을 보다
아름답게 다듬는 일이 힘있게 추진됨으로써, 언어 체계에서 민족적
특성이 훌륭히 발양되고 우리 민족어가 주체적인 발전의 길에 확고
히 들어선 것.

둘째, 언어의 사회적 기능이 더욱 높아지고 인민들의 언어 생활에
서 다듬은 말을 쓰는 옳은 언어 사용 기풍이 확고히 서게 된 것.

셋째, 인민들 속에서 자기 민족어에 대한 사랑과 민족적 긍지, 자
부심이 한층 더 높아지게 되고 언어 의식과 언어 사용 관점이 개변된
것. 이와 관련해 김일성은 "우리는 모든 사람들이 한자말이나 외래어
를 쓰는 사람은 민족적 긍지가 없는 사람이고 자기 나라 말을 잘하는
사람이 유식하고 민족적 자부심이 높은 사람이라고 생각하도록 하여
야 합니다"라고 말한 바 있다.

넷째, 공화국 북반부에 우리 민족어를 통일적으로 발전시켜나갈
수 있는 터가 튼튼히 마련된 것. 이와 관련해서는 김일성의 유명한
문화어 선언이 있다. "우리말을 발전시키기 위하여서는 터를 잘 닦아
야 합니다. 우리는 우리 혁명의 참모부가 있고 정치 · 경제 · 문화 ·
군사의 모든 방면에 걸치는 우리 혁명의 전반적 전략과 전술이 세워

지는 혁명의 수도이며 요람지인 평양을 중심지로 하고 평양말을 기준으로 하여 언어의 민족적 특성을 보존하고 발전시켜나가도록 하여야 하겠습니다. 그런데 '표준어' 라는 말은 다른 말로 바꾸어야 하겠습니다. '표준어' 라고 하면 마치도 서울말을 표준하는 것으로 그릇되게 리해될 수 있으므로 그대로 쓸 필요가 없습니다. 사회주의를 건설하고 있는 우리가 혁명의 수도인 평양말을 기준으로 하여 발전시킨 우리말을 '표준어' 라고 하는 것보다 다른 이름으로 부르는 것이 옳습니다. '문화어' 란 말도 그리 좋은 것은 못 되지만 그래도 그렇게 고쳐 쓰는 것이 낫습니다." (「조선어의 민족적 특성을 옳게 살려나갈 데 대하여」, 1966)

다섯째, 민족어의 주체적 발전을 위한 가장 정당한 길을 개척하여 노동계급의 언어이론을 새로운 높은 단계로 발전 풍부화시킨 것. 이 점에 대한 『어휘정리』의 부연 설명은 이렇다. 지난날 언어 발전에 대한 이론은 주로 유럽어들을 중심으로 하여 고찰되었을 뿐 식민지 나라들의 언어 발전 문제는 관심 밖이었다. 그러다 보니 언어 발전에 대한 연구는 그 객관적 요인과 내적 요인만을 다루었고, 결국 언어는 사회가 발전하는 데 따라 발전하며 인간의 의사와는 관계없이 언어에 고유한 내적 발전법칙에 따라 발전한다는 이론이 공인되었다. 말하자면 언어 발전의 내적 법칙은 사람의 힘으로서는 어쩔 수 없는 불가항력적인 것으로 간주되어왔다. 새로운 말이 생겨나고 이미 낡아서 쓸모없게 된 말이 어휘 구성에서 빠져나가는 것은 자연발생적 과정으로 인정되어온 것이다. 사람이 언어의 발전에 대해 어떤 작용도 할 수 없다는 뜻이기도 하다.

그러나 『어휘정리』는 북한의 어휘정리 경험이 이런 언어 이론에 대한 반증이라고 주장한다. 다시 말해서, 북한에서 어휘정리가 성공적으로 이루어진 것은 사람이 언어의 발전법칙에 맹목적으로 순응해야만 하는 것이 아니라, 언어 발전의 법칙과 그 발전의 요인을 과학적으로 인식한 뒤 그것을 기초로 언어를 자기 의사와 요구에 맞게 목적의식적으로 발전시킬 수 있다는 것을 모범적으로 증명해주었다는 것이다. 언어는 사람들의 목적의식적 작용에 의해서 발전되는 사회적 현상이라는 것을 어휘정리의 실천적 경험이 보여주고 있다고 『어휘정리』는 말한다. 예컨대 제국주의자들의 침략적 언어동화정책의 나쁜 결과들도 올바른 인민적 언어 정책을 세워 목적의식적으로 대중의 창조적 지혜를 발동한다면 씻어낼 수 있다는 얘기다. 어휘정리는 발전 도상 나라들에서 낡은 사회의 부정적 어휘 유물을 의식적으로 씻어내고 자기 민족어의 고유한 특성을 체계적으로 살릴 수 있는 합법칙적 방도라는 것이 『어휘정리』의 결론이다.

북한에서의 어휘정리를 종합적으로 평가하면, 그것은 과도한 민족주의적 열정에 휩쓸린 인공어 만들기였다고 말할 수 있다. 북한의 정책 당국이 애초에 구상한 그 인공어는 외세의 균을 절멸시킨 언어, 완벽하게 위생처리된 언어다. 물론 그런 언어는 태어나지 못했다. 처음부터 그것은 불가능한 목표였다. 지금의 북한 문헌에도 한자어는 수두룩하다. 어떤 한자어들은 남한 사람들이 이해하기 힘들 만큼 난해하고 생경하다. 그러나 어휘정리 사업을 통해서 수많은 고유어 단어들이 태어난 것은 사실이다. 그 가운데 일부는 남한에서 국어순화 운동을 통해 태어난 말과 동일한 형태를 지니고 있다.

위에서 살폈듯, 북한의 언어학자들은 그 새로운 말들을 우리말답게 만들기 위해 세심한 기술적 배려를 했다. 사실은 이 소루한 스케

치에서 짚을 수 없었던 많은 난관들이 그들을 괴롭혔고, 그들은 그 난관들을 돌파하기 위해서 언어학자를 넘어 기술자가 되어야 했다. 그들의 노고는 민족의 이름으로 상찬할 만하다. 새로 만들어진 말 가운데 일부는 전체주의의 통제를 통해 민중의 살이 되었고, 일부는 사전에만 등재된 채 민중의 버림을 받았다. 사전에조차 오르지 못한 말들도 숱하다. 어휘정리는 부분적으로만 성공한 셈이다.

그러나 그것은 위대한 실험이었다. 그 실험을 기획하고 실천한 사람들의 소명감과 순수함, 그들의 헌신과 열정, 그들의 진지함 앞에서 웃음을 흘리는 것은 경박하고 비천한 짓일 것이다. 그들은 우리 역사상 거의 처음으로 자주(自主)·자존(自尊)이라는 것을 깊이 생각하고 그것들을 실천으로 옮긴 사람들이니까 말이다. 위대함 앞에서 경의를 표하는 것은 자연스러운 일이다. 비록 모든 위대한 것은 위험하기 마련이지만.

(2000년 4월)

회고와 전망

『염세주의자의 역사안내』, 스튜어트 플렉스너 외 지음
『21세기 사전』, 자크 아탈리 지음
『아웃사이더를 위하여』, 홍세화 외 지음

전환기, 반성과 설계의 매력적인 눈금

새로운 세기가 밝았다. 곧이곧대로 따지자면 21세기는 2001년 1월 1일에 시작할 테지만, 그래도 새로운 세기가 열렸다는 느낌은 꽉 찬 숫자로 연도를 삼는 올해가 더 짙다. 그러니 거리낌없이 말하자. 새로운 세기가 밝았다. 그리고 그와 함께 새 천년이 열렸다.

한 세기 전에, 한국인들을 포함한 동아시아 사람들 대부분은 세기의 전환기라는 감회를 전혀 갖지 않았을 것이다. 그때까지 서기라는 것은 유럽인들의 것—물론 유럽의 유럽인들만이 아니라 세계 구석구석에 퍼진 유럽인들이기는 하지만—이었다. 그러나 그때부터 한 세기가 지난 지금, 인류의 대부분은 세기의 전환과 천년대의 전환을 감회로 맞는다. 그것은 지난 한 세기 동안 유럽적인 것이 세계 구석구석에까지 퍼졌다는 뜻이겠다. 통합된 지구 문명의 도래가 임박했다는 뜻이기도 하다.

물론 20세기 초에도 유럽적인 것이 딱히 세계적인 것이 아니었던 것은 아니다. 그때도 유럽—미국을 포함한 범유럽—의 힘은 세계 구석구석에 미치고 있었다. 그러나 한편으로 유럽 문화의 세계 지배는 곳곳에 구멍을 남겨놓고 있었다. 적어도 그때에는 서기라는 것이 보편적 달력으로 기능하지는 않았다. 오늘날 서기는 단순한 서력기원이 아니다. 그것은 세계 보편적인 달력 체계다. 서기는 물론 기독교라는 종교의 기원이다. 그러나 오늘날 기독교 신자들만 서기를 채택하고 있는 것은 아니다. 세계의 모든 지역에서 서기가 배타적으로 사용되고 있는 것은 아니지만, 오늘날 서기는 세계 어디에서고 적어도 병용 달력의 구실은 하고 있다. 그것은 비록 기독교가 세계를 정복하지는 못했지만, 기독교를 문화의 근간으로 삼는 유럽적인 것이 세계 대부분의 지역에 깊숙이 스며들었다는 뜻이다.

물론 새로운 세기나 새로운 천년은 무차별적인 시간의 흐름에 인간이 자의적으로 새겨놓은 눈금일 뿐이다. 2000년 1월 1일 0시를 경계로 역사의 단절이 생긴 것은 아니다. 시간의 비약이 생긴 것은 아니다. 그러나 그런 인위적인 눈금에 효용이 없는 것은 아니다. 그런 눈금들은 사람들의 삶에 리듬을 부여한다. 그 눈금에 이르렀을 때, 우리는 흔히 과거를 돌아보고 미래를 설계한다. 그런 반성—회고라고 해도 좋다—과 전망은 늘 하게 되는 일이 아니다. 수도사들이라면 다르겠지만, 세속의 생활인들은 바쁜 일상 속에서 흔히 그런 반성과 전망의 기회를 잃거나 잊는다. 실상 우리가 늘상 반성과 전망 속에서만 산다면 일상 생활이 제대로 굴러가지도 못할 것이다. 그런 반성과 전망의 계기가 되는 것은 일차적으로 특별한 사건들이다. 가까운 사람의 죽음이나 우리가 흔히 사고라고 부르는 것 말이다. 그런 사건들은 우리의 의지 바깥에 있는 힘이 시간에 새겨놓는 눈금이다. 그러나 그런 사건의 눈금만이 회고와 전망의 기회가 되는 것은 아니다. 우리들이 인위적으로 시간에 새겨놓은 눈금도 회고와 전망의 기회가 된다. 물론, 우리가 인위적으로 새겨놓은 눈금이라고 해서 그것이 자연의 이법과 무관한 것은 아니다. 우리들이 시간에 새겨놓은 눈금은 천체의 운행과 밀접한 관련이 있다.

아주 알뜰하고 성실한 사람이라면 하루 단위로 회고와 전망을 할 것이다. 그는 잠자리에 누워 오늘은 얼마를 벌었는지, 얼마를 썼는지 계산해볼 것이다. 잠자리에 눕기 전에 가계부를 작성할지도 모른다. 그는 다음날의 돈벌이와 씀씀이에 대해서 계획을 세울지도 모른다. 그는 하루의 선행과 악행을 되돌아보고 다음날의 행동의 준칙을 세울 수도 있다. 사람에 따라서는 일주일을, 한 달을, 사분기를, 1년을, 24절기를 반성과 전망을 위한 눈금으로 사용할 수도 있다.

새해 아침이 되면 그는 나빠진 건강을 상기하고 금주와 금연을 결심할 수도 있다. 매일 조깅을 하겠다고, 휴일이면 등산을 하겠다고 결심할 수도 있다. 대부분의 사람들에게 그런 결심들은 오래 가지 못하겠지만. 나오는 배를 보고 덜 먹어야겠다고 결심할 수도 있다. 무의미하게 보내는 시간이 아까워 텔레비전을 그만 보고 인터넷 항해를 절제 있게 해야겠다고 결심할 수도 있다.

한 개인의 나이는, 특히 그것이 꽉 채워졌을 때, 그런 회고와 전망의 두툼한 매듭이 된다. 스무 살이 되었을 때, 세는 나이로 스무 살이 되는 정월 초하루든 만 스무 살이 되는 생일날이든, 우리는 야망에 가까운 개인적 프로그램을 세울 수도 있다. 군복무는 어떻게 할 것인지, 취직을 어떻게 할 것인지, 연애와 결혼은 어떻게 할 것인지, 더 나아가 무엇을 라이프워크로 삼을 것인지에 대해서 말이다. 서른 살이 되었을 때, 우리는 역시 20대를 되돌아보고 30대의 계획을 세울 수 있다. 30대에 1억 원을 벌겠다거나, 책을 다섯 권 쓰겠다거나 하는. 마흔 살이 되었을 때, 우리는 세월의 빠름을 절감하며 더 크고 느슨한 테두리의 계획을 세울 수도 있다. 좀더 열심히 일하겠다거나 아니면 반대로 좀더 열심히 놀겠다거나 하는. 쉰 살이 되는 날 우리는 자식들과의 관계에 대해서 깊이 생각할 수 있다. 자식의 결혼에 대해서, 사위나 며느리와의 관계에 대해서. 우리가 운 좋게 (또는 운수 사납게) 60대나 70대까지 살게 된다면, 예순이 되는 날, 또는 일흔이 되는 날이 그 회고와 전망을 위한 눈금이 될 것이다.

그런 눈금으로서, 세기의 전환기만한 것은 그리 흔치 않을 것이다. 게다가 그 세기의 전환기가 천년대의 전환기와 포개져 있다면 더욱 그렇다. 새로운 세기, 그리고 새로운 천년대의 들머리에서 행하는 회고와 전망은 개인적인 것보다는 보편적인 것이 더 어울린다. 더구나 지금 이 시점을 새로운 세기, 새로운 천년대의 들머리로 만들고 있는 서력 기원이 이제 세계의 보편적인 달력이 됐다면.

물론 달력의 마디와 새로운 시대의 마디가 꼭 겹치는 것은 아니다. 널리 지적되듯, 16세기는 콜럼버스가 아메리카 대륙의 한 섬에 도착하고 기독교도가 이베리아 반도의 재점령을 완수한 1492년에 시작되었다. 19세기는 파리 바스티유 감옥의 문이 열리며 프랑스 대혁명의 불길이 치솟은 1789년에 시작되었다. 20세기는 러시아 혁명이 일어나고 뒤이어 제1차 세계대전이 끝난 1917~18년에 시작되었다. 마찬가지로, 21세기도 베를린 장벽이 허물어지면서 사회주의 체제의 죽음이 선포된 1989년에 시작되었다고 할 수 있다. 그러나 꽉찬 숫자의 매력은, 그것 자체만으로도, 회고와 전망이라는 행위에 유혹적인 동기를 부여한다.

나는 여기서 직접 21세기를 내다보거나 20세기를 되돌아볼 생각은 없다. 그것은 내 재간 너머에 있는 일이다. 내가 늘어놓고 싶은 것은 21세기를 내다본 책, 그리고 20세기를 되돌아본 책에 대한 간략한 요약과 소감이다.

잔혹과 무지가 빚어낸 슬픈 역사

나는 최근에 스튜어트 플렉스너와 도리스 플렉스너라는 사람이 함께 쓴 『염세주의자의 역사 안내』(1992, 에이번 북스, 뉴욕)라는 책을 읽었다. '염세주의자의 역사 안내'라는 책 제목에서 '염세주의자'는 '역사'에 걸리는 게 아니라 '안내'에 걸린다. 그러니까, 이 책은 염세주의자의 역사를 안내한 책이 아니라, 염세주의자를 위한 역사 안내, 또는 염세주의자가 바라본 역사 안내. 『염세주의자의 역사 안내』는 일종의 연표인데 인류 역사의 불행한 사건들만을 뽑아 시대순으로 기록해놓은 것이다. 나는 그 책과 함께 도리스 플렉스너가 쓴 『낙천주의자의 역사 안내』(1995, 에이번 북스, 뉴욕)도 훑어보았다. 이 두 책은 한 세트인 셈이다. 스튜어트 플렉스너와 도리스 플렉스너는 성(姓)이 같은 걸로 보아 부부간이거나 부녀간이거나 모자간이거나 아무튼 가족인 듯하다. 이들은 전문적인 역사학자는 아니고 일종의 대중화 저자인 듯한데, 『낙천주의자의 역사 안내』가 『염세주의자의 역사 안내』보다 더 얇팍하다. 하기야, 그럴 수밖에 없을 것이다. 개인의 역사와 마찬가지로 인류의 역사도 좋은 일보다는 나쁜 일이 더 많게 마련일 테니까.

지진, 화산 폭발, 허리케인, 토네이도, 홍수와 가뭄, 간헐적으로는 외계로부터의 운석들… 이런 것들은 인류가 역사 시대에 진입한 이후에도 늘 우리들의 생명을 위협해왔다. 시간의 탄생 이래로 툭하면 불거져 나왔을 이 모든 자연의 변덕 속에서 생물들이 태어나고 자라고 진화할 수 있었다는 사실이 놀라울 정도다. 아무튼 호모 사피엔스, 곧 지혜로운 인간은 살아남았고, 그들의 지혜는 무엇보다도 다른 사람들을 어떻게 죽일까를 궁리하는 데 쓰였다. 맨 처음으로 한 혈거인이 또 다른 혈거인의 머리통을 바윗돌로 깨부순 구석기 시대 어느 개인 날 오후 이래로, 우리 지혜로운 인간들은 끊임없이 개인적으로 또는 집단적으로 서로를 살해하는 데 몰두했다. 부족과 도시와 국가가 형성되고 권력의 매혹을 사람들이 깨닫게 된 뒤, 전쟁은 가장 손쉬운 갈등 해결 방법으로 자리잡았다. 지금 이 순간까지도 전쟁은, 일정한 규칙이 준수되기만 한다면, 문명인들끼리의 갈등을 해결하는 썩 괜찮은 방법으로 받아들여지고 있다.

주후(主後) 세번째 천년의 들머리에도 잠재적·현재적(顯在的) 분쟁 지역은 세계 도처에 있다. 인간의 슬기는 긴 역사를 통해 살인의 수단을 바윗돌이나 창에서 세균 무기와 중성자탄으로 바꾸어놓았다. 인간의 이성은 아직 내면의 파괴 충동을 제어하지 못했다. 아니, 인간의 이성은 아직도 파괴 충동에 은밀히 또는 노골적으로 협조하고 있다. 사람들이 죽어나간 것은 전쟁 때문만은 아니다. 전시든 평상시든, 사람들은 병으로 죽기도 하고 굶어서 죽기도 했다. 부분적으로는 자연 재해이고 부분적으로는 인재인 질병과 기아는 오늘날에도 제3

세계에서 사람들을 집단적으로 죽이고 있다.

『염세주의자의 역사 안내』는 그렇게 마음에 드는 책이 아니다. 이 책에 나쁜 일만 실려 있어서 그렇다는 것이 아니다. 저자가 미국 사람들인 것을 표나게 반영하듯, 이 책은 미국 중심으로 구성돼 있고, 저자들은 '미국의 적'에 대해서 노골적인 적대감이나 편견을 담은 비아냥거림을 주저하지 않는다. 그러나 저자들의 그런 편견을 걸러내면서 이 책을 훑는 것은 인류의 지나간 역사가 얼마나 많은, 그리고 얼마나 커다란 재난들로 점철됐는지를 상상하는 데 도움을 준다. 이 책은 빅뱅 이래 1991년까지의 슬픈 역사를 기술하고 있다. 그러나 필자와 함께 20세기 부분을 훑는 것만 해도 독자들에게 너무 짜증스럽고 지리한 일이 될 것이다. 그러니, 20세기의 첫 스무 해 동안 일어난 슬픈 일만을 이리 추리고 저리 걸러내며 살펴보자. 그 대부분은 자연재해지만, 인간의 잔혹과 무지가 빚어낸 참사들도 적지 않다. 『염세주의자의 역사 안내』에서 가장 많이 등장하는 단어들 가운데 하나는 '죽다'라는 동사다. 그러니 그 책의 일부분만을 살피는 우리도 그 동사를 피해갈 수는 없을 것이다. 우리의 회고는 끝없는 죽음으로 이어진다.

지금부터 꼭 1백 년 전인 1900년에 어떤 일이 일어났는가? 이 해에 우간다 빅토리아 호수 주변의 풍토병인 아프리카 수면병이 대륙의 다른 지역으로 퍼지기 시작했다. 이 병은 1907년까지 아프리카 대륙에서 약 20만 명을 저승으로 보냈다. 1백 년 전 5월 1일에는 미국 유타주 스코필드의 한 탄광에서 일어난 폭발 사고로 광원 2백1명이 사망했다. 5월 8일에는 미국 텍사스 주 갤버스턴에 몰아친 허리케인으로 6천 명이 죽고 도시 전체가 폐허로 변했다. 저명한 인물이 돌발적으로 죽으면 수백 명의 평범한 사람이 죽은 것보다 훨씬 더 큰 뉴스가 된다. 이 해 7월 30일 저녁 이탈리아의 왕 움베르토 1세가 몬차에서 무정부주의자 안젤로 브레시에게 암살당했다. 그 이듬해 9월 6일에는 미국 대통령 윌리엄 매킨리가 뉴욕주 버펄로에서 무정부주의자 리언 촐고즈의 총에 맞았다. 대통령은 일주일 후에 죽었다.

1902년 5월 6일에는 영국 기선 커모터가 버마의 랭군 부근 해역에서 침몰해, 배에 타고 있던 7백여 명이 사망했다. 이틀 후인 5월 8일에는 마르티니크 생피에르 부근에 있는 화산 플레가 폭발해 30만 명 이상이 죽었다. 생피에르의 생존자는 단 두 명이었는데, 한 사람은 지하실에 숨어 있던 제화공이었고, 다른 사람은 지하감옥에 갇혀 있던 사형수였다. 그 해 10월 25일에는 과테말라의 산타 마리아 화산이 폭발해 6천여 명이 죽었다. 1903년에는 인도 북부에 원인 불명의 돌림병이 유행하기 시작했다. 이 병으로 1908년까지 4백만 명이 죽었다. 그 해 12월 28일에는 시카고의 이러쿼이 극장에 불이 나 6백2명이 사망했는데, 희생자의 대부분이 여성와 어린아이였다. 1904년 6월 15일에는 뉴욕항에서 기선 제너럴 슬로컴에 불이 나 승객 1천21명이 죽었다. 1905년 1월 22일에는 페테르스부르크의 겨울궁으로 몰려든 시위대에 차르의 친위대가 발포해서, 1백여 명이 죽었다. 이른바 '피의 일요일'이었다.

1906년. 3월 10일 북프랑스 파드칼레의 쿠리에르 탄광에서 폭발 사고가 나 1천60명이 죽었다. 그 해 4월 18일 새벽에는 미국 샌프란시스코 일대를 강타한 지진과 그에 이은 화재로 7백여 명이 사망했고, 8월 29일 캐나다 퀘벡의 생로랑스강에 세워지던 다리가 무너져 70여 명이 죽었다. 1907년 2월 11일에는 미국 로드아일런드 부근 해역에서 관광여객선 라치먼트가 범선 해리 놀턴과 부딪쳐 침몰했다. 사망자는 3백32명이었다. 그 해 12월 6일에는 미국 웨스트 버지니어에서 탄광 폭발 사고가 나 3백62명이 죽었다. 12월 19일에는 미국 펜실베니어의 다른 탄광 폭발 사고로 2백39명이 사망했다.

1908년 3월 4일, 미국 오하이오주 콜링우드의 레이크뷰 초등학교에서 불이 나 어린이 1백71명과 교사 9명이 목숨을 잃었다. 이 해에는 아주 흥미로운 '사고'가 하나 있었다. 6월 30일, 인적이 드문 중앙 시베리아의 퉁구스카에서 원인 모를 폭발이 일어나 25평방마일의 임야가 사라졌다. 이 사건의 진상을 두고 운석 충돌설, 혜성 충돌설, 외계 비행체 폭발설 등이 제기됐다. 인기 있는 TV시리즈물 〈엑스 파일〉의 소재가 되기도 했으니, 퉁구스카라는 지명에 익숙한 독자들도 있을 것이다. 이 해 12월 28일 이탈리아 시칠리아섬의 고도시(古都市) 메시나가 지진으로 폐허가 됐다. 지진은 메시나와 마주보고 있는 본토의 도시 레지오 디 칼라브리아와 그 인접 지역에도 몰아쳤다. 메시나에서만 8만 명 이상이 사망해서 메시나는 그 이후 라 치타 모르타(죽은 도시)로 불리게 되었다. 레지오 디 칼라브리아에서는 2만5천 명 이상이 사망했다. 인접 지역까지 합하면 최소 16만 명, 최대 25만 명이 이 지진으로 사망한 것으로 추정된다. 1909년 11월 13일에는 일리노이주 체리의 한 탄광에서 폭발사고로 2백59명이 사망했다.

1910년은 한국이 일본에 병합된 해다. 플렉스너 부부(또는 부녀?)의 『염세주의자의 역사 안내』에는 그것이 기록돼 있지 않다. 아무튼, 이 해에 중국과 인도에서 페스트가 유행하기 시작했다. 1913년까지 수백만 명의 중국인과 인도인이 이 병으로 죽었다. 그 해 2월 말에는 미국 워싱턴주 웰링턴 부근에서 열차 두 대가 폭설을 만나 1백18명이 목숨을 잃었고, 8월에는 미국 몬타나주와 아이다호주 접경지역의 숲에서 화재가 나 85명이 죽었다. 10월 1일에는 『로스앤젤레스타임즈』 본사 건물에서 화재가 나 21명이 죽었고, 12월 21일에는 영국 헐튼의 한 탄광에서 폭발 사고로 광원 3백44명이 죽었다. 1911년 3월 25일 뉴욕의 트라이앵글 셔트웨이스트 컴퍼니에서 불이 나 직원 1백45명이 죽었는데, 사망자 대부분이 어린 소녀였다. 9월 초순 중국 양츠강에 홍수가 나 십만 명 이상이 익사하고, 홍수에 이은 기근으로 또다른 십만 명 가량이 아사했다.

1912년. 영화 팬들은 이 해를 기억할 것이다. 4월 14일, 닷새 전에 아일랜드의 퀸즈타운을 떠나 뉴욕을 향해 처녀 항해에 나선 초호화 여객선 타이타닉호가 뉴펀들랜드의 그랜드뱅크에서 빙산과 충돌해 침몰했다. 승객과 승무원 2천2백7명 가운데 1천5백17명이 목숨을 잃었다. 존 제이컵 애스터, 벤저민 구겐하임, 이지도어 스트라우스 같은 거부(巨富)들도 타이타닉과 함께 침몰했다. 그 해 9월 28일에는 일본 기선 기체마루가 혼슈 부근 해역에서 침몰해 1천여 명이 익사했다. 1913년 10월 14일에는 영국 웨일즈의 탄광 폭발 사고로 4백39명이 사망했고, 그 해 10월 22일에는 미국 뉴멕시코주 도슨에서 탄광 폭발 사고가 나 2백63명이 죽었다.

드디어 1914년, 제1차 세계대전이 일어난 해다. 이 커다란 전쟁이 터지기 직전에도 사고는 있었다. 그 해 3월 5일 스페인 기선 프린시페 데 아스투리아스가 브라질 부근 해역에서 암초에 부딪쳐 침몰했다. 승선한 4백45명 전원이 사망했다. 5월 29일에는 퀘벡을 떠나 영국 리버풀로 향하던 캐나다 여객선 엠프리스 어브 아일런드가 짙은 안개가 낀 생로랑스강에서 노르웨이 석탄선 스토르스타드와 충돌한 뒤 침몰했다. 이 사고로 승객과 승무원 1천24명이 죽었다. 드디어 전쟁이다. 그 해 6월 28일 오스트리아-헝가리 제국의 프란츠-페르디난트 대공과 그의 부인 호엔베르크 대공비가 사라예보에서 세르비아 민족주의자 가브리오 프린치프에게 암살당했다. 오스트리아 정부는 즉각 세르비아에 선전 포고했고, 거기에 이어 두 나라의 동맹국들이 상대방에게 선전 포고했다. 전쟁이 터졌다. 11월 26일에는 영국 전함 HMS 벌워크가 영국의 시어니스 하버에서 탄약을 적재하던 중 폭발해 군인 7백88명이 사망했다.

1915년. 전쟁 중이라고 다른 사건이 안 일어나는 것은 아니다. 뒷날 프랑스의 '푸른 수염'이라는 별명을 얻게 될 가구상(家具商) 앙리 데지레 랑드뤼가 혼자 사는 여자들을 이 해에 엽기적으로 살해하기 시작했다. 그는 신문에 결혼 광고를 낸 뒤 이 광고를 보고 찾아온 여자와 한동안 연애하다가, 시골의 빌라로 유인해 살해하고 시체를 토막내 화덕에 태우곤 했다. 랑드뤼는 여자 열 사람과 남자 어린이 한 명을 살해한 혐의로 1919년에 기소된 뒤 처형됐다. 이 해 1월 18일 멕시코 과달라하라 부근에서 열차가 뒤집혀 6백여 명이 사망했다. 4월 24일에는 프랑스의 이프르 전투에서 독일군이 프랑스군을 향해 염소 가스 포탄을 발사했는데, 이것은 세계 전쟁 사상 독가스가 사용된 첫번째 경우였다. 5월 7일, 뉴욕을 떠나 리버풀로 가던 영국 기선 루시타니아가 아일랜드 부근 해역에서 독일 U-20 잠수함의 어뢰를 맞고 침몰해, 승객과 승무원 1천1백98명이 목숨을 잃었다. 사망자 가운데는 미국인 1백24명이 포함됐는데, 이것은 미국이 제1차 세계대전에 참전하는 결정적 계기가 되었다. 5월 12일에는 터키 지배하의 아르메니아에서 쿠르드족이 아르메니아인 2백50명을 학살했다. 5월

22일에는 스코틀랜드의 그레트나 그린에서 군용 열차와 여객 열차가 충돌해 2백27명이 죽었다. 그 해 6월 중순, 중국 남부 지방에 홍수가 나 십만명 이상이 사망했다. 12월 30일에는 영국 순양함 네이털이 스코틀랜드의 크로머티 하버에서 폭발해 4백5명이 목숨을 잃었다.

1916년이다. 1월, 네덜란드에서 홍수가 나 1만 명 이상이 사망했다. 2월 21일, 독일의 에리히 폰 팔켄하인 장군이 프랑스 북동부 베르덩 요새에 공격 명령을 내림으로써 역사상 가장 길고 피비린내나는 전투 가운데 하나인 베르덩 전투가 시작됐다. 독일군과 프랑스군은 진흙 참호에 갇혀 독가스 폭탄을 포함해 그때까지 개발된 모든 살인 수단을 주고받았고, 전장 자체가 무덤이 되었다. 12월에 독일군의 공세가 중지돼 전투가 끝났을 때, 전선은 거의 변하지 않았지만 양측의 사상자는 1백만 명을 넘어섰다. 이 10개월 전투의 정확한 사망자 수는 아직까지 밝혀지지 않고 있다. 8월 29일, 중국 순양함 하이융이 짙은 안개 속의 동중국해에서 기선 신유에 들이받쳐 두 동강났다. 순양함에 타고 있던 중국군 1천여 명이 이 사고로 사망했다. 11월 16일에는 러시아의 라사탄나야 탄약 공장에서 폭발 사고가 일어나 노동자 1천여 명이 사망했다.

1917년. 1월 19일, 영국 에섹스주 실버타운의 탄약 공장에서 폭발 사고가 나 노동자 3백여 명이 죽었다. 2월 21일에는 남아프리카 노동자 8백6명을 싣고 영국을 떠나 프랑스 르아브르로 가던 영국의 수송선 멘디가 안개 긴 와이트 섬 부근에서 정기선 다로와 충돌해 침몰했다. 이 사고로 노동자와 승무원 6백27명이 사망했다. 2월 21일에는 루마니아의 키루르카 부근에서 열차 탈선 사고로 수백 명이 사망했고, 5월 26일에는 일리노이와 인디애너를 포함한 미국 여덟 개 주를 휩쓴 토네이도로 2백49명이 사망했다. 6월 9일에는 영국 전함 뱅거드가 탄약고의 화재로 폭발해서 영국군 8백4명이 사망했고, 6월 23일에는 보헤미아 볼레베크의 탄약 공장에서 폭발 사고가 일어나 노동자 1천여 명이 죽었다. 12월 6일, 노바스코티아의 핼리팩스 하버 부근에서 TNT를 가득 실은 몽블랑호가 또 다른 배 이모와 충돌해서 폭발했다. 이 사고로 1천6백여 명이 죽었다. 12월 12일에는 이탈리아 전선에서 프랑스군을 나르던 수송 열차가 알프스에서 탈선해 군인 5백43명이 사망했다.

1918년은 제1차 세계대전이 끝난 해다. 그러나 전쟁보다 더 무서운 것이 있었다. 세칭 '스페인 독감'이 전세계로 퍼지면서 이듬해인 1919년까지 러시아에서 45만 명, 이탈리아에서 37만5천 명, 영국에서 22만 8천 명, 인도에서 5백만 명, 미국에서 55만 명이 이 병으로 목숨을 잃었다. 제1차 세계대전의 참전 군인들도 전투 행위에서보다 스페인 바이러스로 더 많이 쓰러졌다. "미라보 다리 아래 세느강이 흐르네"의 시인 기욤 아폴리네르도 군 복무 중이었는데, 그 역시 전사한 것이 아니라 스페인 독감으로 죽었다. 5월 18일에는 펜실베니아 옥데일에서 TNT 폭발 사고가 나 2백여 명이 사망했다. 10월 6일, 미국 기선 오트랜토가 스코틀랜드 부근에서 수송선 캐시미어와 충돌해 침몰했다. 이 사고로 4백25명이 사망했다. 10월 12일에는 미네소타와 위스콘신 주 경계의 숲에서 화재가 나 8백여 명이 죽었다. 10월 25일에는 알래스카 부근 해역에서 캐나다 증기선 프린세스 소피아호가 암초에 부딪쳐 침몰했다. 배에 타고 있던 3백98명 전원이 이 사고로 목숨을 잃었다. 11월 1일에는 뉴욕 브루클린에서 통근 열차가 탈선해 97명이 사망했고, 11월 21일에는 벨기에 하몬트에서 독일의 탄약 열차 두 대가 폭발해 1천7백50명이 죽었다.

1919년은 3 · 1 운동의 해다. 일본 경찰에 의한 평화 시위대 살상을 플렉스너 부부의 책에서는 찾아볼 수 없다. 그러나 한 달쯤 뒤 인도에서 일어난 일은 이 책에 기록돼 있다. 4월 13일, 인디아의 암리차르에서 1만여 명의 인도인들이 영국 식민당국의 억압 정책에 반대하는 평화시위를 벌였다. 영국군은 이 시위대에 발포로 맞섰고, 그 결과 3백50여 명이 사망하고, 1천2백여 명이 중상을 입었다. 5월 20일에는 자바섬의 켈루이트 화산이 폭발해 5천5백여 명이 사망했다.

1920년, 우리가 살필 마지막 해다. 1월 11일, 프랑스 정기 여객선 아프리크가 라로셸 부근 해역에서 암초와 부딪쳐 침몰했다. 이 사고로 5백53명이 죽었다. 12월 16일에는 중국 북부 간수 지방에 지진이 나 18만 명이 목숨을 잃었다. 간수 지방은 1927년과 1932년에 다시 지진을 만나 각각 10만여 명, 7만여 명의 사상자를 냈다.

독자들이 벌써 지리해할 것이 분명해 이만 책을 덮는다. 그러나 20세기의 첫 20년은, 제1차 세계대전 기간을 제외한다면, 인류의 재앙이 본격화되기 이전이라는 것을 기억해두자. 1921년부터 23년까지 수백만 명의 목숨을 앗아간 소련의 대기근, 일본의 관동 대지진, 1930년대의 대공황과 스페인 내전, 제2차 세계대전과 원폭 투하, 나치에 의한 홀로코스트, 한국 전쟁, 베트남 전쟁, 중국의 문화혁명, 크메르 루주의 킬링 필드, 비아프라 어린이들의 아사, 루안다의 종족 전쟁, 동티모르의 비극, 유고슬라비아의 내전 같은 것을 1920년대의 미래학자는 상상할 수 있었을까? 이 나머지 80년의 기간은 이렇게 수많은 인재와 더 많은 자연재해들로 뒤덮여 있다.

『염세주의자들의 역사 안내』를 덮고 나서 세상을 바라보는 일은 슬프다. 부피도 더 얇고 내가 보기엔 그다지 기쁘달 것도 없는 일들로 채워져 있는 『낙천주의자의 역사 안내』를 읽어봐야 별로 위안이 되지 않는다. 20세기가 이랬다면, 21세기가 반드시 그렇지 말란 법은 없다. 한 세기 동안 인간의 성정이 크게 변한 것도 아닐 테고, 우주의 물리법칙이 새롭게 만들어진 것도 아닐 테니 말이다. 과학의 발전은 눈부셨지만, 그것은 자연재해를 막는 데 그리 효율적이지 못했을 뿐만 아니라, 새로운 재앙들을 가져왔다. 불이 발견된 뒤 인간이 타죽는 횟수가 크게 늘어났듯, 자동차와 비행기가 발명된 뒤 인간의 죽음은 그 물질적 참혹성을 여러 단계 높였다. 그래도 미래를 한번 살펴보자. 혹시 좋은 얘기가 나올지도 모르니.

예언하기의 어려움, 예언 읽기의 즐거움

전망은 일종의 예언이다. 흔히 듣는 말이지만, 예언은 시평을 멀리하고 내용을 추상화할수록 유리하다. 너무 가까운 예언은 우려먹을 수 있는 시간이 너무 짧아 예언자에게 불리하다. 적어도 예언자의 생애가 끝난 뒤의 시점에 대한 예언을 하는 것이 현명하다. 너무 구체적인 예언은 비슷하게 맞추었더라도 꼬투리를 잡히기 쉽다. 추상적으로 두루뭉실하게 얘기함으로써 도망갈 구멍을 만들어놓는 것이 슬기롭다.

자크 아탈리가 쓴 『21세기 사전』(1998, 파야르, 파리)은 일종의 21세기 예언서다. 아탈리는, 자크 쥘리아르와 미셸 위노크가 책임편집한 『프랑스 지식인 사전: 인물, 장소, 사건』(1996, 쇠이유, 파리)에 따르면, 1943년 알제리의 알제에서 태어났다. 아버지는 소상인이었다. 아탈리가 받은 교육과 그가 받은 학위들은 프랑스 지식인 사회에서도 유난히 미끈한 것이다. 그는 프랑스 과학과 기술의 산실인 파리 이공대학(에콜 폴리테크니크)과 광산학교(민), 그리고 정치인들의 최고 엘리트 코스인 국립행정학교(에나) 등 그랑드 제콜을 차례로 나왔고, 파리 정치학교(시앙스포)에서 경제학을 공부한 뒤 경제학으로 국가박사 학위를 얻었다. 그는 자신의 모교인 파리 이공대학에서 경제학을 가르치기도 했다.

1971년 파리 교외 에피네에서 프랑스의 비–공산 좌파들이 프랑수아 미테랑의 지도 아래 사회당으로 결집했을 때, 아탈리도 여기에 참여했다. 아탈리는 그 뒤 정계와 학계에 양다리를 걸치면서 프랑수아 미테랑의 가장 가까운 경제 전문가이자 엄청난 다작의 저자로서 이름을 얻었다. 1981년에 미테랑이 집권하자 그는 미테랑의 특별보좌관이 되어 대통령의 '셰르파' 구실을 했고, 1990년에는 동유럽 국가들을 지원하기 위한 유럽부흥개발은행(유럽은행)의 총재가 되어 93년까지 일했다. 그는 말하자면 서재에 갇혀 있는 지식인이라기보다는 참여하는 지식인이자 반쯤은 테크노크라트라고 할 수 있는 사람이다. 미테랑이 퇴임한 뒤, 아탈리는 자신이 입회해 목격한 대통령의 극히 사적인 언행과 대통령 주변의 상황을 『베르바팀』이라는 저서 세 권에 담아내 많은 독자를 끌었지만, 미테랑과 그 가족으로부터는 분별없는 사람이라는 비난을 받았다.

『21세기 사전』은 말 그대로 사전이다. 이 책은 21세기의 세계가 어떻게 될 것인가를—물론 아탈리 개인의 예측을—알파벳 순서로 배열된 표제어들의 해설을 통해 보여준다. 『21세기 사전』은 멋진 책이다. 이 책을 훑는 것만으로도 우리의 상상력은 한없이 말랑말랑해진다. 그것은 사전이지만, 일반 단행본처럼 처음부터 죽 읽어도 좋을 책이다. 물론 여기저기 페이지를 오락가락하며 흥미로운 부분만 읽을 수도 있는 책이다. 이 사전의 표제어들은 저자의 박학을 증명하듯 정경문사철(政經文史哲)과 자연과학 전반에 걸쳐 있다.

그가 내린 정의들은 때로 모호하고 추상적이며 상호 모순적이다. 예언의 어려움을 그도 서문에서 간접적으로 고백하고 있다. "갈기갈기 터지고, 희희낙락하고, 야만적이고, 행복하고, 무분별하고, 기괴하고, 살아내기 어렵고, 해방적이고, 소름끼치고, 종교적이고, 세속적이고… 그것이 21세기일 것이다." 말하자면 이런 모순된 진술을 통해 아탈리는 도망갈 구멍을 마련해놓고 있는 것이다. 아니, 모든 시대가 그랬듯, 21세기도 이런 모순의 시대일 것이다. 그가 내린 정의들을 지금부터 몇 개만 따라 읽어보자. 나도 강준만 교수를 흉내내 인용의 나열로 글을 만들어볼 참이다. 아탈리는 '언어'라는 항목에서 이렇게 말한다.

어떤 언어도 보편 언어로 자리잡지 못하고, 모든 언어들이 다양한 방언으로 잘게 나뉠 것이다. 세계에서 가장 많이 사용되는 언어는 중국어, 좀더 정확이 이야기하자면 중국어들의 총체일 것이다. 힌두어, 스페인어, 포르투갈어, 벵골어가 영어를 앞지를 것이다. 영어는 천여 개의 변이체(어메리컨에서 힝글리시에 이르기까지)를 거느리며 적어도 앞으로 50년 동안은 외교, 무역, 금융, 인터넷의 언어 자리를 지킬 것이다. 그러고 나서 획일화의 압력은 사라질 것이다. 그때가 되면 문화 상품들을 소비자들 각자의 언어로 얻을 수 있을 것이다. 텔레비전 채

널들은 모든 현지 언어로 계열사를 설립할 것이다. 그러나 곧 자동 번역—처음에는 문자의 수준에서 다음에는 음성의 수준에서—이 보급돼 원래의 언어를 다시 사용하게 될 것이다. 사람들은 한 언어로 쓴 것이나 말한 것을 다른 언어로 읽을 수 있을 것이다. 심지어 가상 형태를 통해 배우의 입술 움직임을 변화시킴으로써 더빙 작업을 피할 수도 있을 것이다. 해방적 바벨화가 자리잡을 것이다. 한 언어의 영향력은 그 언어를 사용하는 사람들의 수에 달리는 것이 아니라 그 언어로 쓰인 걸작의 수와 명성에 달리게 될 것이다.

언어들의 미래에서 가장 궁금한 것은 영어의 미래일 것이다. 영어의 미래를 이야기하는 것은 다른 언어들의 미래를 이야기하는 것이기도 하니까. 아탈리는 '영어'의 21세기를 어떻게 보고 있는가?

21세기의 첫 삼분기까지, 무역, 문화, 외교, 인터넷과 미디어에서 사용되는 제1언어; 사용자 수로는 두번째 언어; 모국어 화자 수로는 네번째 언어. 영어는 그것이 사용되는 대륙에 따라 자립적인 방언들로 다양화할 것이다. 그 이후에는 중국어의 다양한 형태들이 무역 언어로서 영어와 경쟁하게 될 것이다. 시간이 조금 더 흐르면 트랜슬레이터, 곧 자동 번역 기계가 개발되어 미디어와 문화 영역에서의 영어의 역할을 축소시킬 것이다.

말하자면 아탈리는 영어의 미래에 대해 보수적이고 조심스러운 입장을 취한다. 즉, 영어가 궁극적으로 보편어가 될 것이라는 일각의 예측에 동조하지 않고 있다.

한국어판 '추천의 글'에서 이정우가 적절히 지적했듯, '레고'와 '유목민'은 『21세기 사전』에서 가장 흥미로운 개념들에 속한다. 그것은 미래 문명의 존재 방식, 미래 인류의 존재 방식을 함축한다. 아탈리는 '레고'를 이렇게 정의한다.

> 21세기 전체를 특징지을 위대한 게임: 자신만을 위한 문명들, 문화들, 예술작품들, 의복들, 요리들, 연애 대용품들을 자신만을 위해서 맞춤 조립하기. 고독하고 나르시스적인 게임: 레고(Lego), 레고(I' ego 자아)

21세기는 레고의 시대이고, 레고의 시대 곧 맞춤 조립의 시대는 자아의 시대 곧 개성의 시대라는 것이다. 그 레고로 이뤄지는 문명이 레고 문명(CiviLego)이다. 레고 문명에 대한 아탈리의 설명을 들어보자.

> 미래의 문명은 단일한 형태의 모델에 따라 이루어지지는 않을 것이다. 즉 개인적이고 세속적인 서양 모델 주위로 모든 문명들이 융합되지는 않을 것이다. 그렇다고 각 문명이 자기 안으로 움츠러들지도 않을 것이다. 미래의 문명은 거대한 고물상일 것이고, 그 고물상 안에서 각자는 사용할 수 있는 모든 것들을—즉 존재하는 문명들의 다양한 철학들, 이데올로기들, 정치체계들, 문화들, 종교들, 예술들에서 뽑아낸 요소들을—자기 마음껏 한없이 결합시키면서 가치들의 체계를 선택할 수 있을 것이다. 이미 토착 문화들과 식민자들의 문화들이 뒤섞인 아프리카나 라틴 아메리카는 레고 문명의 전위가 될 것이다. 레고

문명은 문명들로 이뤄진 문명일 것이다. 레고 문명은 모든 혼혈들 사이에서 조화를 만들어낼 것이고, 혼혈들이 서로에게 너그러워지도록 할 것이고, 혼혈들이 새로운 차이들의 생식자가 되도록 독려할 것이다. 새로운 것을 반가운 소식으로 받아들이고, 불확실을 가치로 받아들이며, 불안정을 안락함으로 받아들이고, 혼혈을 풍요로움으로 받아들이는 것은 독특한 연대를 지닌 새로운 유목민 부족의 창조자인 레고 문명을 끊임없이 쇄신시킬 것이다.

곧 아탈리가 바라보는 미래의 문명은 혼혈의 문명, 불순함의 문명인 것이다. 그 레고 문명은 유목민 부족을 창조할 것이고, 유목민의 존재 방식은 유목이다. '유목민 부족' 할 때 '부족'은, 아탈리에 따르면, 도시화된 유목민들이 어떤 관련성들에 따라 모인 새로운 집단들이다. 그 집단들 사이의 담은 매우 낮다. 우리들은 (예컨대 가족들, 구역들, 국민들, 협회들, 종교들, 정당들, 커플들처럼) 여러 부족에 동시에 속할 수도 있다. 각 부족은 자기 고유의 가입 규칙들, 통과의례들, 예절 형식들을 지니게 될 것이다. 들뢰즈와 가타리로부터 힌트를 얻었을 유목과 유목민에 대한 아탈리의 설명은 이렇다. 우선 '유목'.

1만 년 전에 완전히 정착된 문명들은 곧 유목을 중심으로 하나하나 다시 건설될 것이다. 거기서는 모든 것이 불안정해, 끊임없이 이동할 것이다: 사람들, 사물들, 기관들, 기업들, 그리고 물론 정보들, 게다가 관광과 가면극 속의 도락들, 미로들 그리고 하이퍼 세계의 마약들까지. 유목의 역사는 유목 부족들이 특출한 예술가들, 음악이나 보석이나 소규모 조각이나 그림이나 구비 문학 같은 가벼운 휴대용 작품들의 전문가들로부터 솟아났다는 것을 보여준다. 유목의 가치들은 늘 두 세계의 간극이나 접합부에 위치한 사회들의 가치, 유목의 가치를 받아들이고 너그럽게 대하는 정착 문명들의 가치를 존중하는 사회들의 가치가 될 것이다. 시간이 더 흐르면 동시에 여러 유목들이 존재하고, 서로 다른 부족들이 잡거하고, 이웃끼리의 박애가 생겨날 것이다. 그렇게 되면 정착민의 법과는 다른 특별한 법을 만들어야 할 것이다. 왜냐하면 법이 없이는 유목이 존재할 수 없기 때문이다. 하기야 최초의 유목 물품은 사막에서 석판의 형태로 받아 성막(聖幕)으로 운반된 주님의 말씀이었다(이것은 물론 모세가 여호와에게서 받은 십계명을 말한다—인용자). 그것은 최고로 성스러운 유목 물품이다.

여기서 나오는 '유목 물품'이란, 다시 아탈리의 설명에 따르면, "유목민을 항상 접속 상태로 있게 해주는 휴대 가능한 물품들. 이런저런 방식으로 사람들을 살아 있도록 해주고 이동하게 해주는 모든 물품들, 다시 말해 사람들을 시대에 뒤떨어지지 않게 하고 소외되지 않은 채 살게 하는 물품들"이다. 아탈리는 초기의 유목 물품으로 책, 반지, 안경 그리고 시계 따위를 꼽는다. 그 다음에 나온 유목 물품들은 자동차, 워크맨, 휴대폰, 노트북, 그리고 포켓 컴퓨터다. 미래에는 문자반 텔레비전, 스크린 안경, 의복, 생체공학 보철술 들이 유목 물품이 될 것이다. 그리고 궁극적으로는 인간 자신이 이렇게 점점 더 복잡하고 가벼운 유목 물품들로 조립된 또 하나의 유목 물품이 되어갈 것이다. 다음은 '유목민'.

다음 세기 인간의 원형. 유목민의 가치들과 생각들, 욕망들이 사회를 지배할 것이다. 시장은 유목민을 만족시키기 위해서, 그가 자기 집을 가지고 다닐 수 있게 하기 위해서, 주요한 오아시스들과 연결 상태에 있도록 하기 위해서 모든 노력을 기울일 것이다. 지난 30년 전부터 인류 1백 사람 가운데 다섯 사람은 유목민이 되었다. 이민 노동자들, 정치적 망명자들, 자기 땅에서 내몰린 농민들이 그렇지만, 또한 하이퍼 계급(시장과 민주주의가 번성한 미래 세계의 최상층 집단. 특히, 전문 지식, 기량, 혁신, 창작 등 문화 관련 수입으로 사는 사람들—인용자)의 구성원들도 그렇다. 미국에서는 주민 다섯 사람 가운데 한 사람이 매년 이사를 한다. 유럽에서는 열 사람 가운데 한 사람이 그렇다. 30년 뒤에는, 적어도 인류의 10분의 1이, 부유하든 가난하든, 유목민이 될 것이다. 점점 더 도시화가 진행되고 삶의 뿌리가 약해지면서, 사람들은 시민이 되듯, 소비자가 되듯, 배우자가 되듯, 노동자가 되듯 유목민이 될 것이다. 세 종류의 유목민이 존재할 것이다. 부유한 유목민(하이퍼 계급의 구성원), 생존을 위해서 평생 이동해야만 하는 가난한 유목민, 그리고 대다수를 차지하는 잠재적 유목민. 잠재적 유목민은 한 곳에 정착해서 칩거 상태로 살아가며, 언젠가는 부유한 유목의 수단을 얻을 수 있다는 희망과 가난한 유목으로 추락하지 않을까 하는 강박관념을 동시에 지니게 될 것이다. 이들 모두는 부족 단위로 이루어지는 항해의 조건들을, 다시 말해 계급과 상관없이 모든 유목민에게 적용되는 떠돌이 삶의 진실들을 재발견해야 할 것이다.

21세기, 유목민들의 하이퍼 세계

모든 유목민에게 적용되는 그 떠돌이 삶의 진실들은 무엇인가? 이 부분이 아주 흥미롭고 계발적이다. 이 진실들의 상당 부분은 지난 수 세기 동안의 유사 유목민들, 곧 집시나 걸인들에게도 적용되었다.

유목민은 누구나 가벼워야 하고, 자유로워야 하고, 타인을 환대해야 하고, 주의를 게을리하지 말아야 하고, 접속되어 있어야 하고, 우애를 지녀야 한다.

가벼움: 물질적 풍요로움은 이동하는 데 거추장스러울 것이다. 유목민은 오직 생각과 경험, 지식이나 관계만을 축적해야 한다.

자유로움: 유목민은 창의적이어야 하고 본질적인 것들에 집중해야 한다. 그의 정체성은 방어해야 할 영토에 의해 규정되는 것이 아니라, 그가 지니고 다니는 하나의 문화, 하나의 이데올로기 또는 하나의 신에 의해서 규정된다. 그의 정체성은 또 자신이 지켜야 할 부족에 의해서도 규정되는데, 그걸 위해서는 자신의 본거지를 떠나기도 해야 한다. 바다에서, 그는 다음 항구를 결코 잊지 않은 채 바람에 적응하기 위해 끊임없이 진로를 바꾸어야 할 것이다.

환대: 유목민은 타인에게 예의바르고 개방적이어야 하며, 어떤 선물을 줄지 항상 신경을 써야 한다. 그는 자기 수완의 대가로 자신이 어떤 대접을 받느냐에 자신의 생존이 달려 있다는 것을 알고 있다. 그가 부드러운 이미지를 남기지 못했다면, 그가 지난번에 들렀을 때 모든 것을 망가뜨려 놓았다면, 그가 우물에 다시 접근하는 것은 금지될 것이다. 전설과는 반대로 유목민만큼 평화를 사랑하는 존재도 없다. 그는 땅을 지키기 위해 목숨을 바치는 게 아니라 그 땅을 떠날 수 있는 권리를 지키기 위해 목숨을 바친다.

경계심: 유목민의 본거지는 성벽도, 함정도 없는 취약한 곳이다. 그가

탁 트인 장소를 골라 텐트를 쳤다고 하더라도, 그가 남을 환대하는 태도를 보였다고 하더라도, 적(敵)은 언제 어디서고 예고 없이 튀어나올 수 있다. 그러니 유목민은 늘 텐트를 철수할 준비가 돼 있거나, 사막이나 숲에서 튀어나올 이 적과 맞설 준비가 돼 있다. 항해자로서, 유목민은 언제라도 암초와 폭풍을 만날 수 있다.

접속: 살아남기 위해서, 유목민은 항상 부족 전체와 연결되어 있고, 가능하다면 가까운 오아시스와도 연결되어 있다. 그래서 그는 전송수단을 지니고 다닌다.

우애: 유목민(nomade)이라는 단어는 함께 나눈다는 의미의 그리스어에서 왔다. 다른 부족들과 자신의 방랑터를 공유할 수 있어야 유목민은 살아남을 수 있다. 소외는 곧 죽음을 의미한다. 망을 보지 않고는 살아갈 수 없다. 교대로 보초를 서지 않고서는, 다시 말해서 우애를 조직하지 않고서는, 망을 볼 수 없다(아탈리는 여기서 '유목민'을 뜻하는 프랑스어 nomade가 기원적으로 고대 그리스어 nemein에서 왔다는 것을 지적하고 있다. 그러나 고대 그리스어 nemein은 '할당하다, 분배하다' '믿다' '(소나 양을) 방목하다' 따위의 뜻을 지니고 있을 뿐, '함께 나눈다'는 뜻은 없다. '할당/분배'와 '공유'는, 뜻이 전혀 안 통한다고는 할 수 없지만, 엄연히 다른 개념이다. 아탈리는 '유목민'과 '우애'를 멋들어지게 연결시키기 위해서 약간의 어원적 왜곡을 하고 있다—인용자).

아탈리의 말마따나, 유목민은 고립된 존재여서는 안 된다. 그는 살아남기 위해 세계와 접속해 있어야 한다. 아탈리는 그 '접속(connexion)' 항목을 이렇게 설명한다.

유목민의 강박관념은 생존하기 위해서 접속을 유지하는 것이다. 자기 부족들, 자기 데이터, 자기 직업들, 자신의 공급자들, 자신의 오락 수단들에 그는 접속돼 있다. 이를 위해 유목민은 유목 물품(전화, 인터넷, 팩스와 컴퓨터 텔레비전)을 사용할 것이다. 우선은 사용하기 편리하고 대중적이며 튀지 않는 물건들을 사용하고, 다음엔 의복이나 안경, 시계에 장착된 것을 사용할 것이고, 그 후에는 인체에 장착된 것들(생명공학적 이식)을 사용할 것이다.

접속에 대한 강박이 인간을 부분적으로는 사이보그로 만들지도 모른다는 뜻이다. 미래의 가족 형태는 어떨까? 아탈리의 예측은 래디컬하다. 그는 다부다처제의 (재)등장을 내다본다.

어디서고, 개인주의와 시장의 법칙은 선택을 되돌릴 수 있는 권리를 확인할 것이고, 특히 결혼 문제에서 그럴 것이다. 이혼으로 마감되는 결혼의 비율―오늘날은 3분의 1―은 배가할 것이다. 사람들은 사는 동안 순차적으로 여러 가정에 소속될 것이고, 따라서 아이들은 여러 사람의 아버지, 여러 사람의 어머니를 한꺼번에 갖게 될 것이다. 그러니, 각 가정은 각자에게 여러 가정 중의 하나를 의미하게 될 것이다. 뒤이어서 천천히 그리고 은밀하게 훨씬 더 중요한 혁명이 일어날 것이다. 사람들은 한 가정에 이어 다른 가정을 갖는 것에 만족하지 않고, 동시에 여러 가정을 원하게 될 것이다. 관계의 복수성(複數性)이 낮은 기대 수명과 유아 사망 그리고 일손 부족으로 정당화되던 시절처럼 일부다처제와 일처다부제가 다시 돌아올 것이다. (…) 여성과 아동의 권익 보호가 일부일처제에 달린 것이 아니라 일정 소득을 벌

수 있는 능력에 달리게 될 때, 우리가 배우자를 배신하지 않고도 여러 사람과 동시에 사랑에 빠질 수 있다는 것을 솔직하게 인정하게 될 때, 거짓말을 거부하는 것이 최고의 가치가 될 때, 사랑은 더이상 소유 형태이기를 그칠 것이다. 사람들은 완벽한 투명함 속에서 동시적 가정의 존재를 인정하게 될 것이다. 남자든 여자든 동시에 여러 배우자를 가질 수 있게 될 것이다. 다시 말해 다른 사람과 살기 위해서 어떤 사람을 떠날 필요가 없게 될 것이다(나는 이 부분에서 가슴이 설레었다. 다처다부제는 인류 행복의 총량을 크게 늘릴 것이다. 기억이 희미해 자신은 없지만, 로버트 하인라인의 『달은 무자비한 밤의 여왕』에서 묘사되는 달식민지 주민들의 가족제도가 이런 다처다부제였던 것 같다.─인용자).

그러니 21세기 인류가 사회 속에서 맺는 관계들의 특징은 '다중 소속(multiappartenance)'이라는 말로 바꿀 수 있을 것이다.

다중소속: 모든 사람이 지금까지는 적대적이던 여러 부족에 동시에 소속될 권리를 갖게 될 것이다. 다른 두 세계에 한 발씩 걸치고 분류의 틀을 벗어날 수 있는 권리를 지니게 될 것이다. 우리들은 독일 시민이자 동시에 프랑스 시민이 될 수 있을 것이고, 불교 신자이면서 동시에 유대교 신자일 수 있을 것이며, 여러 단체의 회원, 여러 정당의 당원이 될 수 있을 것이다. 심지어 동시에 여러 가족에 속할 수도 있을 것이다. 우리들은 다양한 문화들로부터 그 요소들을 차용할 것이고, 타인들의 문화의 단편들에서 출발해 자신의 문화를 만들어내는 데 그 요소들을 이용할 것이다. 새로운 법이 다중소속을 새로운 문명

들의 규율로 만드는 시기가 올 때까지는, 이런 상호모순적인 진리들에 대한 체험을 통해서 관용을 터득할 수밖에 없을 것이다.

그 '다중소속'은 다른 말로 하면 '동시성(simultanéité)'이기도 하다.

동시성: 교대(alternance)를 대신할 것이다. 이제 그 무엇도 배타적이거나 양립 불가능하지 않게 될 것이다. 솔직함이 다시 등장하면서 애매모호함이 긍정적인 가치가 될 것이다. 사람들은 여러 직업, 여러 시민권, 여러 가족, 여러 가정, 여러 정체성을 지님으로써 때로는 모순되는 소속과 활동을 갖거나 하게 될 것이다. 예컨대 유목과 칩거, 가상과 현실, 다양성과 인공물.

아탈리는 이런 21세기 문명의 '다중성' '동시성'을 '그리고(et)'라는 말로 압축한다.

그리고: 미래의 자유를 압축한 표현. 다중 국적과 동시성에 대한 권리. 선택하지 않을 권리.

'그리고'의 이전 형태는 '또는(ou)'이다.

또는: 선택의 표현. 그러므로 자유의 표현. 자유가 선택하지 않을 권리를 포함할 때 이 표현은 그 의미를 잃을 것이다. 그렇게 되면 '그리고'가 '또는'을 대체하고 말 것이다.

이런 '다중소속'의 문화를 가능하게 하는 유목민의 기본적 미덕은 '솔직성(sincérité)'이다. 그래서 아탈리는 이렇게 말한다.

솔직성: 유목민의 기본적 미덕. 솔직성은 다중소속의 길을 열어주고, 동시적 충실함들, 동시적 사랑들의 길을 열어준다.

그러면 유목의 대척에는 무엇이 있는가? 정착이 있다. 그러니까 유목이라는 존재 양식에 상대되는 존재 양식은 정착이다. 다시 아탈리의 설명에 귀 기울여보자.

정착성: 지난 문명들의 기반; 미래의 문명들에 적응하는 어려움의 척도. 유목민들의 향수. 예컨대 전통적으로 미국보다 더 정착적인 프랑스는 다가오는 세계에 대해 미국보다 준비가 덜 되어 있다. 전원의 정착성에 대한 향수는 도시 유목민들을 도시 바깥으로 역류시켜 시골로 돌아가게 할 수도 있을 것이다. 재택 근무를 위한 기술들이 개발되면서 전원으로의 회귀가 더 용이해질 것이므로.

미래는 떠돌이들의 세계이지만, 그 떠돌이들은 과거의 붙박이 삶에 향수를 느낄 것이고, 일부는 붙박이 삶을 택할 것이라는 얘기다. 그럴싸한 얘기이긴 하지만, 이런 식의 예언이라면 나도 할 수 있을 것 같다. 미래의 가능성은 갑(甲) 아니면 을(乙)인데, "미래는 갑이다. 그러나 그 미래의 일부는 을이다"라고 예언하는 것 말이다. 아탈리야말로 '다중소속' '동시성' '솔직성' '그리고'의 철학을 미리 실천하고 있는 것 같다. 아탈리의 『21세기 사전』에서 '레고'와 '유목' 못지않게, 아니 그 이상으로 중요한 개념이 있다면 그것은 '하이퍼 세계'일 것이다. 아탈리에 따르면 21세기 세계는 한마디로 하이퍼 세계다. 하이퍼 세계란 무엇인가?

하이퍼 세계: 현실 세계의 보완으로 또는 현실 세계의 시뮬레이션으로 가상 세계에서 이루어지는 경제적, 정치적, 사회적 또는 문화적 활동들의 총체. 하이퍼 세계는 21세기 경제를 이끄는 견인차가 될 것이다. 가상 경제의 수요가 실제 고용의 대부분을 창출할 것이다. 2005년께가 되면 하이퍼 세계의 내부 거래가 적어도 7천억 달러에 이를 것인데, 현실 세계 국가들 가운데 반수 이상은 그 GDP가 여기에 못 미칠 것이다. 그때쯤이면 실제 경제에 대한 하이퍼 세계의 수출 규모가 3천억 달러를 웃돌 것이다. 성장의 리듬이 지속돼 2010년이 되면 하이퍼 세계의 GDP가 프랑스의 그것과 맞먹고, 앞으로 40년이 지나면 미국의 GDP와 맞먹을 것이다. 이 리듬이 지속되면, 60년 후에 하이퍼 세계의 GDP는 심지어 실제 세계의 GDP 규모를 능가할 것이다. 하이퍼 세계는 단순히 상업 활동이 이루어지는 장소만은 아니다. 누구나 하이퍼 세계에 자신의 복제 인간을 만들어놓고 그 곳에서 자신이 원하는 방식대로 가상 파트너들과 연애를 할 수 있을 것이다. 사람들은 거기에다가 단체들, 교회들을 설치할 것이고, 부족들, 분산 민족들도 정착시킬 것이다. 미국은 이미 이 분야에 대규모로 상륙해 있다. 오늘날 하이퍼 세계에서 이뤄지는 거래의 70%는 미국이 담당하고 있다. 미국 기업들은 경쟁자들의 길을 차단하면서 자기 기술들, 자기 화폐, 자기 은행들, 자기 변호사들, 자기 법 체계, 자기 노하우를 그 곳으로 가져왔다. 그들은 그 곳에서 가장 좋은 자리들을 차지한 채, 자신을

방어하기 위해 온갖 계략을 짜내고 있다. 모든 것이 이처럼 지속된다면 하이퍼 세계는 사람들이 우선 영어를 사용하는 미국의 식민지가 될 것이다. 그 곳은 미국 기업들과 문화의 거의 무제한적인 팽창의 장이 될 것이다. 미국이 이번에도 다시 한번 상륙 작전을 준비할 줄 알았다는 것을 탓할 수는 없다. 우리들은 분명히 그것을 유감스럽게 생각할 수는 있다. 그러나 그것을 안 일어난 일로 되돌릴 수는 없다. 이 초기 단계가 지나면 기업들은 하이퍼 세계에서 자기 고유의 화폐를 만들어낼 것이고, 곧 이어 모든 언어들과 모든 문화들이 그 곳에서 경쟁을 벌일 것이다. 하이퍼 세계에서 자리를 차지하기 위해서, 유럽은 자기 연구원들, 자기 기업들, 자기 국가들, 자기 상인들, 자기 창작인들의 능력들을 통합해서 '상륙의 도구' 를 마련해야 할 것이다. 다시 말해서 세계적 규모의 원거리 통신망을 설치해야 할 것이고, 위성망과 인트라넷 망을 설치해야 할 것이고, 하이퍼 세계에 적합한 생산품들, 특히 통신판매, 언론, 광고, 은행, 보험 분야의 생산품들을 준비해야 할 것이다. 그러고 나서 언젠가는 기관들도 설립될 것이다. 복제 이미지가 그 곳에서 살면서 서로 교류하고 일하게 될 것이다. 다시 그 뒤에는, 하이퍼 세계는 3차원이 될 것이다. 사람들은 거기서 만지고 거기서 맛보고 거기서 느낄 수 있을 것이다. 물 속의 설탕처럼 현실 세계와의 경계도 결국 녹아 내릴 것이다.

아탈리의 '하이퍼 세계' 는 미래 세계를 그린 헐리우드 영화들에서 우리가 익숙하게 보아온 풍경이기도 하다. 그것은 황홀한 신세계이면서 끔찍한 신세계일 것이다. 한동안, 그 하이퍼 세계에 대한 적응도(適應度)는 자연적 세대의 구분과 거의 일치할 것이다.

인류의 존재 양식에 대한 얘기는 이만 살피고, 잠깐 정치 이념의 문제로 눈길을 돌려보자. 현재 남아 있고 앞으로도 살아남을 정치적 이데올로기는 자유주의와 사회민주주의(사회민주주의를 '이념'이라고 할 수 있는지는 모르겠지만) 둘일 것이다. 오랜 동안 사회당에 몸을 담은 사람이어선지, 아탈리의 평가는 사회민주주의 쪽에 더 후하다.

자유주의: 타인에게 해를 끼쳤을 때에만 자유를 제한하는 사회 체제. 앞으로도 오랫동안 민주주의와 시장의 공통 초석이며, 서구 문명의 기초가 될 것이다. (그러나) 이런 질문들에 대답하기는 점점 더 어려워질 것이다; 해란 무엇인가? 타인은 누구인가? 누가 그것을 결정하는가? 누가 그것을 통제하는가? 등등. 자유주의가 이성적인 개인들로 이루어진 이론상의 사회에서만 집단적인 이상이 될 수 있다는 것을 사람들은 알게 될 것이다. 그리고 세상이 그런 사회와 닮지 않았다는 것도 알게 될 것이다. 자신이 유토피아가 아님을 지나칠 정도로 내세우는 이러한 유토피아는 점점 우애에 의해서 대체될 것이다.

사회 민주주의: 자본주의 이후의 유토피아인 우애에 주어진 낡은 명칭들 가운데 하나. 연대가 그것의 원리로 남을 것이다. 그것의 주요 전투는 삶의 수단(물, 공기)을 통제하는 것, 새로운 형태의 분배를 정착시키는 것, 그리고 시간을 해방시키는 것과 관련될 것이다. 사회민주주의는 대륙 정부들을 세우려고 할 것이고, 다음에는 단일한 세계 정부를 세우려고 할 것이다.

요컨대 아탈리는 궁극적으로 세계 정부를 지향하고 있는 것 같다. 그것은 사회주의자들의 꿈일 뿐만 아니라 자유주의자들의 꿈이기도 하다. 『21세기 사전』을 채우고 있는 항목들 가운데는 세계의 주요 도시와 나라도 포함돼 있다. 유럽과 아시아의 도시 하나씩만 보자.

> 파리: 유럽 제일의 문화 도시이자 세계 제일의 관광지. 언젠가는 부유한 구역을 반복적으로 침입해 거기에 불안을 확산할 교외 지역의 폭력에 시달릴 것이다.
> 베이징: 중화인민공화국의 수도, 그 다음에는 중국의 수도, 그 다음에는 북중국의 수도가 될 것이다.

베이징에 대한 설명 가운에 "그 다음에는 북중국의 수도"라는 말이 흥미롭다. 중국의 분열을 예견한 것이다. 하긴 이 사전의 '중국' 항목을 보면 이런 말이 나온다.

> 중국은 러시아처럼 내파(內破)해버리지는 않겠지만 네 개의 거대한 지역으로 해체될 수도 있다: 상하이와 타이완, 북부, 남부, 회교도 지역

번역판에는 '한국'이라는 표제어가 있지만 원판에는 없다. 한국어판을 위해서 아탈리가 서비스를 했든지, 아니면 개정판에 그 항목을 넣었든지 둘 가운데 하나일 것이다.

극우 집단주의와 싸우는 사람들

아탈리가 그리고 있는 하이퍼 세계를 벗어나 현실로 눈을 돌리면, 이내 처연한 생각에 몸이 움츠러든다. 우리는 『조선일보』와 함께 21

세기를 맞았다. 김대중이나 류근일 같은 이들이 아직도 폭언으로 팔매질을 해대며 우리 사회의 판관 노릇을 하고 있다. 그러니 『아웃사이더를 위하여』(1999, 아웃사이더)라는 책을 읽지 않을 수 없다. 『아웃사이더를 위하여』의 서문 「모든 아웃사이더를 위하여」에는 이런 구절이 있다. "자신과 다른 모든 의견에 폭력적인 태도를 보이는 극우 집단주의는 『아웃사이더』의 적이다. 극우 집단주의를 말할 때 우리는 그 본산이자 결정체로 『조선일보』를 적시하지 않을 수 없다. 우리에게 극우 집단주의와의 싸움은 곧 『조선일보』와의 싸움이기도 하다." 『아웃사이더를 위하여』는 김규항, 김정란, 진중권, 홍세화 네 사람의 칼럼을 모았다. 이 네 사람은 곧 창간호가 나올 격월간지 『아웃사이더』의 편집진이다. 네 사람 가운데 내가 사적으로 잘 안다고 할 만한 사람은 홍세화뿐이지만, 다른 사람들과도 안면이 전혀 없는 것은 아니다.

　나는 진중권을 한 번 만났다. 그의 지인 한 사람과 함께 셋이서 아침까지 술을 마셨는데, 글처럼 발랄하고 명민한 사람이라는 느낌을 받았다. 그리고 뜻밖에도, 글과는 달리 수줍음이 있는 사람이라는 느낌도 받았다. 발랄하면서 수줍기는 쉽지 않은데, 아무튼 진중권을 잠깐 스치면서 받은 느낌은 그랬다. 그는 발랄함과 수줍음을 동시에 가지고 있었거나, 그 경계에서 부드럽게 나부끼고 있었다. 그는 술집 한 켠에 놓여 있던 기타를 가져다가 치며 〈인터내셔널〉을 불렀다. 나도 술에 취하거나 감상적이 되면 〈인터내셔널〉을 읊조리는 악습이 있지만, 그 날은 따라 부르지 않았다. 그가 노래를 너무 잘 불렀기 때문이다. 그 대신에 나는 그에게 〈라마르세예즈〉와 〈성조기여 영원하라〉의 연주를 부탁했고, 그는 기꺼이 거기에 응했다. 실상 〈인터내셔널〉

이든 〈라마르세예즈〉든 〈성조기여 영원하라〉든 기본적으로 군가이거나 유사 군가다. 술에 얼근히 취한 상태에서 진중권의 군가 연주를 듣자니, 그가 자기 글에 인용한, 조갑제가 어딘가에 썼다는 문장이 생각났다: "술에 취했을 때, 흥분했을 때, 신바람이 날 때, 말하자면 감성이 분출하여 일시적으로 이성을 마비시킬 때 한국인의 심층에 자리잡고 있는 원초적 본능이 솟구치면서 한국인을 몽골적 인간형으로 변모시키는 것이다." 나는 이내 명정 상태의 내 군가 취향이 부끄러워졌다. 이젠 술 좀 작작 마셔야지.

내 기억이 옳다면 나는 김정란을 두 번 보았을 것이다. 두 번 다 사람들이 바글바글대는 술자리에서였다. 아마 수인사를 나누기는 했을 테지만, 별다른 얘기를 나눈 기억은 없다.

나는 김규항을 세 번 만났다. 그를 만나고나서야 나는 내가 그의 글 하나를 『씨네21』에서 이전에 읽었다는 걸 알았다. 아마 그 글은 그가 『씨네21』의 '유토피아 디스토피아' 난에 처음으로 쓴 글이었을 것이다. 제목은 기억나지 않지만, 그즈음 자해 소동으로 신문 지면을 많이 갉아먹고 있었던 권영해 전 안기부장을 비아냥거린 글이었다. 나는 그 글을 좋아하지 않았다. 지금 그 글을 다시 읽는다고 해도 아마 마찬가지일 것이다. 권영해에 대한 혐오와 경멸로 치자면 내가 그 글의 필자보다 못할 것 같지는 않았지만, 아무튼 그 글에 난무했던 (내 기억이 옳다면) 칼과 맨살의 이미지를 통쾌해할 만큼 내 비위가 좋지는 않았다. 그 이후로 나는 『씨네21』을 본 적이 없었으므로, 그의 글을 읽을 기회도 없었다. 그래서 그를 처음 만난 자리에서 그가 그 글의 필자라는 걸 알았을 때, 나는 약간 불편함을 느꼈다. 그 불편함이 가신 것은 그와 두번째로 만나고 나서 인터넷으로 『씨네21』에 들어가 그의 다른 글들을 읽어본 뒤다. 나는 그때, 사람과 마찬가지로 글도, 첫인상은 믿을 게 아니구나 하는 걸 다시 실감했다.

나는 홍세화를 적어도 네 번 이상 봤다. 6년쯤 전에 그가 내게 잡지를 같이 해보자는 제안을 한 적이 있다. 세상을 보는 그의 눈은 지난 여섯 해 동안 거의 변한 것 같지 않으니, 만약에 그때 내가 유능하고 적극적이고 바지런해서 그를 거들었더라면 『아웃사이더』 비슷한 잡지가 나왔을지도 모른다. 비록 시간이 좀 늦추어지기는 했지만, 내 소극성과 무사무려(無思無慮)가 좀더 유능한 동료들과 그를 묶는 데 기여한 것도 사실이다.

김규항의 글은 대체로 비장하다. 『아웃사이더를 위하여』에 묶인 어떤 글들도 그렇다. 비장함은 그 자체로 좋은 것도 나쁜 것도 아니다. 그 비장함이 글의 주제와 어울려서 메시지를 효과적으로 전달했을 때 비장함은 옳은 것이고, 그렇지 못할 때 비장함은 그른 것이다. 김규항 글의 비장함은 대체로 옳고 좋은 것 같다. 그가 칼럼에서 다루는 주제는 대개 진지한 것들이고, 그 진지함이 비장함에 실릴 때 김규항의 메시지는 매우 효율적으로 전달된다(그러나 나는, 그가 예컨대 강준만이나 박원순을 비판할 때도 벗어버리지 않는 그 비장함이 때로 버겁다). 그는 그 비장함 속에 자신이 겪은 에피소드를 점점이 박는다. 그런데도 그의 글이 일기나 사소설처럼 읽히지 않는 것은, 그의 눈길이 늘 사회의 변두리에 살갑게 가닿아 있기 때문이고, 또 그의 말투를 빌리면 '정치적 긴장'을 유지하고 있기 때문일 것이다. 그는 세상과 불화하는 사람이다. 적어도 주류와 불화하는 사람이다. 사적인 에피소드로 일관하고 있는 「딸 키우기」 같은 글은 얼핏 최인호의 『가족』에도 실려 있음직한 글이지만, 이 부드러운 글에조차 그는 페미니즘적 긴장을 빠뜨리지 않는다.

그의 글의 또 다른 특징은, 물론 비장함과도 관련이 있는 것이지만, 가볍게 누선을 건드린다는 것이다. 그의 글이 내리는 결론은 늘 이성적인 것이지만, 그는 그 이성적인 결론으로 독자들을 이끌기 위해 때로 감성에 호소한다. 그가 자신의 글 속에 담아놓은 에피소드들은 독자들의 감정을 떨게 하는 무기다. 예컨대 사상의 자유에 대한 옹호라는, 너무나도 이성적인 메시지를 담고 있는 「어머니」라는 글은 감성의 물결로 출렁인다. 그는 대단히 전술적인 글쟁이다.

이 책을 안 읽은 독자들을 위해서 「에덴의 왼쪽」이라는 글과 「그 신문에 침을 뱉어라」라는 글의 한 부분을 각각 인용해야겠다.

> 그들(『조선일보』—인용자)은 왜 52년 미국의 매카시즘을 '광풍' 이며 '마녀사냥' 이라고 하면서, 오늘 한국의 '광풍' 과 '마녀사냥' 을 요구하는 걸까? 그것은 그들의 보수사상이 세상을 판단하는 신념체계가 아니라, 가진 것을 내놓지 않으려는, 혹은 더 많이 가지려는 동물적인 욕망 체계이기 때문이다. 52년 미국의 매카시즘은 내 돈궤하고 아무 상관이 없지만, 오늘 한국의 매카시즘은 내 돈궤를 보존하거나 늘리는 일인 것이다. 새삼스런 얘기지만, 보수 사상이 진보 사상과 대립한다 해서 보수 사상을 진보 사상과 같은 층위에 놓는 일은 터무니없다. 적어도 한국에서 보수 사상은 순수한, 매우 순수한 욕망이다.

> 그 신문(『조선일보』—인용자)의 정치·사회면이 평소 다른 보수 신문과 다를 바 없는 얼굴을 하고 있다가 먹이가 나타났을 때만 기동한다면 『월간조선』은 『조선일보』라는 극우조직' 의 별동대로서 상시적

인 전투를 수행한다. 『월간조선』은 '『조선일보』라는 극우조직'의 정신이 좀더 노골적으로 드러나며 심지어 사무라이 정신과 몽골 기마민족론 따위의 위험천만한 파시즘 맨털러티로 무장되어 있다. 그에 반해 그 신문의 문화면은 '『조선일보』라는 극우조직'을 중화하는 임무를 띤다. 문화와 학술로 포장된 진보적이고 비판적인 담론들은 그 신문에 어떤 위협도 주지 않지만, 수많은 좌파나 자유주의 성향의 지식인들이 '자유롭게' 기고하는 신문은 그저 건전한 보수신문이 되는 것이다.

이것은 물론 김규항이 처음 내놓은 견해는 아니다. 아니, 이 책의 독자들에게라면 이런 생각은 상식적인 것일지도 모른다. 그러나 이것은 『조선일보』와의 싸움에서 우리가 늘상 되새겨야 할 상식이다. 그들이 이데올로기적으로 순수한 극우파가 아니라는 것, 그들의 극우 논리가 감싸고 있는 것은 그 자체로는 마냥 비난할 수 없는 돈과 권력에 대한 욕망이라는 것, '『조선일보』라는 극우조직'은 그것을 구성하는 정치·사회면과 문화면과 『월간조선』이 조금씩 다른 맛과 질감을 지닌 삼겹살 조직이라는 것, 이런 것들이 『조선일보』와의 싸움을 더 어렵게 하고, 『조선일보』와의 싸움을 피하고 싶은 사람들에게 편리한 변명거리를 마련해주기 때문이다.

『아웃사이더를 위하여』에 실린 김규항의 글들 가운데 내가 몇번 되풀이 읽은 글이 있다. 「교회」라는 글이다. 이 글 역시 극히 사적인 글이다. 그러나 이 짧은 글은 한국의 교회─나는 물론 그것이 한국의 교회만이 아니라 교회 일반, 더 나아가 종교 일반의 문제라고 생각하지만─에 관해 쓰여진 가장 아름다운 글들 가운데 하나일 것이다. 특히 그 글의 마지막 패러그래프는 김규항의 산문이 지닌 빛나는 서정성의 한 표본이라고 할 만하다.

교회에는 예수 대신 맞춤식 예수상(像)들만 모셔져 있었다. 나는 신학을 공부하려던 나의 소망을 접고 입대했다. 그 곳에서 세 번의 살인과 세 번의 자살을 생각했고, 김씨 성을 가진 여자를 떠나 보냈으며, 김씨 성을 가진 창녀에게 구혼했다. 이제 십 년이 더 흘러 나는 며칠 후면 서른 여덟이다. 나는 이제 나보다 다섯 살이 적어진 예수라는 청년의 삶을 담은 마가복음을 읽는다. 내가 일 년에 한 번쯤 마음이라도 편해보자고 청년의 손을 잡고 교회를 찾을 때, 청년은 교회 입구에 다다라 내 손을 슬그머니 놓는다. 내가 신도들에 파묻혀 한 시간 가량의 공허에 내 영혼을 내맡기고 나오면, 그 청년은 교회 담장 밑에 고단한 새처럼 앉아 있다.

요새 내 정체성이 마구 분열되는 경험을 하고 있다. 나는 분명히 우파인데 자칭 '좌파'인 진중권이 쓰는 글을 읽으며 유포리아를 느끼고, 나는 분명히 무신론자인데 자칭 '기독교인'인 김규항의 글에 홀딱 반해 독서백편(讀書百遍)을 하고 있으니 말이다. 예수도 마르크스도 참 품이 큰 사람인 모양이다.

진중권의 글은 익살맞다. 아니, 진중권의 글 가운데 나를 유포리아로 밀어넣는 글은 익살맞다. 『아웃사이더』의 편집진이 어떤 사람들로 이뤄지게 됐는지를 알게 된 뒤, 나는 김규항의 글과 진중권의 글이 과연 화음을 이룰 수 있을까에 대해 생각했다. 『아웃사이더』가 음악이라면 그것은 화성법이 아니라 대위법에 의해서 만들어질 것이라고 나는 생각했다. 그런데『아웃사이더를 위하여』에 실린 진중권의 글을 보니, 그렇지 않을지도 모른다는 생각이 든다.

진중권은 이 책에 네 편의 글을 싣고 있다. 나는 진중권의 최근 글을 거의 다 읽고 있다고 생각했는데, 그 책의 글들 가운데 내가 읽은 것은『문예중앙』에 실렸던「뮤즈의 복수」뿐이었다.「말이 말을 한다」는, 그 글 끝에 명기된 발표 시점이 지난해 7월인 걸 보니 신고(新稿)가 아닌 모양인데, 내가 놓쳤나보다. 첫번째 글의 제목「동해물과 백두산이 마르고 닳아요」는 진중권이 언젠가 한 번 써먹었던 제목인 듯하고, 글의 소재와 메시지도 비슷하지만, 아무튼 이 책에 실린 글은 내가 예전에 읽은 글이 아니다.「뮤즈의 복수」는 다시 읽어도 흐뭇했다. 사실 그 네 편의 글 가운데 내가 제일 좋아하는 글이고, 나를 유포리아로 밀어넣는 진중권 스타일의 글, 익살맞은 글이다. 나머지 세 편의 글은 김규항의 글과 화음을 이룰 수 있는 글이다. 진중권의 익살 속에는 촌철살인과 정문일침이 있다. 그를 읽을 때마다 로테르담의 에라스무스가 생각난다.

『네 무덤에 침을 뱉으마!』와 그 즈음에 쓰인 그의 글들을 읽으며 내가 잘못 길들여졌는지 모른다. 진중권이 정색을 하고 쓰는 글들에 상대적으로 덜 끌리니 말이다. 예컨대『한겨레21』에 연재하고 있는 글은 그의 재기발랄이 빠져버린 것 같아 좀 서운하다. 그게 그의 의도인지, 아니면 잡지 편집자의 의도인지는 알 수 없지만. 물론 진중권에게 늘 웃겨달라고 요구하는 것은 결례일 것이다. 그는 학자이고, 당연히 학자로서의 야심이 있을 것이다. 늘상 남 웃기는 글만 쓸 수는 없을 것이다. 그렇지만 그의 애독자로서,『아웃사이더』에 싣는 글에는 이따금 웃음 폭탄을 장착해주었으면 좋겠다.

이번에 다시 읽으면서도 정말 그랬을까 싶은 구절이 「뮤즈의 복수」에 박혀 있다. 이인화가 어느 인터뷰에서 했다는 말이다. "남아프리카를 갈 때였어요. 스튜어디스들이 나하고 일본 사람들은 아너러블 화이트라고 쓰인 자리에 앉히고, 그 다음에 화이트, 블랙, 그리고 화장실 바로 옆자리에 중국 사람들을 앉혀요. 못사니까. 중국 사람들한테는 냄새가 난다고. 냄새가 좀 나긴 납디다."

정말 그렇게 말했을까? 믿기지가 않는다.

진중권의 문체가 점차 정통적이 돼가는 바람에 내가 약간 의기소침해 있던 차에, 나를 고양시키는 책을 발견했다. 『문화테러단 잡(雜)』이라는 제호의 격월간지다. 표지에는 이 잡지가 '장백서원조합소식지'라고 돼 있다. 장백서원은 고려대학교 앞에 있는 서점이라고 하는데, 그 서점의 점원들이 이 잡지의 편집진인 모양이다. 이 책은 비매품이어서 일반 독자들이 읽을 기회가 없기 쉬울 것이다. 지금까지 네 호가 나왔는데, 창간호를 뺀 나머지 세 호를 읽어본 느낌은 이 책의 지향이 『아웃사이더』의 지향과 비슷하지 않을까 하는 것이었다. 집단주의에 대한 거부, 특히 국가주의를 핵심으로 한 극우 집단주의에 대한 거부가 그렇다. 그리고 모든 필자들의 글이 그런 것은 아니지만, 스타일이 발랄하고 자유롭다. 나는 이 잡지를 읽으며 한 번은 절망했고, 한 번은 안도했다. 대학 문화가 아직까지도 기성 세대 뺨치는 스노비즘과 집단주의에 젖어 있다는 걸 확인하며 절망했고, 그래도 거기에 맞서 싸우는 소수의 사람들이 있다는 걸 확인하며 안도했다.

(2000년 1월)